LA FIN DE L'HISTOIRE ET LE DERNIER HOMME

Francis FUKUYAMA

LA FIN
DE L'HISTOIRE
ET
LE DERNIER HOMME

traduit de l'anglais
par Denis-Armand Canal

FLAMMARION

Titre original : *The End of History and The Last Man*
Publié par The Free Press, a division of Macmillan, Inc., New York

ISBN : 2-08-211548-8
Printed in France

A mes parents

REMERCIEMENTS

La Fin de l'Histoire n'aurait jamais vu le jour, sous la forme d'un article ou du présent livre, si les professeurs Nathan Tarcov et Allan Bloom, du John M. Olin Center for Inquiry into the Theory and Practice of Democracy de l'université de Chicago, ne m'avaient pas invité à venir donner une conférence sur ce sujet au cours de l'année 1988-1989. Tous les deux sont depuis longtemps des maîtres et des amis : ils m'ont appris beaucoup avec le temps, à commencer par la philosophie politique – mais ce n'est pas tout. Cette conférence est devenue ensuite un article, largement dû aux efforts d'Owen Harries, rédacteur en chef de *The National Interest*, et au travail de la petite équipe qui dirige cette revue. Erwin Glikes, de Free Press, et Andrew Franklin, de Hamish Hamilton, ont fourni les encouragements et les avis indispensables pour que cet article devînt un livre, et pour l'édition du manuscrit terminé.

Le présent ouvrage a énormément profité des discussions et des lectures faites par un certain nombre d'amis et de collègues. Le plus important de tous a été Abram Shulsky, qui trouvera beaucoup de ses idées et de ses intuitions reprises ici. J'aimerais remercier tout spécialement aussi Irving Kristol, David Epstein, Yoshihisa Romori, Alvin Bernstein, Henry Higuera, Yoshio Fukuyama et George Holmgren, qui ont tous pris le temps de lire et d'annoter le manuscrit. En outre, je voudrais remercier tous ceux – amis et inconnus – qui ont commenté de manière utile les différents aspects de la présente thèse, lorsqu'elle a été présentée dans divers séminaires et conférences, aux Etats-Unis et à l'étranger.

James Thomson, président de la Rand Corporation, a été assez aimable pour m'offrir un espace de travail pendant que je rédigeais ce livre. Gary et Linda Armstrong ont pris de leur temps de thèse pour m'aider à rassembler les matériaux de référence, et m'ont fourni également de précieux conseils sur un grand nombre de sujets en cours de rédaction. Là où l'on remercie traditionnellement la dactylographe qui a assuré la préparation du manuscrit, il me faudrait peut-être rendre grâce plutôt au travail de ceux qui ont élaboré le microprocesseur Intel 80386.

Enfin, mon épouse Laura m'a constamment encouragé à écrire, aussi bien pour l'article que pour le présent ouvrage, et elle a été à mes côtés pour affronter toutes les critiques et controverses qui ont suivi l'article de 1989. Elle a été aussi une lectrice très attentive du manuscrit et a contribué de bien des manières à sa forme et à son contenu actuels. Ma fille Julia et mon fils David – qui a choisi de naître pendant que je rédigeais ce livre – m'ont également aidé, simplement parce qu'ils étaient là.

EN GUISE D'INTRODUCTION

Le présent ouvrage a pour origine un article intitulé « La fin de l'Histoire? », publié dans la revue *The National Interest* pendant l'été de 1989 [1]. Dans cet article, j'avançais l'idée suivante : un consensus assez remarquable semblait apparu ces dernières années concernant la démocratie libérale comme système de gouvernement, puisqu'elle avait triomphé des idéologies rivales – monarchie héréditaire, fascisme et, tout récemment, communisme. Je suggérais en outre que la démocratie libérale pourrait bien constituer le « point final de l'évolution idéologique de l'humanité » et la « forme finale de tout gouvernement humain », donc être en tant que telle la « fin de l'Histoire ». Alors que les anciennes formes de gouvernement étaient caractérisées par de graves défauts et des irrationalités qui finissaient par entraîner leur effondrement, on pouvait prétendre que la démocratie libérale était exempte de ces contradictions fondamentales. Non que les démocraties stables d'aujourd'hui – comme la France, les États-Unis ou la Suisse – ne connussent ni injustices ni graves problèmes sociaux; mais ces problèmes venaient d'une réalisation incomplète des deux principes de liberté et d'égalité, fondements mêmes de toute démocratie moderne, plutôt que de ces principes eux-mêmes. Certains pays modernes pouvaient bien échouer dans l'établissement d'une démocratie libérale et d'autres retomber dans des formes plus primitives de gouvernement comme la théocratie ou la dictature militaire, l'*idéal* de la démocratie libérale ne pouvait pas être amélioré sur le plan des principes.

L'article original suscita une masse extraordinaire de commentaires et de controverses, d'abord aux États-Unis, puis dans toute une série de pays aussi différents que l'Angleterre, la France, l'Italie, l'Union soviétique, le Brésil, l'Afrique du Sud, le Japon et la Corée du Sud. Les critiques prirent toutes les formes possibles, certaines d'entre elles reposant sur une mauvaise compréhension de mes intentions premières, d'autres s'attaquant de manière plus pénétrante au cœur même de ma position [2]. Nombre de gens furent induits en erreur de prime abord par mon utilisation du mot « histoire » : prenant ce mot au sens conventionnel d'événements qui arrivent, certains relevaient la chute du mur de Berlin, le massacre de la place Tien An Men ou l'invasion du Koweït par l'Irak comme témoignages que « l'histoire continuait » et que j'étais *ipso facto* dans l'erreur.

Pourtant, ce dont je suggérais la fin n'était évidemment pas l'histoire comme succession d'événements, mais l'Histoire, c'est-à-dire un processus simple et cohérent d'évolution qui prenait en compte l'expérience de tous les peuples en même temps. Cette acception de l'histoire est très proche de celle du grand philosophe allemand G.W.F. Hegel. Karl Marx en a fait une partie de notre environnement intellectuel familier, en empruntant précisément à Hegel un concept qui est maintenant implicite lorsque l'on emploie des mots comme « primitif » ou « avancé », « traditionnel » ou « moderne », en se référant à différents types de société humaine. Pour ces deux penseurs, il existait un développement cohérent des sociétés humaines, depuis les organisations tribales fondées sur l'esclavage et la polyculture, jusqu'à la démocratie libérale moderne et au capitalisme gouverné par la technologie, en passant par diverses sortes de théocraties, monarchies et autres aristocraties de type féodal. Ce processus évolutif n'était ni aléatoire ni inintelligible, même s'il ne fonctionnait pas toujours en ligne droite, et même si l'on pouvait se demander si l'homme était plus heureux ou meilleur du fait des conséquences de ce « progrès » historique.

Hegel aussi bien que Marx croyaient que l'évolution des sociétés humaines n'était pas infinie, mais s'achèverait le jour où l'humanité aurait mis au point une forme de société qui satisferait ses besoins les plus profonds et les plus fondamentaux. Les deux penseurs avaient ainsi établi une « fin de l'Histoire » : pour Hegel, c'était l'État libéral ; pour Marx, la société communiste. Cela ne signifiait pas que le cycle naturel de la naissance, de la vie et de la mort allait s'arrêter, que des événements importants allaient cesser de se produire ou que les journaux pour les raconter allaient cesser de paraître. Cela signifiait, en revanche, qu'il n'y aurait plus de progrès possible dans le développement des institutions fondamentales et des principes sous-jacents, parce que toutes les grandes questions auraient été résolues.

Le présent ouvrage n'est pas une répétition de mon article originel, ni une tentative pour prolonger le débat avec les nombreux critiques et commentateurs de cet article. C'est encore moins un compte rendu de la fin de la « guerre froide » ou tel autre de ces sujets à la mode dans la politique extérieure contemporaine. Même s'il se nourrit des récents événements mondiaux, son sujet revient sur une question très ancienne : est-il raisonnable pour nous, en cette fin de XXe siècle, de continuer à parler d'une histoire de l'humanité cohérente et orientée, qui finira par conduire la plus grande partie de l'humanité vers la démocratie libérale? La réponse à laquelle j'arrive est positive, pour deux séries de raisons : la première est d'ordre économique et l'autre est liée à ce que l'on pourrait appeler la « lutte pour la reconnaissance ».

A l'évidence, il ne suffit pas d'en appeler à l'autorité de Hegel, de Marx ou de l'un de leurs successeurs actuels pour fonder la validité d'une histoire orientée. Depuis un siècle et demi qu'ils ont écrit, leur héritage intellectuel a été en butte à des assauts constants et universels. Les penseurs les plus profonds du XXe siècle ont directement attaqué l'idée que l'histoire est un processus cohérent ou même intelligible; ils ont même refusé la possibilité que tout aspect de la vie humaine soit philosophiquement intelligible. Nous autres Occidentaux sommes devenus totalement pessimistes à l'égard de la possibilité d'un progrès d'ensemble dans les institutions démocratiques. Ce pessimisme profond n'est pas un accident, il est né des événements politiques réellement terribles de la première moitié du XXe siècle : deux guerres mondiales épouvantablement destructrices, l'essor des idéologies totalitaires et le détournement de la science contre l'homme sous la forme de l'énergie nucléaire et de la destruction de l'environnement. Les expériences vécues par les victimes de la violence politique – depuis les survivants du nazisme et du stalinisme jusqu'aux rescapés des massacres de Pol Pot – nient bien évidemment toute idée de progrès historique. De fait, nous nous attendons tellement à ce que le futur nous apporte des nouvelles catastrophiques à propos de la santé et de la sécurité des politiques démocratiques que nous avons parfois du mal à reconnaître les bonnes nouvelles lorsqu'elles arrivent.

Et pourtant, la bonne nouvelle est arrivée. L'évolution la plus remarquable de ce dernier quart du XXe siècle aura été la révélation de l'immense faiblesse inhérente aux dictatures mondiales apparemment si fortes, qu'elles soient le fait de la « droite » militaire et autoritaire ou de la « gauche » communiste et totalitaire. De l'Amérique latine à l'Europe orientale et de l'Union soviétique au Moyen-Orient et à l'Asie, bien des gouvernements « forts » se sont effondrés durant ces deux dernières décennies. Même s'ils n'ont pas toujours ouvert la voie à des démocraties libérales stables, « la » démocratie libérale reste la seule aspiration politique cohérente qui relie différentes régions et cultures tout autour de la terre. En outre, les principes économiques du libéralisme – le « marché libre » – se sont répandus et ont réussi à produire des niveaux sans précédent de prospérité matérielle, aussi bien dans les pays industriellement développés que dans ceux qui, à la fin de la Seconde Guerre mondiale, faisaient partie du tiers monde appauvri. Une révolution libérale dans la pensée économique a toujours accompagné – parfois avant, parfois après – l'évolution vers la liberté politique dans le monde entier.

Tous ces développements, si souvent recommencés avec la terrifiante histoire de la première moitié de ce siècle, alors que les régimes totalitaires – de gauche comme de droite – semblaient progresser, imposent d'examiner de nouveau s'il existe un lien plus profond qui les relie ou bien si ce ne sont que des incidents dus au hasard. En soulevant une fois encore le vieux problème (y a-t-il quelque chose comme une histoire universelle de l'humanité?), j'ai bien conscience de reprendre un débat commencé au tout début du XIXe siècle, mais plus ou moins abandonné à notre époque en raison de la monstruosité des événements subis depuis par l'humanité. Tout en m'appuyant sur les idées de philosophes comme Kant ou Hegel, qui ont posé cette question bien avant moi, j'espère que les arguments présentés ici tiendront par eux-mêmes.

Ce volume présente avec une certaine audace non seulement *une* mais même *deux* tentatives séparées pour définir une telle « Histoire universelle ». Après avoir établi dans la première partie pourquoi nous avons besoin d'évoquer à nouveau la possibilité de celle-ci, nous proposerons dans la deuxième partie un début de réponse, en tentant d'utiliser la physique moderne comme régulateur ou comme mécanisme pour expliquer l'orientation et la cohérence de l'histoire. La physique moderne constitue en effet un excellent point de départ, parce que c'est la seule activité sociale importante qui, par l'effet d'un consensus général, soit à la fois cumulative et orientée, même si ses effets ultimes sur le bonheur de l'homme demeurent ambigus. La conquête progressive de la nature, rendue possible par le développement de la méthode scientifique aux XVIe et XVIIe siècles, a réussi à constater certaines règles précises déterminées non par l'homme, mais par la nature et par ses lois.

Le développement des sciences physiques modernes a eu un effet uniforme sur toutes les sociétés qui l'ont connu, pour deux raisons. En premier lieu, la technologie confère des avantages militaires décisifs aux pays qui la détiennent; étant donné la permanence des possibilités de guerre dans le système international des États, aucun d'eux, s'il tient à son indépendance, ne peut ignorer le besoin de moderniser sa défense. En second lieu, les sciences modernes de la nature uniformisent l'horizon des possibilités de production économique. La technologie permet l'accumulation infinie des richesses, donc la satisfaction d'un éventail de désirs toujours plus large. Ce processus garantit ainsi une homogénéisation croissante de toutes les sociétés humaines, quels que soient leurs origines historiques ou leurs héritages culturels. Tous les pays dont l'économie se modernise ont nécessairement tendance à se ressembler : ils doivent s'unifier à l'échelle nationale sur les bases d'un État centralisé, s'urbaniser, remplacer les formes traditionnelles d'organisation sociale (tribus, sectes et clans familiaux) par des divisions économiquement rationnelles et fondées sur l'efficacité fonctionnelle, et finalement pourvoir à l'éducation de leurs citoyens. Ces sociétés se sont trouvées liées entre elles de manière croissante par les marchés mondiaux et par la diffusion d'une culture de « consommation » universelle. En outre, la logique même des sciences physiques modernes peut paraître dicter une évolution générale en direction du capitalisme. L'expérience de l'Union soviétique, de la Chine et d'autres pays « socialistes » indique que, si des économies fortement centralisées suffisent pour atteindre le niveau d'industrialisation de l'Europe des années 1950, elles sont malheureusement inaptes à créer ce que l'on a appelé des économies complexes « postindustrielles », dans lesquelles l'information et l'innovation technologique jouent un rôle beaucoup plus important.

Toutefois, si le mécanisme historique représenté par la physique moderne suffit à expliquer une bonne part du changement historique et l'uniformisation croissante des sociétés contemporaines, il est insuffisant à rendre compte du phénomène de la démocratie. Il est hors de doute que les pays les plus développés de la planète sont aussi les démocraties les mieux réussies. Mais si les sciences physiques modernes nous guident vers les portes de cette « Terre promise » que paraît être la démocratie libérale, elles ne nous les font pas franchir, parce qu'il n'y a aucune raison économiquement nécessaire pour que l'avancement de l'industrialisation doive produire la liberté politique. Une démocratie stable est parfois apparue dans des sociétés de type préindustriel, comme cela s'est produit aux États-Unis en 1776. En revanche, on relève de nombreux exemples historiques et contemporains de capitalisme technologiquement avancé, coexistant avec un autoritarisme politique marqué, depuis le Japon du Meiji et l'Allemagne de Bismarck jusqu'à la Thaïlande et Singapour à l'heure actuelle. Dans de nombreux cas, les États autoritaires sont capables de produire des taux de croissance économique irréalisables dans des sociétés démocratiques.

Notre première tentative pour établir le fondement d'une orientation de l'histoire n'est donc que partiellement réussie. Ce que nous avons appelé la « logique des sciences physiques modernes » est en fait une interprétation économique du changement historique, mais, à la différence de sa variante marxiste, elle conduit au capitalisme plutôt qu'au socialisme comme résultat final. Cette logique peut expliquer beaucoup de traits du monde où nous vivons : pourquoi nous, habitants des démocraties développées, sommes des travailleurs du tertiaire plutôt que des paysans arrachant péniblement à la terre de quoi vivre; pourquoi nous appartenons à des syndicats ou des organisations professionnelles plutôt qu'à des tribus ou des clans; pourquoi nous obéissons à l'autorité d'un supérieur bureaucratique plutôt qu'à un prêtre; pourquoi nous savons lire et parlons une langue nationale commune.

Mais les interprétations économiques de l'histoire sont incomplètes et insatisfaisantes, parce que l'homme n'est pas simplement un animal économique. En particulier, elles ne peuvent pas réellement expliquer pourquoi nous sommes des « démocrates », c'est-à-dire des partisans du principe de la souveraineté populaire et de la garantie des droits fondamentaux sous la protection d'un code de lois. C'est pour cette raison que le livre s'oriente ensuite, dans sa troisième partie, vers une deuxième et parallèle explication du processus historique, explication qui cherche à recouvrir la totalité de l'homme et non pas uniquement son côté économique. A cette fin, il nous faudra revenir à Hegel et à l'explication non matérialiste qu'il propose de l'Histoire, fondée sur ce qu'il appelait la « lutte pour la reconnaissance ».

Selon Hegel, les êtres humains, tout comme les animaux, ont des besoins et des désirs naturels pour des objets placés en dehors d'eux-mêmes : nourriture, boisson, abri, et par-dessus tout préservation de leur propre corps. L'homme diffère toutefois fondamentalement des animaux parce qu'il désire en outre le « désir » des autres hommes, c'est-à-dire qu'il veut être « reconnu ». En particulier, il entend être reconnu comme être *humain,* c'est-à-dire un être doué d'un certain mérite ou d'une certaine dignité. Cette dignité est liée au premier chef à sa volonté de risquer éventuellement sa vie dans une lutte pour le seul prestige. Seul l'homme est en effet capable de dépasser ses instincts purement animaux – dont principalement l'instinct de conservation – pour poursuivre des principes et des buts plus élevés et abstraits. Selon Hegel, c'est le désir de reconnaissance qui conduit les deux premiers rivaux et combattants à rechercher mutuellement que l'autre « reconnaisse » la nature d'être humain de son antagoniste, en mettant en jeu leur vie dans un combat mortel. Lorsque la peur naturelle de la mort conduit l'un des combattants à se soumettre, la relation du maître et de l'esclave est née. Les enjeux de cette bataille sanglante, aux premiers temps de l'Histoire, ne sont ni la nourriture, ni l'abri, ni la sécurité – mais le seul et pur prestige. Et c'est précisément parce que l'enjeu de la bataille n'est pas déterminé par la biologie que Hegel voit en lui la première lueur de liberté humaine.

Le désir de reconnaissance peut paraître de prime abord un concept peu familier, mais il est en réalité aussi ancien que la tradition de la philosophie politique occidentale et constitue en fait une partie intégrante de la personnalité humaine. Platon a été le premier à le décrire dans *La République*, lorsqu'il note que l'être humain est constitué de trois composantes : une partie désirante, une partie raisonnante et une partie qu'il appelait *thymos*, ou esprit de vie. Une bonne part du comportement humain peut s'expliquer par une combinaison des deux premiers éléments, le désir et la raison : le désir pousse les hommes à rechercher les choses situées en dehors d'eux-mêmes, cependant que la raison ou le calcul leur montrent le meilleur moyen de les obtenir. Mais en outre, l'homme cherche la reconnaissance de sa propre dignité ou du peuple ou des objets ou des principes que l'on investit de dignité. La propension à investir le moi d'une certaine *valeur*, et à exiger la reconnaissance de cette valeur correspond à ce que le langage courant actuel appellerait l'« estime de soi ». Cette propension à l'estime de soi naît de cette partie de l'être que Platon appelait *thymos*. Chez l'homme, cela ressemble à une sorte de sens inné de la justice. Les gens croient qu'ils ont une certaine valeur et si d'autres les traitent comme s'ils avaient une valeur moindre, ils éprouvent l'émotion de la *colère*. Inversement, lorsque les gens n'élèvent pas leur vie à la hauteur de ce qu'ils estiment être leur valeur, ils éprouvent de la *honte*; lorsque enfin ils sont évalués correctement en proportion de leur valeur, ils ressentent de la *fierté*. Le désir de reconnaissance et les émotions qui l'accompagnent – *colère, honte* et *fierté* – font partie intégrante de la vie de toute personnalité humaine. Selon Hegel, ce sont là les moteurs du processus historique tout entier.

Selon Hegel, le désir d'être reconnu comme être humain investi de dignité conduit l'homme du début de l'Histoire à des luttes à mort pour le prestige. L'issue de cette bataille est la division de la société humaine en deux classes : les « maîtres », qui n'ont pas hésité à risquer leur vie, et les « esclaves », qui y ont renoncé en raison de leur peur naturelle de la mort. Pourtant, cette relation du maître et de l'esclave – qui a connu une telle variété de formes dans toutes les sociétés inégalitaires et aristocratiques qui ont caractérisé la majeure partie de l'histoire humaine – a finalement échoué à satisfaire le désir de reconnaissance des maîtres comme celui des esclaves. L'esclave était évidemment nié en tant qu'être humain, sous toutes les formes possibles; mais la reconnaissance dont jouissaient les maîtres était également insuffisante, puisqu'ils n'étaient pas reconnus par leurs semblables, mais simplement par des esclaves, dont l'« humanité » était par définition incomplète. L'insatisfaction née de la reconnaissance imparfaite qu'offraient les sociétés aristocratiques constituait une « contradiction » qui devait engendrer les étapes suivantes de l'Histoire.

Hegel pensait que la « contradiction » inhérente à la relation du maître et de l'esclave avait été finalement dépassée par la Révolution française (à laquelle on aimerait ajouter l'Indépendance américaine). Ces deux révolutions démocratiques ont en effet aboli la distinction entre maître et esclave, en faisant des anciens esclaves leurs propres maîtres, par l'établissement des principes de souveraineté populaire et du règne de la Loi. La reconnaissance intrinsèquement inégale des maîtres et des esclaves est alors remplacée par une reconnaissance réciproque et universelle, dans laquelle chaque citoyen reconnaît la dignité et l'humanité de tout autre citoyen; cette dignité est reconnue à son tour par l'État grâce à la reconnaissance de certains *droits*.

Cette interprétation hégélienne de la signification de la démocratie libérale contemporaine diffère assez largement de l'interprétation anglo-saxonne qui a servi de fondement théorique au libéralisme dans des pays comme l'Angleterre ou les États-Unis. Selon cette tradition, la quête orgueilleuse de la reconnaissance devait être subordonnée à l'intérêt personnel bien compris – combinaison du désir et de la raison en termes platoniciens – et particulièrement au désir de la conservation de soi et de son corps. Hobbes, Locke et les « pères fondateurs » comme Jefferson et Madison pensaient que les droits existaient comme moyens de préserver une sphère privée où les hommes pouvaient s'enrichir et satisfaire la partie désirante de leur âme [3]; Hegel, par contre, voit les droits comme des fins en soi, parce que ce qui satisfait pleinement les êtres humains n'est pas tant la prospérité matérielle que la reconnaissance de leur statut et de leur dignité. Avec les révolutions de France et d'Amérique, Hegel jugeait que l'histoire touchait à sa fin parce que l'aspiration qui avait déterminé le processus historique – le « désir de reconnaissance » – était désormais satisfaite dans une société caractérisée par la reconnaissance universelle et réciproque. Aucun autre arrangement des institutions sociales humaines n'était mieux à même de satisfaire cette aspiration, donc aucun changement historique vers un progrès plus grand n'était désormais possible.

Le désir de reconnaissance – ou *thymos* – peut ainsi fournir le maillon manquant entre l'économie et la politique libérales, qui faisait défaut à l'explication économique de la deuxième partie. Le désir et la raison sont ensemble suffisants pour expliquer le processus d'industrialisation et une bonne partie de la vie économique plus généralement. Mais ils ne sauraient expliquer l'aspiration à la démocratie libérale, qui naît en dernière analyse du *thymos*, de cette partie de l'âme qui exige la reconnaissance. Les changements sociaux qui accompagnent l'industrialisation poussée – en particulier l'éducation universelle – paraissent libérer une exigence certaine de reconnaissance qui n'existait pas auparavant chez les gens plus pauvres et moins éduqués. Le niveau de vie s'élevant, les populations devenant de plus en plus cosmopolites et de mieux en mieux éduquées, et la société dans son ensemble réalisant une plus grande égalité des conditions, les gens ont commencé à réclamer non pas simplement davantage de pouvoir, mais aussi la reconnaissance de leur statut. Si les gens n'étaient rien de plus que désir et raison, ils se contenteraient de vivre dans des États autoritaires consacrés à l'économie de marché, comme l'Espagne sous Franco, la Corée du Sud ou le Brésil du temps des colonels. Mais ils ont aussi une composante « thymotique » dans leur estime d'eux-mêmes et cela les pousse à réclamer des gouvernements démocratiques qui les traitent en adultes et non plus en enfants, et qui reconnaissent leur autonomie d'individus libres. Si le communisme est actuellement supplanté par la démocratie libérale, c'est parce que l'on a compris qu'il ne procurait qu'une forme très imparfaite de reconnaissance.

Comprendre l'importance de ce désir de reconnaissance comme moteur de l'histoire nous permet alors de réinterpréter bon nombre de phénomènes qui nous paraissent familiers comme la culture, la religion, le travail, le nationalisme et la guerre. La quatrième partie s'efforce de le faire et de projeter dans le futur certaines des trajectoires différentes que le désir de reconnaissance révélera. Un croyant religieux, par exemple, recherche la reconnaissance de ses croyances ou de ses dieux particuliers, cependant qu'un nationaliste cherchera la reconnaissance pour son groupe linguistique, culturel ou ethnique particulier. Ces deux formes de reconnaissance sont moins rationnelles que la reconnaissance universelle de l'État libéral, parce qu'elles sont fondées sur des distinctions arbitraires entre sacré et profane, ou entre groupes sociaux humains. Pour cette raison, religion, nationalisme et « culture » – c'est-à-dire l'ensemble des habitudes et coutumes éthiques d'un peuple au sens large – ont été traditionnellement interprétés comme des obstacles à l'établissement d'institutions démocratiques réussies et d'économies de marché libres.

Pourtant, la réalité est beaucoup plus compliquée, car le succès de la politique et de l'économie libérales repose fréquemment sur des formes irrationnelles de reconnaissance que le libéralisme était précisément supposé abolir ou dépasser. Pour que la démocratie fonctionne, les citoyens ont besoin de développer une fierté irrationnelle dans leurs propres institutions démocratiques; ils doivent également développer ce que Tocqueville appelait l'« art de l'association », qui réside dans l'attachement orgueilleux à de petites communautés. Ces communautés sont fréquemment fondées sur la religion, le caractère ethnique, ou d'autres formes de reconnaissance qui sont très éloignées de la reconnaissance universelle sur laquelle l'État libéral est précisément fondé. La même remarque vaut pour l'économie libérale. Dans la tradition économique libérale de l'Occident, le travail est traditionnellement compris comme une activité essentiellement déplaisante, entreprise seulement en vue de satisfaire les désirs et de soulager les peines de l'homme. Mais dans certaines cultures à forte éthique laborieuse, telles que celle des « entrepreneurs » protestants qui ont créé le capitalisme européen, ou encore celle des élites qui ont modernisé le Japon après l'avènement de l'ère Meiji, le travail a été compris comme moyen de reconnaissance. A l'heure actuelle, l'éthique du travail dans de nombreux pays asiatiques n'est pas tant soutenue par des incitations matérielles que par la reconnaissance procurée en fonction de ce travail par les groupes sociaux imbriqués sur lesquels reposent ces sociétés. Ce phénomène suggère que l'économie libérale ne réussit pas simplement sur la base des principes libéraux, mais requiert également des formes irrationnelles de *thymos*.

La lutte pour la reconnaissance nous permet d'accéder aussi à la nature de la politique internationale. Le désir de reconnaissance qui entraîne à l'origine les combattants primitifs dans une bataille à mort pour le seul prestige conduit logiquement à l'impérialisme et à l'empire du monde. La relation du maître et de l'esclave au niveau domestique trouve naturellement sa réplique au niveau des États, où les nations dans leur ensemble cherchent la reconnaissance et entrent dans des conflits sanglants pour la suprématie. Le nationalisme, forme moderne – quoique non totalement rationnelle – de reconnaissance, a constitué le véhicule de cette lutte durant les siècles passés et la source des plus violents conflits de notre temps. C'est le monde de la « politique des puissances » tel que le décrivent les « réalistes » en politique étrangère, comme Henry Kissinger.

Mais si la guerre est fondamentalement provoquée par le désir de reconnaissance, il serait logique que la révolution libérale – qui abolit la relation du maître et de l'esclave en faisant des anciens esclaves leurs propres maîtres – eût des effets similaires sur les relations entre les États. La démocratie libérale remplace le désir irrationnel d'être reconnu comme plus grand que d'autres par le désir rationnel d'être reconnu comme leur égal. Un monde constitué de démocraties libérales devrait donc connaître beaucoup moins d'occasions de guerres puisque toutes les nations y reconnaîtraient réciproquement leur légitimité mutuelle. L'évidence empirique témoigne de fait que depuis deux cents ans, les démocraties libérales ne se comportent pas de manière impérialiste les unes envers les autres, même si elles sont parfaitement capables de faire la guerre à des États qui ne sont pas des démocraties et qui ne partagent pas leurs valeurs fondamentales. Le nationalisme est actuellement en plein essor dans des régions comme l'Europe de l'Est et l'Union soviétique, où l'on a longtemps refusé aux divers peuples leur identité nationale; même dans les plus vieilles et les plus calmes des nations, le nationalisme est en train d'évoluer. L'exigence de reconnaissance nationale en Europe de l'Ouest a été domptée et rendue compatible avec la reconnaissance universelle, un peu comme la religion il y a trois ou quatre siècles.

La cinquième et dernière partie de ce livre pose enfin la question de la « fin de l'Histoire » et de la créature qui naît à la fin, le « dernier homme ». Au cours de la discussion qui suivit l'article du *Nationl Interest*, beaucoup ont pensé que la possibilité de la fin de l'Histoire tournait en fait autour de la question suivante : y avait-il visiblement dans le monde actuel des alternatives viables à la démocratie libérale? La controverse se déchaîna aussi sur d'autres questions : le communisme était-il vraiment mort? la religion ou l'ultranationalisme pouvaient-ils revenir en force? etc. Mais la question la plus sérieuse et la plus profonde concerne la bonté de la démocratie libérale en elle-même, et pas seulement de savoir si elle réussira ou non à triompher de ses rivales actuelles. En supposant que la démocratie libérale soit pour l'instant à l'abri d'ennemis extérieurs, pouvons-nous affirmer que des sociétés démocratiques réussies pourraient le rester indéfiniment? Ou bien la démocratie libérale est-elle la proie de sérieuses contradictions internes, contradictions si graves qu'elles finiront par ruiner le système politique qu'elle constitue? Il est trop évident que les démocraties contemporaines affrontent beaucoup de problèmes délicats, depuis la drogue, le vagabondage et le crime jusqu'aux dommages infligés à l'environnement et à la frivolité du consumérisme. Mais ces problèmes ne sont manifestement pas insolubles sur la base des principes du libéralisme, ni si graves qu'ils doivent conduire inéluctablement à l'effondrement de la société dans son entier, comme on a vu le communisme s'effondrer à la fin des années 1980.

Alexandre Kojève, grand commentateur de Hegel au XXe siècle, a affirmé avec intransigeance que l'histoire s'est terminée parce que ce qu'il appelle « l'État universel et homogène » – pour nous, la démocratie libérale – a définitivement résolu la question de la reconnaissance en remplaçant la relation du maître et de l'esclave par la reconnaissance universelle et égale. Ce que l'homme a recherché durant le cours de l'histoire – et qui a déterminé les précédentes « étapes de l'histoire » – était la reconnaissance; dans le monde moderne, il a fini par la trouver et a été « totalement satisfait ». Cette assertion a été proclamée par Kojève avec le plus grand sérieux et nous devons de notre côté la prendre avec le même sérieux. Il est possible en effet de comprendre *le* problème de la politique pendant les millénaires de l'histoire humaine comme l'effort pour résoudre le problème de la reconnaissance. Celle-ci est le problème central de la politique parce qu'elle est à l'origine de la tyrannie, de l'impérialisme et du désir de domination. Pourtant, même si elle a une face obscure, elle ne saurait être simplement éradiquée de la vie politique, car elle est en même temps le fondement psychologique de qualités et de vertus comme le courage, l'esprit du bien public et la justice. Toutes les communautés politiques doivent faire appel au désir de reconnaissance, tout en se protégeant elles-mêmes de ses effets destructeurs. Si d'aventure un gouvernement constitutionnel trouvait une formule dans laquelle tous seraient reconnus de manière à éviter néanmoins l'émergence de la tyrannie, il aurait alors une prétention toute particulière à la stabilité et à la longévité parmi les régimes apparus sur la terre.

La reconnaissance accessible aux citoyens des démocraties libérales contemporaines est-elle toutefois « entièrement satisfaisante »? L'avenir à long terme de la démocratie libérale et les alternatives qui pourraient un jour se révéler à ce système dépendent par-dessus tout de la réponse à cette question. Dans la cinquième partie, nous esquissons deux réponses critiques, respectivement « de gauche » et « de droite ». La réponse de « gauche » pourrait dire que la reconnaissance universelle dans une démocratie libérale est nécessairement incomplète, parce que le capitalisme crée des inégalités économiques et requiert une division du travail qui engendre *ipso facto* une reconnaissance inégale. A cet égard, le niveau absolu de prospérité d'une nation ne fournit aucune solution, parce qu'il y aura toujours des citoyens relativement pauvres, donc littéralement invisibles en tant qu'êtres humains pour leurs concitoyens plus aisés. En bref, la démocratie libérale continue à reconnaître inégalement des gens qui sont égaux en principe.

La seconde critique de la reconnaissance universelle, plus pernicieuse selon moi, vient de la « droite », qui a été profondément affectée par les effets niveleurs de l'idéologie égalitaire de la Révolution française. Cette droite a trouvé son porte-parole le plus brillant avec le philosophe Frédéric Nietzsche, dont les conceptions ont été anticipées à certains égards par ce grand observateur des sociétés démocratiques que fut Alexis de Tocqueville. Nietzsche estimait que la démocratie moderne représentait non pas l'émancipation des anciens esclaves, mais la victoire inconditionnelle de ces mêmes esclaves, et incarnait une sorte de moralité servile. Le citoyen typique d'une démocratie libérale était bien ce « dernier homme », formé à l'école des fondateurs du libéralisme moderne, qui avait renoncé à l'orgueilleuse croyance en sa propre valeur supérieure en échange d'une confortable préservation de soi. La démocratie libérale produisait des « hommes sans courage », entièrement faits de désir et de raison, habiles à trouver de nouvelles manières de satisfaire un essaim de passions mesquines grâce au calcul de l'intérêt égoïste à long terme. Mais le dernier homme manquait complètement de *thymos*, ou du désir d'être reconnu plus grand que les autres, désir sans lequel aucune excellence, aucune perfection n'est possible. Satisfait de son bonheur et incapable de ressentir quelque honte que ce fût devant son incapacité à s'élever au-dessus de ses passions médiocres, le dernier homme cessait enfin d'être humain.

A la suite de Nietzsche, nous sommes amenés à poser les questions suivantes : l'homme que la reconnaissance universelle et égalitaire – et rien de plus – satisfait totalement n'est-il pas un peu moins qu'un être humain complet, voire un objet de mépris, un « dernier homme » sans vaillance ni aspiration ? N'y a-t-il pas une part de la personne humaine qui recherche délibérément la lutte, le danger, le risque et l'audace, et cette partie ne reste-t-elle pas insatisfaite par le mot d'ordre « paix et prospérité » de la démocratie libérale contemporaine ? La satisfaction de certains êtres humains ne dépend-elle pas d'une reconnaissance intrinsèquement inégalitaire ? Le désir d'une reconnaissance inégale ne constitue-t-il pas en effet le fondement d'une vie vivable, non pas simplement pour des sociétés aristocratiques périmées, mais aussi dans les démocraties libérales modernes? La survie future de celles-ci ne dépendra-t-elle pas, dans une certaine mesure, du degré selon lequel leurs citoyens chercheront à être reconnus non simplement comme égaux, mais bien comme supérieurs aux autres? Et la crainte de devenir de méprisables « derniers hommes » ne pourrait-elle pas conduire certains à s'affirmer de manière nouvelle et imprévue, au point de redevenir des « premiers hommes » semblables aux brutes primitives, engagés dans des luttes sanglantes – mais cette fois avec des armes redoutablement modernes?

Cet ouvrage cherche à poser ces questions. Elles viennent tout naturellement une fois que l'on s'est demandé s'il existe vraiment quelque chose comme le progrès, et si l'on peut bâtir une histoire universelle de l'humanité dotée d'une orientation et d'une cohérence. Les totalitarismes de droite comme de gauche nous ont trop occupés pour considérer sérieusement la dernière question à propos de la majeure partie de ce siècle; mais avec la fin de ce même siècle, l'affaiblissement de ces totalitarismes nous invite à reprendre ce vieux problème une fois encore.

PREMIÈRE PARTIE :

NOUVELLES QUESTIONS POUR UN VIEUX PROBLÈME

1

NOTRE PESSIMISME

> Un penseur aussi convenable et mesuré qu'Emmanuel Kant pouvait continuer de croire sérieusement que la guerre servait les desseins de la Providence. Après Hiroshima, nous savons désormais que toute guerre est – au mieux – un enfer nécessaire. Un théologien aussi pénétré que saint Thomas d'Aquin pouvait très sérieusement soutenir que les tyrans servaient les fins de la Providence, parce que s'il n'y avait pas eu de tyrans, il n'y aurait pas eu de martyrs. Après Auschwitz, celui qui utiliserait cet argument se rendrait coupable de blasphème [...]. Après ces événements épouvantables, qui se sont déroulés au cœur même du monde moderne éclairé et techniquement avancé, peut-on continuer de croire en un Dieu qui est nécessairement progrès ou encore en un Dieu qui manifeste Sa puissance sous la forme d'une Providence infiniment clairvoyante?
>
> Emile Fackenheim, *God's Presence in History* [1].

On peut avancer sans grand risque de se tromper que le XXe siècle a fait de nous tous des pessimistes profonds.

En tant qu'individus, nous pouvons garder notre « optimisme » sur nos perspectives de santé et de bonheur. Une tradition constante fait par exemple que les Américains ont la réputation de garder espoir dans leur avenir personnel. Mais lorsqu'on en vient aux questions plus vastes, comme de savoir s'il y a eu ou s'il y aura progrès dans l'histoire, le verdict est très sensiblement différent. Les esprits les plus mesurés et les plus sérieux de ce siècle n'ont discerné aucune raison pour penser que le monde se dirige dans son ensemble vers ce que nous considérons en Occident comme des institutions politiques décentes et humaines, c'est-à-dire la démocratie libérale. Nos plus profonds penseurs ont conclu qu'il n'existe rien qui ressemble à l'Histoire, c'est-à-dire à un ordre cohérent et sensé dans la vaste carrière des événements humains. Notre propre expérience nous a apparemment enseigné que le futur cache des diableries nouvelles et inimaginables plus certainement qu'autre chose, depuis les dictatures fanatiques et les génocides sanglants jusqu'à la banalisation de la vie par le consumérisme moderne, et que des désastres sans précédent nous attendent, depuis l'hiver nucléaire jusqu'au réchauffement général de la planète.

Le pessimisme du XXe siècle contraste fortement avec l'optimisme des siècles précédents. Bien que l'Europe eût commencé le XIXe siècle dans les convulsions de la Révolution et de la guerre généralisée, ce fut en gros un siècle de paix et d'accroissement sans précédent du bien-être général. L'optimisme avait alors deux raisons fondamentales. La première était la croyance que la science moderne améliorerait la vie humaine en effaçant la maladie et la pauvreté. La nature, vieil adversaire de l'homme, devait être maîtrisée par la technique moderne et contrainte de servir aux fins du bonheur de celui-ci. La seconde raison était que de libres gouvernements démocratiques allaient continuer de se répandre dans des pays toujours plus nombreux.

L'« esprit de 1776 » et celui de la Révolution française vaincraient les tyrans, les autocrates et les prêtres superstitieux du monde entier, et l'obéissance aveugle à l'autorité serait remplacée par une autonomie rationnelle dans laquelle tous les hommes, « libres et égaux en droit », obéiraient non plus à des maîtres mais à eux-mêmes. A la lumière de ce vaste mouvement vers la civilisation, même des guerres sanglantes comme celles de Napoléon pouvaient être interprétées par des philosophes comme débouchant sur des progrès sociaux, puisqu'elles favorisaient la diffusion du gouvernement républicain. Un grand nombre de théories, certaines sérieuses et d'autres moins, furent mises en avant pour expliquer comment l'histoire humaine constituait un tout cohérent, dont les vicissitudes pouvaient être comprises comme conduisant bon an mal an aux progrès de l'ère moderne. En 1880, un certain Robert Mackenzie était ainsi en mesure d'écrire :

> L'histoire humaine est l'enregistrement d'un progrès, l'enregistrement des connaissances qui s'accumulent et de la sagesse qui s'accroît, d'un continuel avancement depuis un degré inférieur jusqu'à un degré supérieur d'intelligence et de bien-être. Chaque génération transmet à la suivante les trésors dont elle a elle-même hérité, modifiés et enrichis de sa propre expérience, agrandis par les fruits de toutes les victoires qu'elle a remportées elles-mêmes [...]. La croissance du bien-être de l'homme, sauvé des malversations et des caprices des princes, est confiée à présent à la tutelle bénéfique de grandes lois providentielles [2].

A la rubrique « Torture », la fameuse onzième édition de l'*Encyclopaedia Britannica*, publiée en 1910-1911, expliquait que « l'ensemble de la question n'a plus qu'un intérêt historique, au moins en ce qui concerne l'Europe [3] ». A la veille même de la Première Guerre mondiale, le journaliste Norman Angell publiait son livre intitulé *The Great Illusion*, dans lequel il soutenait que la liberté du commerce avait rendu obsolète toute idée d'agrandissement territorial, et que la guerre était devenue économiquement irrationnelle [4].

Le pessimisme extrême de notre propre siècle est dû au moins partiellement à la cruauté avec laquelle ces attentes ont été déçues. La Première Guerre mondiale a remis en cause de manière fondamentale la confiance en soi de la vieille Europe. Elle a jeté à bas l'ancien ordre politique représenté par les monarchies autrichienne, allemande et russe, mais son impact le plus profond fut essentiellement d'ordre psychologique. Quatre années d'une boucherie atroce dans la guerre des tranchées, au cours de laquelle des dizaines de milliers d'hommes mouraient en un seul jour pour quelques mètres carrés de terrain dévasté, constituèrent, selon les mots de Paul Fussell, « une épouvantable contradiction au mythe " mélioriste " qui avait dominé la conscience publique pendant un siècle », inversant complètement l'« idée de progrès [5] ». Les vertus de loyauté, de travail acharné, de persévérance et de patriotisme furent mobilisées au service du massacre systématique et inutile d'autres hommes, discréditant du même coup le monde bourgeois qui avait créé ces valeurs [6]. Comme l'explique Paul, le jeune soldat héros d'*A l'Ouest, rien de nouveau*, « pour nous, garçons de dix-huit ans, [nos professeurs] auraient dû être les médiateurs et les guides vers le monde de la maturité, le monde du travail, du devoir, de la culture, du progrès – vers le futur... Mais le premier mort que nous vîmes ruina cette croyance ». Avec des mots repris depuis par les jeunes Américains durant la guerre du Viêt-nam, il concluait que « notre génération devait être plus éprouvée que les leurs [7] ». L'idée que le progrès industriel de l'Europe pouvait être détourné pour une guerre sans rédemption ni signification morale entraîna d'amères dénonciations de toutes les tentatives pour trouver de plus grands modèles ou leçons dans l'Histoire. Le célèbre historien anglais H.A.L. Fisher put ainsi écrire en 1934 : « Des hommes plus sages et plus cultivés que moi ont discerné dans l'histoire un tracé, un rythme, un schéma prédéterminé. Ces harmonies restent cachées à mes yeux : je ne puis voir qu'une urgence faisant suite à une autre, comme la vague suit la vague [8]. »

La Première Guerre mondiale ne fut en fin de compte qu'un avant-goût des nouvelles formes de diableries qui allaient rapidement apparaître. Si la science moderne permit la construction d'armes à la puissance destructrice sans précédent, comme la mitrailleuse ou le bombardier, la politique moderne créa une forme d'Etat au pouvoir également sans précédent, pour laquelle il fallut créer le mot nouveau de *totalitarisme*. Appuyés par des polices puissantes et efficaces, des partis politiques de masse et des idéologies radicales qui cherchaient à contrôler tous les aspects de la vie humaine, les Etats de ce type se lancèrent dans des projets qui ne comportaient rien moins que la domination du monde. Les génocides perpétrés par les régimes totalitaires de l'Allemagne hitlérienne et de la Russie stalinienne furent sans précédent dans l'histoire humaine et ne furent rendus possibles à plus d'un titre que par la modernité elle-même [9]. On avait évidemment connu bien des tyrannies sanglantes avant le XXe siècle, mais Hitler et Staline mirent la technique et l'organisation politique modernes au service du Mal. Il avait été auparavant au-delà des capacités techniques des tyrannies « traditionnelles » d'envisager quelque chose d'aussi ambitieux que l'élimination d'une *catégorie* entière de gens comme les juifs d'Europe ou les koulaks d'Union soviétique. Mais cet objectif devint réalisable précisément grâce aux progrès techniques et sociaux du siècle précédent. Les guerres provoquées par ces totalitarismes furent aussi d'un type nouveau, impliquant la destruction massive des populations civiles et des ressources économiques, d'où le terme de « guerre totale ». Pour se défendre contre ces menaces, les démocraties libérales elles-mêmes durent avoir recours à des stratégies de terreur militaire comme les bombardements de Dresde ou d'Hiroshima, qui auraient mérité le nom de génocides barbares aux époques précédentes.

Les théories du progrès au XIXe siècle associaient le mal de l'humanité à un état arriéré de développement social. Mais, si le stalinisme se déchaîna dans un pays arriéré et semi-européen, toujours connu pour son gouvernement despotique, l'Holocauste se produisit dans un pays qui connaissait l'économie industrielle la plus avancée d'Europe et l'une des populations les plus cultivées et les mieux éduquées. Si de tels événements avaient pu se produire en Allemagne, pourquoi ne pourraient-ils pas le faire dans d'autres pays avancés? Et si le développement économique, l'éducation et la culture n'étaient pas des garanties contre un phénomème comme le nazisme, quel était le sens du progrès historique [10]?

L'expérience du XXe siècle rendit éminemment problématiques les prétentions au progrès fondé sur la science et la technologie. La capacité de celles-ci à améliorer la vie humaine dépend étroitement d'un progrès moral parallèle en l'homme. Sans ce dernier, la puissance de la technologie évoluera simplement vers des objectifs condamnables et l'humanité sera *pire* qu'elle ne l'était auparavant : « Science sans conscience n'est que ruine de l'âme. » Les « guerres totales » du XXe siècle n'auraient pas été possibles sans les avancées fondamentales de la révolution industrielle : fer, acier, moteur à explosion et avion. Depuis Hiroshima, l'humanité a vécu dans l'ombre menaçante du plus terrifiant de tous les progrès technologiques, celui des armes nucléaires. La fantastique croissance économique rendue possible par la science moderne a aussi son côté obscur, puisqu'elle a mis sérieusement en péril l'environnement dans de nombreux endroits de la planète et augmenté la possibilité d'une catastrophe écologique à l'échelle du globe. On entend souvent affirmer que les technologies mondiales de l'information et la possibilité de communications instantanées ont aidé à diffuser les idéaux démocratiques, comme dans le cas de la diffusion par C.N.N., en 1989, de l'occupation de la place Tien An Men, ou des révolutions en Europe de l'Est vers la fin de la même année. Mais les techniques de communication en elles-mêmes sont neutres sur le plan des valeurs. Les idées réactionnaires de l'ayatollah Khomeyni ont été introduites en Iran bien avant 1978, grâce aux magnétophones à cassette que la modernisation économique du shah avait rendus accessibles au plus grand nombre. Si la télévision et les communications instantanées à l'échelle du globe avaient existé dans les années 1930, elles auraient été utilisées massivement par les propagandistes nazis comme Leni Riefenstahl et Joseph Goebbels pour promouvoir leur idéologie plutôt que des idéaux démocratiques.

Les événements traumatisants du XXe siècle ont ainsi formé la toile de fond d'une profonde crise intellectuelle. On ne peut en effet parler de progrès historique que si l'on sait vers où l'humanité se dirige. La plupart des Européens du XIXe siècle pensaient que « progrès » signifiait progrès vers la démocratie, mais pour la majeure partie de notre siècle, aucun consensus ne s'est dégagé sur cette question. La démocratie libérale a eu comme concurrentes deux idéologies rivales – le fascisme et le communisme – qui proposaient des visions radicalement différentes de la société idéale. Les peuples de l'Occident en sont venus à se demander si la démocratie libérale était vraiment une aspiration générale de toute l'humanité, et si leur conviction qu'il en était ainsi ne relevait pas en fait – de leur part – d'un ethnocentrisme étroit. Confrontés au monde non européen, d'abord comme colonisateurs, puis comme protecteurs durant la guerre froide, enfin comme théoriquement égaux dans un monde d'Etats-nations souverains, les

Européens se posèrent finalement la question de l'universalité réelle de leurs idéaux. La folie autodestructrice et proprement suicidaire des Etats européens au cours des deux guerres mondiales fit mentir la notion de supériorité rationnelle de l'Occident, et la distinction entre « civilisé » et « barbare », propre aux Européens du XIXe siècle, devint difficile à maintenir après les camps d'extermination nazis. Au lieu d'une histoire humaine unique orientée dans une seule direction, il semblait désormais y avoir autant d'objectifs que de peuples ou de civilisations, la démocratie libérale ne jouissant parmi eux d'aucun privilège statutaire.

L'une des manifestations les plus évidentes du pessimisme de notre époque fut la croyance quasi universelle en la permanence d'une solide alternative totalitaire et communiste à la démocratie libérale de type occidental. Alors qu'il était secrétaire d'Etat dans les années 1970, Henry Kissinger avertissait ses compatriotes en ces termes : « Aujourd'hui, pour la première fois de notre histoire, nous devons admettre la réalité que le défi [communiste] est *sans fin*... Nous devons apprendre à mener notre politique étrangère comme les autres nations ont eu à la conduire – sans échappatoire et sans répit... *Cet état de choses ne disparaîtra pas* [11]. » Selon Kissinger, il était utopique d'essayer de réformer les structures politiques et sociales fondamentales des puissances hostiles comme l'U.R.S.S. La maturité politique signifiait l'acceptation du monde tel qu'il était et non tel que l'on aurait souhaité qu'il fût, ce qui impliquait de négocier avec la Russie de Brejnev. Même si l'on pouvait tempérer le conflit entre le communisme et la démocratie, il ne fallait jamais perdre totalement de vue la possibilité de l'apocalypse nucléaire.

Les conceptions de Kissinger étaient loin d'être isolées. Presque tous les professionnels et les spécialistes de la politique étrangère croyaient en la permanence du communisme; son effondrement à l'échelle mondiale, à la fin de la décennie 1980, a surpris presque tout le monde. Cette absence de clairvoyance ne fut pas simplement une affaire de dogme idéologique interférant avec une vue « dépassionnée » des événements; elle affecta la totalité de l'échiquier politique, de la droite à la gauche en passant par le centre, les journalistes aussi bien que les universitaires, et les politiciens de l'Est comme ceux de l'Ouest [12]. Les origines de cet aveuglement si généralisé furent bien plus profondes que le simple esprit de parti et se situent en fait dans l'extraordinaire pessimisme historique né des événements de notre siècle.

Tout récemment encore, en 1983, Jean-François Revel déclarait que « la démocratie, après tout, pourrait bien se révéler n'avoir été qu'un accident de l'histoire, une brève parenthèse qui est en train de se refermer sous nos yeux [13]... » La droite, évidemment, n'avait jamais cru que le communisme eût obtenu un quelconque degré de légitimité aux yeux des populations qu'il contrôlait, et voyait très clairement les échecs économiques des sociétés « socialistes ». Mais la majeure partie de cette même droite croyait qu'une « société ratée » comme l'Union soviétique avait néanmoins trouvé la clef du pouvoir absolu grâce à l'invention du totalitarisme léniniste, moyennant quoi un petit groupe de « dictateurs-bureaucrates » pouvait maintenir le pouvoir d'une organisation et d'une technologie modernes, et gouverner des populations immenses plus ou moins indéfiniment. Le totalitarisme avait réussi non seulement à intimider les populations assujetties, mais encore à les contraindre d'intérioriser les valeurs de leurs maîtres communistes. Ce fut l'une des distinctions que Jeanne Kirkpatrick traça, dans son article fameux de 1979, entre les régimes autoritaires traditionnels de droite et les totalitarismes radicaux de gauche. Tandis que les premiers « laissaient en place les dispositifs existants de richesse, de pouvoir et de statut », et « honoraient les dieux traditionnels et respectaient les tabous traditionnels », les seconds cherchaient à « revendiquer la juridiction sur l'ensemble de la société » et violaient si nécessaire « les valeurs intérieures et les coutumes ». Par opposition à un Etat « simplement » autoritaire, un Etat totalitaire était en mesure de contrôler les fondements mêmes de la société, si rigoureusement qu'il était essentiellement invulnérable au changement ou à la réforme : ainsi, « l'histoire de notre siècle ne donne aucune raison d'espérer que les régimes totalitaires radicaux se transformeront eux-mêmes [14] ».

Ce qui sous-tendait cette croyance dans le dynamisme des Etats totalitaires était un manque de confiance profond en la démocratie. Ce manque de confiance se manifestait chez Kirkpatrick par l'idée que bien peu des pays alors « non démocratiques » du tiers monde seraient capables de se démocratiser avec succès – la possibilité de démocratisation d'un régime communiste étant entièrement écartée –, et chez Revel par l'idée que les démocraties solidement établies d'Europe et d'Amérique du Nord n'avaient ni la force ni la conviction intérieures pour se défendre elles-mêmes. Enumérant les multiples conditions économiques, sociales et culturelles pour une démocratisation réussie, Kirkpatrick critiquait comme typiquement américaine l'idée qu'il était possible de démocratiser les gouvernements partout et à toutes les époques. L'idée qu'il pût exister un pôle démocratique dans le tiers monde était un piège et une illusion; l'expérience enseignait que le monde était divisé entre autoritarismes de droite et totalitarismes de gauche. Revel, pour sa part, renouvelle sous une forme beaucoup plus radicale les critiques faites originellement par Tocqueville, selon lesquelles les démocraties ont les plus grandes difficultés à soutenir des politiques extérieures sérieuses et à long terme [15]. Elles sont en effet entravées par leur nature même de démocratie, c'est-à-dire par la pluralité des avis, le doute et l'autocritique qui caractérisent le débat démocratique. Ainsi, « dans l'état actuel des choses, des causes relativement minimes de mécontentement usent, troublent, déstabilisent et paralysent même les démocraties, plus vite et plus profondément que la famine effroyable et la pauvreté constante ne le font pour les régimes communistes, dont les sujets n'ont ni droits réels ni moyens de redresser les torts qui leur sont faits. Les sociétés dont la critique permanente est une partie intégrante sont les seules vivables, mais ce sont aussi les plus fragiles [16] ».

La gauche arrivait à des conclusions semblables par une route différente. Dans les années 1980, la plupart des opinions « progressistes » d'Europe et d'Amérique ne croyaient plus que le communisme à la soviétique incarnait *leur* futur, comme beaucoup l'avaient fait jusqu'à la fin de la Seconde Guerre mondiale. Mais il persistait à gauche une croyance en la légitimité du marxisme-léninisme pour les *autres* peuples, une légitimité qui croissait habituellement en proportion de l'éloignement géographique et culturel. Si le communisme à la soviétique n'était pas nécessairement un choix réaliste pour les peuples d'Angleterre ou des Etats-Unis, il était considéré comme une authentique alternative pour les Russes, avec leurs traditions d'autocratie et de contrôle centralisé, pour ne rien dire des Chinois qui s'étaient prétendument tournés vers lui pour surmonter un héritage de domination étrangère, d'arriération et d'humiliation. Le même argument valait pour les Cubains et les Nicaraguayens, anciennes victimes de l'impérialisme américain, et pour les Vietnamiens, chez qui le communisme était considéré virtuellement comme une tradition nationale. Beaucoup de gens de gauche partageaient l'opinion qu'un régime socialiste radical pouvait se légitimer de lui-même dans le tiers monde, même en l'absence d'élections libres et d'opposition constituée, en engageant des réformes agraires, en fournissant l'assistance médicale gratuite et en élevant le niveau d'alphabétisation de la population. Sur ces bases, il n'est pas surprenant qu'il y ait eu si peu de gens à gauche pour prédire l'instabilité révolutionnaire dans le bloc soviétique ou en Chine.

Vers la fin de la guerre froide, la croyance en la légitimité et la permanence du communisme revêtit même un bon nombre de formes bizarres. Un spécialiste éminent de l'U.R.S.S. soutint sérieusement que le système soviétique avait réalisé sous Brejnev ce qu'il appelait « le pluralisme institutionnel », et que « l'hégémonie soviétique [semblait] avoir rapproché l'Union soviétique du modèle pluraliste de la science politique américaine davantage que les Etats-Unis [17]... » Avant Gorbatchev, la société soviétique n'était « pas inerte et passive, mais participante, à presque tous les sens du terme », avec une proportion de citoyens « prenant part » à la vie politique plus grande en Union soviétique qu'aux Etats-Unis [18]. Le même genre d'analyse se retrouvait à propos de l'Europe de l'Est, où malgré le caractère manifestement imposé du communisme, beaucoup de spécialistes ne voyaient qu'une stabilité sociale vraiment remarquable. L'un d'eux affirmait ainsi en 1987 : « [...] Si nous devions comparer maintenant [les Etats d'Europe de l'Est] à beaucoup d'autres pays du monde (par exemple à bon nombre d'Etats d'Amérique latine), ils nous paraîtraient assurément comme des modèles de stabilité »; le même spécialiste critiquait par conséquent l'image traditionnelle « d'un parti " illégitime " [...] maintenant sous la contrainte une population nécessairement hostile et incrédule ».

Certaines de ces conceptions représentaient simplement la projection d'un passé récent dans le futur, mais bon nombre d'entre elles reposaient sur un jugement concernant la *légitimité* du communisme à l'Est. Malgré tous leurs problèmes réels, les dirigeants communistes avaient réussi à élaborer avec leurs populations un « contrat social » que le proverbe satirique soviétique résume ainsi : « Ils font semblant de nous payer et nous faisons semblant de travailler. » Ces régimes n'avaient ni productivité ni dynamisme, mais étaient réputés gouverner avec une certain degré de consentement de la part de leurs populations, puisqu'ils leur fournissaient la sécurité et la stabilité [20]. Samuel Huntington, spécialiste de sciences politiques, écrivait en 1968 :

> Les Etats-Unis, la Grande-Bretagne et l'Union soviétique ont des formes différentes de gouvernement, mais dans les trois systèmes, le gouvernement gouverne. Chaque pays est une communauté politique dotée d'un consensus prépondérant dans la population sur la légitimité du système politique. Dans chaque pays, les citoyens et leurs chefs partagent la même vision de l'intérêt de la société, et des traditions et des principes sur lesquels la communauté politique est fondée [21].

Huntington ne nourrissait aucune sympathie particulière pour le communisme, mais croyait que le poids de l'évidence nous forçait de conclure qu'il avait réussi à gagner un certain degré d'approbation populaire avec les années écoulées.

Le pessimisme actuel touchant la possibilité de progrès dans l'histoire est né de deux crises distinctes mais parallèles : la crise politique du XXe siècle et la crise intellectuelle du rationalisme occidental. La première a tué des dizaines de millions de personnes et forcé des centaines de millions d'autres à vivre sous des formes nouvelles et plus brutales d'esclavage; la seconde a laissé la démocratie libérale sans les ressources intellectuelles nécessaires pour se défendre elle-même. Les deux ont été liées et ne peuvent se comprendre séparément. D'un côté en effet, le manque de consensus intellectuel a rendu les guerres et les révolutions de notre siècle plus idéologiques, donc plus violentes qu'elles ne l'auraient été autrement : les révolutions russe et chinoise et les conquêtes nazies durant la Seconde Guerre mondiale ont vu le retour, sous une forme amplifiée, des sauvageries brutales caractéristiques des guerres de religion du XVIe siècle, parce que ce n'étaient pas seulement des territoires et des ressources qui étaient en jeu, mais bien les système de valeurs et les modes de vie de populations entières. D'un autre côté, la violence de ces conflits engendrés par l'idéologie et leurs terrifiants résultats ont eu un effet dévastateur sur la confiance en elles-mêmes des démocraties libérales, dont l'isolement dans un monde de régimes autoritaires et totalitaires ont entraîné de sérieux doutes sur l'universalité des notions libérales de droit.

Pourtant, malgré les puissants motifs de pessimisme que nous donne notre expérience de la première moitié de ce siècle, les événements survenus au cours de sa seconde moitié ont révélé de nouvelles orientations, très différentes et inattendues. A l'aube de la dernière décennie du XXe siècle, le monde considéré dans son ensemble n'a pas connu de nouveaux désastres et il s'est même *amélioré* sur certains points bien précis. La principale de ces surprises, ainsi qu'on l'a dit plus haut, a été l'effondrement totalement inattendu du communisme dans presque tous les pays du monde à la fin des années 1980. Si frappante qu'ait été cette évolution, elle n'a constitué qu'une partie d'un plus vaste processus qui a pris forme depuis la Seconde Guerre mondiale. Les dictatures autoritaires de toutes sortes, aussi bien à droite qu'à gauche, se sont peu à peu effondrées [22]. Dans certains cas, l'effondrement a conduit à l'établissement de démocraties libérales stables et prospères. Dans d'autres cas, les régimes autoritaires ont été suivis par l'instabilité politique, ou par d'autres formes de dictatures. Quel qu'ait été pourtant le succès des démocraties naissantes, les régimes autoritaires de tout bord ont connu des crises sévères dans presque toutes les parties du monde, et si la principale nouveauté politique du début du

XXe siècle avait été l'installation d'Etats totalitaires en Allemagne et en Russie, les dernières décennies ont révélé par contre une étonnante faiblesse dans leur structure centrale. Cette faiblesse, si massive et si inattendue, suggère que les leçons pessimistes de l'histoire prétendument imposées par notre siècle ont besoin d'être repensées d'une manière radicalement nouvelle.

2

LA FAIBLESSE DES ÉTATS FORTS – I

La crise actuelle des Etats autoritaires n'a pas commencé avec la *perestroïka* de Gorbatchev ou la chute du mur de Berlin. Elle a commencé en fait il y a dix-sept ans, avec l'effondrement d'une série de régimes autoritaires de droite dans l'Europe méridionale. En 1974, le régime de Caetano (héritier de Salazar) au Portugal a été chassé par un coup d'Etat militaire. Après une période d'instabilité et de menace de guerre civile, le socialiste Mario Soares a été élu Premier ministre en avril 1976, et le pays a été gouverné démocratiquement et pacifiquement depuis lors. Les colonels qui gouvernaient la Grèce depuis 1967 ont été chassés cette même année 1974, cédant la place au régime plébiscité de Constantin Caramanlis. En 1975, le général Francisco Franco est mort en Espagne après une longue dictature, ouvrant ainsi la voie à une transition remarquablement pacifique vers la démocratie deux ans plus tard. Pour compléter le tableau, les militaires turcs ont pris le contrôle de leur pays, en septembre 1980, pour lutter contre le terrorisme dans lequel il était en train de sombrer, mais rendirent le pouvoir au gouvernement civil en 1983. Depuis lors, tous ces pays ont eu des élections à peu près régulières, libres et multipartites.

Le bouleversement de l'Europe méridionale en moins d'une décennie a été remarquable. Ces pays étaient en effet considérés auparavant comme les brebis galeuses de l'Europe ; ils semblaient condamnés par leurs traditions religieuses et autoritaires à rester à l'écart du courant démocratique de l'Europe occidentale et de son développement. Or dès les années 1980, chacun d'eux – à l'exception peut-être de la Turquie – avait effectué sa transition vers une démocratie stable et effective, si stable en fait que leurs habitants pouvaient à peine imaginer que la situation ait pu être autre.

Un même ensemble de transitions vers la démocratie se réalisa en Amérique latine durant la décennie 1980. Cela commença en 1980 par la restauration d'un gouvernement démocratiquement élu au Pérou, après douze années de pouvoir militaire. La guerre des Malouines, en 1982, précipita la chute de la junte militaire en Argentine et l'arrivée du gouvernement Alfonsin, démocratiquement élu. La transition effectuée par l'Argentine fut rapidement suivie par d'autres pays latino-américains, avec la fin des régimes militaires en Uruguay et au Brésil, en 1983 et 1984 respectivement. A la fin de la décennie, les sombres dictatures de Stroessner au Paraguay et de Pinochet au Chili avaient cédé la place à des gouvernements élus par le peuple et, au début des années 1990, même le gouvernement sandiniste du Nicaragua était tombé devant une coalition conduite par Violetta Chamorro, au cours d'élections libres. De nombreux observateurs étaient moins confiants dans la permanence des nouvelles démocraties américaines que dans celui des nouveaux régimes d'Europe méridionale. La démocratie a toujours été un régime éphémère dans cette région du globe et presque tous les nouveaux régimes étaient en proie à des crises économiques aiguës, dont l'élément le plus flagrant était le problème de la dette extérieure. En outre, des pays comme le Pérou et la Colombie devaient faire face à des luttes intérieures contre la guérilla et la drogue. Néanmoins, ces nouvelles démocraties se sont révélées remarquablement résistantes, comme si leur ancienne expérience de la dictature les avait vaccinées contre un retour trop facile au régime militaire. Le fait est que, partant de la situation des années 1970, où seuls quelques Etats peu nombreux d'Amérique latine étaient démocratiques, on est arrivé à la situation actuelle, où Cuba et le Surinam sont les seuls pays de l'hémisphère occidental à ne pas tolérer des élections raisonnablement libres.

L'Asie du Sud-Est a connu des développements comparables. En 1986, la dictature du président Marcos fut remplacée aux Philippines par le régime de la présidente Corazón Aquino, portée au pouvoir par une immense vague de soutien populaire. L'année suivante, le général Chun quitta le pouvoir en Corée du Sud et permit l'élection du président Roh Tae-woo. Si le système politique taiwanais ne fut pas réformé de manière aussi radicale, un ferment démocratique actif agita les profondeurs de la société après la mort de Chiang Ching-Kuo en janvier 1988. Avec l'effacement progressif d'une bonne partie de l'ancienne garde du Guomindang, d'autres secteurs de la société taiwanaise entrèrent au Parlement national, parmi lesquels de nombreuses personnes nées à Taiwan. Pour finir, le gouvernement autoritaire de la Birmanie a été ébranlé par des courants prodémocratiques.

En février 1990, le gouvernement afrikaner dirigé par F.W. De Klerk annonça en Afrique du Sud la libération de Nelson Mandela et la fin de la mise hors la loi du Congrès national africain (A.N.C.) et du Parti communiste sud-africain. Il inaugurait ainsi une période de négociations sur une transition vers un partage du pouvoir entre les Noirs et les Blancs, voire un éventuel gouvernement de la majorité noire.

Rétrospectivement, nous avons eu de la difficulté à percevoir la profondeur exacte des crises auxquelles se trouvèrent confrontées les dictatures, par suite d'une croyance erronée en la capacité des régimes autoritaires à se perpétuer, ou plus généralement, en la viabilité des Etats forts. Dans une démocratie libérale, l'Etat est par définition faible : la préservation de la sphère des droits individuels implique une limitation précise de son pouvoir. Par contraste, les régimes autoritaires de droite et de gauche ont toujours cherché à utiliser l'emprise de l'Etat sur la sphère des intérêts individuels et à la maîtriser étroitement, pour différents objectifs, que ce soit pour édifier une force militaire, pour promouvoir un ordre social égalitaire ou pour provoquer une croissance économique rapide. Ce qui était perdu dans le domaine de la liberté individuelle devait être compensé sur le plan de l'intérêt national.

La faiblesse critique qui finit par faire basculer ces Etats forts fut en dernière analyse un manque de légitimité, c'est-à-dire en fait une crise sur le plan des idées. La légitimité n'est pas la justice ou le droit pris dans un sens absolu; c'est un concept relatif qui n'existe que dans la perception subjective du peuple. Tous les régimes capables d'une action effective sont obligatoirement fondés sur quelque principe de légitimité [1]. Un dictateur qui gouverne purement « par la force », comme on le dit communément de Hitler, n'existe pas : un tyran peut gouverner ses enfants, des vieillards, ou peut-être sa femme s'il est physiquement plus fort qu'eux, mais il n'est pas vraisemblable qu'il puisse régir ainsi plus de deux ou trois personnes – et certainement pas une nation de plusieurs millions d'habitants [2]. Lorsque nous disons qu'un dictateur comme Hitler gouvernait « par la force », nous entendons signifier par là que les soutiens de Hitler – le parti nazi, la Gestapo et la Wehrmacht – étaient capables d'intimider physiquement une grande partie de la population; mais qu'est-ce qui rendait ces gens-là loyaux à leur *Führer*? Certainement pas sa capacité à les intimider physiquement : en dernier ressort, ce lien reposait sur leur croyance en la légitimité de son autorité. Il en va de même pour le plus modeste et le plus corrompu des chefs de la mafia : il ne pourrait pas être un *capo* si sa « famille » n'acceptait pas, pour certaines raisons, sa « légitimité ». Comme Socrate l'explique dans *La République* de Platon, même dans une bande de voleurs il doit y avoir quelque principe de justice qui leur permet de partager leur butin. La légitimité est ainsi cruciale, même pour le plus injuste et le plus sanglant des dictateurs.

Il n'est visiblement pas besoin pour un régime d'établir la légitimité de son autorité aux yeux de la majeure partie de sa population afin de survivre. Les exemples contemporains sont multiples, de dictatures minoritaires, farouchement haïes par de vastes couches de leur population, mais qui réussissent à se maintenir au pouvoir pendant des décennies : tels sont par exemple les cas du régime à prédominance alaouite qui règne en Syrie, ou de la faction ba'assiste de Saddam Hussein qui gouverne en Irak. Il va sans dire que les diverses oligarchies et juntes militaires de l'Amérique latine ont gouverné sans le soutien des masses populaires. Un défaut de légitimité aux yeux de la population ne provoque pas de crise de légitimité pour le régime lui-même, jusqu'à ce qu'il commence d'affecter les élites qui lui sont attachées, et tout particulièrement celles qui détiennent le monopole des pouvoirs de coercition : parti dirigeant, forces armées et police. Lorsqu'on parle de crise de légitimité dans un système autoritaire, on parle en fait de crise à l'intérieur de ces élites dont la cohésion est indispensable au régime pour qu'il fonctionne effectivement.

La légitimité d'un dictateur peut avoir des origines diverses, depuis la loyauté personnelle d'une armée entourée de prévenances, jusqu'à l'idéologie élaborée qui justifie son droit à gouverner. Dans notre siècle, la tentative systématique la plus importante pour établir un principe de légitimité cohérent, orienté à droite, non démocratique et non égalitaire, a été le fascisme. Celui-ci n'était pas une doctrine « universelle » comme le libéralisme ou le communisme, dans l'exacte mesure où il refusait l'existence d'une humanité commune ou l'égalité des droits entre les hommes. L'ultranationalisme fasciste soutenait que la suprême source de légitimité était la race ou la nation, spécifiquement le droit de certaines « races de seigneurs » – comme celle des Allemands – à diriger les autres peuples. Le pouvoir et la volonté de puissance étaient élevés au-dessus de la raison ou de l'égalité et considérés par eux-mêmes comme des titres au gouvernement des nations. L'affirmation nazie de la supériorité raciale des Allemands devait nécessairement être prouvée par des conflits avec les autres cultures « inférieures » : la guerre était donc une condition normale plutôt que pathologique.

Le fascisme ne dura jamais assez longtemps pour connaître une crise interne de légitimité, mais il fut vaincu par la force des armes.

Hitler et les fidèles qui lui restaient allèrent à la mort dans leur bunker de Berlin en croyant jusqu'au dernier moment en la justesse de la cause nazie et en l'autorité légitime du *Führer*. La séduction du fascisme fut ruinée *rétrospectivement* aux yeux de la majorité des gens par suite de cette défaite [3]. Hitler avait fondé sa revendication de légitimité sur la promesse d'une domination mondiale : au lieu de cela, les Allemands connurent des destructions épouvantables et l'occupation par des races supposées inférieures. Le fascisme était terriblement séduisant – pas seulement pour les Allemands, du reste, mais pour beaucoup de peuples de la terre – lorsqu'il était question de parades aux flambeaux et de victoires sans coup férir; mais il fut beaucoup moins attirant lorsque son militarisme inhérent fut mené à sa conclusion logique. Le fascisme souffrait, pourrait-on dire, d'une contradiction interne : l'accent mis sur le militarisme et sur la guerre le conduisit inéluctablement à un conflit suicidaire avec le système international. Aussi n'a-t-il jamais constitué un rival sérieux pour la démocratie libérale depuis la fin de la Seconde Guerre mondiale.

On peut se demander évidemment ce que serait aujourd'hui un fascisme « légitimé » si Hitler n'avait pas été vaincu militairement. La contradiction interne du fascisme va en fait bien plus loin que le caractère inéluctable de sa défaite devant le système international : même si Hitler était sorti victorieux du conflit, le fascisme aurait perdu sa *raison d'être* intime, dans la paix de l'empire universel où la « race des seigneurs » de la nation allemande n'aurait plus pu s'affirmer par la guerre et la conquête.

Après la défaite de Hitler, il ne resta comme alternative de droite à la démocratie libérale qu'un groupe de dictatures militaires persistantes, mais finalement non systématiques. La plupart de ces régimes n'avaient pas de visée plus haute que la préservation de l'ordre social traditionnel. Leur principale faiblesse était justement le manque de fondement plausible à long terme de leur légitimité. Aucune ne fut capable de formuler, comme Hitler l'avait fait, une doctrine cohérente de la Nation qui pût justifier la perpétuation du gouvernement autoritaire. Toutes durent accepter le *principe* de la démocratie et de la souveraineté populaire et prétendre que, pour différentes raisons, leurs pays respectifs n'étaient pas prêts pour la démocratie, à cause des menaces du communisme, ou du terrorisme, ou des erreurs économiques du régime démocratique précédent. Chacune de ces dictatures dut se justifier par son caractère de transition, sur la voie du retour à la démocratie qui était, disaient-elles régulièrement, leur objectif ultime [4].

La faiblesse entraînée par le manque de source cohérente de légitimité ne provoqua pas l'effondrement rapide ou inéluctable des gouvernements autoritaires de droite. Les régimes démocratiques d'Amérique latine et d'Europe méridionale avaient aussi de sérieuses faiblesses quant à leur capacité de traiter tout un ensemble de problèmes économiques et sociaux fort sérieux [5]. Bien peu avaient été capables d'engendrer une croissance économique rapide et beaucoup furent frappés de la plaie du terrorisme. Pourtant, le manque de légitimité devint une source critique de faiblesse pour les régimes autoritaires de droite, lorsque ces régimes – comme cela se produisit presque immanquablement – eurent à affronter une crise ou un échec dans tel ou tel domaine de la politique. Les régimes légitimes disposent d'un capital de bonne volonté et de sympathie qui fait pardonner leurs erreurs à court terme, même si elles sont graves; toute faute peut être « expiée » symboliquement par le renvoi du Premier ministre ou du cabinet. Dans les régimes illégitimes, l'échec détermine et accélère le plus souvent un renversement du régime lui-même.

Le Portugal en offre un bon exemple. La dictature du « docteur » Antonio de Oliveira Salazar et de son successeur, Marcello Caetano, jouissait d'une apparente stabilité qui avait amené certains observateurs à décrire le peuple portugais comme frappé d'une « mélancolie passive, fataliste et infinie [6] ». Comme les Allemands et les Japonais avant eux, les Portugais montrèrent la fausseté des analyses des observateurs occidentaux qui estimaient qu'ils n'étaient pas prêts pour la démocratie. La dictature de Caetano tomba en avril 1974 lorsque ses propres militaires se retournèrent contre elle et formèrent le *Movimento das forças armadas* (M.F.A. [7]). Leur motif immédiat fut la guerre sans espoir dans laquelle le Portugal s'enlisait en Afrique, qui engloutissait le quart du budget de l'Etat et les énergies d'une grande partie de l'armée. La transition vers la démocratie ne fut pas de tout repos, parce que le M.F.A. n'était pas unanime à propos des idées démocratiques. Une bonne partie du corps des officiers était en outre influencée par le Parti communiste portugais d'Alvaro Cunhal, de stricte obédience stalinienne. Mais par contraste avec les années 1930, le centre et la droite démocratiques montrèrent une résistance inattendue : après une période tumultueuse et des troubles sociaux importants, le parti socialiste modéré de Mario Soares remporta la majorité des voix aux élections d'avril 1976 – avec le concours non négligeable d'un bon nombre d'organisations extérieures allant du S.P.D. allemand à la C.I.A. américaine. Mais ce coup de pouce serait resté sans effet si le Portugal n'avait pas possédé une société civile étonnamment forte – partis politiques, syndicats,

Eglise – qui fût en état de mobiliser et de guider un vaste soutien populaire en faveur de la démocratie. L'attrait de la civilisation de consommation de l'Europe occidentale joua également un rôle ; selon les propres termes d'un observateur, « les travailleurs [...] qui auraient pu manifester et chanter les slogans de la révolution socialiste [...] dépensaient leur argent en habits, en objets et en fournitures venues de la société de consommation d'Europe occidentale, au niveau de vie de laquelle ils aspiraient plus qu'à toute autre chose [8] ».

La transition espagnole vers la démocratie, l'année suivant celle de la « révolution des œillets », est peut-être le cas le plus récent de l'échec d'une légitimité autoritaire. A plus d'un titre, le général Francisco Franco était le dernier représentant du conservatisme européen à la mode du XIXe siècle, fondé sur l'alliance du trône et de l'autel – ce même conservatisme qui avait succombé à la Révolution française. Mais la mentalité du catholicisme espagnol était en cours de forte transformation depuis les années 1930 : l'Eglise dans son ensemble s'était « libéralisée » après le concile de Vatican II, dans les années 1960, et d'importants secteurs du catholicisme espagnol avaient adopté la démocratie chrétienne de l'Europe occidentale. Non seulement l'Eglise espagnole avait – partiellement – découvert qu'il n'y avait pas nécessairement de conflit entre christianisme et démocratie, mais elle se faisait de plus en plus l'avocat des droits de l'homme et critiquait les aspects dictatoriaux du régime de Franco [9]. Cette nouvelle conscience se refléta dans le mouvement de l'Opus Dei, formé par des technocrates catholiques dont beaucoup étaient entrés dans les rouages de la haute administration après 1957 et avaient été étroitement impliqués dans la libéralisation économique qui avait suivi. Lorsque Franco mourut en novembre 1975, d'importants secteurs de son régime étaient préparés à accepter la légitimité d'une série de « pactes » négociés pour dissoudre toutes les institutions franquistes importantes, légaliser une opposition qui incluait le Parti communiste espagnol et permettre des élections pour une Assemblée constituante chargée de rédiger une Constitution totalement démocratique. Rien de cela n'aurait pu se faire si d'importants éléments de l'ancien régime – et le roi Juan Carlos au tout premier chef – n'avaient pas été convaincus que le franquisme était un anachronisme en Europe, une Europe à laquelle l'Espagne ressemblait de plus en plus sur le plan social et économique [10]. Les dernières Cortes franquistes accomplirent un acte remarquable : elles votèrent en novembre 1976, à une majorité écrasante, une loi qui signifiait pratiquement leur propre suicide en stipulant que les prochaines Cortes seraient élues démocratiquement. Comme au Portugal, la population espagnole dans son ensemble fournit le suprême renfort pour la démocratie en soutenant un centre démocratique puissant, d'abord par l'approbation massive des élections démocratiques au référendum de décembre 1976, puis en installant calmement au pouvoir le parti de centre droit de Suarez, en juin 1977 [11].

Pour le retour de la Grèce et de l'Argentine à la démocratie, en 1974 et 1983 respectivement, les militaires des deux pays ne furent pas vraiment chassés du pouvoir par la force. Ils ouvrirent la voie à l'autorité civile, au contraire, par suite des divisions dans leurs propres rangs, reflétant une perte de foi en leur droit à gouverner. Comme au Portugal, l'échec extérieur fut la cause immédiate. Les colonels grecs qui avaient pris le pouvoir en 1967 n'avaient jamais cherché la légitimité pour d'autres motifs que pour la démocratie, prétendant qu'ils ne faisaient que préparer le chemin pour la restauration d'un système politique « sain » et « régénéré [12] ». Le régime militaire fut donc très vulnérable lorsqu'il se discrédita en soutenant un mouvement chypriote grec qui militait pour le rattachement à la Grèce et qui finit par entraîner l'occupation d'une partie de l'île par la Turquie et la menace d'une guerre généralisée [13]. L'objectif principal de la junte militaire qui prit le pouvoir en Argentine, après en avoir chassé la présidente Isabella Perón en 1976, était de débarrasser la société argentine du terrorisme. Mais la réalisation de cet objectif par une guerre brutale lui enleva sa principale raison d'être. La décision de la junte d'envahir les Malouines suffit alors à discréditer complètement cette même junte, en provoquant une guerre inutile avec l'Angleterre, que l'Argentine ne pouvait pas gagner [14].

Dans d'autres cas, des gouvernements militaires autoritaires se sont révélés inefficaces à traiter les problèmes économiques et sociaux qui avaient ôté la légitimité à leurs prédécesseurs. Les militaires péruviens remirent ainsi le pouvoir à un gouvernement civil en 1980, confrontés qu'ils étaient à l'accélération rapide de la crise économique, le gouvernement du général Francisco Morales Bermudez ayant compris qu'il ne pouvait faire face à toute une série de grèves et de problèmes sociaux insolubles [15]. Le régime militaire brésilien connut d'abord une période de remarquable croissance économique de 1968 à 1973, mais il découvrit, une fois confronté à la crise mondiale du pétrole et à la récession générale qui en résulta, qu'il n'avait aucun talent particulier pour l'économie. Au moment où le dernier président militaire, Joao Figueiredo, renonça en faveur d'un président civil élu, beaucoup parmi les militaires furent soulagés; certains furent même honteux des erreurs qu'ils avaient commises [16]. Les militaires uruguayens prirent initialement le pouvoir pour mener la « sale guerre » contre l'insurrection des Tupamaros en 1973-1974, mais l'Uruguay avait une tradition démocratique relativement forte et c'est peut-être ce qui conduisit en 1980 les militaires à soumettre l'institutionnalisation de leur régime à l'épreuve du plébiscite : ils perdirent et se retirèrent volontairement du pouvoir [17].

Les artisans du système de l'apartheid en Afrique du Sud, comme l'ancien Premier ministre H.F. Verwoerd, refusaient le postulat de l'égalité universelle des hommes et soutenaient l'existence d'une division et d'une hiérarchie naturelles entre les races humaines [18]. L'apartheid fut une tentative de développement industriel de l'Afrique du Sud par l'utilisation du travail des Noirs, mais en cherchant dans le même temps à freiner et à contenir le mouvement d'urbanisation de ces mêmes Noirs, corollaire obligé de tout processus d'industrialisation. Un tel effort d' « ingénierie » sociale était à la fois monumentalement ambitieux et – rétrospectivement – monumentalement stupide dans sa visée ultime : de 1916 à 1981, presque dix-huit millions de Noirs ont été arrêtés au nom des *pass laws*, pour le crime de vouloir vivre près de leur lieu de travail.

L'impossibilité de défier les lois de l'économie moderne avait toutefois entraîné vers la fin des années 1980 une révolution dans la pensée afrikaner, et F.W. De Klerk, bien avant qu'il ne devînt président de la République, avait été amené à écrire que « l'économie exige la présence permanente de millions de Noirs dans les zones urbaines [...]. Il ne sert à rien de nous faire des illusions sur ce point [19] ». La perte de légitimité du système de l'apartheid dans l'opinion blanche est ainsi fondée, en dernière analyse, sur son inefficacité; elle a conduit une majorité d'Afrikaners à accepter l'idée d'un nouveau système de partage du pouvoir avec les Noirs, numériquement majoritaires [20].

Tout en reconnaissant les différences réelles qui existent entre tous ces cas, on relève néanmoins une remarquable constance vers la transition démocratique en Europe méridionale, en Amérique latine et en Afrique du Sud. Mis à part le régime de Somoza au Nicaragua, on ne relève pas un seul cas où l'ancien régime a été chassé du pouvoir par un soulèvement violent ou une révolution [21]. Le changement de régime a pour origine la décision *volontaire* de certains membres – au moins – de l'ancien régime de se désister du pouvoir en faveur d'un gouvernement démocratiquement élu. Cette retraite volontaire fut toujours provoquée par quelque crise immédiate, mais elle a été rendue possible en fin de compte par la conception de plus en plus admise que la démocratie était la seule source légitime d'autorité dans le monde moderne. Une fois réalisés les objectifs limités qu'ils s'étaient fixés (éliminer le terrorisme, restaurer l'ordre social, mettre fin au chaos économique, etc.), les régimes autoritaires de droite, en Amérique latine et en Europe, se sont trouvés incapables de justifier leur maintien au pouvoir et ont perdu confiance en eux-mêmes. Il est difficile de tuer des gens au nom du trône et de l'autel si le roi lui-même ne souhaite être rien d'autre que le souverain en titre d'un pays démocratique, ou si l'Eglise est au premier rang de la lutte pour les droits de l'homme. De quoi oublier ce proverbe de la sagesse conventionnelle qui veut que « personne n'abandonne le pouvoir volontairement ».

Certes, beaucoup de ces régimes autoritaires n'ont pas été convertis à la démocratie du jour au lendemain, et ils furent fréquemment victimes de leur incompétence ou de leurs erreurs de calcul. Ni le général Pinochet au Chili, ni les sandinistes du Nicaragua ne s'attendaient à perdre les élections auxquelles ils se soumirent d'eux-mêmes. Mais il est un fait que le plus intransigeant des dictateurs croit toujours qu'il doit se donner au moins un vernis démocratique en organisant des élections. Et dans la plupart des cas, l'abandon du pouvoir par des hommes forts en uniforme se fit au prix de risques personnels considérables, parce que les anciens dictateurs perdaient du même coup leur principale protection contre la vengeance de leurs victimes.

Il n'est peut-être pas surprenant que les régimes autoritaires de droite aient été chassés du pouvoir par l'idée même de la démocratie. Le pouvoir de la plupart des Etats musclés de droite était finalement relativement limité en matière d'économie ou de société considérées globalement. Leurs chefs représentaient des groupes sociaux traditionnels qui se marginalisaient progressivement dans leur société, et le général ou les colonels au pouvoir étaient souvent dépourvus d'idées et d'intelligence. Mais qu'en est-il des pouvoirs communistes et totalitaires de gauche? N'avaient-ils pas redéfini le véritable sens du terme « Etat fort » et découvert la formule d'un pouvoir qui se perpétue lui-même?

3

LA FAIBLESSE DES ÉTATS FORTS – II, OU MANGER DES ANANAS SUR LA LUNE

> Bien, voici maintenant quelques extraits écrits par un soldat de neuvième grade de Kouibytchev, récemment, dans les années 1960 : « Nous sommes en 1981. Communisme : le communisme est l'abondance des bénédictions matérielles et culturelles [...]. Tous les transports urbains sont électrifiés et les entreprises polluantes sont rejetées au-delà des limites de la ville [...]. Nous allons sur la Lune, nous nous promenons au milieu des massifs de fleurs et des arbres fruitiers [...]. »
>
> Au fait, combien d'années cela fait-il que nous avons mangé des ananas sur la Lune? Si seulement nous pouvions manger un jour notre content de tomates ici, sur la terre!
>
> Andreï Nouykine, *The Bee and the Communist Ideal* [1].

Le totalitarisme est un concept que l'Occident a développé après la Seconde Guerre mondiale pour décrire l'Union soviétique de Staline et l'Allemagne de Hitler, qui étaient des tyrannies très différentes des régimes autoritaires du XIXe siècle [2]. Hitler et Staline remodelèrent la définition d'un Etat fort par l'audace extrême de leurs actions sociales et politiques. Les despotismes traditionnels comme ceux de l'Espagne de Franco ou des diverses dictatures militaires d'Amérique latine ne cherchèrent jamais à briser la « société civile » – c'est-à-dire la sphère sociale des intérêts privés – mais seulement à la contrôler. Le régime coexista dans la plupart des cas avec des institutions indépendantes comme l'Eglise, les syndicats, les corporations, etc. Le parti phalangiste de Franco ou le mouvement péroniste en Argentine échouèrent à développer des systèmes idéologiques et ne firent que des tentatives peu convaincues pour changer les valeurs et les attitudes populaires.

L'Etat totalitaire, au contraire, était fondé sur une idéologie explicite qui fournissait une conception globale de la vie humaine. Le totalitarisme cherchait à détruire la société civile dans son ensemble, pour obtenir un contrôle « total » sur la vie de ses citoyens. Depuis le moment où les Bolcheviques s'emparèrent du pouvoir en 1917, l'Etat soviétique attaqua systématiquement toutes les sources d'autorité potentiellement concurrentes, y compris les partis politiques d'opposition, la presse, les syndicats, les entreprises privées et l'Eglise. Certaines institutions portaient encore ces noms à la fin des années 1930, mais toutes étaient des caricatures d'elles-mêmes, organisées et entièrement contrôlées par le régime. Ce qui restait était une société dont les membres étaient réduits à l'état d' « atomes », sans liens avec quelque « instance intermédiaire », soumis à un gouvernement omnipotent.

L'Etat totalitaire espérait remodeler l'*homo sovieticus* lui-même en changeant la structure même de ses croyances et de ses valeurs par le contrôle de la presse, de l'éducation et de la propagande. Cela s'étendait jusqu'aux relations les plus personnelles et les plus intimes d'un être humain, celles avec sa famille. Le jeune Pavel Morozov, qui dénonça ses parents à la police politique de Staline, fut présenté pendant des années par le régime comme le modèle de l'enfant soviétique. Selon les mots de Mikhaïl Heller, « les relations humaines qui constituent le tissu de la société – famille, religion, mémoire historique, langage – sont visées par le nouveau régime, la société étant systématiquement et méthodiquement atomisée, et les relations individuelles intimes sont remplacées par d'autres qui sont choisies pour lui et approuvées par l'Etat [3] ».

Le roman de Ken Kesey *Vol au-dessus d'un nid de coucou*, de 1962, fournit une illustration de l'aspiration totalitaire. Le livre décrit les occupants d'un asile de fous qui mènent une vie puérile dénuée de sens sous la surveillance tyrannique d'une « Grande Nurse ». Le héros du roman, McMurphy, essaye de les libérer en brisant les règles de l'asile et en menant ses occupants à la liberté. Mais il découvre au cours du processus qu'aucun des occupants n'est retenu là contre sa volonté; pour finir, tous sont effrayés par le monde extérieur et restent volontairement enfermés, dans une relation de dépendance sécurisante avec la « Grande Nurse ». Tel est le but ultime du totalitarisme : non pas simplement priver le nouvel

« homme soviétique » de sa liberté, mais lui faire craindre cette liberté même au bénéfice de la sécurité, et lui faire proclamer la bonté de ses chaînes, même en l'absence de toute coercition.

Beaucoup de commentateurs pensaient que l'efficacité du totalitarisme soviétique était confortée par les traditions autoritaires du peuple russe, antérieures au bolchevisme. Cette vision commune à l'Europe du XIXe siècle est bien illustrée par le voyageur français Custine, qui caractérise les Russes comme une race « rompue à l'esclavage, [qui] ne respecte sérieusement que la terreur et l'ambition [4] ». La croyance de l'Occident en la stabilité du communisme soviétique reposait sur l'idée, consciente ou non, que le peuple russe n'était pas intéressé par la démocratie, ou pas prêt pour elle. Le régime soviétique, après tout, n'avait pas été imposé aux Russes par une puissance extérieure en 1917, comme il le fut en Europe de l'Est après la Seconde Guerre mondiale, et il avait duré six ou sept décennies depuis la révolution bolchevique, malgré la famine, les soulèvements et l'invasion. Cela laissait supposer que le régime avait gagné un certain degré de légitimité dans de larges couches de la population et certainement parmi les élites dirigeantes, reflétant ainsi les propensions naturelles de cette société vers les régimes autoritaires. Ainsi, alors que les observateurs occidentaux étaient parfaitement prêts à créditer les Polonais du désir de renverser le communisme, la même chose ne semblait pas valoir pour les Russes. En d'autres termes, ceux-ci étaient contents comme les occupants de l'asile et maintenus là sans barreaux ni camisoles de force, mais simplement par leur propre désir de sécurité, d'ordre, d'autorité, et par quelques gratifications extérieures d'amour-propre que le régime soviétique s'était arrangé pour se procurer, comme la grandeur de l'empire et le statut de superpuissance. L'Etat soviétique paraissait en effet très puissant, et surtout dans la compétition stratégique mondiale avec les Etats-Unis.

Non seulement l'Etat totalitaire semblait capable de se perpétuer indéfiniment, mais il pouvait même essaimer à travers le monde comme un virus. Lorsque le communisme fut ainsi « exporté » dans l'ancienne Allemagne de l'Est, à Cuba, au Viêt-nam ou en Ethiopie, il arriva au grand complet, avec son parti d'avant-garde, ses ministères centralisés, son appareil policier et son idéologie pour régir tous les aspects de la vie. Ces institutions paraissaient être efficaces, quelles que fussent les traditions culturelles ou nationales des pays en question.

Qu'est-il arrivé à cette machine de pouvoir qui se renouvelait et s'entretenait elle-même?

L'année 1989 – bicentenaire de la Révolution française – a marqué l'effondrement décisif du communisme comme facteur agissant de l'histoire mondiale.

Depuis le début de la décennie 1980, le rythme des changements dans le monde communiste a été si rapide et si continu que nous avons parfois tendance à considérer ces changements comme faisant partie du décor et à oublier l'importance de ce qui s'est vraiment passé. Il est peut-être utile de revoir les principales étapes de cette période :

• Au début des années 1980, la direction communiste chinoise commença de permettre à ses paysans, qui constituent 80 % de la population du pays, de cultiver et de vendre leur propre production agricole. L'agriculture fut en fait « dé-collectivisée » et des relations de marché de type capitaliste commencèrent à réapparaître non seulement dans l'économie rurale, mais aussi dans l'industrie urbaine.

• En 1986, la presse soviétique commença de publier des articles critiques sur les crimes de l'ère stalinienne, sujet qui n'avait plus été abordé depuis l'éviction de Khrouchtchev au début des années 1960. La liberté de la presse fit ensuite de rapides progrès, les tabous tombant les uns après les autres. En 1989, Gorbatchev et les autres chefs politiques soviétiques pouvaient être attaqués librement dans la presse, et de grandes manifestations ont eu lieu en 1990 et 1991 à travers toute l'Union soviétique pour exiger la démission du chef du Kremlin.

• En mars 1987 ont eu lieu des élections pour un Congrès des représentants du peuple et pour un Soviet suprême entièrement restructurés. D'autres élections intervinrent à l'échelon local, au cours des deux années qui suivirent, dans chacune des quinze Républiques qui constituaient l'U.R.S.S. Le Parti communiste mit tout en œuvre pour gagner ces élections mais ne réussit pourtant pas à empêcher un bon nombre de parlements locaux de tomber sous le contrôle de députés non communistes.

• Au printemps de 1989, Pékin fut temporairement occupée par des milliers d'étudiants appelant à la fin de la corruption et manifestant pour l'établissement de la démocratie en Chine. Ils furent impitoyablement réprimés par l'armée en juin, mais seulement après voir publiquement et clairement remis en cause la légitimité du Parti communiste chinois.

• En février 1989, l'armée Rouge se retira de l'Afghanistan. Ce devait être le premier de toute une série de replis.

• Au début de 1989, les réformateurs du Parti socialiste ouvrier hongrois annoncèrent des élections libres et multipartites pour l'année suivante. En avril 1989, une table ronde de discussions amena un accord de partage du pouvoir entre le Parti ouvrier polonais et le syndicat Solidarité. Malgré les tentatives acharnées des communistes polonais, les élections portèrent au pouvoir en juillet un gouvernement composé essentiellement de membres de Solidarité.

• En juillet et août 1989, des centaines de milliers d'Allemands de l'Est commencèrent à se réfugier en Allemagne de l'Ouest, ouvrant une crise qui conduisit rapidement au démantèlement du mur de Berlin et à l'effondrement de l'Etat est-allemand.

• L'effondrement de l'Allemagne de l'Est hâta la chute des régimes communistes en Tchécoslovaquie, Bulgarie et Roumanie. Au début de 1991, tous les anciens Etats communistes de l'Europe de l'Est avaient eu des élections libres et multipartites. Même l'Albanie et le gouvernement communiste conservateur de la République serbe de Yougoslavie étaient ébranlés par des manifestations anticommunistes. Les communistes furent évincés du pouvoir partout, sauf en Roumanie, Bulgarie, Serbie et Albanie; en Bulgarie, le gouvernement communiste élu fut contraint à la démission [5]. Les fondements politiques du pacte de Varsovie disparurent et les forces soviétiques commencèrent à se retirer de l'Europe de l'Est.

• En janvier 1990, l'article 6 de la Constitution soviétique, qui garantissait au Parti un « rôle de direction », a été abrogé.

• Sur la lancée de l'abolition de l'article 6, un certain nombre de partis politiques non communistes furent créés en Union soviétique et arrivèrent au pouvoir dans un bon nombre de Républiques soviétiques. Plus étonnante encore fut l'élection de Boris Eltsine comme président de la République de Russie à l'été de 1990, après que ce dernier eut quitté le parti communiste avec un bon nombre de ses partisans au Parlement russe. Ce même groupe commença alors à proposer le rétablissement de la propriété privée et le retour de l'économie de marché.

• Des parlements librement élus dans chaque République de l'U.R.S.S., y compris celles de Russie et d'Ukraine, ont proclamé leur « souveraineté » dans le courant de 1990. Les parlements des Etats baltes allèrent bien audelà en proclamant leur complète indépendance de l'Union soviétique en mars 1990. Cette proclamation n'entraîna pas de rupture immédiate, comme beaucoup l'avaient anticipé, mais une lutte d'influence dans toute la Russie à propos de la préservation de l'ancienne Union. Ajoutons que la rupture est maintenant consommée et que Moscou a reconnu formellement, après la communauté internationale, l'indépendance officielle des Etats baltes, redevenus souverains (septembre 1991).

Un spécialiste sensé des affaires communistes, dans les années 1980, aurait dit sans hésiter qu'aucun de ces événements n'était vraisemblable ni même envisageable au cours de la décennie à venir. Cette opinion aurait été fondée sur le fait que n'importe lequel de ces événements aurait ruiné un élément clef du pouvoir communiste et porté en conséquence un coup mortel au système totalitaire dans son ensemble. De fait, le rideau est tombé avec la dissolution de l'ancienne U.R.S.S. et l'échec de la tentative de coup d'Etat montée par les communistes conservateurs en août 1991. Comment les anciennes espérances ont-elles été déçues, et quelle est donc la raison de l'extraordinaire faiblesse de cet Etat fort, qui s'est ainsi révélée depuis l'établissement de la *perestroïka*?

La faiblesse fondamentale, dont la véritable gravité a échappé à l'attention des observateurs occidentaux, fut économique. Il a été beaucoup plus difficile de supporter un échec économique dans le système soviétique parce que le régime lui-même avait explicitement fondé ses prétentions à la légitimité sur sa capacité à donner à son peuple un haut niveau de vie matérielle. Aussi surprenant que ce rappel puisse paraître maintenant, la croissance économique était réellement considérée comme une des forces de l'Union soviétique au début des années 1970 : entre 1928 et 1955, le P.N.B. avait grandi à un taux annuel de 4,4 % à 6,3 %, puis de nouveau à la moitié de la cadence annuelle des Etats-Unis dans les décennies 1950 et 1960, donnant une crédibilité réelle à la menace de Khrouchtchev de rejoindre et dépasser les Etats-Unis [6]. Mais vers le milieu des années 1970, ce taux de croissance avait diminué, revenant à un chiffre de 2 % à 2,3 % par an, selon les estimations de la C.I.A., entre 1975 et 1985. Il apparaît de plus en plus évident que ces chiffres surestimaient considérablement la croissance en ne tenant pas compte de l'inflation cachée; différents économistes réformistes soviétiques ont estimé depuis que ce taux oscillait en fait entre 0,6 % et 1 %, ou avoisinait même parfois zéro [7]. Une « croissance zéro » du P.N.B., couplée avec un accroissement annuel de 2 % à 3 % des dépenses militaires jusqu'au début des années 1980, signifiait en pratique que l'économie civile déclinait à une cadence appréciable pendant la décennie qui précéda l'arrivée au pouvoir de Gorbatchev [8]. Celui qui a séjourné dans un hôtel soviétique, fait ses courses dans un magasin soviétique, ou voyagé dans la campagne où l'on pouvait voir la plus abjecte pauvreté, doit avoir compris que l'économie soviétique connaissait de sérieux problèmes, que ne reflétaient guère les statistiques officielles.

La façon d'interpréter la crise fut aussi importante. Vers la fin des années 1980, une révolution intellectuelle remarquable se produisit dans l'*establishment* économique soviétique. L'ancienne garde de la période brejnévienne fut remplacée dans les trois ou quatre années de l'ascension de Gorbatchev par des économistes réformistes comme Abel Aganbégian, Nicolaï Pétrakov, Stanislav Chataline, Oleg Bogomolov, Léonide Abalkine, Grégori Yavlinsky et Nicolaï Chmelev. Tous ces hommes avaient compris – quoique imparfaitement, dans certains cas – les principes de base de la théorie économique du libéralisme; ils étaient convaincus que le système centralisé de l'administration soviétique était à l'origine du déclin économique de leur pays [9].

Ce serait toutefois une erreur d'interpréter le cours consécutif de la *perestroïka* simplement en termes d'impératifs économiques [10]. Selon Gorbatchev lui-même, l'Union soviétique en 1985 n'était pas en situation de crise mais de « pré-crise ». D'autres Etats ont en effet affronté des difficultés économiques beaucoup plus sérieuses. Durant la « Grande Dépression », par exemple, le P.N.B. des Etats-Unis chuta de presque un tiers, mais cela n'entraîna pas un discrédit général du système américain. La grave faiblesse de l'économie soviétique avait été parfois reconnue et il existait toute une panoplie de réformes traditionnelles qui auraient pu être tentées pour enrayer le déclin [11].

Pour comprendre la véritable faiblesse de l'Etat soviétique, le problème économique doit être replacé dans le contexte d'une crise beaucoup plus large, celle de la légitimité du système dans son entier. L'échec économique n'était que l'un des nombreux échecs du système soviétique, mais il fit office de catalyseur dans le rejet du système de croyance et exposa à nu la faiblesse de la structure sous-jacente. En fait, le totalitarisme échoua essentiellement à contrôler la pensée. Il se révéla en effet que les citoyens soviétiques avaient malgré tout gardé la faculté de réfléchir par eux-mêmes. Beaucoup d'entre eux comprirent, malgré des années de propagande officielle, que le gouvernement leur mentait, et le peuple gardait une rancune tenace des souffrances endurées sous le stalinisme. Il n'était pas de famille qui n'eût perdu quelqu'un des siens ou quelque ami durant la collectivisation ou la « Grande Terreur » des années 1930, ou durant la guerre, dont le bilan avait été beaucoup plus lourd par suite des erreurs de la politique étrangère de Staline. On savait désormais que les victimes avaient été injustement poursuivies et que le régime soviétique n'avait jamais reconnu ses véritables responsabilités pour tant de crimes effroyables. Le peuple comprenait également qu'un nouveau système de classe s'était installé dans cette société qui en était prétendument dépourvue, avec une « classe » de fonctionnaires du Parti, aussi corrompus et privilégiés que n'importe quel boyard ou koulak de l'ancien régime, mais beaucoup plus hypocrites.

La preuve en est l'utilisation de mots comme « démocratisation » *(demokratizatsiya)* dans la Russie de Gorbatchev, mots que ce dernier a employé continuellement pour définir ses propres objectifs. Lénine soutenait naturellement que l'Union soviétique avait réalisé une forme plus véritable de démocratie par la dictature du Parti que les démocraties « formelles » de l'Occident. Mais personne actuellement en U.R.S.S. n'utilisera ce terme de « démocratisation » en songeant qu'il signifie autre chose que la démocratie à l'occidentale et non le centralisme léniniste. De la même façon, pour les Soviétiques d'aujourd'hui, le terme « économique » (comme dans « considérations économiques » ou « rendement économique optimal ») signifie « efficient » selon les lois *capitalistes* de l'offre et de la demande. Et plus d'un jeune Soviétique désespérant de la qualité déclinante de la vie en U.R.S.S. vous dira que son seul désir est de vivre dans un pays « normal », c'est-à-dire une démocratie libérale non déformée par l'idéologie du marxisme-léninisme. Un ami russe me disait en 1988 qu'il avait des difficultés à faire travailler ses enfants à la maison parce que « chacun sait » que la démocratie signifie « que l'on peut faire ce que l'on veut ».

Plus important encore, les mécontents n'étaient pas seulement les victimes du système, mais aussi bien ses bénéficiaires. Alexandre Yakovlev, membre du Politburo de 1986 à 1990, architecte de la politique de *glasnost*, et Edouard Chevardnadze, ministre des Affaires étrangères qui détermina la politique de la « nouvelle pensée », ont fait tous deux l'essentiel de leur carrière au sein de l'appareil du Parti. Comme les membres des Cortes franquistes, ou les généraux argentins et grecs qui quittèrent volontairement le pouvoir, ces deux personnalités savaient que la maladie était profondément ancrée au cœur du système soviétique et ils se trouvèrent placés dans des positions de responsabilité où elles pouvaient faire quelque chose. Les efforts de réforme de la fin des années 1980 ne furent pas imposés à l'Union soviétique de l'extérieur, bien que la compétition avec les Etats-Unis augmentât le besoin de réforme. Ils résultèrent bien plutôt d'une crise interne de confiance qui avait gagné de larges secteurs de l'élite soviétique durant la génération précédente.

La remise en cause de la légitimité du système ne fut pas planifiée à l'avance et n'intervint pas du jour au lendemain. Gorbatchev utilisa d'abord la *glasnost* et la « démocratisation » comme des outils pour consolider sa propre position dominante, puis pour mobiliser l'opposition populaire contre l'entêtement de la bureaucratie économique. En agissant ainsi, il ne déviait pas de la tactique que Khrouchtchev avait déjà employée dans les années 1950 [12]. Mais ces actions initiales de libération politique, largement symboliques, prirent rapidement une vie qui leur était propre et devinrent des changements que l'on recherchait pour eux-mêmes. L'appel initial de Gorbatchev pour la *glasnost* et la *perestroïka* a suscité immédiatement des échos plus que favorables chez un grand nombre d'intellectuels, qui n'avaient pas besoin d'être convaincus des défauts du système. Et il advint qu'un seul jeu cohérent de critères fut appliqué pour juger l'ancien système et en révéler l'échec, celui de la démocratie libérale, c'est-à-dire la productivité de l'économie de marché et la liberté de la politique démocratique [13].

Le peuple soviétique, humilié par ses dirigeants et méprisé non seulement par le reste de l'Europe mais aussi par ses propres intellectuels comme complice passif de l'autoritarisme, a surpris tout le monde. Après 1989, la société civile a commencé de se reconstituer par la formation de dizaines de milliers d'associations nouvelles : partis politiques, syndicats, revues et journaux, clubs écologiques, sociétés littéraires, églises, groupes nationalistes, etc. La maturité politique du peuple russe, en particulier, n'a jamais été plus évidente que dans son choix de Boris Eltsine comme premier président élu au suffrage universel, de préférence à un démagogue semi-fasciste (comme le Serbe Milosevic, en Yougoslavie), ou même à un démocrate tiède comme Gorbatchev. Cette maturité s'est vérifiée ensuite lorsque le même peuple russe s'est dressé à l'appel d'Eltsine pour défendre ses nouvelles institutions démocratiques contre la tentative de coup d'Etat conservateur, en août 1991. Comme les Européens de l'Est avant eux, les Russes ont montré qu'ils n'étaient ni inertes ni « atomisés », mais prêts à défendre leur dignité et leurs droits [14].

Une démythification si massive de la structure idéologique qui sous-tendait l'Union soviétique n'avait pas pu se faire en une nuit, ce qui suggère que le totalitarisme en tant que système était déjà en situation d'échec bien avant les années 1980. De fait, on peut faire remonter le commencement de la fin du système à la période qui suivit la mort de Staline en 1953, lorsque le régime cessa d'utiliser la terreur indistincte comme instrument de gouvernement [15]. Après le « rapport secret » de Khrouchtchev en 1956 et la fermeture des goulags stalinien, le régime ne put plus s'appuyer sur la pure coercition pour imposer sa politique et dut recourir de plus en plus fréquemment à la séduction, à la cooptation et à la corruption pour faire que le peuple le suivît dans la réalisation de ses objectifs. L'abandon de la terreur pure était en quelque sorte inévitable, puisque dans le système stalinien, personne parmi les élites politiques elles-mêmes ne pouvait se sentir en sécurité : ni les chefs de la police de Staline, Yézhov et Beria, qui furent tous les deux exécutés; ni son ministre des Affaires étrangères, Molotov, dont l'épouse fut envoyée au goulag ; ni son successeur Khrouchtchev, qui a décrit de manière saisissante comment un regard mauvais de Staline à un membre du Politburo suffisait à faire trembler celui-ci pour sa vie; ni Staline lui-même, perpétuellement obsédé par la hantise maladive de complots contre lui. Le démantèlement d'un système de terreur si mortel pour ses exécutants devenait presque impératif une fois que la mort de Staline permit de le faire.

La décision du régime soviétique d'arrêter les exécutions arbitraires modifia l'équilibre entre l'Etat et la société au bénéfice de cette dernière et signifia que désormais l'Etat ne contrôlerait plus tous les aspects de la vie soviétique. Les besoins de consommation, le marché noir ou les intrigues politiques locales ne pouvaient plus être simplement brisées ou manipulées. L'intimidation policière resta une arme importante de la panoplie de l'Etat, mais elle demeura souvent en arrière-plan et dut être complétée par d'autres instruments de politique intérieure, comme la promesse d'augmenter les biens de consommation disponibles. Jusqu'à l'arrivée de Gorbatchev, 20 % du P.N.B. de l'Union soviétique passaient par les réseaux du marché noir, complètement en dehors du contrôle de la planification centrale.

Exemple de l'affaiblissement du contrôle du pouvoir central : la multiplication des « mafias » dans les républiques non russes de l'U.R.S.S. au cours des décennies 1960 et 1970, telle l'abominable « mafia du coton » qui prospéra en Ouzbékistan sous la direction du premier secrétaire du parti communiste local, Rachidov. Protégé par ses relations personnelles avec le président Brejnev, sa fille Galina et l'époux de celle-ci, Tchourbanov (officier de police à Moscou), Rachidov fut en mesure de régner sur un empire bureaucratique corrompu pendant de nombreuses années. Ce groupe de dignitaires du régime réussit à falsifier les comptes de la production du coton dans la République, à détourner d'énormes quantités de fonds sur des comptes bancaires personnels et à diriger l'organisation locale du Parti virtuellement hors du contrôle de Moscou. Des mafias de diverses sortes proliférèrent ainsi dans toute la société soviétique de cette époque, essentiellement dans les républiques non russes, mais aussi dans des villes comme Moscou et Leningrad.

Un tel système ne peut plus être décrit comme totalitaire; ce n'est pas non plus une variante des régimes autoritaires à la manière des dictatures d'Amérique latine. La meilleure étiquette pour caractériser l'Union soviétique et l'Europe de l'Est de l'ère Brejnev est peut-être celle employée par Vaclav Havel lorsqu'il parlait de régimes « post-totalitaires » : bien que n'étant plus les régimes policiers sanglants des années 1930-1940, ces Etats continuaient de vivre dans l'ombre des anciennes pratiques totalitaires [16]. Le totalitarisme n'a pas été assez fort pour tuer l'idéal de la démocratie dans ces sociétés, mais son empreinte a eu un effet paralysant sur leur capacité à se démocratiser par la suite.

Le totalitarisme a connu également des échecs en Chine et dans les pays de l'Europe de l'Est. Le contrôle du gouvernement central sur l'économie chinoise, même à l'apogée de la période « stalinienne » du

P.R.C., n'avait jamais été aussi complet qu'en Union soviétique : un quart au moins de l'économie nationale restait en dehors du plan centralisateur. Lorsque Deng Xiaoping lança le pays sur la voie des réformes économiques en 1978, de nombreux Chinois gardaient des souvenirs très précis des marchés et des entreprises des années 1950, de sorte qu'il n'est peut-être pas surprenant qu'ils aient pu tirer profit de la libéralisation économique de la décennie suivante. Tout en continuant à se référer officiellement à Mao et au marxisme-léninisme, Deng restaura dans les faits la propriété privée dans les campagnes et ouvrit l'ensemble du pays à l'économie capitaliste mondiale. Le lancement de la réforme économique constitua une première et clairvoyante reconnaissance par la direction communiste de l'échec de la planification socialiste centralisée.

Un Etat totalitaire qui tolère un secteur privé extensif n'est plus « totalitaire » *ipso facto*. La société civile – sous la forme spontanée de corporations, d'entreprises, de sociétés informelles, etc. – renaquit très vite en Chine dans l'atmosphère de liberté relative qui prévalut entre 1978 et le durcissement de 1989. La hiérarchie chinoise calcula qu'elle pouvait garantir sa propre légitimité en assumant le rôle d'agent de la modernisation et des réformes de la Chine plutôt que par une défense entêtée de l'orthodoxie marxiste.

Cette légitimité fut cependant aussi difficile à obtenir que dans le cas soviétique. La modernisation économique requérait une ouverture de la société chinoise aux idées et aux influences étrangères ; elle transférait le pouvoir de l'Etat à la société civile ; elle offrait des occasions de corruption et autres abus sociaux qui sont difficiles à corriger dans un système politique à parti unique et elle contribua à créer une élite de mieux en mieux formée et cosmopolite dans les grandes cités, qui servit d'équivalent fonctionnel à la classe moyenne. Ce sont les enfants de cette « classe » nouvelle qui organisèrent les manifestations de la place Tien An Men en avril 1989 à l'occasion de la mort de Hu Yaobang [17]. Ces étudiants, dont certains avaient fait une partie de leurs études en Occident et s'étaient familiarisés avec les pratiques politiques en dehors de la Chine, ne se satisfaisaient plus des réformes boîteuses du parti communiste, qui autorisaient une grande liberté économique, mais rien en matière de liberté politique.

Certains commentateurs ont suggéré que les manifestations étudiantes sur la place Tien An Men furent moins l'expression d'une demande spontanée de participation politique que le reflet d'une lutte de pouvoir pour l'héritage de Deng Xiaoping entre Zhao Ziyang et Li Peng [18]. Il pourrait en être ainsi : Zhao était visiblement plus sympathique aux manifestants que le reste de la classe dirigeante et il fit une tentative désespérée pour se tirer d'affaire en faisant appel à eux avant la répression du 4 juin [19]. Mais cette manipulation politique venue d'en haut n'empêcha pas les manifestations d'être aussi l'expression d'un malaise plus fondamental de la société chinoise par rapport au système politique existant. En outre, les problèmes de succession constituent le point faible de tous les totalitarismes. En l'absence de mécanisme constitutionnel reconnu par tous pour la succession au pouvoir, les rivaux potentiels ont constamment tendance à jouer la carte des réformes comme moyen de l'emporter sur leurs concurrents. Mais jouer cette carte déchaîne presque inévitablement des forces et des attitudes nouvelles dans la société, qui échappe alors au contrôle du manipulateur.

Après les événements de 1989, la Chine est redevenue un Etat autoritaire de plus en Extrême-Orient. Cet Etat manque désormais de légitimité intérieure aux yeux de ses propres élites, particulièrement chez les jeunes qui prendront un jour le pays en mains, et il a cessé d'être guidé par une idéologie cohérente. Le P.R.C. ne peut plus servir de modèle aux révolutionnaires du monde entier, comme il le faisait sous Mao, surtout quand il est comparé aux Etats capitalistes à croissance rapide de la région.

Vers la fin de l'été 1989 encore, au moment où la crise des réfugiés de l'Allemagne de l'Est venait juste de commencer, de nombreux observateurs occidentaux pensaient que le socialisme avait pris racine en Europe de l'Est et qu'avec leur liberté nouvelle, les peuples de ces pays choisiraient une alternative « humaine » de gauche qui ne serait ni le communisme, ni la démocratie capitaliste. Ce calcul se révéla totalement illusoire. L'échec du totalitarisme en Europe de l'Est, où les institutions communistes avaient été imposées de force à des populations récalcitrantes, a été encore plus rapide et radical qu'en Union soviétique ou en Chine. A l'exception de la Bulgarie, de la Roumanie et de la Serbie, les peuples de ces pays ne virent d'autre alternative que les institutions et les pratiques de l'Europe occidentale. Rien de surprenant peut-être à cela : la société civile avait été détruite de manière moins complète selon les pays. En Pologne, par exemple, l'agriculture n'avait pas été collectivisée comme dans l'Ukraine et la Biélorussie voisines, et l'Eglise avait été laissée plus ou moins indépendante. Outre toutes les raisons que les populations locales avaient de résister aux valeurs communistes, la force du nationalisme local servait à maintenir vivante la mémoire de la société antérieure et elle permit une rapide régénération après les soulèvements de la fin de 1989. Une fois que les Soviétiques eurent clairement indiqué qu'ils n'interviendraient pas pour soutenir leurs alliés locaux en Europe de l'Est, la seule surprise fut l'ampleur de la démoralisation des appareils communistes dans tous ces pays, et le fait qu'aucun membre de la vieille garde ne s'est montré disposé à perdre un seul doigt pour sa propre défense.

Dans l'Afrique subsaharienne, le socialisme et la tradition post-coloniale d'Etats forts à parti unique ont été presque totalement discrédités à la fin des années 1980, avec l'effondrement économique et la multiplication des guerres civiles dans de nombreux Etats. Les expériences les plus désastreuses ont été celles des pays marxistes orthodoxes comme l'Ethiopie, l'Angola et le Mozambique. Des démocraties fragiles sont apparues au Botswana, en Gambie, au Sénégal, à l'île Maurice et en Namibie; dans le même temps, les dirigeants autoritaires d'un grand nombre d'autres pays africains ont été forcés de promettre (au moins) des élections libres.

La Chine continue naturellement à être dirigée par un gouvernement communiste, de même que Cuba, la Corée du Nord, le Viêtnam, l'Albanie et la République serbe de Yougoslavie. Mais un bouleversement important a eu lieu dans la perception du communisme après l'effondrement soudain de six régimes communistes en Europe de l'Est entre juillet et décembre 1989. Le communisme, qui se présentait naguère comme une forme plus haute et plus avancée de civilisation que la démocratie libérale, était désormais associé plutôt à un degré élevé d'arriération politique et économique. Même si le pouvoir communiste persiste dans le monde, il a cessé de refléter une idée dynamique et attirante. Ceux qui s'appellent encore « communistes » eux-mêmes se trouvent maintenant mener des combats d'arrière-garde pour conserver quelque chose de leur ancien pouvoir et de leurs anciennes positions. Les communistes se retrouvent à présent dans la situation peu agréable d'avoir à défendre un ordre social vieilli et réactionnaire, depuis longtemps dépassé, comme ces monarchistes arriérés qui ont réussi à survivre au XXe siècle. La menace idéologique qu'ils faisaient peser sur la démocratie libérale est aujourd'hui terminée et le retrait de l'Armée rouge de ses positions en Europe de l'Est a considérablement diminué de la même façon la menace militaire.

Pourtant, alors que les idées démocratiques ont entamé la légitimité des régimes communistes dans le monde entier, la démocratie elle-même a eu d'immenses difficultés à s'établir. Les manifestations étudiantes en Chine ont été réprimées par l'armée et le Parti, et certaines des premières réfomes économiques de Deng ont été du même coup abolies. L'avenir de la démocratie est loin d'être assuré dans les quinze Républiques de l'ancienne U.R.S.S. La Bulgarie et la Roumanie ont connu des troubles politiques permanents depuis que leurs anciens dirigeants communistes ont été chassés des affaires. L'Etat yougoslave est à la veille de l'éclatement et la guerre civile y fait rage. Seules la Hongrie, la Tchécoslovaquie, la Pologne et l'ancienne Allemagne de l'Est – celle-ci grâce à la réunification avec sa voisine occidentale – paraissent en passe de réussir leur transition vers une démocratie stable et une économie de marché dans la décennie qui vient, même si les problèmes économiques auxquelles elles doivent faire face sont beaucoup plus importants qu'on ne s'y attendait.

On a objecté que, si le communisme est mort, il est actuellement remplacé par un nationalisme intolérant et agressif. Il est peut-être prématuré de célébrer la fin de l'Etat fort, puisque là où le totalitarisme communiste ne réussit pas à survivre, il pourrait bien être tout simplement remplacé par le nationalisme autoritaire, peut-être même par un fascisme à la russe ou à la serbe. Cette partie du monde ne sera jamais paisible ou démocratique dans un proche avenir et pourrait se révéler à terme aussi dangereuse pour les démocraties occidentales existantes que l'ancienne Union soviétique.

On ne doit pourtant pas s'étonner si tous les anciens pays communistes ne passent pas rapidement et tranquillement à une démocratie stable; en fait, il serait surprenant qu'il en fût ainsi. D'énormes obstacles doivent être levés avant que cela ne puisse se produire. Par exemple, l'ancienne Union soviétique était tout simplement incapable de se démocratiser : une U.R.S.S. assez libre pour être considérée comme une authentique démocratie devait éclater immédiatement en une multitude de petits Etats en fonction de critères ethniques et nationalistes. Cela ne signifie cependant pas que certaines parties de l'U.R.S.S., prises individuellement (comme la Fédération de Russie, par exemple), ne puissent pas se démocratiser; mais la démocratisation devra être précédée d'un pénible processus de séparation nationale, qui ne pourra certainement pas s'accomplir rapidement ou sans effusion de sang. Il a commencé avec la renégociation du traité d'union entre neuf des quinze Républiques et s'est rapidement accéléré après l'échec du coup d'Etat conservateur d'août 1991.

En outre, il n'y a aucune contradiction intrinsèque entre la démocratie et – au moins – le nouveau nationalisme qui se réveille. Si l'établissement de la démocratie est hautement improbable à brève échéance en Ouzbékistan ou au Tadjikistan, il n'y a pas de raison de penser que la Lituanie ou l'Estonie seront moins libérales que la Suède ou la Finlande, maintenant que l'indépendance est acquise. Il n'est pas non plus inévitable que les nouveaux nationalismes qui se déchaînent soient expansionnistes ou agressifs. L'un des plus remarquables développements de la fin des années 1980 et du début des années 1990 a été l'évolution du principal courant du nationalisme russe dans la direction d'un concept de « petite Russie », évident non seulement dans la pensée de libéraux comme Boris Eltsine, mais aussi chez des nationalistes conservateurs comme Edouard Volodine et Victor Astafiev.

Il nous faut être prudents pour distinguer les conditions de transition des conditions permanentes. Dans certaines parties de l'Union soviétique et en Europe de l'Est, on peut s'attendre à voir les marxistes-léninistes remplacés par une variété de dictateurs, de nationalistes et de colonels ; même les communistes pourraient se remettre en selle dans certaines contrées. Mais l'autoritarisme qu'ils représentent restera localisé et non systématique. Comme les différents dictateurs militaires en Amérique latine, ils devront finalement affronter le fait qu'ils n'ont aucune source de légitimité à long terme, et aucune formule magique pour résoudre les problèmes économiques et politiques auxquels ils seront confrontés. La seule idéologie cohérente qui jouisse d'une légitimité répandue dans cette partie du monde reste la démocratie libérale. Une bonne partie de la population de ces régions ne connaîtra pas le passage à la démocratie avec la génération présente, mais pourrait bien la connaître avec la génération suivante. Le passage de l'Europe occidentale à la démocratie libérale a été, lui aussi, long et difficile, mais cela n'a jamais empêché les pays de cette région du monde d'achever leur parcours.

Le totalitarisme communiste était supposé être une formule pour arrêter les processus naturels et organiques de l'évolution sociale et les remplacer par une série de révolutions imposées d'en haut : destruction des anciennes classes sociales, industrialisation rapide et collectivisation de l'agriculture. Ce type d'ingénierie sociale à grande échelle était censé avoir placé l'ensemble des sociétés communistes à part des sociétés non totalitaires, puisque le changement social avait son origine dans l'Etat plutôt que dans la société. Les règles normales de la modernisation économique et politique, considérées comme virtuellement universelles par les spécialistes des sciences sociales, étaient suspendues [20]. Les processus réformateurs des années 1980 en Chine et en U.R.S.S., même s'ils n'aboutissent pas à court terme, auront révélé quelque chose de très important à propos de l'évolution sociale de l'humanité : alors que le totalitarisme a réussi à détruire les institutions visibles des sociétés prérévolutionnaires de la Chine et de la Russie, il a été totalement inefficace dans ses aspirations à créer un « homme nouveau » de type maoïste ou soviétique. Dans les deux pays, les élites qui sortirent des époques Brejnev ou Mao ressemblaient à leurs homologues occidentales – à niveau comparable de développement économique – beaucoup plus que n'importe lesquelles de celles qui les avaient précédées. Les élites les plus avancées étaient capables d'apprécier, à défaut de la partager entièrement, la culture de consommation commune à l'Europe occidentale, à l'Amérique et au Japon, de même que bon nombre de leurs idées politiques. Tout en conservant de nombreux traits uniquement « post-totalitaires » (pour reprendre l'excellente expression de Vaclav Havel), les populations d'Union soviétique et de la République populaire de Chine ne se révélèrent pas comme les enfants atomisés, dépendants et accrochés à l'autorité que les anciennes théories occidentales avaient projetés ou imaginés ; ils se montrèrent au contraire des adultes qui pouvaient distinguer le vrai du faux, la vérité du mensonge, et qui cherchaient, comme d'autres adultes aux époques antérieures de l'humanité, la reconnaissance de leur propre caractère d'adulte et de leur autonomie.

4

LA RÉVOLUTION LIBÉRALE MONDIALE

> Nous sommes aux portes d'une époque importante, un temps de fermentation, quand l'esprit avance d'un bond, transcende sa forme précédente et en prend une nouvelle. L'ensemble des représentations, des concepts et des liens antérieurs qui relient notre monde se dissolvent et s'effondrent, comme un tableau rêvé. Une nouvelle phase spirituelle se prépare. La philosophie spécialement doit accueillir son apparition et la reconnaître, alors que les autres, qui s'y opposent de manière impuissante, s'accrochent au passé.
>
> G.W.F. Hegel, dans un cours du 18 septembre 1806 [1].

La gauche communiste comme la droite autoritaire ont connu une véritable banqueroute d'idées sérieuses capables de maintenir la cohésion politique des gouvernements forts, qu'ils soient fondés sur des partis « monolithiques », des juntes militaires ou des dictatures personnelles. L'absence d'autorité légitime a signifié que, lorsqu'un gouvernement autoritaire échouait dans un domaine, il ne pouvait recourir à aucun principe supérieur. Certains ont comparé de ce point de vue la légitimité à une sorte de réserve en liquide. Tous les gouvernements, qu'ils soient démocratiques ou autoritaires, connaissent des hauts et des bas; mais seuls les gouvernements légitimes disposent de cette réserve pour y « puiser » en cas de crise.

La faiblesse des régimes autoritaires de droite réside dans leur échec à contrôler vraiment la société civile. Venus au pouvoir avec un mandat bien défini, pour restaurer l'ordre ou imposer une « discipline économique », nombre d'entre eux ne se sont pas révélés plus heureux que leurs prédécesseurs démocratiques pour stimuler une croissance économique constante ou pour créer un sens de l'ordre social. Ceux qui ont réussi ont été pris à leur propre piège : les sociétés au sommet desquelles ils se trouvaient ont commencé à les dépasser au fur et à mesure qu'elles acquéraient des classes moyennes mieux éduquées et plus prospères. Comme la mémoire de l'urgence spécifique qui avait justifié l'arrivée d'un gouvernement fort faiblissait, ces sociétés ont été de moins en moins disposées à tolérer le gouvernement des militaires.

Les gouvernements totalitaires de gauche ont cherché à éviter ces problèmes en subordonnant la totalité de la société civile à leur contrôle, jusqu'aux pensées permises aux citoyens. Mais un tel système dans sa forme pure ne pouvait être maintenu que par une terreur qui menaçait les dirigeants eux-mêmes du système. Une fois que cette terreur se relâcha, un long processus de dégénérescence se mit en place, durant lequel l'Etat perdit le contrôle de certains aspects clefs de la société civile. Mais la perte de contrôle sur le système de croyance fut la plus importante, et, comme la formule socialiste pour la croissance économique était défectueuse, l'Etat n'a pu empêcher ses citoyens de prendre note de cet échec et d'en tirer leurs conclusions.

En outre, bien peu de régimes totalitaires ont pu se remettre d'une ou plusieurs crises de « succession ». En l'absence de règles communément acceptées, il existe toujours la tentation, pour un candidat au pouvoir, de remettre tout le système en cause par des appels à des réformes fondamentales, dans sa lutte contre ses compétiteurs. La carte des réformes est un atout puissant parce que le mécontentement provoqué par les systèmes de type stalinien est toujours élevé. Ainsi Khrouchtchev utilisa l'antistalinisme contre Beria et Malenkov; Gorbatchev s'en servit contre ses concurrents issus de l'ère Brejnev, et Zhao Ziyang employa un argument similaire contre la ligne dure prônée par Li Peng. La question de savoir si les individus ou les groupes luttant pour le pouvoir étaient de réels démocrates n'a en fait aucun sens, puisque le processus même de succession – ou plutôt son absence – ruinait la crédibilité de l'ancien régime en exposant ses inévitables abus. Des forces sociales et politiques nouvelles, plus sincèrement engagées en faveur des idées libérales, se libérèrent et échappèrent rapidement au contrôle de ceux qui programmaient les premières réformes encore limitées.

La faiblesse des Etats forts a entraîné aussi que de nombreux régimes autoritaires anciens ont fait place actuellement à la démocratie, cependant que les anciens Etats « post-totalitaires » retombaient au rang de simples Etats autoritaires. L'Union soviétique a délégué une grande partie du pouvoir central aux républiques qui la constituent et la Chine, de son côté, continue d'être une dictature, mais le régime a perdu le contrôle sur d'importants secteurs de la société. Aucun des deux pays ne possède plus la cohérence idéologique que leur donnait jadis le marxisme-léninisme : les conservateurs opposés aux réformes en Union soviétique peuvent mettre sur leur mur une icône orthodoxe aussi bien qu'une photographie de Lénine. Les apprentis putschistes du coup d'Etat manqué d'août 1991 ressemblaient aux juntes militaires sud-américaines, avec ces officiers de l'armée et ces fonctionnaires de police boursouflés d'importance.

A côté de la crise qui a affecté les régimes politiques autoritaires, on a vu se produire une révolution plus tranquille mais non moins importante dans le domaine de l'économie. Le développement qui en a été à la fois la cause et la manifestation la plus éclatante est la croissance économique phénoménale de l'Extrême-Orient depuis la Seconde Guerre mondiale. Cette histoire d'une réussite ne fut pas limitée aux précurseurs de la modernisation comme le Japon, mais finit par inclure virtuellement tous les pays asiatiques qui souhaitaient adopter les principes de l'économie de marché et s'intégrer complètement dans le système économique mondial du capitalisme. Leurs performances semblaient indiquer en effet que des pays pauvres sans autres ressources que le travail acharné de leurs populations pouvaient tirer profit de l'ouverture du système économique international et créer des accumulations inouïes de richesses nouvelles, comblant ainsi rapidement le fossé qui les séparait des puissances capitalistes mieux établies d'Europe et d'Amérique du Nord.

Le « miracle économique » de l'Extrême-Orient a été soigneusement observé dans le monde entier, mais nulle part avec plus d'attention que dans le bloc communiste. La crise terminale du communisme a commencé, en un certain sens, lorsque la direction chinoise a reconnu que le pays demeurait derrière le reste de l'Asie capitaliste et a compris que la planification centrale de type socialiste l'avait condamné à l'arriération et à la pauvreté. Les réformes « libéralisantes » qui en découlèrent en Chine conduisirent à un doublement de la production de grain en cinq ans et fournirent une nouvelle démonstration du pouvoir de la loi du marché. Les leçons de l'Asie furent ensuite assimilées par les économistes d'Union soviétique, qui connaissaient le terrible gaspillage et l'inefficacité que la planification centrale avait apportés dans leur pays. Les Européens de l'Est avaient moins besoin de leçons : ils comprenaient, mieux que d'autres communistes, que leur impuissance à atteindre le niveau de vie de leurs voisins occidentaux était due au système socialiste que les Soviétiques et leur armée Rouge leur avaient imposé après la Seconde Guerre mondiale.

Mais l'observation attentive du « miracle économique » asiatique n'a pas été l'apanage du bloc communiste. Une transformation remarquable a également eu lieu dans la pensée économique de l'Amérique latine [2]. Dans les années 1950, lorsque l'économiste argentin Raul Prebisch dirigeait le Comité économique pour l'Amérique latine aux Nations unies, il était à la mode d'attribuer le sous-développement – non seulement de l'Amérique latine, mais plus généralement du tiers monde – au système capitaliste dans son ensemble. On faisait valoir que les premiers entrepreneurs du développement en Europe et en Amérique avaient en fait structuré l'économie mondiale en leur faveur, condamnant du même coup ceux qui venaient après à des positions dépendantes de fournisseurs de matières premières. Au début des années 1990, cette vision des choses a changé du tout au tout : le président Carlos Salinas de Gortari au Mexique, le président Carlos Menem en Argentine et le président Fernando Collor de Mello au Brésil ont tous cherché à réaliser de vastes programmes de libéralisation économique après être arrivés au pouvoir, acceptant la nécessité des lois du marché et l'ouverture à l'économie mondiale. Le Chili appliqua des principes libéraux dès les années 1980, sous la dictature de Pinochet, et l'économie de ce pays fut en conséquence l'une des moins catastrophiques de l'Amérique du Sud après le retour à la démocratie, sous le président Patricio Alwyn. Tous ces nouveaux dirigeants, nouvellement et démocratiquement élus, sont partis du principe que le sous-développement n'était pas dû aux inégalités inhérentes au capitalisme, mais plutôt au degré insuffisant de capitalisme pratiqué dans leur pays par le passé. La privatisation et la liberté du commerce sont devenues les mots de passe de la nouvelle économie, à la place de la nationalisation et du remplacement des importations par des produits locaux. L'orthodoxie marxiste des intellectuels d'Amérique latine est de plus en plus battue en brèche par des écrivains comme Hernando de Soto, Mario Vargas Llosa et Carlos Rangel, qui ont commencé à trouver une audience importante pour des idées économiques libérales et mercantilistes.

Au fur et à mesure que l'humanité approche de la fin du millénaire, les crises jumelles de l'autoritarisme et du socialisme n'ont laissé en lice qu'un seul combattant comme idéologie potentiellement universelle : la démocratie libérale, doctrine de la liberté individuelle et de la souveraineté populaire. Deux cents ans après avoir animé les révolutions américaine et française, les principes de liberté et d'égalité ont prouvé non seulement qu'ils étaient durables, mais qu'ils pouvaient ressusciter [3].

Le libéralisme et la démocratie, quoique étroitement liés, sont des concepts séparés. Le libéralisme politique peut être défini assez simplement comme un système légal qui reconnaît certains droits individuels ou libertés indépendants du contrôle de l'Etat. On peut définir de manières fort diverses les droits fondamentaux, mais l'on s'en tiendra à la définition proposée par lord Bryce dans son ouvrage classique sur la démocratie, qui les limite à trois catégories : les droits civils, « exemption de contrôle du citoyen en ce qui concerne sa personne et sa propriété »; les droits religieux, « exemption de contrôle dans l'expression des opinions religieuses et de la pratique du culte »; ce qu'il appelle les droits politiques, « exemption de contrôle pour tout ce qui ne touche pas au bien-être de la communauté dans son ensemble au point de rendre un contrôle nécessaire », et qui inclut les droits fondamentaux de la liberté de la presse [4]. Les pays socialistes ont pris l'habitude d'insister sur la reconnaissance de divers droits économiques de deuxième ou troisième génération, tels que le droit à l'emploi, au logement ou aux soins de santé. Le problème de l'extension de cette liste est que la réalisation de ces droits n'est pas clairement compatible avec d'autres droits comme ceux de la propriété ou de la liberté des échanges économiques. Pour notre propos, nous nous en tiendrons donc à la liste plus courte et plus traditionnelle des droits, conforme à celle que contient le Bill of Rights américain.

Par ailleurs, la démocratie est aussi le droit universel de participer au pouvoir politique, c'est-à-dire le droit qu'ont tous les citoyens de voter et de prendre part à la vie politique. Celui-ci peut être considéré comme un autre droit du libéralisme – peut-être le plus important – et c'est la raison pour laquelle le libéralisme a été étroitement associé historiquement avec la démocratie.

Pour déterminer quels sont les pays démocratiques, nous utiliserons une définition strictement formelle de la démocratie : un pays sera dit « démocratique » s'il accorde au peuple le droit de choisir son propre gouvernement par le moyen d'élections périodiques, multipartites et à bulletin secret [5], sur la base du suffrage universel et égalitaire [6]. Il est vrai que la démocratie formelle seule ne garantit pas toujours une participation et des droits égaux. Les procédures démocratiques peuvent être manipulées par les élites et ne reflètent pas toujours avec exactitude la volonté ou les véritables intérêts du peuple. Pourtant, si l'on s'écarte tant soit peu d'une définition formelle, on ouvre la possibilité d'abus infinis du principe démocratique. Dans notre siècle, les plus grands ennemis de la démocratie ont justement attaqué la démocratie « formelle » au nom de la démocratie « substantielle ». Ce fut par exemple la justification utilisée par Lénine et les bolcheviques pour dissoudre l'Assemblée constituante russe et proclamer la dictature du Parti, qui devait réaliser la démocratie « substantielle », « au nom du peuple ». La démocratie formelle, en revanche, fournit de réelles sauvegardes institutionnelles contre la dictature et se révèle la plus apte à produire en fin de compte une démocratie « substantielle ».

Alors même que le libéralisme et la démocratie marchent habituellement ensemble, ils peuvent être séparés en théorie. Il est possible pour un pays d'être libéral sans être particulièrement démocratique, comme ce fut le cas dans l'Angleterre du XVIIIe siècle. Un grand nombre de droits, y compris la « franchise », étaient parfaitement protégés pour une petite élite sociale, mais refusés aux autres. La figure inverse est également possible : un pays peut être démocratique sans être libéral, c'est-à-dire sans protéger les droits des individus et des minorités. Un bon exemple en est la République islamique d'Iran, qui a organisé des élections régulières relativement satisfaisantes pour un pays du tiers monde, assurant au pays une démocratie indiscutablement meilleure que du temps du shah. L'Iran des mollahs n'est pourtant pas un pays libéral : les libertés d'expression, de réunion et par-dessus tout de religion n'y sont pas garanties. Les droits les plus élémentaires des citoyens iraniens ne sont pas protégés par un ensemble de lois et la situation est pire encore pour les minorités ethniques et religieuses du pays.

Dans le domaine économique, le libéralisme est la reconnaissance du droit à la liberté des activités et des échanges économiques, fondée sur la propriété privée et les lois du marché. Depuis que le terme de « capitalisme » a acquis tant de connotations péjoratives au fil des années, il est devenu à la mode de le remplacer par l'expression « économie de libre marché »; les deux sont en fait recevables pour parler du libéralisme économique. Il est évident qu'il y a plusieurs interprétations possibles de cette définition assez large, depuis celle des Etats-Unis de Reagan ou de l'Angleterre de Thatcher jusqu'à celles des social-démocraties de Scandinavie et des régimes sensiblement étatistes du Mexique ou de l'Inde. Tous les Etats capitalistes contemporains ont de larges secteurs publics, et la plupart des Etats socialistes ont laissé se développer un certain degré d'activité économique privée. On a beaucoup discuté pour savoir à partir de quel point le secteur public est trop important pour que l'Etat soit considéré comme libéral. Plutôt que d'essayer de fixer un pourcentage, il est probablement plus profitable de considérer quelle est l'attitude de l'Etat vis-à-vis du *principe* de la légitimité de la propriété et de l'entreprise privées. Les Etats qui protègent ce genre de droits économiques seront dits « libéraux »; ceux qui s'y opposent ou qui se fondent sur d'autres principes (comme celui de « justice économique ») ne seront pas retenus.

La crise actuelle des régimes autoritaires n'a pas nécessairement entraîné l'apparition de régimes libéraux démocratiques, et les nouvelles démocraties qui sont apparues à cette occasion ne sont pas toutes très assurées. Les nouveaux pays démocratiques d'Europe de l'Est doivent affronter des transformations radicales de leur économie. De la même façon, les nouvelles démocraties d'Amérique latine sont entravées par un effroyable héritage d'erreurs économiques antérieures, dont la manifestation la plus évidente est la crise de la dette extérieure. La plupart des pays à développement rapide de l'Extrême-Orient, économiquement libéraux, n'ont pas relevé le défi du libéralisme politique. La révolution libérale, en fonction du niveau général de développement économique et social de la région, a laissé certaines zones comme le Moyen-Orient et l'Afrique [7] relativement intactes. Il est parfaitement possible d'imaginer des Etats comme le Pérou ou les Philippines retombant dans une sorte de dictature sous le poids écrasant des problèmes auxquels ils doivent faire face.

Pourtant, le fait qu'il y aura des retours en arrière et des déceptions dans le processus de démocratisation, ou que toute économie de marché ne sera pas forcément prospère, ne doit pas nous écarter du modèle plus général qui paraît émerger dans l'histoire du monde. Le nombre apparent des choix que les pays affrontent en déterminant comment ils vont s'organiser politiquement et économiquement *est allé en diminuant* avec le temps. Parmi les divers types de régime qui sont apparus au cours de l'histoire des hommes, depuis les monarchies et les aristocraties jusqu'aux théocraties et aux dictatures fascistes et communistes de notre siècle, la seule forme de gouvernement qui ait survécu intacte jusqu'à la fin du XXe siècle a été la démocratie libérale.

En d'autres termes, ce qui apparaît victorieux n'est pas tant la pratique libérale que l'« idée » du libéralisme. C'est-à-dire que pour une très large partie du monde, aucune idéologie à prétention universelle n'est actuellement en position de rivaliser avec la démocratie libérale, aucun principe universel de légitimité avec la souveraineté du peuple. La monarchie sous ses diverses formes a été largement vaincue au début de ce siècle : le fascisme et le communisme, principaux compétiteurs jusqu'à présent, se sont discrédités eux-mêmes. Si l'Union soviétique (ou les Etats qui lui succéderont) échoue dans sa démocratisation, si le Pérou ou les Philippines retombent dans telle ou telle forme de régime autoritaire, la démocratie cédera probablement le pas à un colonel ou à un bureaucrate qui prétendra parler au nom du peuple russe, péruvien ou philippin. Même les non-démocrates devront parler le langage de la démocratie pour justifier leur déviation par rapport à la référence unique et universelle.

Il est vrai que l'islam constitue un autre système idéologique cohérent, tout comme le libéralisme et le communisme, avec son propre code de moralité et sa propre doctrine de justice politique et sociale. L'appel de l'islam est potentiellement universel et s'adresse à tous les hommes en tant qu'hommes, non pas simplement en tant que membres d'un groupe ethnique ou national particulier. L'islam a, de fait, battu la démocratie libérale dans de nombreuses parties du monde islamique et fait peser une lourde menace sur les pratiques libérales, même dans des pays où il n'a pas obtenu directement le pouvoir. La fin de la guerre froide en Europe a été immédiatement suivie par un défi à l'Occident de la part de l'Irak, dans lequel on peut dire que l'islam a été un facteur marquant [8].

Malgré la puissance démontrée par l'islam dans son renouveau actuel, il reste cependant que cette religion n'exerce virtuellement aucun attrait en dehors des contrées qui ont été culturellement islamiques à leurs débuts. Le temps des conquêtes culturelles de l'islam est, semble-t-il, passé : il peut reprendre des pays qui lui ont échappé un temps, mais n'offre guère de séductions à la jeunesse de Berlin, de Tokyo, de Paris ou de Moscou. Si presque un milliard d'hommes appartiennent à la culture islamique (soit un cinquième de la population mondiale), ils ne sauraient rivaliser avec la démocratie libérale sur son propre territoire dans le domaine des idées [9]. A long terme, le monde islamique pourrait même paraître plus vulnérable aux idées libérales que l'inverse, puisque celles-ci y ont recruté de nombreux et puissants adhérents au cours des cent cinquante ans qui viennent de s'écouler. Une partie de la cause du renouveau fondamentaliste actuel est justement la force de la menace exercée par les valeurs de l'Occident libéral sur les sociétés islamiques traditionnelles.

Nous qui vivons dans des démocraties libérales stables et anciennes sommes confrontés à des situations inhabituelles. A l'époque de nos grands-parents, nombreux étaient les gens raisonnables qui pouvaient prévoir un avenir socialiste radieux, dans lequel la propriété privée et le capitalisme auraient été abolis et la politique elle-même quelque peu dépassée : « le temps des lendemains qui chantent ». Aujourd'hui, au contraire, alors que nous sommes justement dans l'avenir de nos grands-parents, nous avons du mal à imaginer un monde qui soit radicalement meilleur que le nôtre, ou un avenir qui ne soit pas fondamentalement démocratique et capitaliste. A l'intérieur de ce cadre, bien sûr, beaucoup de choses pourraient être améliorées : nous pourrions loger les sans-abri, garantir des droits meilleurs aux minorités et aux femmes, améliorer la compétitivité et créer de nouveaux emplois. Nous pouvons aussi imaginer des mondes futurs bien pires que ce que nous connaissons à l'heure actuelle, dans lesquels l'intolérance – nationaliste, raciale ou religieuse – reviendrait en force, ou dans lesquels nous serions accablés par la guerre ou par des catastrophes écologiques. Pourtant, nous ne saurions nous figurer un monde qui serait *essentiellement* différent du monde présent, et en même temps meilleur. D'autres époques, moins réfléchies, ont aussi pensé d'elles-mêmes qu'elles étaient les meilleures mais *nous* arrivons à cette conclusion après avoir épuisé des alternatives dont nous sentons qu'elles *auraient dû* être meilleures que la démocratie libérale [10].

Le fait qu'il en soit ainsi et l'ampleur de la révolution libérale actuelle dans le monde nous invitent à soulever la question suivante : assistons-nous simplement à l'une des vicissitudes de la démocratie libérale, ou bien voyons-nous à l'œuvre quelque schéma de développement à plus long terme qui finira par conduire tous les pays sur la voie de ce système?

Il est possible après tout que la présente tendance vers la démocratie soit un phénomène cyclique. Il suffit de regarder en arrière vers la fin des années 1960 et le début des années 1970, lorsque les Etats-Unis étaient touchés par une crise de confiance profonde déclenchée par son implication dans la guerre du Viêt-nam et par le scandale du Watergate. L'Occident tout entier était plongé dans une grave crise économique par l'embargo des pays de l'O.P.E.P. sur le pétrole; la plupart des démocraties sud-américaines avaient été renversées par une série de coups d'Etat militaires; des régimes non démocratiques ou antidémocratiques semblaient prospérer dans le monde entier, depuis l'Union soviétique, Cuba et le Viêt-nam jusqu'à l'Arabie Saoudite, l'Iran et l'Afrique du Sud. Quelles raisons avions-nous alors d'espérer que la situation des années 1970 ne reviendrait pas – éventuellement en pire – à celle des années 1930, avec son éclosion d'idéologies violemment antidémocratiques?

De plus, ne peut-on pas penser que la crise actuelle des régimes autoritaires est un hasard extraordinaire, une convergence rare des planètes politiques, qui ne se reproduira pas dans notre « ciel » avant cent ans? L'étude soigneuse des diverses transitions qui ont permis à certains pays de sortir de leur régime autoritaire dans les années 1970 et 1980 fournira un grand nombre de leçons concernant la nature accidentelle de ces événements. Plus on connaît un pays particulier, plus on est conscient du « tourbillon des contingences extérieures » qui différencient ce pays de ses voisins et des circonstances apparemment fortuites qui ont déterminé son évolution démocratique [11]. Les choses auraient pu se passer tout autrement dans bien des pays : le Parti communiste portugais aurait pu sortir victorieux des élections de 1975, l'Espagne aurait pu évoluer vers autre chose que la démocratie si le roi Juan Carlos n'avait pas joué le rôle habile et modérateur qui a été le sien. Les idées libérales n'ont pas de force indépendamment des acteurs humains qui les mettent en œuvre, et si Andropov et Tchernenko avaient vécu plus longtemps, ou si Gorbatchev lui-même n'avait pas été ce qu'il est, le cours des événements aurait pu être totalement différent entre 1985 et 1991 en Union soviétique et en Europe de l'Est. Suivant la mode actuelle des sciences sociales, on serait tenté de dire que des facteurs politiques imprévisibles – dirigeants, opinion publique, etc. – dominent le processus de démocratisation et assurent à chaque cas un développement et un résultat différents.

Pourtant, si l'on dépasse les vingt-cinq dernières années pour embrasser d'un regard *la totalité de l'Histoire*, la démocratie libérale commence alors à occuper une place spéciale. Le tableau des pages 74-75 illustre ce schéma chronologique : il indique que la progression de la démocratie n'a pas été continue ou unidirectionnelle. L'Amérique latine comportait moins de démocraties en 1975 qu'en 1955, et le monde dans son ensemble était moins démocratique en 1939 qu'en 1919. Les périodes d'essor démocratique sont coupées d'interruptions et de retours en arrière radicaux, comme ceux que représentent le fascisme, le nazisme et le stalinisme. En revanche, tous ces renversements de tendance ont fini par s'inverser, conduisant avec le temps à une croissance d'ensemble impressionnante du nombre des démocraties dans le monde entier. De fait, la croissance de la démocratie libérale et du libéralisme économique qui l'accompagne a été le phénomène macropolitique le plus remarquable de ces cent dernières années.

Les démocraties libérales dans le monde[12]

	1790	1848	1900	1919	1940	1960	1975	1990
Suisse	+	+	+	+	+	+	+	+
Etats-Unis	+	+	+	+	+	+	+	+
France	+		+	+		+	+	+
Angleterre		+	+	+	+	+	+	+
Belgique		+	+	+		+	+	+
Pays-Bas		+	+	+		+	+	+
Danemark			+	+		+	+	+
Piémont/Italie			+	+		+	+	+
Espagne								+
Portugal							+	+
Suède			+	+	+	+	+	+
Norvège				+		+	+	+
Islande						+	+	+
Grèce			+			+		+
Autriche				+		+	+	+
Allemagne (Ouest)				+		+	+	+
Allemagne (Est)				+				+
Pologne				+				+
Tchécoslovaquie				+				+
Bulgarie								+
Roumanie								+
Hongrie								+
Turquie						+	+	+
Lettonie								+
Lituanie								+
Estonie								+
Finlande				+	+	+	+	+
Irlande					+	+	+	+
Australie			+	+	+	+	+	+
Nouvelle-Zélande			+	+	+	+	+	+
Chili			+	+		+		+
Argentine		+	+					+
Brésil								+
Uruguay				+	+	+		+
Paraguay								+
Mexique						+	+	+

	1790	1848	1900	1919	1940	1960	1975	1990
Colombie				+	+	+	+	+
Costa Rica				+	+	+	+	+
Bolivie						+		+
Venezuela						+	+	+
Pérou						+		+
Salvador						+		+
Equateur						+		+
Nicaragua								+
Honduras								+
Jamaïque							+	+
République dominicaine								+
Trinidad							+	+
Japon						+	+	+
Inde						+	+	+
Sri Lanka						+	+	+
Singapour							+	+
Corée du Sud								+
Thaïlande								+
Philippines						+		+
Ile Maurice								+
Sénégal								+
Botswana								+
Namibie								+
Papouasie/Nouvelle-Guinée								+
Israël						+	+	+
Liban						+		
Totaux	3	6	14	22	11	35	30	61

Il est vrai que les démocraties ont été relativement rares dans l'histoire des hommes, si rares en fait qu'il n'en avait pas existé une seule au monde avant 1776. La démocratie de l'Athènes de Périclès ne saurait être considérée comme telle puisqu'elle ne protégeait pas systématiquement les droits des individus [13]. Par rapport au nombre d'années de leur existence, la production industrielle, les automobiles et les cités peuplées de millions d'hommes ont été également rares, tandis que des pratiques comme l'esclavage, la monarchie héréditaire et le mariage dynastique ont perduré sur de très vastes périodes. Pourtant, l'important n'est pas la fréquence ou la longueur des apparitions, mais la tendance générale : dans le monde développé d'aujourd'hui, on s'attend aussi peu à voir disparaître les villes et les voitures dans un avenir proche qu'à voir réapparaître l'esclavage.

C'est dans le cadre de ce décor que le caractère mondial de la révolution libérale actuelle prend une importance particulièrement significative. Cela constitue en effet un témoignage supplémentaire qu'un processus fondamental est à l'œuvre, qui impose un schéma d'évolution commun à *toutes* les sociétés humaines, en bref, quelque chose comme une Histoire universelle de l'humanité dans le sens de la démocratie libérale. Citer l'échec de ce système dans un pays donné ou même dans toute une région du monde comme un témoignage de la faiblesse d'ensemble de la démocratie révèle par contre une étroitesse de vue frappante. Les cycles et les solutions de continuité ne sont pas incompatibles par eux-mêmes avec une histoire universelle et orientée, de même que l'existence de cycles économiques à court et moyen terme ne contredit pas la possibilité d'une croissance économique à long terme.

Le fait que le régime démocratique est sorti de son berceau originel (Europe occidentale et Amérique du Nord), pour faire son chemin dans d'autres régions du monde qui ne partagent pas les traditions politiques, culturelles et religieuses de ces contrées d'origine, est aussi impressionnant que la croissance du nombre des démocraties. On a jadis avancé qu'il existait une tradition ibérique qui était « autoritaire, patrimoniale, catholique, stratifiée, corporatiste et semi-féodale dans son principe [14] ». Vouloir amener l'Espagne, le Portugal ou les pays d'Amérique latine aux schémas standards de la démocratie libérale en Europe occidentale ou des Etats-Unis était par conséquent se rendre coupable d'« ethnocentrisme [15] ». Pourtant, ces standards universels des droits de l'homme étaient ceux auxquels ces peuples de tradition ibérique se rattachaient *eux-mêmes*; depuis le milieu des années 1970, l'Espagne et le Portugal ont rejoint les rangs des démocraties stables et sont liés de plus en plus fermement à l'Europe économiquement intégrée. Les mêmes références ont prévalu pour les peuples d'Amérique latine, d'Europe de l'Est, d'Asie et de bien d'autres régions du monde. Le succès de la démocratie parmi des peuples et en des lieux si divers suggérerait que les principes de liberté et d'égalité sur lesquels le système est fondé ne sont pas le fait du hasard ou le résultat de préjugés ethnocentriques, mais sont vraiment la révélation de la nature de l'homme en tant qu'homme, dont la véracité ne diminue pas mais augmente au fur et à mesure que le cosmopolitisme du point de vue grandit.

La question de savoir s'il existe quelque chose comme une histoire universelle de l'humanité, qui prendrait en compte l'expérience de tous les temps et de tous les peuples, n'est certes pas nouvelle; elle est même fort ancienne, mais les événements récents nous obligent à la poser de nouveau. Depuis le début, les tentatives les plus sérieuses et les plus systématiques pour écrire des « histoires universelles » ont considéré le développement de la liberté comme le principal moteur de l'histoire. L'histoire n'était pas un enchaînement aveugle d'événements, mais un tout significatif, dans lequel les idées humaines concernant la nature d'un ordre politique et social se développaient et s'épanouissaient. Si nous en sommes à présent au point de ne pouvoir imaginer un monde substantiellement différent du nôtre, dans lequel aucun indice ne nous montre la possibilité d'une amélioration fondamentale de notre ordre courant, alors il nous faut prendre en considération la possibilité que l'Histoire elle-même puisse être à sa fin.

La deuxième partie de cet ouvrage abordera ainsi le problème suivant : n'est-il pas temps pour nous, à la fin du XXe siècle, de secouer notre pessimisme acquis et de reconsidérer s'il est possible ou non d'écrire une histoire universelle de l'humanité?

DEUXIÈME PARTIE :

L'ANCIEN AGE DE L'HUMANITÉ

5

IDÉE D'UNE HISTOIRE UNIVERSELLE

> L'imagination historique n'a jamais volé si loin, même en rêve; aujourd'hui, l'histoire de l'homme est simplement le prolongement de celle des animaux et des plantes; l'historien universel trouve des traces de lui-même jusque dans les profondeurs des mers, dans le limon vivant. Il reste abasourdi en face de l'énorme chemin que l'Homme a parcouru, et son regard vacille devant le plus puissant prodige, cet homme moderne qui peut tout voir! Il se tient fièrement sur la pyramide de l'évolution du monde; et tandis qu'il pose la pierre finale de l'édifice de ses connaissances, il semble qu'il crie à haute voix à la Nature qui l'écoute : « Nous sommes au sommet, nous sommes au sommet; nous sommes la perfection de la Nature! »
>
> F. Nietzsche, *Bon et Mauvais Usage de l'Histoire* [1].

Une histoire universelle de l'humanité n'est pas la même chose qu'une histoire de l'univers. C'est dire que ce n'est pas un catalogue encyclopédique de tout ce que l'on sait sur l'humanité, mais plutôt un essai pour trouver un schéma d'explication sensé au développement général des sociétés humaines [2]. L'idée d'écrire une « histoire universelle » n'a pas été partagée par tous les peuples ni par toutes les cultures. Bien que la tradition philosophique et historique de l'Occident parte de la Grèce, les auteurs grecs de l'Antiquité n'ont jamais entrepris un tel projet. Dans sa *République*, Platon a parlé d'un certain cycle naturel des régimes, cependant qu'Aristote, dans la *Politique,* a exposé les causes des révolutions et comment un certain type de régime se transforme en un autre [3]. Aristote croyait qu'aucun régime politique ne pouvait satisfaire vraiment l'homme et que cette insatisfaction permanente poussait les hommes à changer perpétuellement de régime, dans un cycle sans fin. La démocratie n'occupait aucune place spéciale dans cette succession pour des raisons de bonté ou de stabilité particulières; en fait, ces deux auteurs, à cause sans doute de l'expérience de l'histoire athénienne, suggéraient que la démocratie avait tendance généralement à préparer le chemin de la tyrannie. Ni Platon ni Aristote ne croyaient à la continuité de l'histoire. Ils pensaient que des cataclysmes naturels, comme les inondations, éliminaient périodiquement non seulement toutes les sociétés humaines existant à la surface de la terre, mais aussi leur souvenir, forçant les hommes à recommencer le processus historique à partir du début [4]. Selon la conception grecque, l'Histoire n'est pas linéaire, mais cyclique.

Les premières véritables « histoires universelles » de la tradition occidentale ont été chrétiennes [5]. Les Grecs et les Romains avaient essayé d'écrire des chroniques et des histoires du monde connu; le christianisme introduisit le premier le concept de l'égalité de tous les hommes au regard de Dieu, donc celui d'une destinée conçue pour tous les peuples du monde. Un historien chrétien comme saint Augustin ne s'intéressait nullement aux histoires particulières des Grecs ou des juifs en tant que telles; ce qui importait était la rédemption de l'homme en tant qu'homme, événement qui constituerait l'achèvement de la volonté de Dieu sur la terre. Tous les peuples n'étaient que les branches d'une humanité plus générale, dont le destin pouvait être interprété selon les desseins de Dieu pour la race humaine dans son ensemble. Le christianisme introduisait de surcroît le concept d'une histoire qui était finie dans le temps, commençant avec la création de l'homme par Dieu et se terminant par sa rédemption [6]. Pour les chrétiens, la fin de l'histoire terrestre serait marquée par le jour du jugement qui ouvrirait le royaume des cieux; à ce moment, la terre et les événements terrestres cesseraient littéralement d'exister. Ce résumé de l'histoire selon la doctrine chrétienne montre clairement qu'une « fin de l'Histoire » est implicite dans l'idée même de l'écriture de toute histoire universelle. Les événements particuliers de cette histoire ne peuvent être signifiants que dans la perspective d'une finalité plus vaste et plus universelle, dont la réalisation apporte nécessairement avec elle la fin du processus historique. Cette fin de l'homme et de l'humanité est ce qui rend tous les événements particuliers potentiellement intelligibles.

Le renouveau de l'intérêt pour les Anciens, qui se fit jour à la Renaissance, fournit un horizon historique à une pensée « finaliste » que les Anciens eux-mêmes avaient peu connue. La métaphore rapprochant l'histoire de l'humanité de la vie de l'homme considéré isolément, et l'idée que l'homme moderne, bâtissant à partir des réalisations des Anciens, vit dans l'« ancien âge de l'humanité », se trouvent chez de nombreux auteurs de l'époque, y compris chez Pascal [7]. Les tentatives les plus importantes d'écrire des versions laïques de l'histoire universelle ont été entreprises en même temps que l'établissement de la méthode scientifique, au XVIe siècle. La méthode que nous associons aux noms de Galilée, de Bacon et de Descartes affirmait la possibilité d'une connaissance, donc d'une maîtrise de la nature, qui était à son tour soumise à un ensemble de lois cohérentes et universelles. La connaissance de ces lois n'était pas seulement accessible à l'homme en tant qu'homme; elle était cumulative, de sorte que les efforts et les erreurs des générations antérieures étaient épargnés aux générations qui suivaient. Ainsi, la notion moderne de progrès a ses origines dans le succès de la science physique, qui permit à Francis Bacon d'affirmer la supériorité des Modernes sur les Anciens, sur la base d'inventions comme le compas de navigation, l'imprimerie et la poudre à canon. Ce concept de progrès comme acquisition cumulative et infinie de connaissances a été exprimé le plus clairement par Bernard Le Bovier de Fontenelle en 1688 :

> Un esprit bien cultivé contient, pour ainsi dire, toutes les pensées des siècles précédents; il n'est rien d'autre qu'une seule pensée identique qui s'est développée et améliorée elle-même en permanence [...]. Mais je suis forcé d'avouer que l'homme en question ne connaîtra pas de période primitive; il sera toujours également capable de ce qui convenait à sa jeunesse et il sera de plus en plus capable de ces choses qui conviennent à son apogée; c'est-à-dire, si l'on abandonne l'allégorie, que les hommes ne dégénéreront jamais et qu'il n'y aura pas de fin à la croissance et au développement de la sagesse humaine [8].

Le progrès envisagé par Fontenelle résidait au premier chef dans la recherche scientifique; il ne développa aucune théorie correspondante du progrès social ou politique. Le père de la notion moderne fut Machiavel, car c'est lui qui proposa que la politique fût libérée des contraintes morales de la philosophie classique et que l'homme conquît la *fortuna,* qui incluait la nature. D'autres théories du progrès furent avancées par les écrivains du siècle des Lumières comme Voltaire, les Encyclopédistes, l'économiste Turgot, et son ami et biographe Condorcet. L'ouvrage de Condorcet intitulé *Progrès de l'esprit humain* contenait une histoire de l'homme en dix étapes dont la dernière époque – en voie d'achèvement – était caractérisée par l'égalité des chances, la liberté, le rationalisme, la démocratie et l'éducation pour tous [9]. Tout comme Fontenelle, Condorcet postulait que la perfectibilité de l'homme n'avait pas de fin, ce qui impliquait la possibilité d'une onzième étape de l'histoire inconnue à l'homme au moment où il écrivait.

Les efforts les plus sérieux pour écrire une histoire universelle ont toutefois été entrepris par la tradition idéaliste allemande. L'idée fut lancée par le philosophe Emmanuel Kant dans un essai de 1784, *Idée d'une histoire universelle au point de vue cosmopolitique.* Cette œuvre, longue de seize pages seulement, définissait les termes essentiels qui allaient servir de référence aux tentatives suivantes pour écrire ce genre d'histoire [10].

Kant était parfaitement conscient que « le cours aberrant des choses humaines » paraissait ne révéler aucun schéma d'organisation en surface, et que l'histoire des hommes semblait une succession continuelle de guerres et de cruautés. Il se demandait néanmoins s'il n'y avait pas un mouvement régulier dans l'histoire humaine, de sorte que ce qui paraissait chaotique du point de vue d'un individu isolé pouvait peut-être révéler en fait une évolution lente et progressive sur une longue période de temps. Cela paraissait particulièrement vrai pour le développement de la raison humaine. Aucun individu, par exemple, ne pouvait espérer découvrir l'ensemble des mathématiques, mais le caractère cumulatif de la connaissance mathématique permettait à chaque génération de construire ses réalisations sur celles des générations précédentes [11].

Kant suggérait que l'histoire aurait un point final, c'est-à-dire un objectif terminal qu'impliquaient les possibilités courantes de l'homme et qui rendait l'ensemble de l'histoire compréhensible. Ce point final était la réalisation de la liberté humaine, car « une société dans laquelle la liberté sous des lois extérieures est associée au plus haut degré avec un pouvoir tout-puissant, c'est-à-dire une constitution civile parfaitement juste, est le plus difficile problème que la Nature assigne à la race humaine ». La réalisation d'une telle constitution civile et sa diffusion universelle de par le monde était alors l'instrument grâce auquel on pouvait comprendre le progrès dans l'histoire. Elle fournissait aussi le critère qui permettait d'entreprendre l'énorme effort d'abstraction requis pour séparer ce qui était essentiel dans cette évolution de la grande masse des faits événementiels qui constituent le matériau brut de l'histoire. La question à laquelle devait répondre une histoire universelle était alors la suivante : en prenant toutes les sociétés et toutes les époques en considération, y avait-il une raison universellement valable d'espérer un progrès humain général dans le sens du gouvernement républicain, c'est-à-dire de ce que nous entendons aujourd'hui par démocratie libérale [12]?

Kant montrait aussi en termes généraux le ressort qui propulserait l'humanité vers un plus haut degré de rationalité représenté par des institutions libérales. Ce ressort n'était pas la raison, mais bien plutôt l'opposé de la raison : l'antagonisme égoïste engendré par l'« insociable sociabilité » de l'homme, qui conduit les hommes à abandonner la guerre de tous contre tous pour se regrouper en sociétés civiles, et qui encourage ensuite les arts et les sciences, de sorte que ces sociétés peuvent rester en compétition entre elles. C'était précisément cet esprit de compétition et cette vanité de l'homme, son désir de gouverner et de dominer, qui étaient les sources de la créativité sociale; assurant la réalisation de possibilités « qui ne sont pas données dans la vie des bergers d'Arcadie ».

L'essai de Kant ne constituait pas en lui-même une histoire universelle. Ecrite par le philosophe à l'âge de soixante ans, alors qu'il approchait la fin de sa carrière, son *Idée* révélait simplement le besoin d'un nouveau Kepler ou d'un nouveau Newton qui pourrait expliquer les lois universelles de l'évolution historique de l'humanité. Kant notait que le génie qui entreprendrait cette tâche devrait être qualifié aussi bien comme philosophe – pour discerner ce qui était important dans les affaires humaines – que comme historien capable d'assimiler l'histoire de tous les temps et de tous les peuples dans un ensemble significatif. Il aurait à suivre « l'influence de l'histoire grecque sur la construction de l'Etat, et la mauvaise interprétation de l'Etat romain qui absorba les Grecs, puis l'influence de Rome sur les Barbares qui à leur tour la détruisirent, et ainsi de suite jusqu'à notre époque; si l'on ajoute des épisodes des histoires nationales des nations éclairées, on découvrira un progrès régulier dans la constitution des Etats de notre continent (qui finiront probablement par donner des lois à tous les autres) ». L'histoire était celle de la destruction successive des civilisations, mais chacune de ces ruptures conservait quelque chose de la période antérieure et préparait ainsi le chemin pour un plus haut niveau de pensée et de vie. Ecrire cette histoire, concluait-il modestement, était au-delà de ses capacités, mais si cette tâche était menée à bien avec succès, elle pourrait contribuer à la réalisation du gouvernement républicain universel en donnant à l'homme une vue claire de son avenir [13].

Le projet kantien d'écrire une histoire universelle qui fût à la fois philosophiquement sérieuse et fondée sur une maîtrise de l'histoire empirique se transmit à son successeur, Georg Wilhelm Friedrich Hegel, qui l'accomplit dans la génération qui suivit la mort de Kant. Hegel n'a jamais eu une très bonne réputation dans le monde anglo-saxon, où on l'a accusé d'être un thuriféraire réactionnaire de la monarchie prussienne, un précurseur du totalitarisme du xxe siècle et, pire que tout d'un point de vue anglais, un métaphysicien « difficile-à-lire [14] ». Ce préjugé enraciné contre Hegel a empêché les gens de comprendre son importance en tant qu'un des philosophes fondateurs de la modernité. Que nous reconnaissions ou non notre dette à son égard, nous devons en fait à Hegel les aspects les plus fondamentaux de notre conscience moderne.

Il est remarquable de constater à quel point le système de Hegel remplit tous les détails de la suggestion de Kant pour une histoire universelle, aussi bien pour la forme que pour le fond [15]. Hegel, comme Kant, définissait son projet comme l'écriture d'une histoire universelle susceptible de fournir « la démonstration de l'Esprit [c'est-à-dire de la conscience humaine collective] élaborant la connaissance de ce qu'il est potentiellement [16] ». Hegel cherchait à expliquer les bons éléments contenus dans les divers Etats et civilisations réels de l'histoire, les raisons pour lesquelles ils ont été finalement renversés, et le « germe des Lumières » qui a survécu de chacun d'eux pour préparer la route des développements futurs. Comme dans la conception kantienne de l'« insociable sociabilité » de l'homme, Hegel voyait le progrès dans l'histoire naissant *non pas* du développement constant de la raison, *mais* du jeu aveugle des passions qui conduisait les hommes aux conflits, à la révolution et à la guerre, cette « ruse de la raison » selon une formule célèbre. L'histoire avance par un continuel processus de conflits, dans le cadre desquels les systèmes de pensée aussi bien que les systèmes politiques se heurtent et s'effondrent par le jeu de leurs propres contradictions internes. Ils sont alors remplacés par des systèmes moins contradictoires, donc plus évolués, qui donnent naissance à des contradictions nouvelles et différentes, selon le processus de la célèbre « dialectique ». Hegel fut l'un des premiers philosophes européens à prendre au sérieux les « histoires nationales des autres peuples » situés en dehors de l'Europe, comme ceux de l'Inde et de la Chine, et à les incorporer dans son schéma général. Selon le postulat de Kant, il y avait également un point final au processus historique, qui était la réalisation de la liberté sur la terre : « L'histoire du monde n'est rien d'autre que le progrès de la conscience de la liberté. » Le développement de l'histoire universelle pouvait être compris comme les progrès de l'égalité et de la liberté humaine, résumés dans l'épigramme de Hegel : « Les nations de l'Orient savaient qu'*un homme* était libre ; le monde des Grecs et des Romains, que *quelques-uns* étaient libres ; nous savons, nous, que tous les hommes – *en tant qu'êtres humains* – sont absolument libres [17]. » Pour Hegel, l'incarnation de la liberté humaine était l'Etat constitutionnel moderne, ou encore ce que nous avons appelé la démocratie libérale. L'histoire universelle de l'humanité n'était rien d'autre que l'accès progressif de l'homme à la pleine rationalité et à la conscience autonome que cette rationalité s'exprime pleinement dans la démocratie libérale.

Hegel a fréquemment été accusé d'idolâtrer l'Etat et son autorité, donc d'être un ennemi du libéralisme et de la démocratie. Une réflexion complète sur cette accusation est hors du propos du présent ouvrage [18]. Il suffira de dire ici que, de son propre aveu, Hegel fut *le* philosophe de la liberté, celui pour qui le processus entier de l'Histoire culmine dans la réalisation de la liberté par des institutions concrètes, sociales et politiques. Mieux que comme champion de l'Etat, Hegel pourrait aussi bien être compris comme le défenseur de la société civile, c'est-à-dire le philosophe qui a justifié la préservation d'un vaste domaine d'activité économique et politique indépendant du contrôle de l'Etat. C'est évidemment dans ce sens que Marx l'a interprété et la raison pour laquelle il a attaqué Hegel en tant que thuriféraire de la bourgeoisie.

La dialectique hégélienne a été victime d'une énorme mystification. Cela a commencé avec le collaborateur de Marx, Friedrich Engels, qui a cru que la dialectique était une « méthode » qui pouvait être empruntée à Hegel indépendamment du contenu de son système. D'autres ont pensé que, pour Hegel, la dialectique était un procédé métaphysique qui permettait de déduire la totalité de l'histoire humaine de principes liminaires *a priori* ou logiques, indépendamment des données empiriques et de la connaissance des événements historiques réels. Cette conception de la dialectique est proprement intenable : une lecture de l'œuvre historique de Hegel montre immédiatement que les accidents de l'histoire et la contingence y jouent un large rôle [19]. La dialectique hégélienne est semblable à son antécédent platonicien, le dialogue socratique, c'est-à-dire une conversation entre deux êtres humains sur quelque sujet important comme la nature du bien ou la signification de la justice. De telles discussions ne se résolvent que sur la base du principe de contradiction : la position la moins contradictoire avec elle-même est celle qui l'emporte, sauf si les deux positions s'avèrent également contradictoires dans le cours de la conversation : alors apparaît une troisième position qui est libre des contradictions des deux premières. Mais cette troisième position peut à son tour contenir des contradictions nouvelles et imprévues, qui donnent alors naissance à une autre conversation et à une autre résolution. Pour Hegel, la dialectique a sa place non seulement dans le domaine des discussions philosophiques, mais aussi entre les sociétés ou – selon le jargon contemporain des sociologues – entre les systèmes socio-économiques. On peut ainsi décrire l'histoire comme un vaste dialogue entre les sociétés, au cours duquel celles qui sont affectées de graves contradictions internes s'effondrent et sont remplacées par d'autres qui réussissent à dépasser ces contradictions. Ainsi, pour Hegel, l'Empire romain finit pas s'effondrer parce qu'il établissait l'égalité universelle légale de tous les hommes, mais sans reconnaître leurs droits et leur dignité humaine propres. Cette reconnaissance ne pouvait alors se trouver que dans la tradition judéo-chrétienne, qui établit l'égalité universelle des hommes à partir de leur liberté morale [20]. Le monde chrétien fut à son tour sujet à d'autres contradictions : l'exemple classique est la cité médiévale, dont les murs abritaient des marchands et des commerçants qui constituaient l'embryon d'un ordre économique capitaliste. Leur efficacité économique supérieure finit par démontrer l'irrationalité des contraintes morales sur la productivité économique, donc par abolir du même coup la cité même qui leur avait donné naissance.

La plus fondamentale différence de Hegel avec les écrivains antérieurs d'histoire universelle – comme Fontenelle ou Condorcet – tient à l'établissement plus profondément philosophique des concepts de nature, de liberté, d'histoire, de vérité ou de raison. Même si Hegel ne fut pas le premier philosophe à écrire sur l'histoire, il fut le premier philosophe *historien,* c'est-à-dire un philosophe qui croyait à la relativité historique fondamentale de toute vérité [21]. Hegel soutenait que toute conscience humaine était limitée par ses conditions particulières d'environnement social et culturel – par l'« air du temps », comme nous pourrions dire. La pensée passée, qu'elle fût celle des gens ordinaires ou celle des grands philosophes ou ou des grands scientifiques, n'était pas vraie absolument ou « objectivement », mais seulement relative à l'horizon historique ou culturel sur lequel vivaient les personnes considérées. L'histoire humaine ne doit donc pas être considérée seulement comme une succession de différentes civilisations ou niveaux de culture matérielle, mais – de façon plus importante – comme une succession des différentes formes de conscience. La conscience – mode d'aperception par les êtres humains des problèmes du bien et du mal, des activités qu'ils trouvent satisfaisantes, de leurs croyances en diverses divinités, voire du monde dans son ensemble – a changé fondamentalement au cours des temps. Et comme ces perspectives ont été mutuellement contradictoires, il s'ensuit que la grande majorité d'entre elles étaient erronées, ou encore formes de la « fausse conscience » que la suite de l'histoire devait démasquer. Les grandes religions du monde, selon

Hegel, n'étaient pas vraies en elles-mêmes, mais n'étaient que des *idéologies* issues des besoins historiques particuliers des peuples qui croyaient en elles. Le christianisme, en particulier, était une idéologie née de l'esclavage : en proclamant l'égalité universelle des hommes, elle servait aux esclaves à revendiquer leur propre libération.

La nature radicale de l'historicisme hégélien est assez difficile à percevoir aujourd'hui parce qu'elle constitue une large part de notre univers intellectuel. Nous considérons comme donné le « perspectivisme » historique de la pensée et partageons un préjugé général contre les modes de pensée qui ne sont pas « au goût du jour ». L'historicisme est implicite, par exemple, dans la position d'une féministe contemporaine, qui considère le dévouement de sa mère ou de sa grand-mère à la famille et au foyer comme l'héritage obsolète d'une époque révolue. Même si cette soumission volontaire de l'ancêtre à une culture dominée par les mâles peut avoir été juste et bonne « pour son époque » – « de son temps » – et peut même l'avoir rendue heureuse, elle n'est plus supportable et constitue une forme de « fausse conscience ». L'historicisme est également implicite dans l'attitude d'un Noir qui refuse qu'il soit possible à un Blanc de pouvoir *comprendre* ce que c'est que d'*être* un Noir : bien que les consciences des Blancs et des Noirs ne soient pas nécessairement séparées par le temps de l'histoire, on les considère comme devant être séparées par les univers de culture et d'expérience dans lesquels chacune d'elles a été nourrie et entre lesquels il n'existe que la communication la plus limitée.

La radicalité de l'historicisme hégélien est évidente dans son concept même de l'homme. A une importante exception près, tous les philosophes ou presque qui ont écrit avant lui ont cru à l'existence de quelque chose que l'on pouvait appeler « nature humaine », c'est-à-dire un ensemble de traits plus ou moins permanents – passions, désirs, capacités, vertus, etc. – qui caractérisaient l'homme en tant qu'homme [22]. Alors que les hommes considérés individuellement pouvaient à l'évidence varier, la nature essentielle de l'homme n'avait guère changé avec le temps, qu'il fût paysan de la Chine ou syndicaliste de l'Europe moderne. Cette vue philosophique est traduite par le cliché commun selon lequel « la nature humaine est immuable », dicton que l'on utilise à propos des manifestations les moins glorieuses mais les plus courantes de l'humanité telles que gloutonnerie, lubricité ou cruauté. Par contraste, Hegel ne refusait pas que l'homme eût un côté naturel dû aux besoins du corps, comme la nourriture ou le sommeil, mais il pensait que, dans sa caractéristique essentielle, l'homme était *indéterminé*, donc libre de créer sa propre nature [23].

Ainsi, la nature du désir humain, selon Hegel, n'est pas donnée une fois pour toutes, mais change en fonction des périodes historiques et des cultures [24]. Pour prendre un exemple, un habitant actuel de l'Amérique, de la France ou du Japon dépense la plus grande partie de son énergie à acquérir des choses (un certain type de voiture ou des chaussures de sport ou une robe à la mode) ou un statut (bon voisinage, bonne école ou bon travail). La plupart de ces objets du désir n'existaient même pas et ne pouvaient donc pas être objets de désir pour les périodes antérieures, pas plus qu'ils ne peuvent être désirés par un habitant actuel du tiers monde dont le temps est absorbé par la recherche des nécessités fondamentales comme l'abri ou la nourriture. Le consumérisme et les sciences du marché qui s'y rattachent se rapportent à des désirs qui ont été littéralement *créés* par l'homme lui-même et qui ouvriront le chemin à d'autres désirs dans l'avenir [25]. Nos désirs actuels sont conditionnés par notre milieu social, qui est à son tour le produit de la totalité de notre passé historique, et les objets spécifiques du désir ne constituent que l'un des aspects de la « nature humaine » qui ont changé avec le temps. L'importance même du désir en relation avec d'autres éléments du caractère de l'homme a également évolué. L'histoire universelle de Hegel rend ainsi compte non seulement du progrès des connaissances et des institutions, mais aussi de la nature changeante de l'homme lui-même. Car la nature de l'homme n'est pas d'*avoir* une nature ni d'*être* quelque chose, mais de *devenir* autre que ce qu'elle était avant.

Mais Hegel différait de Fontenelle et des historiens plus radicaux qui vinrent après lui : il ne croyait pas que ce processus historique dût se poursuivre indéfiniment; il devait toucher à sa fin avec la réalisation de sociétés libres dans le monde réel. En d'autres termes, il devait y avoir selon lui une *fin de l'Histoire.* Cela ne signifiait pas qu'il dût y avoir une fin des événements comme les naissances, les morts et les interactions sociales propres à l'existence de l'humanité, ou qu'il y aurait un point final à la connaissance factuelle du monde. Mais Hegel avait défini l'histoire comme la progression de l'homme vers de plus hauts niveaux de rationalisme et de liberté, et ce processus avait un point final logique avec la réalisation de l'autonomie absolue de la conscience. Celle-ci, pensait-il, était incarnée dans l'Etat libéral moderne, apparu en Europe à la suite de la Révolution française et en Amérique à la suite de l'Indépendance des Etats-Unis. Lorsque Hegel déclara que l'histoire était terminée après la bataille d'Iéna en 1806, il ne prétendait évidemment pas que l'Etat libéral était victorieux dans le monde entier : sa victoire n'était même pas certaine dans le petit canton d'Allemagne où il vivait. Il disait simplement que les principes de liberté et d'égalité qui sous-tendent l'Etat libéral moderne avaient été découverts et réalisés dans les pays les plus avancés, et qu'il n'y avait pas de principes ou de formes d'organisation sociale et politique alternatifs qui fussent supérieurs à ceux du libéralisme. En d'autres termes, les sociétés libérales étaient libres des « contradictions » qui caractérisaient les formes anciennes d'organisation sociale et cela devait donc entraîner la fin de la dialectique historique.

Dès la formulation de ce système, les esprits furent réticents à accepter sérieusement l'idée que l'Histoire finissait avec l'apparition de l'Etat libéral moderne. Presque immédiatement, Hegel fut attaqué par l'autre grand auteur d'histoire universelle du XIXe siècle, à savoir Karl Marx. En fait, nous ne sommes pas vraiment conscients de notre dette intellectuelle envers Hegel essentiellement parce que son héritage nous a été transmis *via* Marx, qui s'appropria de larges parties du système hégélien pour ses propres besoins – et critiqua violemment le reste. Marx reçut de Hegel la conception de l'historicité fondamentale des affaires humaines, la notion que la société des hommes a évolué au cours des temps depuis les structures sociales primitives jusqu'à des ensembles plus complexes et hautement développés. Il reprit aussi l'idée que le processus historique est fondamentalement dialectique, c'est-à-dire que les premières formes d'organisation politique et sociale contenaient des « contradictions » internes qui devenaient évidentes avec le temps et conduisaient à leur déclin et à leur remplacement par quelque chose de plus élaboré. Marx partageait également la croyance de Hegel en la possibilité d'une fin de l'Histoire : il prévoyait en effet une forme finale de société, libre de contradictions et dont la réalisation terminerait le processus historique.

La question sur laquelle Marx différait de Hegel était juste le genre de société qui devait émerger à la fin de l'histoire. Marx croyait que l'Etat libéral échouait à résoudre une contradiction fondamentale, celle de la lutte des classes – combat entre la bourgeoisie et le prolétariat. Il retournait ainsi l'historicisme de Hegel contre lui, arguant que l'Etat libéral ne représentait pas l'universalisation de la liberté, mais seulement la victoire de la liberté pour une certaine classe : la bourgeoisie. Hegel pensait que l'aliénation (division de l'homme contre lui-même et perte consécutive de la maîtrise de sa propre destinée) avait été résolue de manière adéquate à la fin de l'Histoire par la reconnaissance philosophique de la possibilité de liberté dans l'Etat libéral. Marx, en revanche, observait que l'homme restait aliéné de lui-même dans les sociétés libérales parce que le capital – une création humaine – était devenu le seigneur et maître de l'homme et qu'il le contrôlait [26]. La bureaucratie de l'Etat libéral, que Hegel appelait la « classe universelle » parce qu'elle incarnait pour lui les intérêts du peuple pris dans son ensemble, ne représentait pour Marx que des intérêts particuliers dans le cadre de la société civile, ceux des capitalistes qui la dominaient. Hegel le philosophe n'avait pas atteint « l'autonomie absolue de la conscience », mais n'était lui-même qu'un produit de son époque, un apologiste de la bourgeoisie. La fin marxiste de l'Histoire n'interviendrait qu'avec la victoire de la vraie « classe universelle », le prolétariat, et la réalisation consécutive d'une utopie communiste d'ensemble qui mettrait une fois pour toutes un terme à la lutte des classes [27].

La critique marxiste de l'hégélianisme et de la société libérale nous est devenue si familière qu'il est à peine besoin de la répéter. Mais aujourd'hui, le monumental échec du marxisme comme fondement de sociétés dans le monde réel – parfaitement évident cent quarante ans après le *Manifeste du parti communiste* – soulève le problème de savoir si l'histoire universelle selon Hegel n'était pas finalement la plus prophétique des solutions. Cette possibilité a été évoquée vers le milieu du siècle par Alexandre Kojève, le philosophe franco-russe qui a tenu une série de séminaires très importants à l'Ecole pratique des hautes études de Paris, dans les années 1930 [28]. Si Marx a peut-être été le plus grand interprète de Hegel au XIXe siècle, Kojève a été à coup sûr son meilleur interprète au XXe siècle. Comme Marx, Kojève ne se sentait pas simplement tenu d'expliquer la pensée de Hegel, mais l'utilisait au contraire de manière créative pour construire sa propre interprétation de la modernité. Raymond Aron nous donne un aperçu du brio et de l'originalité de Kojève :

> [Kojève] fascinait littéralement son auditoire de grands intellectuels enclins au doute et au scepticisme. Pourquoi? Son talent, sa virtuosité dialectique y étaient pour beaucoup... [Son art d'orateur] était intimement lié à son sujet et à sa personnalité. Le sujet était à la fois l'histoire et la *Phénoménologie* [de Hegel]. Celle-ci éclairait celle-là; tout prenait une signification. Même ceux qui se méfiaient de la providence historique, ceux qui soupçonnaient l'artifice derrière le talent, ne résistaient pas au magicien; sur le moment, l'intelligibilité qu'il conférait au temps et aux événements avait valeur de preuve [29].

Au centre de l'enseignement de Kojève se trouvait le postulat de départ selon lequel Hegel avait eu fondamentalement raison : l'histoire du monde, malgré toutes les vicissitudes des années suivantes, s'était effectivement terminée en 1806. Il est assez difficile de déchiffrer à travers les divers voiles d'ironie de l'œuvre de Kojève sa véritable intention, mais derrière cette conclusion apparemment paradoxale se cache la pensée que les principes de liberté et d'égalité issus de la Révolution française, incarnés dans ce que Kojève appelait « l'Etat universel et homogène » moderne, représentaient le point ultime de l'évolution idéologique au-delà duquel il était impossible de prolonger l'évolution. Kojève savait évidemment qu'il y avait eu de nombreuses guerres sanglantes et des révolutions depuis 1806, mais il les considérait essentiellement comme un « alignement des provinces [30] ». En d'autres termes, le communisme ne représentait pas une étape *plus haute* que la démocratie libérale, il faisait partie de la *même* étape de l'histoire, qui finirait par universaliser la diffusion de la liberté et de l'égalité à toutes les régions du monde. Bien que les révolutions bolchevique et chinoise parussent sur le moment des événements considérables, leur seul résultat important devait être de diffuser les principes déjà établis de liberté et d'égalité à des peuples auparavant arriérés et opprimés, et de forcer les pays du monde développé qui vivaient déjà selon ces principes à les réaliser plus complètement encore.

On peut avoir une idée du brio intellectuel de Kojève aussi bien que de sa singularité d'après le passage suivant :

> En observant ce qui se passait autour de moi et en réfléchissant à ce qui s'est passé dans le monde depuis la bataille d'Iéna, j'ai compris que Hegel avait raison de voir en celle-ci la fin de l'Histoire proprement dite. Dans et par cette bataille, l'avant-garde de l'humanité a virtuellement atteint le terme et le but – c'est-à-dire la *fin* – de l'évolution historique de l'Homme. Ce qui s'est passé depuis ne fut qu'une extension dans l'espace de la puissance révolutionnaire universelle actualisée en France par Robespierre – Napoléon. Du point de vue authentiquement historique, les deux guerres mondiales, avec leur cortège de grandes et de petites révolutions, n'ont eu pour effet que d'aligner sur les positions historiques européennes (réelles ou virtuelles) les plus avancées, les civilisations retardataires des provinces périphériques. Si la soviétisation de la Russie et la communisation de l'Europe sont plus et autre chose encore que la démocratisation de l'Allemagne impériale (par le truchement de l'hitlérisme) ou l'accession du Togo à l'indépendance, voire l'autodétermination des Papous, c'est uniquement parce que l'actualisation sino-soviétique du bonapartisme robespierrien oblige l'Europe postnapoléonienne à accélérer l'élimination des nombreuses séquelles plus ou moins anachroniques de son passé prérévolutionnaire [31].

L'incarnation la plus complète des principes de la Révolution française se trouvait, pour Kojève, dans les pays de l'Europe occidentale d'après-guerre, qui avaient atteint un haut degré de richesse matérielle et de stabilité politique [32]. Ces sociétés n'avaient plus de « contradictions » fondamentales : autosuffisantes et autosatisfaites, elles n'avaient plus de grands objectifs politiques à conquérir de haute lutte et pouvaient s'occuper uniquement de leur activité économique. Kojève abandonna lui-même l'enseignement dans la dernière partie de sa vie, pour travailler comme bureaucrate de la Communauté européenne. La fin de l'Histoire, croyait-il, signifiait non seulement la fin des grandes luttes et des grands conflits politiques, mais aussi bien la fin de la philosophie; la Communauté européenne était ainsi une incarnation institutionnelle parfaitement adéquate de la « fin de l'Histoire ».

Les histoires universelles représentées par les œuvres monumentales de Hegel et de Marx furent suivies par d'autres, moins impressionnantes. La seconde moitié du XIXe siècle vit paraître un bon nombre de théories relativement optimistes à propos de l'évolution sociale progressive, telles que celles du positiviste Auguste Comte et du darwiniste social Herbert Spencer. Ce dernier voyait l'évolution sociale comme une partie d'un processus plus vaste d'évolution biologique, soumis aux mêmes sortes de lois que celles de la survie du plus fort.

Le XXe siècle a également connu de nombreuses tentatives d'histoire universelle – d'un caractère résolument plus sombre, toutefois – qui incluent *Le Déclin de l'Occident* d'Oswald Spengler, et *L'Etude de l'histoire* d'Arnold Toynbee, ce dernier tirant son inspiration du précédent ouvrage [33]. Spengler et Toynbee divisent l'Histoire selon les histoires des différents peuples (« cultures » pour celui-ci, « sociétés » pour celui-là), dont chacun est présenté comme soumis à certaines lois uniformes de croissance et de décadence. Ils rompent ainsi avec la tradition inaugurée par les historiens chrétiens et culminant avec Hegel et Marx, selon laquelle l'histoire de l'humanité est linéaire, unitaire et uniformément orientée vers le progrès. En un certain sens, Spengler et Toynbee reviennent aux cycles historiques des peuples selon la tradition de l'historiographie grecque et romaine. Bien que les deux œuvres aient été très largement lues et appréciées en leur temps, elles souffrent toutes les deux du même défaut « organiciste », puisqu'elles partent d'une analogie discutable entre une culture ou une société et un organisme biologique. Spengler est resté populaire à cause de son pessimisme et semble avoir influencé des hommes d'Etat comme Henry Kissinger, mais ni l'un ni l'autre n'ont atteint le degré de sérieux de leurs prédécesseurs allemands.

La dernière « histoire universelle » écrite en notre siècle ne fut pas l'œuvre d'un individu isolé, mais plutôt l'effort collectif d'un groupe de sociologues – la plupart américains – qui ont écrit après la Seconde Guerre mondiale; l'ensemble est connu sous le nom de

« théorie de la modernisation [34] ». Karl Marx, dans la préface à l'édition anglaise du *Capital*, avait établi que « le pays qui est le plus développé industriellement ne fait que montrer au moins développé l'image de son avenir. » Ce fut, consciemment ou non, le point de départ de la « théorie de la modernisation ». S'inspirant fortement de l'œuvre de Marx et des sociologues Weber et Durkheim, cette théorie postulait que le développement industriel suivait un schéma de croissance cohérent et devait produire à terme certaines structures sociales et politiques uniformes dans des contrées et des cultures différentes [35]. En étudiant des pays comme l'Angleterre ou les Etats-Unis, qui furent parmi les premiers à s'industrialiser et se démocratiser, on pouvait découvrir un schéma universel que tous les pays devaient finir par suivre [36]. Alors que Max Weber adoptait une vue désespérément pessimiste de la rationalisation et de la sécularisation croissantes du « progrès » historique de l'humanité, la théorie de la modernisation donna à ses idées une marque délibérément optimiste et – serait-on tenté de dire – typiquement américaine. Même s'il existait des désaccords entre eux (l'évolution devait-elle être unilinéaire? y avait-il ou non des voies alternatives à la modernité? etc.), aucun des tenants de cette théorie ne doutait que l'histoire ne fût orientée et que la démocratie libérale des nations industrielles avancées ne se trouvât au bout du chemin. Ils travaillèrent dans les décennies 1950 et 1960, avec grand enthousiasme, à consacrer leur nouvelle science sociale à l'aide aux pays du tiers monde récemment devenus indépendants, pour qu'ils pussent se développer économiquement et politiquement [37].

La théorie de la modernisation finit par tomber victime de l'accusation d'*ethnocentrisme,* c'est-à-dire d'élever l'expérience de l'Europe occidentale et des Etats-Unis au niveau d'une vérité universelle, sans reconnaître ses propres « limites de culture [38] ». Selon les mots accusateurs d'un critique, « l'hégémonie politique et culturelle de l'Occident a encouragé la notion ethnocentrique selon laquelle seul le modèle de développement politique de ce même Occident est valable [39] ». Cette critique allait plus loin que la simple reconnaissance de l'existence d'autres chemins vers la modernité que ceux qui avaient été suivis par des pays comme l'Angleterre ou les Etats-Unis. Elle remettait en cause le concept même de modernité, en demandant en particulier si toutes les nations souhaitaient réellement adopter les principes démocratiques libéraux de l'Occident et s'il n'existait pas d'autres points de départ culturels également recevables [40].

L'accusation d'ethnocentrisme sonna définitivement le glas de la théorie de la modernisation. Les sociologues qui formulaient cette théorie partageaient les idées relativistes de leurs critiques : ils n'avaient en effet aucune raison scientifique ou même empirique au nom de laquelle ils auraient pu défendre les valeurs de la démocratie libérale, et pouvaient seulement répéter qu'ils n'avaient pas par eux-mêmes d'intentions ethnocentriques [41].

On peut dire à coup sûr que l'immense pessimisme suscité par le xxe siècle a discrédité la plupart de ces histoires universelles. L'utilisation du concept marxiste de l'« histoire » pour justifier l'emploi de la terreur en Union soviétique, en Chine et dans d'autres pays communistes a donné à ce mot une connotation particulièrement sinistre aux yeux de beaucoup. L'idée que l'histoire est orientée, signifiante, progressiste, ou même compréhensible, est aujourd'hui très loin des principaux courants de pensée de notre époque. Parler d'histoire du monde comme le faisait Hegel est s'attirer immanquablement les moqueries et la condescendance amusée des intellectuels, qui pensent qu'ils saisissent mieux le monde dans toute sa complexité tragique. Ce n'est pas un hasard si les seuls auteurs d'histoire universelle qui aient gardé un certain degré de succès populaire sont ceux qui, comme Spengler et Toynbee, ont décrit le déclin et la décadence des valeurs et des institutions occidentales.

Pourtant, si compréhensible que soit notre pessimisme, il est contredit par le flot empirique des événements de cette seconde moitié de siècle. Il faut nous demander si ce pessimisme n'est pas en train de devenir quelque chose comme une pose, adoptée aussi légèrement que l'optimisme du xixe siècle. Un optimiste naïf dont les attentes sont déçues paraît stupide, alors qu'un pessimiste qui se trompe dans ses prévisions garde malgré tout une *aura* de profondeur et de sérieux. L'apparition de forces démocratiques dans des parties du monde où l'on ne s'attendait pas à leur présence, l'instabilité des formes autoritaires de gouvernement et la complète absence d'alternatives *théoriques* cohérentes à la démocratie libérale nous forcent ainsi à reposer l'ancienne question : existe-t-il, d'un point de vue beaucoup plus « cosmopolitique » que cela n'était possible du temps de Kant, une histoire universelle de l'homme?

6

LE MÉCANISME DU DÉSIR

Revenons à présent au point de départ, pour ainsi dire, et considérons le problème sans faire appel à l'autorité des anciennes théories de l'histoire : l'histoire est-elle orientée? Y a-t-il des raisons de penser à une future évolution universelle dans la direction de la démocratie libérale?

La première de ces questions – sur l'orientation de l'histoire – est immédiate et plus facile à traiter. Considérons simplement, pour commencer, la question de l'orientation, laissant de côté pour le moment la question de savoir si celle-ci implique un progrès en termes de moralité ou de bonheur humain. Toutes les sociétés – ou la plupart d'entre elles – évoluent-elles dans une direction uniforme, ou bien leur histoire suit-elle un parcours cyclique ou simplement aléatoire [1]? Si la seconde hypothèse est vraie, il est possible que l'humanité répète n'importe quelle pratique sociale ou politique du passé : l'esclavage peut revenir, certains Européens peuvent se couronner de nouveaux princes et empereurs et les femmes américaines peuvent même perdre leur droit de vote. Une histoire orientée, par contraste, implique qu'aucune forme sociale, une fois qu'elle a été dépassée, ne peut être répétée par la même société, même si différentes sociétés, à différents degrés de développement, peuvent naturellement répéter un même schéma d'évolution.

Si l'histoire n'est pas destinée à se répéter elle-même, il doit exister un mécanisme uniforme et constant ou un ensemble de causes premières historiques, qui garantit l'évolution dans une direction unique et qui préserve parfois la mémoire des périodes antérieures dans le présent. Les théories cycliques ou aléatoires de l'histoire n'excluent pas la possibilité de changement social et de régularités limitées dans le développement, mais elles ne requièrent pas une source unique de causalité historique. Elles doivent également comporter un processus de dégénérescence, par lequel toute conscience des réalisations antérieures est totalement effacée car, sans la possibilité d'un *oubli* historique total, chaque cycle successif se construit, même de façon partielle, sur les expériences des cycles anciens.

Pour une première approche de la compréhension du mécanisme qui donne à l'histoire son orientation, suivons les pas de Fontenelle et de Bacon, et postulons la connaissance comme la clef de l'orientation de l'histoire – en particulier la connaissance de l'univers naturel que l'on peut obtenir par la science. En effet, si l'on considère l'ensemble des découvertes humaines, la seule qui soit, de l'avis unanime et sans équivoque, à la fois cumulative et orientée est la science physique moderne. On ne saurait en dire autant d'activités comme la peinture, la poésie, la musique ou l'architecture : il n'est pas évident que Rauschenberg soit un meilleur peintre que Michel-Ange ou que Schönberg soit supérieur à Bach pour de simples raisons chronologiques; Notre-Dame de Reims, Shakespeare ou le Parthénon représentent chacun une manière de perfection et il est stupide de prétendre « avancer » au-delà dans cette direction. La science physique, en revanche, s'édifie sur elle-même : certains « faits » de la nature, cachés aux plus grands esprits des générations antérieures, sont aujourd'hui accessibles à un étudiant de première année simplement parce qu'il est né plus tard. La compréhension scientifique de la nature n'est ni cyclique ni aléatoire; l'humanité ne revient pas périodiquement au même état d'ignorance primitive et les résultats de la science physique moderne ne sont pas soumis aux seuls caprices de l'homme. Les êtres humains sont libres de travailler dans certaines branches de la science plutôt que dans d'autres, et ils peuvent évidemment appliquer les résultats de cette recherche à leur guise, mais ni les dictateurs ni les Parlements ne sont en mesure de refuser les lois de la nature, quelle que soit leur envie de le faire [2].

La connaissance scientifique s'est accumulée sur une très longue période et a eu une influence constante sur la formation du caractère fondamental des sociétés humaines, même si l'on ne l'aperçoit pas fréquemment. Ainsi, les cultures qui possédaient la métallurgie du fer et l'agriculture étaient très différentes de celles qui ne connaissaient que l'outillage lithique ou l'économie de chasse et de cueillette. Mais un changement qualitatif est intervenu dans la relation entre la connaissance scientifique et le processus historique avec l'essor de la science physique *moderne*, c'est-à-dire depuis la découverte de la méthode scientifique par des hommes comme Descartes, Bacon et Spinoza, aux XVIe et XVIIe siècles. La possibilité de maîtriser la nature, ouverte par la physique moderne, n'a pas été un trait commun à toutes les sociétés, mais dut être inventée à un moment de l'histoire par certains Européens. Toutefois, une fois qu'elle eut été inventée, la méthode scientifique devint le bien commun universel de tout homme doué de raison, et potentiellement accessible à chacun sans considération de différences de culture ou de nationalité. La découverte de la méthode scientifique engendra une division fondamentale et non cyclique des temps historiques en périodes « avant » et « après ». Une fois la découverte faite, le développement progressif et continu de la physique moderne a fourni un mécanisme d'orientation qui explique bien des aspects du développement historique consécutif.

Le premier biais par lequel la science physique détermine des changements historiques à la fois orientés et universels est celui des rivalités militaires. L'universalité de la science fournit la base de l'unification globale de l'humanité, en premier lieu à cause de l'omniprésence de la guerre et des conflits dans le système international. La science physique moderne confère un avantage militaire décisif aux sociétés qui peuvent développer, produire et employer leur technologie de la manière la plus efficace; cet avantage relatif conféré par la technologie s'accroît naturellement avec l'accélération des changements technologiques [3]. Les sagaies des Zoulous ne pouvaient pas rivaliser avec les carabines des Anglais, si braves qu'aient été individuellement les guerriers : la maîtrise technologique fut la raison pour laquelle l'Europe put conquérir l'essentiel de ce qui constitue à présent le tiers monde, aux XVIIIe et XIXe siècles, et la diffusion de cette même science à partir de l'Europe a permis au tiers monde de récupérer un peu de sa souveraineté au XXe siècle.

L'éventualité des guerres engendre une grande impulsion pour la rationalisation des sociétés et pour la création de structures sociales uniformes parmi les cultures. Tout Etat qui espère maintenir son autonomie politique est forcé d'adopter la technologie de ses ennemis et rivaux. Plus encore même, la menace de guerre contraint les Etats à restructurer leurs systèmes sociaux selon les lignes de force qui contribuent à produire et mettre en œuvre la technologie. Par exemple, les Etats devront être d'une certaine taille pour tenir tête à leurs voisins et rivaux, ce qui crée de puissants ferments d'unité nationale; ils devront être capables de mobiliser leurs ressources au niveau national, ce qui requiert la création d'une autorité étatique fortement centralisée dotée d'un pouvoir de taxation et de réglement; ils devront briser les diverses formes de liens régionaux, religieux et familiaux susceptibles d'entraver l'unité nationale; ils devront accroître le niveau général d'éducation et de formation pour produire une élite capable de mettre en œuvre la technologie avancée qu'ils requièrent; ils devront rester en contact vigilant avec les développements qui se produisent en dehors de leurs frontières; enfin, avec l'introduction des armées de masse durant les guerres napoléoniennes, ils devront au minimum ouvrir la porte à l'émancipation des classes nécessiteuses de leur société, s'ils veulent être capable de mettre sur pied une mobilisation générale efficace. Tous ces développements peuvent avoir lieu pour d'autres motifs (économiques, par exemple), mais la guerre induit le besoin de modernisation sociale d'une manière particulièrement aiguë et fournit un test sans équivoque de sa réussite.

On relève de nombreux exemples historiques de « modernisations défensives », dans lesquelles les pays ont été contraints de se réformer sous l'effet d'une menace militaire [4]. Les grandes monarchies centralisantes des XVIe et XVIIe siècles, comme celles de Louis XIII en France ou de Philippe II en Espagne, cherchèrent à consolider leur pouvoir sur leur territoire essentiellement pour garantir les revenus nécessaires à la guerre contre leurs voisins. Au XVIIe siècle, ces monarchies ne connurent que *trois* années de paix véritable en cent ans; les besoins économiques énormes pour l'entretien d'armées désormais indispensables jouèrent un rôle essentiel pour inciter les gouvernements centraux à briser le pouvoir des institutions féodales et régionales, et créer ce que l'on identifie aux structures d'un Etat « moderne [5] ». L'essor de l'absolutisme monarchique eut à son tour un effet niveleur sur la société française, en réduisant les privilèges aristocratiques et en ouvrant la voie à l'ascension de nouveaux groupes sociaux, qui allaient être appelés à jouer un rôle essentiel lors de la Révolution.

L'Empire ottoman et le Japon connurent un processus analogue. L'invasion d'une armée française conduite par Bonaparte en 1798 bouleversa la société égyptienne et entraîna une réforme majeure de l'armée égyptienne sous la conduite de son pacha ottoman, Mohammed Ali. Cette nouvelle armée, formée et entraînée avec l'aide des Européens, fut si efficace qu'elle finit par rivaliser avec le pouvoir central ottoman dans une bonne partie du Moyen-Orient et contraignit le sultan Mahomet III à entreprendre un ensemble de réformes fondamentales qui copièrent celles des monarchies européennes des deux siècles précédents. Mahomet III brisa l'ancien ordre féodal en faisant massacrer les janissaires (véritable garde prétorienne des sultans) en 1826, ouvrit une série d'écoles laïques et accrut considérablement le pouvoir de la bureaucratie centrale ottomane.

Cette modernisation rencontra parfois des résistances : au Japon, dans les années 1850, un spécialiste de l'artillerie, Takashima Shuhan, fut jeté en prison pour avoir préconisé l'adoption des techniques militaires occidentales. De la même façon, il fallut la supériorité de l'artillerie de marine du commodore Perry pour persuader les *daimyos* japonais qu'ils n'avaient pas d'autre choix que d'ouvrir leur pays et de relever le défi de la concurrence étrangère. Avec le mot d'ordre « Un pays riche, une armée forte », la nouvelle élite dirigeante du Japon remplaça les anciennes écoles des temples par un système d'éducation obligatoire sous l'autorité de l'Etat, recruta une armée de masse formée de paysans pour remplacer les guerrriers samouraïs, établit enfin l'impôt national, les banques et le système monétaire. La transformation globale de la société japonaise réalisée durant l'ère Meiji et le centralisme renforcé de l'Etat japonais ont été motivés par le sentiment urgent que le Japon devait apprendre à assimiler la technologie occidentale s'il ne voulait pas perdre son indépendance nationale du fait du colonialisme européen, comme cela était arrivé à la Chine [6].

Dans d'autres cas, une défaite militaire honteuse fut l'aiguillon décisif pour l'adoption de réformes sociales rationalisantes. Les réformes de von Stein, Scharnhorst et Gneisenau, en Prusse, furent ainsi motivées par la reconnaissance du fait que Napoléon avait été capable d'écraser facilement leur pays à Iéna-Auerstedt en raison du caractère arriéré de l'Etat prussien et de sa totale aliénation de la société. Les réformes militaires – comme l'instauration de la conscription universelle – furent accompagnées de l'introduction du Code Napoléon en Prusse, événement qui marqua pour Hegel l'arrivée de la modernité en Allemagne [7]. La Russie offre un bon exemple de pays dont le processus de modernisation et de réforme a été déterminé essentiellement pendant trois siècles et demi par ses ambitions et ses revers militaires [8]. La réussite d'une modernisation militaire est à l'origine des efforts de Pierre le Grand pour transformer la Russie en monarchie à l'européenne; la cité de Saint-Pétersbourg fut conçue à l'origine comme une base navale à l'embouchure de la Neva. La défaite de la Russie dans la guerre de Crimée conduisit directement aux réformes d'Alexandre II, incluant l'abolition du servage; la défaite dans la guerre russo-japonaise ouvrit la voie aux réformes libérales de Stolypine et à la croissance économique qui marqua les années 1905 à 1914 [9].

Le plus récent exemple de « modernisation défensive » a peut-être été la première phase de la *perestroïka* de Mikhaïl Gorbatchev. Il est parfaitement clair, d'après ses discours et ceux des autres officiels soviétiques, que l'une des raisons essentielles qui les ont amenés à envisager une réforme fondamentale de l'économie soviétique fut leur compréhension qu'une Union soviétique non réformée allait connaître de sérieux problèmes pour rester économiquement et militairement compétitive au XXIe siècle. En particulier, la *Strategic Defense Initiative* (S.D.I.) du président Reagan leur posait un sérieux défi car elle menaçait de rendre obsolète toute une génération d'armes nucléaires soviétiques et orientait la compétition entre les superpuissances dans des domaines comme la microélectronique et autres nouveautés techniques, dans lesquels l'Union soviétique était sérieusement en retard. Les dirigeants soviétiques, y compris de nombreux militaires, comprirent que le système économique corrompu hérité de Brejnev serait hors d'état de l'emporter dans un monde dominé par la S.D.I. et acceptèrent volontairement un retrait à court terme, pour assurer leur survie à long terme [10].

La persistance de la guerre et de la rivalité militaire entre les nations constitue ainsi, paradoxalement, une grande force d'unification pour celles-ci. Même si la guerre conduit à leur destruction, elle contraint les Etats à accepter la civilisation technicienne moderne et les structures sociales qui la sous-tendent. La physique moderne s'impose d'elle-même à l'homme, qu'il le veuille ou non : la plupart des nations ne peuvent choisir de rejeter le rationalisme technologique de la modernité si elles veulent préserver leur autonomie nationale. Nous avons là la démonstration de la vérité de l'observation kantienne selon laquelle les changements historiques résultent pour ainsi dire de l' « insociable sociabilité » de l'homme : c'est l'hostilité plutôt que la coopération qui conduit l'homme d'abord à vivre en société, puis à développer plus complètement les potentialités de ces sociétés.

Il est toutefois possible d'échapper aux exigences de la rationalisation technologique pour un certain temps, si l'on vit dans un territoire isolé ou honni. Les pays peuvent même connaître alors une alternative de bonheur. La « science » du Coran était incapable de produire les chasseurs-bombardiers F-4 et les chars Chieftain requis pour défendre l'Iran de Khomeyni contre les ambitions de ses voisins comme l'Irak, et l'Iran islamique n'a pu attaquer – verbalement – le rationalisme occidental qui produisait de telles armes que parce qu'il pouvait les acheter grâce aux revenus pétroliers. Le fait que les mollahs qui gouvernent l'Iran aient eu simplement à gérer une ressource précieuse sortie du sol leur permit de s'offrir certains projets comme la diffusion mondiale de la révolution islamique, que d'autres pays, moins favorisés par la nature, ne pouvaient pas envisager [11].

La physique moderne est également susceptible de produire des changements dans le cours de l'histoire grâce à la conquête progressive de la nature qu'elle permet, aux fins de satisfaire les désirs humains : on pourrait appeler cette seconde voie le développement économique. L'industrialisation n'est pas simplement l'application intensive de la technologie aux processus de fabrication et à la création de nouvelles machines; elle équivaut aussi à appliquer la raison humaine au problème de l'organisation sociale et à l'établissement de la division rationnelle du travail. Ces utilisations parallèles de la raison – pour la création de nouvelles machines et l'organisation du processus de production – ont réussi au-delà des plus folles espérances des premiers inventeurs de la méthode scientifique. En Europe occidentale, le revenu *per capita* a été multiplié par plus de dix entre le milieu du XVIIIe siècle et aujourd'hui, en partant d'une base qui était déjà plus élevée que dans de nombreux pays actuels du tiers monde [12]. La croissance économique produisit certaines transformations sociales uniformes dans toutes les sociétés, indépendamment de leur structure sociale antérieure.

La science physique moderne règle la direction du développement économique en établissant un horizon des possibilités de production constamment changeant [13]. La direction dans laquelle cet horizon technologique se développe est étroitement liée au développement d'une organisation rationnelle croissante du travail [14]. Par exemple, les améliorations techniques des communications et des transports – construction de routes, développement des navires et des ports, invention des chemins de fer, etc. – rendent possible une extension de la taille des marchés, qui facilite à son tour la réalisation d'économies importantes grâce à la rationalisation de l'organisation du travail. Des produits spécialisés, qui n'avaient pas d'intérêt lorsque l'usine vendait à quelques villages locaux, deviennent soudain intéressants lorsqu'on vend à un pays entier, voire à un marché international encore plus vaste [15]. La productivité accrue résultant de ces changements élargit ensuite le marché intérieur et crée de nouvelles demandes pour une division encore plus grande du travail.

Les exigences de l'organisation rationnelle du travail dictent certains changements constants et à grande échelle dans la structure sociale. Les sociétés industrielles doivent être essentiellement urbaines, parce que c'est seulement dans les cités que l'on trouve l'abondance de main-d'œuvre spécialisée adéquate, nécessaire à toute industrie moderne, et parce que seules les cités ont l'infrastructure et les services requis pour prendre en charge de grandes entreprises hautement spécialisées. Le régime de l'apartheid s'est finalement écroulé en Afrique du Sud parce qu'il était construit sur l'espoir que la force de travail noire pourrait d'une manière ou d'une autre être maintenue en permanence hors de la ville, ce qui était une aberration économique. Pour que le marché du travail puisse fonctionner librement, le travail doit devenir de plus en plus mobile : les ouvriers ne peuvent rester liés définitivement à un métier particulier ou à un ensemble de relations sociales, mais doivent devenir libres de leurs déplacements, pouvoir apprendre des techniques et des pratiques nouvelles, et vendre leur force de travail au plus offrant. Ces conditions ont un effet déterminant sur les groupes sociaux traditionnels, tribus, clans, familles au sens large, sectes religieuses, etc. Ces derniers pourraient être considérés à certains égards comme plus agréables et plus humains à vivre, mais comme ils ne sont pas organisés selon les principes rationnels de l'efficacité économique, ils tendent partout à céder le pas aux formes d'organisation qui le sont.

Ils sont ainsi remplacés par des formes bureaucratiques « modernes » d'organisation. Les ouvriers y sont acceptés sur la base de leur formation et de leurs capacités, et non en fonction de leurs liens de famille ou de leur statut; et leurs performances sont mesurées selon des règles établies et universelles. Les bureaucraties modernes institutionnalisent l'organisation rationnelle du travail en fixant des objectifs complexes et en les répartissant selon une structure hiérarchique d'objectifs plus simples, dont beaucoup peuvent être réalisés grâce à une sorte de routine. L'organisation bureaucratique rationnelle est vraisemblablement destinée à infiltrer tous les aspects de la société dans un pays industrialisé, quelle que soit la forme que prenne cette organisation : agence gouvernementale, syndicat, corporation, parti politique, presse, association caritative, université ou association professionnelle. Par contraste avec le XIXe siècle, où un Américain sur quatre ou cinq était son propre patron, indépendant de toute organisation bureaucratique, ce n'est plus le cas actuellement que d'un sur dix. Cette « révolution non planifiée » s'est répétée à l'identique dans tous les pays industrialisés, qu'ils fussent capitalistes ou socialistes, et malgré les différences dans le fond religieux et culturel des sociétés préindustrielles dont ils sont sortis [16].

Il a été prouvé que le développement industriel n'impliquait pas nécessairement des bureaucraties de taille toujours croissante, ni de gigantesques « combinats » industriels. Passé un certain point, les grandes bureaucraties deviennent de moins en moins efficientes pour des raisons économiquement explicables et l'on doit leur préférer un plus grand nombre d'organisations plus petites. Certaines industries modernes, comme celle du *software,* n'ont pas besoin non plus d'être situées dans les grandes villes. Mais ces petites unités de production doivent cependant rester organisées selon des principes rationnels et ont besoin de l'armature d'une société urbanisée.

L'organisation rationnelle du travail ne devrait pas être considérée comme un phénomène essentiellement distinct de l'innovation technologique; ce sont en effet deux aspects de la rationalisation de la vie économique, le premier dans la sphère de l'organisation sociale, le second dans la sphère de la production mécanisée. Karl Marx pensait que la productivité du capitalisme moderne était fondée principalement sur la mécanisation de la production, c'est-à-dire sur l'application de la technologie, plutôt que sur la division du travail, et espérait que cette dernière pourrait être un jour abolie [17]. La technologie devait rendre possible l'élimination des distinctions entre la ville et la campagne, le magnat du pétrole et le voyou, le banquier spéculateur et le ramasseur d'ordures, et créer une société dans laquelle on pourrait « chasser le matin, pêcher l'après-midi, faire de l'élevage le soir et jouer les critiques après le souper [18] ». Rien de ce qui s'est passé dans la suite des événements économiques mondiaux ne montre que cette vue était justifiée : l'organisation rationnelle du travail demeure fondamentale pour la productivité de toute économie moderne, même si les effets abrutissants du travail parcellaire ont été tempérés par les progrès de la technique. Les tentatives faites par les régimes communistes pour abolir la division du travail et pour mettre fin à l'esclavage de la spécialisation ont conduit simplement à une tyrannie encore plus monstrueuse que celle des ateliers de Manchester condamnés par Marx [19]. Mao s'est évertué à abolir les distinctions entre ville et campagne, entre travail physique et travail intellectuel, en de nombreuses occasions, notamment durant le « Grand bond en avant » de la fin des années 1950, et durant la « Révolution culturelle » dix ans plus tard. Ces deux campagnes ont entraîné des souffrances humaines inimaginables, dépassées seulement par la tentative des Khmers rouges pour mélanger ville et campagnes après 1975, sans compter une catastrophe économique sans précédent.

Ni l'organisation du travail [20] ni la bureaucratie [21] n'étaient nouvelles au moment de la révolution industrielle; ce qui était nouveau était leur rationalisation calculée en fonction des principes de l'efficacité économique. C'est l'exigence de rationalité qui impose l'uniformité au développement social des sociétés en cours d'industrialisation. Les hommes peuvent avoir mille et un objectifs dans les sociétés préindustrielles : la religion ou la tradition peuvent décréter que la vie d'un guerrier de l'aristocratie est supérieure à celle d'un marchand de la ville; un prêtre peut décider du « juste prix » de telle ou telle chose. Mais une société qui vit avec de telles règles ne régira pas ses ressources avec efficacité et ne se développera donc pas aussi vite que celle qui vit selon des règles rationnelles.

Pour illustrer le pouvoir d'homogénéisation de la division du travail, considérons ses effets sur quelques cas concrets de relations sociales. Au moment de la victoire du général Franco sur les forces républicaines dans la guerre d'Espagne, ce pays était essentiellement agricole. La base sociale de la droite espagnole reposait sur les notables locaux et sur les propriétaires terriens, capables de mobiliser les masses paysannes conformément aux traditions de loyauté personnelle. La mafia, qu'elle opère à Palerme ou dans le New Jersey, doit sa cohésion au même genre de liens personnels et familiaux, comme le font les seigneurs de la guerre qui continuent à dominer la politique rurale des pays du tiers monde, au Salvador ou aux Philippines. Le développement économique de l'Espagne dans les décennies 1950 et 1960 introduisit des relations de marché modernes dans la campagne et entraîna du même coup un bouleversement social non prévu qui détruisit ces relations traditionnelles de clientélisme [22]. Des masses de paysans quittèrent les campagnes pour les villes, privant ainsi les notables locaux de leur clientèle obligée; les patrons eux-mêmes devinrent des producteurs agricoles plus performants, orientés vers le marché national et même international; et les paysans qui restèrent sur les terres devinrent des employés contractuels qui vendaient leur force de travail [23]. Un « apprenti Franco » n'aurait plus aujourd'hui la base sociale suffisante pour recruter une armée. La pression de de la rationalisation économique explique de la même façon pourquoi la mafia se maintient dans le sud de l'Italie, relativement sous-développé, plutôt que dans le Nord industrialisé. Les relations de clientélisme fondées sur des liens non économiques persistent naturellement dans les sociétés modernes, mais elles sont souvent déclarées illégales et doivent être entretenues *sub rosa*.

Dans ce chapitre, nous avons cherché à poser le problème de l'orientation de l'histoire sous une forme volontairement naïve, puisque nombreux sont parmi nous les pessimistes qui refusent que l'histoire ait un sens ou une signification, quels qu'ils soient. Nous avons choisi la physique moderne comme « mécanisme » possible pour sous-tendre les changements d'orientation de l'histoire, parce que c'est la seule activité sociale à grande échelle qui soit universellement reconnue comme cumulative, donc orientée. Le développement progressif de la science physique moderne permet de comprendre de nombreux détails particuliers de l'évolution historique, par exemple pourquoi les hommes se sont déplacés grâce au cheval et au train avant d'utiliser l'automobile et l'avion, ou pourquoi les sociétés récentes sont plus urbanisées que les sociétés anciennes, ou pourquoi les partis politiques, les syndicats et l'Etat-nation ont remplacé la tribu ou le clan comme axe fondamental de la loyauté de groupe dans les sociétés industrialisées.

Mais si la physique moderne peut expliquer immédiatement certains phénomènes, il en est beaucoup d'autres – à commencer par la forme de gouvernement choisie par une société donnée – qu'elle ne peut expliquer qu'avec de grandes difficultés. En outre, quoiqu'elle puisse être considérée comme un « régulateur » possible des changements de direction de l'histoire, elle ne saurait être regardée comme la *cause* suprême de ce changement. Car l'on serait amené immédiatement à demander : *pourquoi la physique moderne?* La logique interne de la science peut expliquer pourquoi elle se développe comme elle le fait, mais la science elle-même ne nous dit pas pourquoi les hommes la recherchent. En tant que phénomène social, la science ne se développe pas simplement parce que les hommes sont curieux de l'univers, mais parce que la science leur permet de satisfaire leurs désirs de sécurité et d'acquisition illimitée de biens matériels. Les compagnies modernes n'entretiennent pas des équipes de recherche et de développement pour l'amour abstrait de la connaissance, mais pour gagner de l'argent. Le désir de croissance économique semble être une caractéristique universelle de presque toutes les sociétés actuelles, mais si l'homme n'est pas simplement un animal économique, on doit s'attendre à ce que l'explication donnée ci-dessus soit incomplète. C'est une question sur laquelle nous reviendrons sous peu.

Nous n'effectuons pour le moment aucune évaluation morale ou éthique sur l'orientation historique impliquée par la science physique moderne. Il est à peu près certain qu'un phénomène comme celui de la division du travail et de la bureaucratisation croissante de la vie moderne est profondément ambigu dans ses implications sur le bonheur humain, ainsi que l'ont bien montré Adam Smith, Marx, Weber, Durkheim et d'autres sociologues, qui ont relevé ces phénomènes comme caractéristiques centrales de la vie moderne. Nous ne sommes nullement obligés pour l'instant d'affirmer que la capacité de la science moderne à élever la productivité économique rend les hommes plus moraux, plus heureux, ou simplement plus à leur aise qu'ils ne l'étaient auparavant. Nous souhaitons montrer au préalable, comme point de départ de nos analyses, qu'il y a de bonnes raisons de penser que l'histoire déterminée par le développement de la physique moderne se meut dans une seule direction cohérente, et nous voudrions examiner plus loin les conséquences qui découlent de cette conclusion.

Si les découvertes de la science physique moderne déterminent la direction de l'histoire, une question vient tout naturellement : peut-elle être « désinventée » ? La méthode scientifique peut-elle cesser de dominer notre vie et est-il possible pour des sociétés industrialisées de revenir à des États prémodernes et préscientifiques ? En bref, le sens de l'histoire est-il réversible ?

7

LES BARBARES NE SONT PAS A NOS PORTES

Dans son film *Mad Max*, le réalisateur australien George Miller imagine le sort de notre civilisation actuelle, fondée sur le pétrole, après un effondrement consécutif à une guerre apocalyptique. Toute science a été perdue; des Vandales et des Wisigoths modernes chevauchent des Harley-Davidson et autres *dune buggies* en cherchant à se dérober mutuellement de l'essence et des balles, puisque toute technique de production est à jamais perdue.

L'éventualité de la destruction cataclysmique de notre civilisation technique moderne et du retour de celle-ci à la barbarie a été un sujet constant de la science-fiction, spécialement depuis la fin de la guerre, avec l'invention des armes nucléaires qui paraissent accréditer la possibilité réelle de cette éventualité. Fréquemment, dans ces ouvrages, la barbarie dans laquelle retombe l'humanité n'est pas une simple résurrection des formes anciennes d'organisation sociale, mais un curieux mélange de formes sociales anciennes et de technologie moderne, à l'image de ces « empereurs » et de ces « ducs » bizarres que l'on voit se déplacer entre les système solaires dans des vaisseaux spatiaux. Pourtant, si nos suppositions sur les relations réciproques entre science physique et organisation sociale modernes sont correctes, de tels produits « mixtes » n'ont aucune chance de durer longtemps : sans la destruction ou le rejet de la méthode scientifique elle-même, la science physique moderne finirait nécessairement par se reproduire et entraîner la recréation de nombreux aspects du monde social actuel, moderne et rationnel.

Considérons donc la question : est-il possible pour l'humanité dans son ensemble d'inverser le sens de l'histoire par le rejet ou la perte de la méthode scientifique? Ce problème peut être scindé en deux : premièrement, la science moderne peut-elle être délibérément rejetée par les sociétés existantes? deuxièmement, un cataclysme mondial peut-il déboucher sur une perte involontaire de la science physique moderne ?

Le rejet délibéré de la technologie et d'une société rationalisée a été proposé par un certain nombre de groupes organisés dans les Temps modernes, depuis les romantiques au début du XIXe siècle jusqu'aux fondamentalistes islamiques actuels, en passant par le mouvement hippie. A l'heure actuelle, le mouvement d'opposition à la civilisation technicienne le plus structuré vient des milieux écologistes. L'écologie contemporaine comporte bien des tendances et des groupes différents, mais les plus radicaux d'entre eux ont attaqué l'ensemble du projet moderne de maîtrise de la nature par la science, et ils ont laissé entendre que l'homme pourrait être plus heureux si la nature n'était pas manipulée, mais revenait à un état plus voisin de celui qu'elle avait originellement, avant l'ère industrielle.

Presque toutes ces doctrines antitechniciennes ont une origine commune dans la pensée de Jean-Jacques Rousseau, le premier philosophe moderne à avoir remis en question la bonté du « progrès » historique. Rousseau avait compris avant Hegel le caractère essentiellement historique de l'expérience humaine, et à quel point la nature humaine avait été modifiée avec le temps. Mais à la différence de Hegel, il croyait que le changement historique n'avait servi qu'à rendre les hommes profondément malheureux. Prenons comme exemple la capacité des économies modernes à satisfaire les besoins de l'humanité. Dans son second *Discours,* Rousseau fait remarquer que les véritables besoins naturels sont en fait très peu nombreux : l'homme a besoin d'un abri contre les éléments et de nourriture pour manger ; même la sécurité n'est pas nécessairement une exigence fondamentale, parce qu'elle présuppose que les hommes vivant à proximité d'autres hommes n'auraient d'autres idées que d'agresser leurs voisins, et réciproquement [1]. Tous les autres « besoins » ne sont pas essentiels à son bonheur, mais viennent de la capacité de l'homme à se comparer à ses voisins et à se sentir frustré s'il n'a pas ce qu'ils ont. En d'autres termes, les besoins créés par le consumérisme moderne viennent de la vanité de l'homme, de ce que Rousseau appelle son « amour propre ». Le problème vient de ce que ces nouveaux désirs, créés par l'homme lui-même aux temps historiques, sont infiniment élastiques et fondamentalement impossibles à satisfaire. Les économies modernes, malgré leurs énormes capacités d'invention et d'efficacité, créent un nouveau besoin à chaque désir qu'elles satisfont. Les hommes sont malheureux non pas parce qu'ils échouent à satisfaire un ensemble donné de désirs, mais à cause du hiatus qui se creuse et se renouvelle continuellement entre les nouveaux désirs et leur assouvissement.

Rousseau donne un exemple de ce phénomène avec le cas du collectionneur qui est plus malheureux des « trous » dans sa collection qu'il n'est satisfait des objets qu'il possède. On pourrait trouver une illustration plus contemporaine dans l'industrie électronique moderne de consommation. Dans les décennies 1920 et 1930, le sommet des aspirations « consuméristes » pour une famille était de posséder une radio; dans l'Amérique d'aujourd'hui, rares sont les jeunes qui n'en possèdent pas plusieurs et qui sont pourtant extrêmement aigris s'ils ne possèdent pas en plus un Nintendo, ou un lecteur portable de disques compacts, ou un *beeper*. De plus, il est évident que l'acquisition de ces objets ne les satisfera pas pour autant, car les Japonais auront inventé entre-temps quelque nouveau gadget électronique qu'ils voudront à coup sûr posséder.

Ce qui pourrait peut-être rendre l'homme heureux, selon Rousseau, serait de se débarrasser de la routine de la technique moderne et du cycle sans fin des désirs qu'elle engendre, pour retrouver un peu de la santé de l'homme naturel. Celui-ci ne vivait pas en société, ne se comparait pas aux autres, ne vivait pas dans le monde artificiel des peurs, des espoirs et des attentes créés par la société. Il était en revanche heureux d'éprouver le sentiment de sa propre existence, d'être un homme de la nature dans un monde naturel. Il ne cherchait pas à utiliser sa raison pour maîtriser la nature; il n'en avait nul besoin, car la nature était fondamentalement bienfaisante et la raison ne lui était pas « naturelle » en tant qu'individu solitaire [2].

Les attaques de Rousseau contre l'homme civilisé ont posé le premier et le plus fondamental des points d'interrogation à propos du projet global de conquête de la nature – cette perspective qui consiste à considérer les arbres et les montagnes comme des matières premières plutôt que comme des lieux de repos et de méditation. Sa critique de l'*homo economicus*, esquissée par John Locke et Adam Smith, reste la base de la plupart des attaques actuelles contre la croissance économique illimitée et constitue – souvent sans que cela soit conscient – le fondement intellectuel de l'écologie la plus contemporaine [3]. Avec le développement continu de l'industrialisation et de l'économie, et la dégradation consécutive de l'environnement naturel qui se fait de plus en plus évidente, la critique de Rousseau a exercé une séduction de plus en plus marquée. Est-il possible d'imaginer l'apparition d'une écologie hautement radicalisée qui chercherait à rejeter, en se fondant sur un rousseauisme dépassé, le projet d'ensemble de conquête moderne de la nature ainsi que la civilisation technicienne qui repose sur lui? Pour une grande variété de raisons, la réponse semble bien être négative.

La première raison est liée à l'attente et à l'espérance créées par la croissance économique actuelle. Si des individus et de petites communautés peuvent « retourner à la nature » en quittant leur travail de banquier ou d'entrepreneur pour aller vivre dans les Cévennes ou les Adirondacks, un rejet de la technique à l'échelle de toute la société signifierait une « désindustrialisation » des nations européennes, américaines et japonaise, et leur transformation en pays du tiers monde en voie de paupérisation. Il y aurait peut-être moins de pollution atmosphérique et de déchets toxiques, mais aussi moins de médecine moderne et de communications, moins de contrôle des naissances et moins de liberté sexuelle. Plutôt que de libérer l'homme du cycle toujours renaissant des désirs renouvelés, beaucoup de gens voudraient – paraît-il – reprendre la vie d'un pauvre paysan, attaché à la glèbe par un cycle éternel de labeur harassant. Nombreux sont évidemment les pays qui se sont contentés de polyculture vivrière durant des générations, et ce sort était peut-être heureux pour une bonne partie de ceux qui y vivaient; mais la possibilité qu'ils puissent revenir à cet état après avoir goûté le consumérisme d'une société technicienne avancée est fort peu probable, et moins encore qu'ils puissent se laisser persuader d'abandonner celle-ci pour celui-là. En outre, si certains pays décidaient de ne pas « désindustrialiser », les citoyens des pays qui l'auraient fait auraient constamment sous les yeux une instance de comparaison à laquelle se référer pour se jauger eux-mêmes. Après la Seconde guerre mondiale, la décision de la Birmanie de rejeter l'objectif du développement économique commun au reste du tiers monde et de rester isolée sur le plan international aurait pu fonctionner dans un monde préindustriel, mais se révéla très difficile à maintenir dans une région pleine de puissances économiques en plein essor comme Singapour ou la Thaïlande.

Unc alternative un peu moins irréaliste consiste à rompre sélectivement avec la technologie en cherchant à figer le développement technique à son niveau actuel pour l'ensemble de la société, ou à ne permettre les innovations technologiques que sur une base très sélective. Cela pourrait mieux préserver le niveau de vie actuel, au moins à court terme, mais on voit mal pourquoi la vie fixée à un niveau de technologie arbitrairement choisi devrait continuer à paraître particulièrement satisfaisante. Les efforts pour arrêter le progrès technique ont réussi dans de petites communautés religieuses comme les Amish ou les Memnonites, mais seraient probablement beaucoup plus difficiles à réaliser dans une société importante et stratifiée. Les inégalités économiques et sociales qui existent aujourd'hui dans les sociétés développées sont beaucoup moins dangereuses politiquement si la croissance économique reste un gâteau à partager; elles deviendraient à coup sûr beaucoup plus sérieuses et explosives si, par exemple, les Etats-Unis venaient à ressembler à l'Allemagne de l'Est d'avant la réunification, avec son économie stagnante. De plus, geler la technologie au niveau actuel, déjà élevé, ne serait probablement pas perçu comme une solution adéquate au problème écologique en suspens et ne permettrait pas de répondre à la question de savoir si l'écosystème mondial peut supporter que le tiers monde rattrape son retard. La sélection des innovations soulève également bien des problèmes : quelle autorité décidera des techniques qui sont acceptables ? La politisation de l'innovation, enfin, aurait inévitablement des effets paralysants sur la croissance économique dans son ensemble.

Par ailleurs, la défense de l'environnement, loin d'*exiger* une rupture avec la technologie moderne et le monde économique qu'elle engendre, peut fort bien à long terme requérir ledit monde comme condition préalable. En effet, mis à part l'aile *Fundi* du mouvement des « Verts » en Allemagne et certains autres extrémistes, le principal courant de pensée écologique reconnaît que la solution la plus réaliste aux problèmes de l'environnement réside vraisemblablement dans la création de technologies alternatives, ou de technologies spécifiquement destinées à protéger le monde qui nous entoure. Un environnement sain est un luxe permis à ceux qui ont la richesse et le dynamisme économique; les pires ennemis de la nature, que ce soit par l'épandage de déchets toxiques ou par la déforestation des jungles tropicales, sont actuellement les pays en voie de développement, à qui leur pauvreté relative ne donne pas d'autres solutions que d'exploiter leurs propres ressources naturelles, ou qui ne disposent pas de la discipline sociale nécessaire pour imposer des lois sur le respect de l'environnement. Malgré les ravages des pluies acides, le nord-est des Etats-Unis et de nombreuses régions de l'Europe du Nord – dont la France au premier rang – ont aujourd'hui des forêts plus importantes qu'il y a un siècle ou deux.

Pour toutes ces raisons, il paraît donc très peu vraisemblable que notre civilisation choisisse volontairement l'option rousseauiste et rejette le rôle que les sciences physiques modernes ont été amenées à jouer dans la vie économique contemporaine. Toutefois, il faut examiner aussi le cas plus extrême où le choix ne serait pas volontaire mais entraîné par quelque cataclysme – guerre nucléaire mondiale ou catastrophe écologique généralisée – qui, malgré tous nos efforts, attaquerait les fondements physiques de notre vie contemporaine. Il est manifestement possible de détruire les fruits de la science moderne, et la technologie moderne nous a donné les moyens de le faire en quelques minutes. Mais est-il possible de détruire la physique moderne en elle-même, de nous débarrasser de l'emprise que la méthode scientifique a eue sur nos vies, et de ramener l'humanité dans son ensemble à un niveau préscientifique de civilisation [4]?

Imaginons le cas d'une guerre globale qui impliquerait l'emploi d'armes de destruction massive. Depuis Hiroshima, nous avons immédiatement l'image d'une guerre nucléaire, mais ce pourrait aussi bien être le résultat de quelque agent chimique ou biologique aux effets terrifiants. Supposons donc que cette guerre n'entraîne pas l'hiver nucléaire ou quelque autre processus naturel qui rende la terre totalement inhabitable pour l'homme : que se passerait-il? Le conflit détruirait à coup sûr une grande partie de la population, de la puissance et de la richesse des belligérants, et peut-être celles de leurs principaux alliés, avec des conséquences dévastatrices éventuelles sur les observateurs neutres situés à proximité. Il pourrait y avoir des conséquences importantes sur l'environnement, de sorte que la catastrophe militaire serait doublée d'une catastrophe écologique. Il y aurait vraisemblablement des changements capitaux dans la configuration politique du monde : ce pourrait être la fin des belligérants en tant que grandes puissances, le partage et l'occupation de leurs territoires par des pays qui auraient réussi à rester à l'écart du conflit, ou la contamination de ces mêmes territoires au point qu'ils deviennent inhabitables pour qui que ce soit. La guerre pourrait impliquer tous les pays technologiquement avancés et capables de produire des armes de destruction massive, ravageant leurs usines, leurs laboratoires et leurs universités, éliminant la connaissance des méthodes de fabrication de ces armes terrifiantes. Quant au reste du monde, l'aversion pour la guerre et pour la civilisation technicienne qui l'aurait rendue possible pourrait devenir si grande qu'un bon nombre de ces pays renonceraient volontairement à l'amélioration des armements et de la science qui y contribue. Les survivants pourraient décider de manière plus directe de rejeter les politiques de terreur qui auraient si manifestement échoué à protéger l'humanité de la guerre et de la destruction; plus sages et plus pondérés, ils pourraient chercher à contrôler les techniques nouvelles de façon beaucoup plus soigneuse qu'on ne le fait couramment dans le monde actuel. (Une catastrophe écologique telle que la fonte des calottes glaciaires ou la désertification de l'Amérique du Nord et de l'Europe sous l'effet du réchauffement du globe terrestre conduirait à des efforts similaires pour contrôler les inventions scientifiques qui auraient conduit au désastre.) Les horreurs infligées par la science pourraient entraîner le renouveau des religions antimodernistes et antitechnologiques, ce qui aurait pour conséquence de dresser des barrières morales et émotionnelles contre la création de toute technique nouvelle et porteuse de mort potentielle.

Pourtant, même ces circonstances extrêmes apparaissent insuffisantes pour rompre l'emprise de la technique sur les civilisations humaines et la capacité de la science à se reproduire elle-même. Les raisons tiennent à la relation entre la science et la guerre : même si l'on peut détruire les armes modernes et la connaissance spécifique des méthodes employées pour les produire, on ne peut pas éliminer de la mémoire la méthode scientifique générale qui a rendu leur mise au point et leur production possibles. L'unification de la civilisation humaine par les moyens de communication et de transport modernes implique qu'aucune partie de l'humanité n'est dans l'ignorance de la méthode scientifique et de ses potentialités, même si tel pays est pour l'instant hors d'état de créer la technologie appropriée ou de réussir à l'appliquer. En d'autres termes, nous ne sommes pas menacés par de véritables Barbares qui ignoreraient la puissance de la science physique moderne. Aussi longtemps que cela reste vrai, la capacité d'utiliser la physique moderne à des fins militaires continuera de donner aux Etats qui le peuvent des avantages décisifs sur ceux qui ne le peuvent pas. Les destructions épouvantables des guerres à peine terminées n'enseigneront jamais aux hommes qu'aucune technologie militaire ne peut être utilisée à des fins raisonnables; on peut même en imaginer de nouvelles à propos desquelles les hommes se convaincraient qu'elles peuvent leur donner des avantages décisifs. Les « bons » Etats, qui ont tiré des leçons de modération des désastres subis et cherché à contrôler les techniques qui les ont provoqués, devront toujours vivre dans un monde peuplé aussi d'Etats « mauvais » qui voient dans un désastre une occasion à saisir pour leurs propres ambitions. Comme Machiavel l'enseignait au début des Temps modernes, les « bons » Etats devront suivre la conduite des « mauvais » s'ils veulent survivre et rester des Etats en tant que tels [5]. Ils auront besoin de maintenir une certaine avance technologique, ne serait-ce que pour se défendre, jusqu'à encourager les progrès techniques dans le domaine militaire si leurs ennemis sont d'aventure des novateurs en la matière. Même si c'est avec prudence et de manière très contrôlée, les « bons » Etats qui cherchent à maîtriser la création de nouvelles techniques devront ouvrir de nouveau les portes des laboratoires [6]. La dépendance de l'homme vis-à-vis des sciences de la nature pourrait même être encore plus importante après un cataclysme, puisque la technologie pourrait alors être la seule possibilité de rendre la terre de nouveau habitable.

Une histoire véritablement cyclique n'est concevable que si nous posons en principe la possibilité qu'une civilisation donnée puisse disparaître entièrement sans laisser aucune empreinte d'aucune sorte sur celles qui la suivent. Cela est arrivé en effet avant l'invention de la physique moderne. Mais cette dernière est si puissante, pour le bien comme pour le mal, que l'on peut vraiment se demander si elle peut être oubliée ou « désinventée » un jour sans l'annihilation même de l'espèce humaine. Si l'emprise des sciences modernes de la nature est irréversible, alors l'orientation de l'histoire et toutes ses conséquences si diverses dans le domaine économique, social ou politique ne sont pas davantage réversibles au sens fondamental du terme.

8

L'ACCUMULATION SANS LIMITE

> Notre pays n'a pas eu de chance. On a décidé en effet de pratiquer cette expérience marxiste sur nous – le destin nous a poussés précisément dans cette direction. Au contraire de certains pays africains, qui ont commencé cette expérience avec nous. Á la fin, nous avons prouvé qu'il n'y a pas de place pour cette idée. Elle nous a simplement poussés hors du chemin que les pays civilisés du monde ont suivi. Cela se voit aujourd'hui, alors que 40 % des gens vivent au-dessous du seuil de pauvreté, et de plus dans une constante humiliation, lorsqu'ils reçoivent des marchandises sur présentation de leur carte de rationnement. C'est une humiliation constante, la pensée lancinante que vous êtes un esclave dans ce pays.
>
> Discours de Boris Eltsine à Moscou, le 1er juin 1991.

Ce que nous avons démontré jusqu'à présent est simplement que le développement progressif des sciences physiques modernes détermine une orientation de l'histoire et une certaine uniformité de changement dans la société des diverses nations et cultures. La technologie et l'organisation rationnelle du travail constituent les conditions préalables à toute industrialisation, qui engendre à son tour des phénomène de société comme l'urbanisation, la bureaucratisation, la rupture des liens de famille étendue ou de tribu, et un niveau croissant de formation et d'éducation. Nous avons également montré comment la domination des sciences physiques modernes sur la vie humaine ne devrait pas être remise en cause par quelque circonstance imprévisible, si extrême qu'elle puisse être. Nous n'avons pas démontré toutefois que la science conduit de manière nécessaire au capitalisme dans le domaine de l'économie, ou à la démocratie libérale dans celui de la politique.

Il existe de fait des exemples de pays qui ont franchi les premières étapes de l'industrialisation, qui sont économiquement développés, urbanisés, laïcs, qui possèdent une structure d'Etat forte et solide et une population relativement bien formée – et qui ne sont pourtant ni capitalistes ni démocratiques. Le meilleur exemple a été pendant longtemps la Russie de Staline : entre 1928 et la fin des années 1930, elle a réalisé une transformation économique fantastique, en passant de l'état de pays essentiellement agricole à celui de grande puissance industrielle, sans laisser pour autant à ses citoyens aucune liberté économique ou politique. La rapidité avec laquelle cette transformation a eu lieu semblait démontrer aux peuples qu'une planification centralisée et dirigée par un Etat policier tyrannique était en fait un moyen *plus* efficace pour réaliser une industrialisation rapide qu'une population libre agissant dans un marché libre. Isaac Deutscher, écrivant dans les années 1950, a pu continuer de maintenir que les économies planifiées et centralisées étaient plus efficaces que le jeu anarchique des économies de marché, et que les industries nationalisées étaient plus capables de moderniser leurs usines et leurs équipements que celles du secteur privé [1]. L'existence, en 1989, de pays de l'Europe de l'Est qui étaient à la fois socialistes et développés économiquement paraissait indiquer que la planification centralisée n'était pas incompatible avec la modernité économique.

Ces exemples empruntés au monde communiste laissaient supposer du même coup que le développement progressif de la physique moderne pouvait conduire aussi bien au cauchemar de Max Weber – une tyrannie rationnelle et bureaucratique – qu'à une société ouverte, créative et libérale. Le mécanisme a donc besoin d'être étendu. Expliquant pourquoi les pays économiquement développés ont des sociétés urbanisées et des bureaucraties rationnelles, ce mécanisme devrait en outre montrer pourquoi nous devons nous attendre à une évolution finale dans le sens du libéralisme économique et politique. Dans ce chapitre et le suivant, nous examinerons les relations du mécanisme avec le capitalisme dans deux cas distincts : pour les sociétés industriellement avancées et pour celles qui sont sous-développées. Après avoir établi que cela rend, en quelque façon, le capitalisme inévitable, nous reviendrons alors à la question de savoir si l'on peut s'attendre à ce que cela produise *aussi* la démocratie.

Malgré le discrédit moral dont le capitalisme a toujours pâti aussi bien auprès de la droite religieuse traditionnelle qu'auprès des socialistes marxistes, sa victoire ultime comme seul système économique viable dans le monde est plus facile à expliquer en termes de mécanisme que la victoire de la démocratie libérale dans le domaine politique. Le capitalisme s'est révélé en effet beaucoup plus efficace que les systèmes économiques à planification centrale pour développer et utiliser la technologie et pour s'adapter aux conditions rapidement changeantes de la division mondiale du travail, *dans les conditions d'une économie industrielle parvenue à maturité.*

L'industrialisation telle que nous la connaissons n'est pas l'affaire d'une seule occasion qui propulserait les pays dans la modernité économique, mais plutôt un processus d'évolution continuelle sans point final prédéterminé clairement, dans lequel la modernité d'aujourd'hui devient très vite l'antiquité de demain. Les moyens de satisfaire ce que Hegel appelait le « système des besoins » ont constamment changé, à l'image de ces besoins eux-mêmes. Pour les premiers théoriciens comme Marx et Engels, l'industrialisation était celle des industries légères comme le textile en Angleterre ou la porcelaine en France. Le processus déboucha rapidement sur l'essor des chemins de fer, la fabrication du fer et de l'acier, les industries chimiques, la construction navale et les autres formes d'industrie lourde; on vit croître et s'amplifier les marchés nationaux unifiés, et l'ensemble constitua la modernité industrielle pour Lénine, Staline et leurs successeurs soviétiques. L'Angleterre, la France, l'Allemagne et les Etats-Unis atteignirent ce stade complet de développement au moment de la Première Guerre mondiale, le Japon et le reste de l'Europe occidentale vers la seconde, l'Union soviétique et l'Europe de l'Est dans les années 1950. On repère aujourd'hui les caractéristiques d'une phase intermédiaire de développement industriel, depuis longtemps dépassée pour les pays les plus avancés. On a donné à cette phase une grande variété d'appellations : « société industrielle à maturité », stade de la « consommation de masse », « ère technétronique », « époque de l'information », « société postindustrielle [2] ». Malgré les différences de ces appellations, toutes soulignent le rôle accru de l'information, de la connaissance technique et des services aux dépens de l'industrie lourde.

La science physique moderne – sous ses formes familières d'innovation technologique et d'organisation rationnelle du travail – continue de marquer le caractère des sociétés « postindustrielles », tout comme elle le fit pour celui des sociétés qui abordaient les premières étapes de l'industrialisation. Ecrivant en 1967, Daniel Bell soulignait que le délai moyen entre la découverte initiale d'une nouveauté technique et la reconnaissance de ses possibilités commerciales était passé de trente ans dans les années 1880-1919 à seize ans entre 1919 et 1945, puis à neuf entre 1945 et 1967 [3]. Ce délai n'a cessé de décroître depuis, avec des cycles de production qui se mesurent maintenant en mois plutôt qu'en années dans le domaine des technologies les plus avancées, comme les ordinateurs et les logiciels. Ces chiffres laissent à peine entrevoir l'incroyable diversité des produits et des services qui ont été créé depuis 1945, *ex nihilo* pour bon nombre d'entre eux; ils n'évoquent pas davantage la complexité de ces économies ni les nouvelles formes de connaissance technique – non seulement dans la science et l'ingénierie, mais aussi pour la mercatique, le financement, la distribution, etc. – qui sont utilisées pour les mettre en œuvre.

Dans le même temps, la division mondiale du travail, prédite mais très incomplètement réalisée à l'époque de Marx, est devenue une réalité. Le commerce international s'est accru à un taux moyen annuel de 13 % pendant les trente dernières années, avec des taux de croissance bien plus élevés dans certains secteurs spécifiques comme le secteur international. Ce taux moyen avait rarement dépassé 3 % dans les décennies antérieures [4]. L'abaissement continuel des coûts de transport et de communication a entraîné la réalisation d'économies beaucoup plus importantes que cela n'aurait été possible dans les plus grands des marchés nationaux comme ceux des Etats-Unis, du Japon ou des pays de l'Europe occidentale pris individuellement. Il en est résulté une autre de ces révolutions non prévues et graduelles : l'unification d'une bonne partie du monde (à l'exception du bloc communiste avant sa décomposition) dans un seul marché, pour des produits comme les automobiles d'Allemagne et du Japon, les semi-conducteurs de Malaisie, le bœuf d'Argentine, les télécopieurs du Japon, le blé du Canada et les avions des Etats-Unis.

Les nouveautés technologiques et la division très complexe du travail ont entraîné une demande fortement croissante de connaissance technique à tous les niveaux de l'économie, donc de gens qui pensent plutôt que de gens qui travaillent de leurs mains, pour parler brutalement. Cela inclut non seulement des scientifiques et des ingénieurs, mais aussi toutes les structures qui les produisent et les soutiennent, comme les universités, les écoles spécialisées et les industries de communication. Le degré de « connaissance » plus élevé requis dans la production économique moderne se reflète dans l'essor du secteur tertiaire des services aux dépens du secteur secondaire traditionnel de l'industrie.

Cette évolution vers la décentralisation des marchés et des secteurs de décision est devenue pratiquement inévitable pour toutes les économies industrielles qui espèrent devenir « postindustrielles ». Alors que les économies à planification centrale avaient pu suivre leurs homologues capitalistes dans la phase du charbon, de l'acier et de l'industrie lourde [5], elles ont été beaucoup moins aptes à répondre aux exigences de la phase de l'information. On pourrait dire en fait que c'est précisément avec l'apparition du monde dynamique et fortement complexe de l'économie « postindustrielle » que le marxisme-léninisme a connu son Waterloo.

L'échec de la planification centrale, en dernière analyse, est lié au problème de l'innovation technologique. La recherche scientifique est plus productive dans une atmosphère de liberté, où l'on permet aux gens de penser et de communiquer librement, et plus encore lorsque les chercheurs sont récompensés pour leurs inventions. L'Union soviétique et la Chine ont pourtant promu toutes deux la recherche scientifique, particulièrement dans les secteurs « tranquilles » de la recherche théorique fondamentale, et ont utilisé des incitations matérielles pour encourager les découvertes dans certains secteurs comme l'aérospatiale et l'armement. Mais une économie moderne doit innover dans tous les domaines sans exclusive, non seulement dans le high-tech, mais aussi dans les secteurs plus prosaïques de la fabrication des hamburgers et de la mise au point de nouveaux types d'assurances. L'Etat soviétique pouvait certes choyer ses physiciens nucléaires, mais cela ne laissait pas grand-chose pour les créateurs d'appareils de télévision – lesquels explosaient avec une régularité inquiétante – ou pour ceux qui aspiraient à commercialiser de nouveaux produits destinés à de nouveaux consommateurs, domaine totalement inexistant en U.R.S.S. aussi bien qu'en Chine.

Les économies centralisées n'ont pas réussi à prendre des décisions d'investissement rationnelles, ni à intégrer efficacement les nouvelles technologies dans le processus de production. Cela ne peut se produire en effet que quand les décideurs reçoivent des informations exactes sur les effets de leurs décisions, sous la forme de prix fixés par le libre jeu du marché. En dernier ressort, c'est la compétition qui assure une réaction juste et précise, traduite par le système des prix. Les premières réformes de Hongrie et de Yougoslavie – et dans une moindre mesure celles de l'U.R.S.S. – ont cherché à donner aux décideurs économiques une marge d'autonomie plus grande, mais l'absence de fixation rationnelle des prix a considérablement réduit cette autonomie et la portée de son effet pratique.

La complexité des économies modernes s'est tout simplement révélée hors de portée des aptitudes des bureaucraties centralisées, quelles que fussent par ailleurs leurs capacités technologiques. A la place d'un système de prix déterminé par la demande, les planificateurs soviétiques ont essayé de décréter une distribution « socialement juste » imposée d'en haut. Durant de nombreuses années, ils ont cru que des ordinateurs plus puissants et de meilleurs programmes informatiques permettraient une répartition centralisée des ressources plus efficace. C'était évidemment une illusion : le *Goskomtsen* – ancienne commission d'Etat pour les prix – avait à fixer chaque année quelque deux cent mille prix, soit trois ou quatre par jour pour chacun des fonctionnaires qui travaillaient dans cet organisme. Cela ne représente que 42 % du nombre total des prix fixés chaque année par les bureaucrates soviétiques [6], lesquels ne constituent à leur tour qu'une fraction du nombre de décisions de prix qu'aurait dû prendre une économie soviétique capable d'offrir la même diversité de produits et de services qu'une économie occidentale. Les bureaucrates de Moscou ou de Pékin pouvaient fixer des prix vraisemblables et efficaces lorsqu'ils avaient à surveiller des économies produisant des biens qui se comptaient par centaines ou quelques petits milliers; mais le travail est devenu impossible à une époque où un seul avion comporte des centaines de milliers de pièces détachées. En outre, dans les économies modernes, les prix reflètent de plus en plus de subtiles différences de qualité, non chiffrables : une Chrysler Le Baron et une B.M.W. Série 5 sont des voitures à peu près équivalentes en termes de spécifications techniques, mais les consommateurs accordent une valeur plus grande à la seconde voiture à partir d'un certain « je-ne-sais quoi » de pur sentiment. La capacité des bureaucrates à faire de telles distinctions est, pour rester mesuré, problématique.

Le besoin de planificateurs à l'échelon central pour maintenir le contrôle sur les prix et la distribution des biens et des ressources leur interdit par ailleurs de participer à la division internationale du travail, donc de réaliser les économies substantielles que celle-ci rend possible. Au temps du communisme, on a vu ainsi l'ex-Allemagne de l'Est, avec une population de dix-sept millions d'habitants, essayer vaillamment de « doubler » l'économie mondiale à l'intérieur de ses propres frontières et ne réussir qu'à créer une mauvaise version d'un grand nombre de produits qu'elle aurait pu acquérir à bien meilleur marché à l'extérieur, le meilleur exemple étant les automobiles Trabant, si mal conçues et si épouvantablement polluantes.

En dernière analyse, la planification centrale ruine un aspect essentiel du capital humain, l'éthique du travail. Une telle éthique peut être détruite par une politique économique et sociale qui ignore les motivations personnelles pour le travail, et il sera ensuite très difficile de la faire renaître. Comme nous le verrons dans la quatrième partie, il existe de bonnes raisons de penser que la forte éthique du travail de nombreuses sociétés n'est pas le résultat du processus de modernisation, mais plutôt un héritage de la culture et des traditions « prémodernes » de cette société. Posséder cette éthique n'est pas une condition *sine qua non* pour la réussite d'une économie « postindustrielle », mais cela aide certainement et peut même constituer un contrepoids décisif à la tendance d'une telle économie à privilégier la consommation au détriment de la production.

On s'attendait communément à ce que les impératifs technocratiques de la maturité industrielle finissent par entraîner un adoucissement du contrôle central communiste, et son remplacement par des pratiques de marché plus libérales. L'idée de Raymond Aron selon laquelle « la complication de la technologie renforcera la classe des décideurs et capitaines d'industrie aux dépens des idéologues et des militants » faisait écho à une théorie formulée antérieurement selon laquelle les technocrates seraient les « fossoyeurs du communisme [7] ». Ces prédictions se sont finalement révélées justes ; ce que les Occidentaux ne pouvaient pas prévoir a simplement été le temps qu'elles mettraient à se réaliser. Les Etats soviétique et chinois ont montré qu'ils étaient parfaitement capables de conduire leur pays jusqu'au stade du charbon et de l'acier, c'est-à-dire à peu près jusqu'au niveau de développement atteint par l'Europe occidentale au début des années 1950. La technologie requise n'était pas très complexe et pouvait être maîtrisée par une paysannerie très largement illettrée, arrachée de force à ses champs et installée à des chaînes de montage simplifiées et rudimentaires ; les spécialistes dont l'expérience technique était requise pour diriger une telle économie se montrèrent dociles et faciles à contrôler politiquement [8]. Staline envoya quand même un temps le célèbre créateur d'avion Tupolev au goulag, où l'ingénieur dessina l'un de ses meilleurs aéroplanes. Les successeurs de Staline réussirent à coopter des décideurs et des technocrates en leur offrant un statut et des avantages matériels en échange de leur loyauté au système [9]. Mao suivit en Chine un parcours différent : voulant éviter à tout prix la création d'une *intelligentsia* technicienne privilégiée « à la russe », il lui déclara une guerre sans merci, d'abord durant le « Grand bond en avant » de la fin des années 1950, puis durant la « Révolution culturelle » dix ans plus tard. Les ingénieurs et les scientifiques furent contraints aux travaux agricoles et autres tâches physiquement harassantes, cependant que les positions qui requéraient des compétences techniques étaient données à des idéologues politiquement sûrs.

Ces expériences doivent nous apprendre à ne pas sous-estimer la capacité des Etats totalitaires ou autoritaires à résister aux impératifs de la rationalité économique pendant de très longues périodes –

une génération et même plus pour les cas de l'Union soviétique et de la Chine, par exemple. Mais cette résistance n'a pu tenir qu'au prix d'une stagnation économique marquée. L'échec total des économies planifiées et centralisées de ces pays à dépasser le niveau d'industrialisation des années 1950 a entamé leur capacité à jouer un rôle important sur le plan international, et même à préserver leur propre sécurité nationale. Les persécutions infligées aux technocrates compétents durant la « Révolution culturelle » entraînèrent un véritable désastre économique de première grandeur, qui fit reculer la Chine d'une génération. L'un des premiers actes de Deng Xiaoping lorsqu'il arriva au pouvoir, au milieu des années 1970, fut donc de restaurer le prestige et la dignité de l'*intelligentsia* technicienne et de la protéger des caprices des idéologues politiques, choisissant à cet effet les techniques de cooptation adoptées par les Soviétiques une génération plus tôt. Mais cette cooptation des élites techniciennes au service de l'idéologie finit pas avoir les résultats redoutés par Mao : jouissant d'une plus grande liberté de pensée et d'étude du monde extérieur, ces élites se familiarisèrent avec les idées courantes de ce monde et en adoptèrent une bonne partie. L'*intelligentsia* devint ainsi la figure de proue du « libéralisme bourgeois » et joua un rôle décisif dans le processus consécutif de réforme économique. Ce sont les enfants de cette « bourgeoisie intellectuelle » qui menèrent en 1989 la révolte de la place Tien An Men.

Ainsi, vers la fin des années 1980, on peut considérer que la Chine, l'Union soviétique et les pays de l'Europe de l'Est avaient succombé à la logique économique de l'industrialisation avancée [10]. Malgré la répression politique qui suivit le massacre de la place Tien An Men, les dirigeants chinois ont accepté les nécessités du marché et de la décentralisation des décisions économiques, l'intégration dans la division capitaliste mondiale du travail; ils se sont également résignés à accepter la stratification sociale plus grande qui accompagne nécessairement l'essor d'une élite technocratique. Les pays de l'Europe de l'Est ont tous choisi de revenir au système de l'économie de marché après leurs révolutions démocratiques de 1989, même s'ils diffèrent entre eux sur l'ampleur et la vitesse de ce retour. Les dirigeants soviétiques ont davantage hésité à se lancer en grand dans cette évolution économique; mais après la transformation politique entraînée par l'échec du coup d'Etat conservateur d'août 1991, ils ont entrepris de réaliser à marche forcée une réforme économique de grande envergure.

Le degré de liberté des sociétés se mesure à leur capacité à régler et à planifier une économie de type capitaliste. La logique de notre mécanisme n'impose pas ce degré de façon rigide. Néanmoins, pour les pays avancés, le développement de la modernisation économique induite par la technologie détermine de fortes incitations à accepter les termes fondamentaux d'une culture capitaliste universelle, en autorisant un vaste secteur de compétition économique et en laissant les prix se fixer librement en fonction du marché. Aucun autre chemin ne s'est révélé viable à ce jour pour atteindre la pleine modernité économique.

9

LA VICTOIRE DU MAGNÉTOSCOPE

Pas un seul pays au monde, quel que soit son système politique, n'a réussi à se moderniser avec une politique de porte fermée.

Deng Xiaoping, dans un discours de 1982 [1].

Le fait que le capitalisme a été en quelque sorte inévitable pour les pays avancés, et que le socialisme marxiste-léniniste a constitué par contre un sérieux obstacle à la création de la puissance et d'une civilisation technologique moderne, peut paraître une sorte de lieu commun dans la dernière décennie de notre siècle. En revanche, les mérites relatifs du socialisme – par rapport au capitalisme – pour les pays moins développés qui n'ont pas encore atteint le niveau d'industrialisation de l'Europe des années 1950 sont beaucoup moins évidents. Toutefois, pour les pays pauvres qui ne pouvaient que rêver à l'époque du charbon et de l'acier, le fait que l'Union soviétique n'était pas à la pointe des technologies de l'« âge de l'information » était beaucoup moins impressionnant que le fait qu'elle avait réussi à créer une société urbanisée et industrielle en une seule génération. La planification centralisée socialiste a donc toujours exercé une forte séduction, parce qu'elle offrait une voie rapide vers l'accumulation du capital et vers la redistribution « rationnelle » des ressources nationales dans un développement industriel « équilibré ». L'Union soviétique avait obtenu ce résultat en réduisant son secteur agricole dans les années 1920-1930 (par la terreur totale, à vrai dire), alors que ce processus avait demandé un ou deux siècles dans les premiers pays industrialisés comme l'Angleterre ou les Etats-Unis (par des moyens non coercitifs).

L'argumentation en faveur du socialisme comme stratégie préférentielle de développement pour les pays du tiers monde a été considérablement renforcée par l'échec apparemment persistant du capitalisme à produire une croissance économique soutenue dans des régions comme l'Amérique latine. On peut dire à coup sûr que s'il n'y avait pas eu le tiers monde, le marxisme serait mort beaucoup plus rapidement dans notre siècle. Mais la pauvreté lancinante des pays sous-développés insuffla une vie nouvelle à la doctrine, en permettant à la gauche d'attribuer cette pauvreté d'abord au colonialisme, puis – quand il n'y eut plus de colonialisme – au « néo-colonialisme », enfin aux agissements des sociétés multinationales. La tentative la plus récente de maintenir vivante une forme de marxisme dans le tiers monde a été la théorie de la *dependencia.* Développée à l'origine en Amérique latine, elle a donné une cohérence intellectuelle à l'auto-affirmation du Sud appauvri, constitué en bloc face au Nord puissant et industrialisé, dans les années 1960-1970. Alliée au nationalisme du Sud, la théorie de la « dépendance » a pris une importance beaucoup plus grande que ce que méritait vraiment son armature intellectuelle, et elle a eu un effet corrosif sur les perspectives de développement économique dans de nombreuses régions du tiers monde, pour la majeure partie d'une génération.

Le véritable père de la théorie de la dépendance est Lénine en personne. Dans son célèbre pamphlet de 1914 intitulé *L'Impérialisme, stade suprême du capitalisme*, il cherchait à expliquer le fait que le capitalisme européen, loin d'avoir entraîné un appauvrissement constant de la classe ouvrière, avait en fait permis une amélioration de son niveau de vie et le développement d'une mentalité syndicaliste justement satisfaite d'elle-même dans les grandes puissances impérialistes [2]. En fait, le capitalisme s'était ménagé un délai de survie, faisait-il valoir, en exportant l'exploitation dans les colonies, où le travail indigène et les matières premières pouvaient absorber les « surplus capitalistes » de l'Europe. La concurrence entre les « monopoles capitalistes » entraînait les divisions politiques du monde sous-développé, et, en dernière analyse, les conflits, les guerres et les révolutions. Lénine soutenait, au contraire de Marx, que la contradiction finale qui briserait le capitalisme n'était pas la lutte des classes *à l'intérieur* du monde développé, mais entre le Nord développé et le « prolétariat mondial » des pays sous-développés.

Différentes tendances de la théorie de la « dépendance » finirent par émerger dans les années 1960[3], avec une origine commune dans l'œuvre de l'économiste argentin Raul Prebisch [4]. Ce dernier, qui dirigea l'United Nations Economic Committee for Latin America (U.N.E.C.L.A.) dans les années 1950, puis l'United Nations Conference on Trade and Development (U.N.C.T.A.D.), relevait que les termes des échanges commerciaux pour la « périphérie » du monde déclinaient au bénéfice de son « centre ». Il suggérait que la croissance pénible des régions du tiers monde comme l'Amérique latine résultait de l'ordre économique capitaliste à l'échelle mondiale, qui maintenait ces régions dans un état de perpétuel « développement dépendant [5] ». La puissance du Nord était ainsi directement liée à la pauvreté du Sud [6].

Selon la théorie libérale classique du marché, la participation à un système ouvert d'échanges mondiaux devait maximiser les avantages pour tous, même si un pays vendait du café et un autre des ordinateurs. Les pays économiquement arriérés venus tardivement dans ce système devaient même avoir certains avantages pour leur développement économique, puisqu'ils n'avaient en principe qu'à importer la technologie des pays anciennement développés, au lieu d'avoir à la créer eux-mêmes [7]. Selon la théorie de la dépendance, au contraire, un développement tardif condamnait automatiquement un pays au retard perpétuel. Les pays avancés contrôlaient les termes mondiaux des échanges et contraignaient les pays du tiers monde, par le biais des sociétés multinationales, à un « développement déséquilibré », c'est-à-dire à l'exportation de matières premières et autres marchandises à faible valeur ajoutée. De son côté, le Nord développé avait verrouillé le marché mondial en matière de biens manufacturés (automobiles et avions, par exemple), laissant aux pays du tiers monde le soin de « couper le bois et de tirer l'eau [8] ». De nombreux *dependencistas* rattachaient à cet ordre économique international les régimes autoritaires qui s'étaient mis en place en Amérique latine à la suite de la révolution cubaine [9].

Les politiques induites par la théorie de la dépendance furent résolument antilibérales. Les plus modérés des *dependencistas* cherchèrent à court-circuiter les sociétés multinationales occidentales et à encourager l'industrie locale en instituant de hauts tarifs douaniers contre les importations, pratique connue sous le nom de « remplacement des importations ». Mais les solutions préconisées par les théoriciens les plus radicaux de la « dépendance » cherchèrent à saper l'ordre économique mondial en encourageant les mouvements de révolution, le détachement du système d'échange capitaliste et l'intégration au bloc soviétique sur le modèle de Cuba [10]. Ainsi, au début des années 1970, au moment même où les idées marxistes s'avéraient bien peu satisfaisantes pour des sociétés réelles comme en Chine ou en U.R.S.S., elles étaient réactivées par des intellectuels du tiers monde, mais aussi dans les universités américaines et européennes, comme des formules possibles pour l'avenir des pays sous-développés.

Pourtant, alors même que la théorie de la dépendance survit chez certains « intellectuels de gauche », elle a été battue en brèche comme modèle théorique par un vaste phénomène qu'elle ne peut expliquer : le développement économique de l'Extrême-Orient depuis la Seconde Guerre. Les réussites économiques de l'Asie, mis à part les effets bénéfiques que les pays eux-mêmes en ont tirés, ont eu aussi pour effet de remettre à leur juste place des idées qui tombaient d'elles-mêmes, comme la théorie de la *dependencia*, mais qui devenaient en outre des obstacles à la croissance en interdisant toute pensée claire sur les origines réelles du développement économique. Si, comme le proclamait la théorie de la « dépendance », le sous-développement du tiers monde était dû à la participation des pays moins développés à l'ordre capitaliste mondial, comment pouvait-on expliquer la phénoménale croissance économique qui se manifestait en Corée du Sud, à Taiwan, à Hong Kong, à Singapour, en Malaisie et en Thaïlande? Après la guerre, presque tous ces pays avaient résolument évité les politiques d'autarcie économique et de « remplacement des importations » qui ravageaient alors l'Amérique latine, et recherché au contraire avec persévérance une croissance fondée sur l'exportation, en se liant résolument aux marchés et aux capitaux étrangers par l'intermédiaire des sociétés internationales [11]. On ne pouvait pas non plus avancer que ces pays partaient avec des avantages dûs à leurs ressources naturelles ou au capital accumulé par le passé : à la différence des pays pétroliers du Moyen-Orient ou de certains pays riches en minerais de l'Amérique du Sud, ils étaient entrés dans la compétition avec pour seul atout le capital humain de leurs populations.

L'expérience asiatique de l'après-guerre a montré que les pays qui se modernisaient les derniers étaient bien *avantagés* par rapport aux puissances industrielles déjà établies, ainsi que les premières théories libérales l'avaient précisément prévu. Les pays nouveaux venus en Asie, à commencer par le Japon, ont été en mesure d'acheter les technologies les plus récentes en Europe ou aux Etats-Unis; n'étant pas encombrés par une infrastructure vieillie et inefficace, ils furent rapidement compétitifs (beaucoup d'Européens et d'Américains diraient volontiers « trop »), même dans des domaines hautement sophistiqués, en l'espace d'une ou deux générations. Ce phénomène s'est révélé exact non seulement pour l'Asie par rapport à l'Europe et l'Amérique du Nord, mais aussi bien en Asie elle-même, où des pays comme la Thaïlande et la Malaisie, qui ont commencé leur processus de développement plus tard que le Japon et la Corée du Sud, n'ont eu à subir absolument aucun désavantage. Les sociétés multinationales occidentales se sont comportées comme les manuels d'économie libérale le prédisaient : tout en « exploitant » la main-d'œuvre bon marché en Asie, elles ont fourni les marchés, les capitaux et la technologie en échange, et ont servi de vecteurs à la diffusion de la technologie qui a permis finalement une croissance autonome des économies locales. C'est peut-être la raison pour laquelle un haut fonctionnaire de Singapour remarquait un jour que les trois abominations que son pays ne supporterait jamais étaient « les hippies, les garçons aux cheveux longs et les critiques des sociétés multinationales [12] ».

La croissance enregistrée par ces pays nouvellement venus à la modernisation a été proprement stupéfiante. Le taux de croissance du Japon a été de 9,8 % dans les années 1960 et de 6 % dans les années 1970; les « quatre tigres » (Hong Kong, Taiwan, Singapour et la Corée du Sud) ont connu un taux de 9,3 % dans la même période; l'A.S.E.A.N. dans son ensemble a affiché un taux de plus de 8 % [13]. L'Asie permet aussi de faire des comparaisons directes entre les performances relatives des différents systèmes économiques. Taiwan et la République populaire de Chine ont commencé toutes deux leur existence séparée en 1949 avec des niveaux de vie à peu près égaux. Avec une économie de marché, le taux de croissance réel du P.N.B. de Taiwan a été de 8,7 % par an, pour arriver à un chiffre moyen de 7 500 dollars *per capita* en 1989. A la même époque, le chiffre correspondant était approximativement de 350 dollars pour la République populaire de Chine; encore ce chiffre était-il dû en grande partie à une décennie ou presque de réformes orientées vers l'économie de marché. Autre exemple : en 1961, la Corée du Nord et celle du Sud avaient des taux de P.N.B. *per capita* à peu près équivalents. En 1961, la Corée du Sud arrêta sa politique de remplacement des importations et aligna ses prix intérieurs sur les tarifs internationaux. Le taux de croissance annuel du P.N.B. grandit en conséquence de 8,4 %, conduisant en 1989 à un P.N.B. *per capita* de 4 550 dollars, soit plus de quatre fois celui du Nord [14].

Le succès économique ne s'est pas fait non plus aux dépens de la justice sociale. On a objecté en effet que les salaires étaient scandaleusement bas en Asie et que les gouvernements avaient engagé des politiques draconiennes pour freiner la demande intérieure des consommateurs et imposer un très haut niveau d'épargne sociale. Pourtant, la redistribution des revenus a commencé de s'égaliser rapidement d'un pays à l'autre, une fois que ces pays ont eu atteint un certain niveau de prospérité [15]. Taiwan et la Corée du Sud ont constamment réduit les inégalités de revenus pendant les trente dernières années : alors que le revenu des 20 % de population appartenant aux classes supérieures était équivalent à quinze fois celui des 20 % de classes inférieures en 1952, cette proportion est tombée à quatre et demi en 1980 [16]. Si la croissance continue à des taux voisins du taux actuel, il n'y a aucune raison de penser que les autres pays de l'A.S.E.A.N. ne poursuivront pas la même évolution au cours de la génération à venir.

Dans un ultime effort pour sauver la théorie de la dépendance, certains de ses tenants ont cherché à insinuer que la réussite économique des pays asiatiques était due à la planification, et que c'était cette politique industrielle – et non le capitalisme – qui était à l'origine de leur succès [17]. S'il est vrai que la planification économique joue un rôle relativement plus grand en Asie qu'aux Etats-Unis, les secteurs les plus prospères des économies asiatiques ont tendu à être ceux qui permettent le plus grand degré de compétition sur les marchés domestiques et d'intégration aux marchés internationaux [18]. De plus, la plupart des penseurs de gauche qui citent l'Asie comme un exemple positif de l'intervention de l'Etat dans l'économie seraient incapables de tolérer le style semi-autoritaire de la planification asiatique, avec sa répression systématique des revendications ouvrières et sociales. Le type de planification favori de la gauche, avec sa compassion pour les victimes du capitalisme, a eu des résultats économiques beaucoup plus ambigus.

Le « miracle économique » de l'Asie d'après-guerre montre en fait que le capitalisme est un chemin vers le développement économique qui est potentiellement accessible à tous les pays. Aucun pays sous-développé du tiers monde n'est désavantagé simplement parce qu'il a entamé son processus de croissance plus tardivement que l'Europe ou l'Amérique, et les puissances industrielles établies ne sont pas en mesure de bloquer son développement, pourvu que ce pays joue le jeu du libéralisme économique.

Malgré tout, si le « système mondial » du capitalisme n'est pas un obstacle au développement économique du tiers monde, pourquoi les autres économies orientées vers le marché n'ont-elles pas donné aussi rapidement les mêmes résultats? Le phénomène de la stagnation économique en Amérique latine et dans d'autres parties du tiers monde est tout aussi réel que la réussite économique de l'Asie; c'est même, au premier chef, ce qui a donné naissance à la théorie de la dépendance. Si nous récusons les explications néo-marxistes de ce genre, on relève deux grandes catégories de réponses possibles.

La première est une explication d'ordre culturel : les us, les coutumes, les religions et la structure sociale des populations de régions comme l'Amérique latine font en quelque sorte obstacle à la réalisation de hauts niveaux de croissance économique, d'une manière qui est inconnue aux peuples de l'Asie et de l'Europe [19]. Cet argument « culturel » est de taille et nous aurons à y revenir dans la quatrième partie : s'il existe en effet des obstacles de cet ordre au fonctionnement du marché dans certaines sociétés, alors l'universalité du capitalisme comme voie de modernisation économique pourrait être remise en question.

La seconde explication est d'ordre politique : si le capitalisme n'a jamais fonctionné en Amérique latine et dans d'autres parties du tiers monde, c'est parce qu'il n'a jamais été sérieusement essayé. C'est-à-dire que la plupart des économies apparemment « capitalistes » de l'Amérique latine sont sérieusement handicapées par leurs traditions mercantilistes et par les secteurs étatisés qui ont tout envahi au nom de la justice économique. Cette explication donne un certain nombre de clefs; comme les politiques sont beaucoup plus immédiatement modifiables que les cultures, il nous incombe de l'examiner en premier lieu.

Alors que l'Amérique du Nord a hérité de la philosophie, des traditions et de la culture de l'Angleterre libérale telles qu'elles étaient sorties de la « glorieuse révolution », l'Amérique latine a hérité de son côté d'une bonne partie des institutions féodales des XVIIe et XVIIIe siècles espagnols et portugais. Parmi ces institutions figure la forte tendance des deux royaumes à contrôler l'activité économique pour leur « plus grande gloire », pratique connue sous le nom de « mercantilisme ». Selon un spécialiste, « depuis l'époque coloniale jusqu'à nos jours, le gouvernement [brésilien] n'a jamais été évincé du secteur économique au point où il l'a été dans l'Europe d'après le mercantilisme [...]. La Couronne était jadis le suprême patron de l'économie, et toutes les activités d'échange et de production dépendaient de licences spéciales, de concessions de monopoles, et de privilèges de commerce [20] ». Au XXe siècle, il est devenu d'usage courant en Amérique latine d'utiliser le pouvoir de l'Etat pour faire progresser les intérêts économiques des classes supérieures, imitatrices de l'oisiveté des anciennes classes supérieures européennes, qui étaient essentiellement constituées de riches propriétaires terriens, plutôt que de soutenir les classes moyennes plus entreprenantes, qui étaient apparues à la suite de la conquête espagnole et portugaise. Ces « élites » ont été protégées par leurs propres gouvernements de la compétition internationale, grâce aux politiques de « remplacement des importations » que de nombreux Etats ont adoptées entre les années 1930 et les années 1960. Ce système de « remplacement des importations » limitait les producteurs locaux aux étroits marchés intérieurs, où ils ne pouvaient pas réaliser d'économies substantielles : le coût de production d'une automobile au Brésil, en Argentine ou au Mexique, par exemple, était de 60 % à 150 % plus élevé qu'aux Etats-Unis [21].

Ces prédispositions au mercantilisme, héritées d'un long passé historique, se combinèrent, au XXe siècle, avec la volonté des forces progressistes d'utiliser l'Etat comme moyen de redistribuer les ressources des riches aux pauvres, au nom de la « justice sociale [22] ». Cela s'est fait sous une grande variété de formes, y compris par l'introduction de législations du travail dans des pays comme l'Argentine, le Brésil et le Chili, dans les années 1930 et 1940; ces législations découragèrent le développement des industries intensives qui avaient été cruciales pour la croissance économique de l'Asie. La gauche et la droite se rejoignaient ainsi dans leur croyance en la nécessité d'un interventionnisme étatique étendu dans les affaires économiques. Le résultat de cette convergence objective a donné, dans de nombreux pays de l'Amérique latine, des économies dominées par des secteurs étatisés gonflés et inefficaces, qui essayent de piloter directement l'activité économique ou qui l'entravent par une surveillance réglementaire vétilleuse. Au Brésil, l'Etat dirige les postes et les communications, mais aussi les aciéries, les mines de fer et de potasse, la prospection pétrolière, les banques de commerce et d'investissement, la production d'électricité et la construction d'avions. Toutes ces sociétés étatisées, par définition, ne peuvent pas faire banqueroute et se servent de l'emploi à des fins de clientélisme politique. Dans l'économie brésilienne, et singulièrement dans le secteur public, les prix sont moins fixés par le marché que par un processus de négociations politiques avec de puissants syndicats [23].

Prenons le cas du Pérou. Dans son livre *The Other Path*, Hernando de Soto raconte comment son institut de Lima a essayé un jour de créer une usine fictive en suivant scrupuleusement les réglements légaux établis par le gouvernement péruvien. Le parcours des onze procédures bureaucratiques requises prit deux cent quatre-vingt-neuf jours et coûta un total de 1 231 dollars (y compris le versement de deux pots-de-vin), soit vingt-deux fois le « S.M.I.G. » mensuel péruvien [24]. Selon de Soto, les barrières réglementaires à la formation de nouvelles entreprises constituent un obstacle majeur à la création de celles-ci au Pérou, spécialement pour les petites gens, et expliquent la prolifération d'un immense secteur « informel », qui produit entre le quart et le tiers du P.N.B. total. Inutile d'ajouter qu'une activité économique contrainte d'emprunter des chemins informels ou illégaux conduit rarement à l'efficacité économique. Citons le romancier Mario Vargas Llosa : « L'un des mythes les plus répandus sur l'Amérique latine est que son arriération résulte de la philosophie erronée du libéralisme [...]. » En fait, nous dit Vargas Llosa, un tel libéralisme n'a jamais existé; ce qui a existé à sa place fut une sorte de mercantilisme, c'est-à-dire « un Etat bureaucratisé et hanté par la loi, qui considère la redistribution de la richesse nationale comme plus importante que la production même de cette richesse », cette « redistribution » prenant la forme de « concession de monopoles ou de statuts favorisés à une petite élite qui dépend de l'Etat et dont l'Etat lui-même est dépendant [25] ».

Les exemples d'interventions désastreuses de l'Etat dans les affaires économiques sont légion en Amérique latine. Le plus fameux est celui de l'Argentine, qui avait en 1913 un P.N.B. *per capita* comparable à celui de la Suisse, deux fois plus important que celui de l'Italie, et équivalant à la moitié de celui du Canada. Aujourd'hui, ces proportions sont respectivement d'un sixième, un tiers et un cinquième. Le long déclin de l'Argentine, du développement au sous-développement, a son origine manifeste dans l'adoption de politiques de « remplacement des importations » en réponse à la crise économique mondiale des années 1930. Ces politiques ont été renforcées et institutionnalisées dans les années 1950, sous le gouvernement de Juan Peron, qui utilisa également le pouvoir de l'Etat pour redistribuer les richesses à la classe ouvrière, afin de consolider son pouvoir personnel. La capacité des dirigeants politiques à rejeter obstinément les impératifs des réalités économiques n'est peut-être nulle part mieux démontrée que dans une lettre écrite par Perón à Carlos Ibanez, président du Chili, en 1953. Le dirigeant argentin y déclare :

> Donnez au peuple, spécialement aux ouvriers, tout ce qu'il est possible. Lorsqu'il vous semble que vous leur en donnez déjà trop, donnez-leur en davantage. Vous verrez les résultats. Tout le monde cherchera à vous effrayer avec le spectre de l'effondrement économique. Mais tout cela n'est que mensonge. Il n'est rien de plus élastique que l'économie : on ne la redoute tellement que parce que personne n'y comprend rien [26].

Il est juste de dire que les technocrates argentins comprennent maintenant la nature de l'économie de leur pays mieux que ne le faisait Juan Perón – mais qu'ils sont moins populaires. L'Argentine doit aujourd'hui faire face au problème obsédant de se débarrasser de cet héritage économique étatiste, et cette tâche est échue – par une des ironies de l'histoire – à l'un des héritiers de Perón, le président Carlos Menem.

Plus audacieusement que l'Argentine de Menem, le Mexique a entrepris, sous la direction du président Carlos Salinas de Gortari, un vaste ensemble de réformes économiques, comportant : la réduction des taux d'imposition et du déficit budgétaire; des privatisations (vente de 875 des 1 155 compagnies possédées par l'Etat entre 1982 et 1991); la répression de la fraude fiscale et des autres formes de corruption de la part des corporations, des fonctionnaires et des syndicats; enfin l'ouverture de négociations avec les Etats-Unis sur un pacte de libre-échange. A la fin des années 1980, le P.N.B. a augmenté de 3 % à 4 % par an pendant trois années consécutives, avec un taux d'inflation annuelle de moins de 20 % – chiffre très bas eu égard à la région et à l'histoire du pays [27].

Le socialisme est donc discrédité comme modèle économique, aussi bien pour les pays en voie de développement que pour les sociétés industrielles avancées. Il y a trente ou quarante ans, l'alternative socialiste avait une tout autre allure et paraissait beaucoup plus plausible. Les dirigeants des pays du tiers monde, même s'ils avaient l'honnêteté de reconnaître l'énorme coût humain de la modernisation à la manière soviétique ou chinoise, pouvaient toujours arguer qu'il était justifié par l'objectif de l'industrialisation. Leurs propres sociétés étaient ignorantes, violentes, arriérées et hantées par la pauvreté. Ils faisaient valoir que la modernisation économique selon les règles du capitalisme n'était pas non plus gratuite, et que, de toute façon, leurs sociétés ne pouvaient pas attendre les décennies nécessaires pour l'accomplissement du processus, comme on l'avait vu en Europe et en Amérique du Nord.

Aujourd'hui, cette justification paraît de moins en moins soutenable. Les pays asiatiques, renouvelant l'expérience de l'Allemagne et du Japon à la fin du XIXe et au début du XXe siècles, ont prouvé, depuis, que le libéralisme économique permet aux « tard venus » de la modernisation de rivaliser avec leurs prédécesseurs et même de les dépasser, et que cet objectif peut être réalisé dans l'espace d'une génération. Même si le processus n'a pas été précisément gratuit, les privations et les souffrances endurées par les classes ouvrières du Japon, de Corée du Sud, de Taiwan et de Hong Kong restent relativement bénignes, comparées à la terreur sociale universellement subie par l'ensemble de la population soviétique ou chinoise.

Les expériences récentes de l'Union soviétique, de la Chine et des Etats de l'Europe de l'Est, qui viennent de réorienter leur économie vers un système de marché, suggèrent un ensemble de considérations nouvelles qui devraient détourner les nations en voie de développement de choisir la voie socialiste. Supposons un chef de guérilla tramant, dans la jungle du Pérou ou de la Bolivie, une révolution marxiste-léniniste ou maoïste contre les gouvernements de ces pays. Comme en 1917 ou en 1949, il lui faudra saisir l'occasion pour s'emparer du pouvoir et utiliser l'appareil coercitif de l'Etat pour briser l'ancien ordre social et pour créer de nouvelles institutions économiques centralisées. En outre, il lui faudra s'attendre – pourvu qu'il s'agisse, encore une fois, d'un guérillero intellectuellement honnête – à ce que les fruits de cette première révolution soient nécessairement limités : il pourra peut-être espérer que le Pérou ou la Bolivie atteigne, sous sa férule, le niveau économique de l'ex-Allemagne de l'Est des années 1960 ou 1970. Cette situation ne sera pas idéale, mais il devra prévoir que le pays reste à ce stade pendant un bon moment. Si ce chef de guérilla veut aller au-delà du niveau économique de l'Allemagne de l'Est, avec tout ce que cela comporte de frais sociaux et écologiques démoralisants, il lui faudra alors envisager une seconde révolution, par laquelle le mécanisme socialiste de planification centralisée sera à son tour jeté à bas, pour restaurer les institutions capitalistes. Cette nouvelle tâche ne sera pas davantage aisée, car la société aura acquis entre-temps un système de prix totalement irrationnel, les dirigeants économiques auront perdu tout contact avec les pratiques modernes du monde extérieur et la classe ouvrière aura perdu l'éthique du travail qu'elle possédait naguère encore. A la lumière de ces problèmes, tous prévisibles, il semblerait beaucoup plus facile de déclencher une guérilla pour le marché libre et de passer directement à la seconde révolution capitaliste, en faisant l'économie de la révolution socialiste précédente. Cela revient à jeter à bas les anciennes structures étatiques de régulation et de bureaucratie, à ruiner la richesse, les privilèges et le statut des anciennes classes possédantes en les exposant à la compétition internationale, et enfin à libérer les énergies créatrices de la société civile.

La logique d'une science physique moderne et progressiste ne prédispose les sociétés humaines au capitalisme que si les hommes peuvent apercevoir clairement leur propre intérêt économique. Le mercantilisme, la théorie de la *dependencia* et un grand nombre d'autres mirages intellectuels ont longtemps empêché les hommes d'atteindre cette clarté de la vision. Mais l'expérience de l'Asie et de l'Europe de l'Est fournit maintenant d'importantes vérifications empiriques pour mesurer les prétentions des systèmes économiques rivaux ou supposés tels.

Notre « mécanisme » peut désormais expliquer la création d'une culture universelle de la consommation fondée sur les principes économiques du libéralisme, aussi bien pour le tiers monde que pour l'Ancien ou le Nouveau. Le monde économique, productif et dynamique, engendré par la technologie avancée et par l'organisation rationnelle du travail, possède un énorme pouvoir d'homogénéisation et d'assimilation. Il est capable de relier physiquement des sociétés différentes à travers le monde entier par la création de marchés mondiaux, et de susciter des aspirations et des espérances économiques parallèles dans un grand nombre de sociétés différentes. Le pouvoir d'attraction de ce monde engendre une très forte *prédisposition* à la participation de toutes les sociétés humaines, résultat qui requiert l'adoption des principes du libéralisme économique : c'est la victoire finale du magnétoscope.

10

AU PAYS DE L'ÉDUCATION

C'est ainsi que je vins vers vous, hommes d'aujourd'hui, et dans le pays de l'éducation [...].

Mais que m'est-il arrivé? Si grande que fût ma peur – j'ai dû rire! Mes yeux n'avaient jamais rien vu d'aussi bariolé.

Je riais et riais sans fin, bien que mon pied tremblât encore, et mon cœur à l'unisson : « Voilà bien le pays de tous les pots de peinture! » – dis-je.

F. Nietzsche, *Ainsi parlait Zarathoustra*, deuxième partie [1].

Nous arrivons maintenant à la partie la plus difficile de notre sujet : pourquoi le mécanisme de la physique moderne conduit-il à la démocratie libérale? S'il est vrai que la logique de l'industrialisation avancée, déterminée par la physique moderne, engendre une forte prédisposition en faveur du capitalisme et de l'économie de marché, produit-elle aussi des gouvernements libéraux et la participation démocratique? Dans un article capital écrit en 1959, le sociologue Seymour Martin Lipset montrait qu'il existait un degré très élevé de corrélation empirique entre la démocratie stable d'un côté et le niveau de développement économique d'un pays de l'autre, de même qu'avec d'autres indices liés au développement économique comme l'urbanisation, l'éducation, etc [2]. Existe-t-il une connexion nécessaire entre l'industrialisation avancée et le libéralisme politique qui puisse justifier ce haut degré de corrélation? Ou bien est-il possible que le libéralisme politique ne soit qu'un simple trait culturel de la civilisation européenne et de ses divers rejetons qui, pour des raisons indépendantes, ont produit les exemples les plus remarquables d'industrialisation réussie?

Comme nous allons le voir, la relation entre le développement économique et la démocratie est loin d'être accidentelle, mais les raisons qui président au choix de la démocratie ne sont pas fondamentalement économiques. Elles ont une *autre* origine, et l'industrialisation les renforce, à défaut de les rendre obligatoires et nécessaires.

Les liens étroits qui existent entre le développement économique, le niveau d'éducation et la démocratie sont très clairement illustrés en Europe méridionale. En 1958, l'Espagne se lança dans une révolution économique libérale, dans laquelle les politiques mercantilistes de l'Etat franquiste furent remplacées par des mesures libérales qui rattachaient l'économie espagnole à celle du monde extérieur. Ces mesures déterminèrent une période de croissance économique très rapide : dans la décennie qui précéda la mort de Franco, le taux de croissance économique annuel fut de 7,1 %. La Grèce et le Portugal suivaient, avec des taux annuels de 6,4 % et 6,2 % respectivement [3]. Les transformations sociales entraînées par l'industrialisation furent radicales : en Espagne, 18 % seulement de la population vivaient dans des villes de plus de cent mille habitants en 1950; en 1970, ce chiffre était monté à 34 % [4]. En 1950, la moitié des populations de l'Espagne, de la Grèce et du Portugal travaillait dans l'agriculture, contre 24 % en moyenne pour l'Europe occidentale dans son ensemble; en 1970, seule la Grèce était restée au même niveau, alors que le pourcentage avait été réduit à 21 % en Espagne [5]. L'exode vers les villes s'est accompagné d'une amélioration très marquée de l'éducation et des revenus personnels; la culture de consommation qui s'élaborait dans le reste de la Communauté européenne fut de plus en plus appréciée et recherchée avec l'élévation du niveau de vie. Certes, ces changements économiques et sociaux n'entraînèrent pas par eux-mêmes un pluralisme politique plus important, mais ils créèrent le milieu social propice à l'épanouissement futur du pluralisme, une fois que les conditions politiques auraient basculé. Laureano Lopez Rodo, commissaire au Plan de développement économique sous Franco, était réputé avoir dit que l'Espagne serait prête pour la démocratie lorsque le revenu *per capita* atteindrait 2 000 dollars. Cette parole s'est révélée prophétique : à la veille de la mort de Franco, en 1974, le revenu *per capita* était de 2 446 dollars; on était parti de 300 dollars en 1957 [6].

On peut observer des liens similaires entre développement économique et démocratie libérale en Asie. Le Japon, premier Etat de l'Extrême-Orient à se moderniser, fut aussi le premier à instaurer une démocratie libérale stable : cela a certes été conduit *manu militari*, mais le résultat s'est révélé durable. Taiwan et la Corée du Sud, aux deuxième et troisième rang pour le niveau d'éducation et pour le P.N.B., ont connu d'énormes changements dans leur système politique [7]. A Taiwan, par exemple, 45 % du comité central du parti dirigeant, le Guomindang, ont un degré de formation supérieur, acquis pour beaucoup d'entre eux aux Etats-Unis [8]. 45 % des Taiwanais et 37 % des Sud-Coréens reçoivent une formation scolaire supérieure, chiffres à rapprocher des 60 % d'Américains et des 22 % d'Anglais qui sont dans le même cas. Et ce sont évidemment les plus jeunes et les mieux formés des parlementaires du pays qui ont poussé le plus fortement à ce que l'institution parlementaire soit plus puissante et plus représentative.

En Afrique du Sud, le système de l'apartheid a été codifié à la suite de la victoire du Parti national de D.F. Malan en 1948. La communauté afrikaner que celui-ci représentait était singulièrement attardée en termes socio-économiques, sutout en comparaison des sociétés européennes contemporaines; les Afrikaners de cette période étaient en majeure partie de pauvres fermiers sans éducation, chassés vers les villes par la sécheresse et par la difficulté de la vie [9]. Ils se sont alors servi de leur mainmise sur l'Etat pour se pousser en avant sur les plans sociaux et économiques, d'abord grâce au secteur public. De 1948 à 1988, ils se sont profondément transformés pour devenir une société urbanisée, éduquée et de plus en plus constituée de « cols blancs » vivant des revenus de l'entreprise [10]. Parallèlement à cette éducation, ils sont entrés en contact avec les normes et les tendances politiques du monde extérieur, duquel ils ne pouvaient rester plus longtemps isolés. La libéralisation de la société sud-africaine a commencé dès la fin des années 1970, avec là légalisation des syndicats noirs et le desserrement des lois sur la censure. En légalisant le Congrès national africain (A.N.C.) en février 1990, le président F.W. De Klerk et son gouvcrnement n'ont pas tant dirigé l'opinion qu'ils ne l'ont suivie, regagnant du même coup le soutien de l'opinion internationale en engageant le pays dans une période de transition vers l'égalité des droits entre les communautés.

L'Union soviétique elle-même a entrepris une transformation sociale comparable, quoique à un rythme plus lent que dans les pays d'Asie. Elle est passée elle aussi d'une économie et d'une société essentiellement agricoles à un société urbaine, avec des niveaux toujours plus élevés d'éducation générale et spécialisée [11]. Ces changements sociologiques, qui se déroulaient en arrière-plan alors que le devant de la scène était occupé par la guerre froide à Berlin ou Cuba, ont favorisé les premiers pas vers la démocratisation qui allaient être entreprise par la suite.

Si l'on regarde le monde dans son ensemble, il reste une corrélation générale très forte entre la modernisation socio-économique et l'apparition de nouvelles démocraties. Les régions traditionnellement les plus avancées économiquement, comme l'Europe de l'Ouest et l'Amérique du Nord, sont aussi celles des démocraties les plus anciennes et les plus stables du monde. L'Europe méridionale n'a pas tardé à suivre et les régimes y sont démocratiques depuis les années 1970. Dans cette Europe-là, le Portugal a connu la transition la plus difficile vers la démocratie, au milieu des années 1970, parce qu'il était parti d'un niveau socio-économique plus bas; une bonne partie de la mobilisation sociale a dû se dérouler après et non avant l'effondrement de l'ancien régime. Juste derrière l'Europe se range économiquement l'Asie, dont les nations se sont démocratisées (ou sont en train de le faire) en proportion exacte de leur degré de développement. Parmi les anciens Etats communistes d'Europe de l'Est, les plus avancés économiquement – Allemagne de l'Est (réunie depuis à sa voisine occidentale), Hongrie et Tchécoslovaquie, suivies par la Pologne – ont connu la transition la plus rapide vers la démocratie complète, tandis que la Bulgarie et la Roumanie, moins développées, ont été les seuls pays à élire des communistes réformateurs au début de 1990. L'Union soviétique est à un niveau économique grossièrement comparable à celui des grands Etats de l'Amérique latine comme l'Argentine, le Brésil, le Chili et le Mexique et, comme eux, elle n'a pas encore réussi à établir un ordre démocratique totalement stable. L'Afrique, la moins développée des régions du monde, ne possède pas de démocraties stables [12].

La seule anomalie régionale apparente est le Moyen-Orient, qui ne possède pas non plus de démocraties stables, mais qui renferme pourtant un bon nombre d'Etats où les revenus *per capita* atteignent des niveaux européens ou asiatiques. Mais le pétrole explique tout : les revenus pétroliers ont permis à des Etats comme l'Arabie Saoudite, l'Irak, l'Iran et les Emirats arabes unis d'acquérir les signes extérieurs de la modernité – automobiles, magnétoscopes, chasseurs bombardiers Mirage ou Phantom, etc. – sans que leurs sociétés aient eu à subir les transformations sociales inévitables lorsqu'une telle richesse est à forger.

Pour expliquer pourquoi les progrès de l'industrialisation doivent produire la démocratie libérale, trois types d'arguments ont été mis en avant. Chacun d'eux a ses imperfections. Le premier est un argument fonctionnel : seule la démocratie serait capable de traiter l'ensemble complexe d'intérêts conflictuels qui sont engendrés par une économie moderne. Cette idée a été fortement soutenue par Talcott Parsons, qui estimait que la démocratie était un « processus évolutif universel » pour toutes les sociétés :

> L'argument fondamental qui nous fait considérer l'association démocratique comme un fait universel, malgré ces problèmes, est le suivant : plus une société devient vaste et complexe, plus une organisation politique efficace est importante, non seulement pour sa capacité administrative, mais aussi – et non moins – pour son soutien à un ordre légal universaliste [...]. Aucune forme institutionnelle fondamentalement différente de l'association démocratique ne peut [...] ménager le consensus dans [l'] exercice [du pouvoir et de l'autorité] grâce à des personnages et des groupes particuliers, et pour la prise de décisions politiques particulièrement contraignantes [13].

Pour reprendre quelque peu l'argumentation de Parsons, les démocraties sont mieux équipées pour traiter le nombre rapidement croissant de groupes d'intérêts créés par le processus d'industrialisation. Considérons par exemple les acteurs sociaux complètement nouveaux qui apparaissent au cours de ce processus : une classe ouvrière, qui se différencie de plus en plus selon les spécialités industrielles et les compétences artisanales; de nouvelles couches de personnel intermédiaire de direction, dont les intérêts ne coïncident pas nécessairement avec ceux de la direction supérieure; des fonctionnaires de l'Etat au plan national, régional et même local; pour finir, des vagues d'immigrants, légaux ou clandestins, qui cherchent à tirer parti de l'ouverture des marchés du travail dans les pays développés. Les intérêts des milieux d'affaires eux-mêmes se différencient de la même façon. La démocratie, poursuit l'argumentation, est plus fonctionnelle dans un tel contexte parce qu'elle est plus adaptable. En établissant des critères universels et ouverts pour la participation au système politique, elle permet à de nouveaux groupes et intérêts sociaux de s'exprimer et de se joindre au consensus politique général. Les dictatures aussi peuvent s'adapter au changement, et même agir dans certains cas plus rapidement que les démocraties, comme on l'a vu avec les oligarques japonais de l'ère Meiji, après 1868. Mais l'histoire abonde également en exemples du contraire – élites dirigeantes étriquées, inconscientes des changements sociaux qui se déroulaient sous leur nez par suite du développement économique, comme les *Junker* prussiens ou les grands propriétaires terriens de l'Argentine.

Selon cette théorie, la démocratie est plus fonctionnelle que la dictature, parce que beaucoup de ces conflits qui se développent entre les divers groupes sociaux nouvellement apparus doivent être tranchés soit dans le système légal, soit, en dernier recours, dans le système politique [14]. Le marché seul ne peut pas déterminer le niveau approprié et la destination des investissements d'infrastructure publique, ou les lois pour le règlement des conflits du travail, ou la proportion de réglementation dans les compagnies de transport aérien ou terrestre, ou les critères de santé et de sécurité dans le travail. Chacun de ces problèmes est plus ou moins « chargé de valeurs » et doit être rapporté au système politique. Si le système réussit à trancher ces conflits d'intérêts d'une manière qui reçoit l'approbation de tous les principaux acteurs économiques, il est inévitablement démocratique. Une dictature pourrait trancher autoritairement de tels conflits au nom de l'efficacité économique, mais le fonctionnement sans à-coups d'une économie moderne dépend de la bonne volonté de ses nombreux intervenants sociaux à travailler ensemble. S'ils ne croient pas à la légitimité de l'arbitre, s'il n'existe pas de *confiance* dans le système, il n'y aura pas de coopération active et enthousiaste, celle-là même qui est requise pour faire en sorte que le système travaille en douceur dans l'ensemble de ses fonctions [15].

Un exemple de la manière dont la démocratie pourrait être justement dite plus fonctionnelle pour les pays développés est celui – capital à l'heure actuelle – de l'environnement. Des niveaux importants de pollution et de ravages écologiques comptent en effet parmi les résultats les plus notables de l'industrialisation avancée ; ils constituent ce que les économistes appellent des « facteurs extérieurs », c'est-à-dire des coûts imposés à des tierces parties qui n'affectent pas directement les entreprises responsables des dommages. Malgré les diverses théories qui imputent ces ravages écologiques soit au capitalisme, soit au socialisme, l'expérience a montré qu'aucun des deux systèmes économiques n'était particulièrement bon pour l'environnement. Les sociétés privées aussi bien que les entreprises étatisées et les ministères socialistes s'attachent exclusivement à la productivité ou à la croissance et cherchent à éviter de payer pour ces « facteurs extérieurs » aussi souvent qu'ils le peuvent [16]. Cependant, comme on veut désormais non seulement la croissance économique, mais aussi un environnement sain pour soi-même et pour ses enfants, l'Etat se trouve investi de la charge de trouver un échange entre les deux, et de répartir les coûts de la protection et des dommages écologiques de manière qu'aucun secteur ne les supporte de manière excessive. A cet égard, les témoignages apocalyptiques sur l'environnement dans le monde communiste suggèrent que l'efficacité pour protéger cet environnement ne se trouve ni dans le socialisme, ni dans le capitalisme, mais bien dans la démocratie. Dans leur ensemble, les systèmes politiques démocratiques ont réagi beaucoup plus rapidement à la progression de la conscience écologique dans les années 1960 et 1970 que ne l'ont fait les dictatures. En effet, sans le système politique qui permet aux communautés locales de protester contre l'installation d'une usine de produits chimiques hautement toxiques, sans la liberté pour les associations de vigilance de stigmatiser le comportement des compagnies et des entreprises, sans une direction politique nationale suffisamment sensibilisée pour consacrer des ressources substantielles à la protection de l'environnement, une nation aboutit à des désastres comme celui de Tchernobyl, l'assèchement de la mer d'Aral, la mortalité infantile quatre fois plus importante à Cracovie que pour l'ensemble de la Pologne, ou encore le taux effarant de 70 % de fausses couches en Bohême occidentale [17], etc. Les démocraties permettent la participation de tous et les effets de réaction sans lesquels les gouvernements auront toujours tendance à privilégier les grandes entreprises qui contribuent de manière significative à la richesse nationale, au détriment des intérêts à long terme de groupes dispersés de citoyens privés.

Un second type d'argumentation expliquant pourquoi le développement économique devrait produire normalement la démocratie repose sur la tendance des dictatures ou des régimes à parti unique à dégénérer avec le temps, et à dégénérer plus rapidement lorsqu'ils ont à diriger une société technologiquement avancée. Les régimes révolutionnaires peuvent gouverner efficacement leur pays durant leurs premières années, par la vertu de ce que Max Weber appelait leur autorité « charismatique ». Mais une fois que les fondateurs du régime ont disparu, rien ne garantit que leurs successeurs jouiront d'un degré d'autorité comparable, ni du reste qu'ils auront le minimum de compétence requise pour diriger le pays. Les dictatures qui se prolongent sont capables de produire des extravagances personnelles grotesques, comme le lustre de 40 000 watts de l'ancien dictateur roumain Nicolas Ceauşescu, construit à un moment où l'Etat coupait le courant à intervalles réguliers. Des luttes intestines et autodestructrices pour le pouvoir se développent entre les successeurs du fondateur du régime, qui réussissent bien à se mettre mutuellement en échec, mais non à gouverner efficacement le pays. La solution alternative à ces luttes incessantes et aux dictatures arbitraires consiste à fixer des procédures institutionnalisées et automatiques pour la sélection des nouveaux dirigeants et pour les politiques à appliquer : si de telles procédures existent, les responsables de politiques néfastes pourront être remplacés sans que le système entier ne soit renversé [18].

Il existe également une version de cette thèse qui s'applique aux transitions autoritaires « de droite » vers la démocratie. Celles-ci résultent alors d'un pacte ou d'un compromis entre les divers groupes de l'élite sociale – armée, technocrates, bourgeoisie industrielle : frustrés, fatigués ou mutuellement inhibés dans leurs ambitions, ils acceptent des pactes ou des arrangements de partage du pouvoir comme solutions de consolation [19]. Dans les deux cas de figure de transition autoritaire, de droite comme de gauche, la démocratie ne naît pas parce que quelqu'un la veut à tout prix, mais plutôt comme une conséquence de la lutte entre les élites.

La dernière série d'arguments – et la plus forte – qui lie le développement économique à la démocratie libérale réside dans le fait que la réussite de l'industrialisation produit des sociétés à fortes classes moyennes, et que ce type de société exige la participation politique et l'égalité des droits. Malgré les disparités de revenus qui se produisent fréquemment lors des premières phases de l'industrialisation, le développement économique tend en dernière analyse à promouvoir une large égalité de condition, parce qu'il entraîne une énorme demande pour une main-d'œuvre importante et bien formée. Et l'on peut penser que ce genre d'égalité de condition prédispose les gens à s'opposer à des systèmes politiques qui ne respectent pas cette égalité ou qui ne permettent pas au peuple de participer à la vie politique sur la base de l'égalité.

Les sociétés à fortes classes moyennes naissent de l'universalisation de l'éducation. Or le lien entre éducation et démocratie libérale a fréquemment été noté et paraît être essentiel [20]. Les sociétés industrielles requièrent un grand nombre d'ouvriers, de dirigeants, de techniciens et de chercheurs hautement spécialisés et bien formés; de là vient que même l'Etat le plus dictatorial ne saurait éviter le besoin à la fois d'une éducation de masse et d'un accès ouvert à une éducation plus poussée et plus spécialisée, s'il veut être économiquement performant. De telles sociétés ne sauraient exister sans un large secteur de formation spécialisée. En effet, dans le monde développé, le statut social est déterminé presque entièrement par le niveau de formation atteint ou le diplôme obtenu [21]. Les différences de classe qui existent dans les Etats-Unis contemporains sont dues tout d'abord à des différences dans l'éducation. Il n'existe pratiquement aucun obstacle à la promotion d'un individu qui a de solides références de formation. Inversement, le manque de formation signe la condamnation la plus sûre à une citoyenneté de seconde zone.

L'effet de l'éducation sur les attitudes politiques est complexe, mais il existe des raisons pour penser que cela crée au moins les conditions préalables pour une société démocratique. Le but proclamé de l'éducation moderne est de « libérer » les gens des préjugés et des formes traditionnelles d'autorité. On dit que les gens éduqués n'obéissent pas aveuglément à l'autorité, mais qu'ils apprennent à penser par eux-mêmes. Même si cela n'est pas rigoureusement exact pour la plus grande masse, on peut tout de même apprendre aux gens à discerner leur propre intérêt et à penser à plus long terme. L'éducation fait aussi que les gens sont plus exigeants pour eux-mêmes et vis-à-vis d'eux-mêmes; en d'autres termes, ils acquièrent un certain sens de la dignité, qu'ils veulent voir respecter par leurs concitoyens et par l'Etat. Dans une société paysanne traditionnelle, il est possible à un seigneur local (ou, le cas échéant, à un commissaire communiste) de recruter des paysans pour en tuer d'autres et disposer de leurs terres. Les hommes de main agissent ainsi non pas dans leur propre intérêt, mais parce qu'ils ont l'habitude d'obéir à l'autorité. Dans les pays développés, par contre, des professionnels peuvent être recrutés en ville pour un grand nombre de causes extravagantes – régimes diététiques ou marathons – mais ils ne s'engageront pas dans les milices privées et autres « escadrons de la mort » pour la seule raison qu'un homme en uniforme leur aura dit de le faire.

Une variante de cette argumentation dirait que l'élite scientifique et technique exigée pour diriger les économies industrielles modernes demande un plus haut degré de libéralisation politique, parce que la recherche scientifique ne peut se faire que dans une atmosphère de liberté et d'échange ouvert entre les idées. Nous avons vu plus haut comment l'apparition d'une importante élite technocratique a engendré, en U.R.S.S. et en Chine, une certaine tendance en faveur des marchés et de la libéralisation économique, puisque ceux-ci étaient davantage en accord avec les critères de la rationalité économique. L'argumentation s'étend ici au domaine politique : l'avance scientifique dépend non seulement de la liberté de recherche scientifique, mais aussi d'une société et d'un système politique ouverts dans leur ensemble à la libre discussion et à la participation [22].

Tels sont donc les arguments que l'on peut faire valoir pour relier les hauts niveaux de développement économique à la démocratie libérale. L'existence d'une connexion *empirique* entre les deux est indéniable. Pourtant, aucune de ces théories n'est, en fin de compte, adéquate pour établir un lien de causalité nécessaire.

L'argumentation que nous avons associée à Talcott Parsons, pour justifier que la démocratie libérale est le système le plus à même de résoudre les conflits sur la base du consentement dans une société moderne complexe, n'est donc justifiée que jusqu'à un certain point. L'universalité et le formalisme qui caractérisent le règne de la loi dans les démocraties libérales fournissent un terrain de jeu sur lequel les gens peuvent rivaliser, former des coalitions et finalement conclure des compromis. Pour le reste, il n'est pas évident que la démocratie libérale soit nécessairement le système politique le mieux adapté par lui-même à résoudre les conflits sociaux. La capacité d'une démocratie à résoudre pacifiquement les conflits est au maximum lorsque ces conflits se déclarent entre les « groupes d'intérêt » qui partagent un consensus préexistant plus vaste sur les valeurs de base ou sur les règles du jeu, et lorsque ces conflits sont essentiellement de nature économique. Il existe toutefois d'autres types de conflits non économiques qui sont beaucoup plus difficiles à traiter, car ils regardent des problèmes comme l'héritage du statut social et de la nationalité, et la démocratie n'est pas spécialement qualifiée en la matière.

Le succès relatif de la démocratie américaine à résoudre les conflits entre les différents intérêts de groupe à l'intérieur d'une population à la fois hétérogène et dynamique n'implique pas que la démocratie soit par définition capable de trancher les conflits qui se font jour dans d'autres sociétés. L'expérience américaine est tout à fait unique dans la mesure où les « Américains », pour reprendre le mot de Tocqueville, sont « nés égaux [23] ». Malgré la diversité des provenances et des terres où ils avaient leurs ancêtres, ils ont abandonné ces identités en arrivant en Amérique et se sont fondus dans une nouvelle société sans classes sociales strictement définies, ni divisions ethniques ou nationales fixées depuis longtemps. La structure sociale et ethnique de l'Amérique a été suffisamment fluide pour prévenir jusqu'à présent l'apparition de classes sociales rigides, de nationalismes secondaires importants ou de minorités linguistiques [24]. La démocratie américaine a rarement eu à affronter certains des conflits sociaux les plus difficiles à traiter, comme d'autres sociétés plus anciennes.

En outre, cette même démocratie américaine n'a pas été non plus particulièrement heureuse pour traiter son problème ethnique majeur, celui des Noirs. L'esclavage noir a longtemps constitué la principale exception au principe général selon lequel les Américains étaient « nés égaux » et la démocratie américaine n'a pas été réellement capable de résoudre le problème de l'esclavage par des moyens démocratiques. Longtemps après l'abolition de l'esclavage, c'est-à-dire longtemps après l'obtention de la pleine égalité légale par les Noirs américains, bon nombre d'entre eux restent profondément étrangers aux courants principaux de la culture américaine. Etant donné la nature fondamentalement culturelle du problème, aussi bien du côté noir que du côté blanc, il n'est pas évident que la démocratie américaine soit réellement capable de faire ce qui serait nécessaire pour assimiler totalement les Noirs et pour passer d'une égalité formelle des chances à une égalité plus générale et plus réelle des conditions.

La démocratie libérale est peut-être plus fonctionnelle pour une société qui a déjà réalisé un haut degré d'égalité sociale et de consensus à propos de certaines valeurs de base. Mais pour les sociétés qui sont excessivement polarisées sur des lignes de fracture et de clivage aussi graves que les classes sociales, la nationalité ou la religion, la démocratie peut être une formule d'échec et de stagnation. La forme la plus typique de polarisation est celle de la lutte des classes dans des pays dotés de structures de classe extrêmement stratifiées et inégalitaires, héritières d'un ordre social féodal. C'était le cas de la France au temps de la Révolution; c'est toujours celui de pays du tiers monde comme les Philippines et le Pérou. La société est alors dominée par une élite traditionnelle, constituée le plus souvent de grands propriétaires terriens, qui ne tolèrent pas les autres classes sans être pour autant des « entrepreneurs » efficaces. L'établissement d'une démocratie formelle dans un tel pays masque d'énormes disparités de richesse, de prestige, de statut et de puissance, que ces élites peuvent alors utiliser pour contrôler le processus démocratique. Une pathologie sociale familière en découle : la domination des anciennes classes sociales engendre une opposition de gauche intransigeante qui pense que le système démocratique lui-même est corrompu et doit être renversé, avec les groupes sociaux qu'il protège. Une démocratie qui protège les intérêts d'une classe de propriétaires inefficaces et engendre une guerre civile sociale ne saurait être appelée « fonctionnelle » en termes économiques [25].

La démocratie n'est pas non plus particulièrement bonne pour résoudre les conflits entre groupes ethniques et nationaux différents. La question de la souveraineté nationale est par définition sans compromis possible : elle relève d'un peuple ou d'un autre – Arméniens ou Azéris, Lituaniens ou Russes –, et quand différents groupes entrent en conflit, il existe rarement une façon d'apaiser les ressentiments grâce à un compromis démocratique pacifique, comme c'est le cas pour les conflits économiques. L'Union soviétique ne pouvait pas dans le même temps devenir démocratique et rester unitaire, parce qu'aucune des différentes nationalités soviétiques n'est d'accord avec les autres pour partager une citoyenneté et une identité communes. La démocratie ne pouvait apparaître qu'à partir de l'éclatement du pays en unités nationales plus petites. La démocratie américaine a particulièrement bien réussi à traiter les problèmes de diversité ethnique, mais cette diversité s'est maintenue dans certaines limites :

aucun des groupes ethniques américains ne constitue aujourd'hui de communauté historique vivant sur ses terres traditionnelles et parlant sa propre langue, avec la mémoire d'une nation et d'une souveraineté passées.

Une dictature « moderniste » peut être en principe beaucoup plus efficace qu'une démocratie pour créer les conditions sociales qui pourraient permettre la croissance économique capitaliste et, avec le temps, l'apparition d'une démocratie stable. Prenons par exemple le cas des Philippines. La société philippine continue toujours d'être caractérisée par un ordre social très inégalitaire dans les campagnes, où un petit nombre de familles traditionnelles de propriétaires contrôle une très grande partie des terres agricoles. A l'image d'autres aristocraties terriennes, celle des Philippines ne brille guère par son efficacité ou son dynamisme. Néanmoins, grâce à sa position sociale, elle a réussi à dominer l'essentiel de la vie politique d'après l'indépendance. La domination continue de ce groupe social a nourri en retour l'une des rares guérillas maoïstes encore existantes en Asie du Sud-Est, celle du Parti communiste des Philippines et de sa branche militaire, la Nouvelle Armée du peuple. La chute de la dictature de Marcos et son remplacement par Corazón Aquino en 1987 n'a rien fait pour remédier ni au problème des terres, ni à l'insurrection, ne serait-ce que parce que la famille de Mme Aquino compte parmi les plus gros propriétaires terriens des Philippines. Depuis son élection, les efforts pour réaliser une sérieuse réforme agraire ont achoppé devant l'opposition d'un Parlement largement contrôlé par ceux-là mêmes qui seraient les principales cibles de cette réforme. Dans ce cas de figure, la démocratie est très limitée pour établir le genre d'ordre social égalitaire qui serait nécessaire aussi bien comme fondement d'une croissance capitaliste que pour la stabilité à long terme de la démocratie elle-même [26]. Dans de telles circonstances, une dictature serait potentiellement beaucoup plus « fonctionnelle » pour mettre en place une société moderne, comme ce fut le cas lorsqu'un pouvoir dictatorial fut utilisé pour imposer la réforme agraire durant l'occupation du Japon par les Américains.

Le même genre d'effort de réforme a été entrepris par les militaires de gauche qui ont contrôlé le Pérou de 1968 à 1980. Avant le coup d'Etat des officiers, 50 % des terres étaient contrôlés par sept cents propriétaires d'*haciendas*, qui supervisaient également l'essentiel de la politique péruvienne. Les militaires au pouvoir ont accompli la réforme agraire la plus radicale de l'Amérique latine après celle de Cuba, et ont remplacé les anciens oligarques de la terre par une nouvelle élite d'industriels et de technobureaucrates, facilitant par ailleurs la croissance rapide des classes moyennes par des améliorations du système éducatif [27]. Cet épisode dictatorial chargea le Pérou d'un secteur étatisé encore plus développé et plus inefficace [28], mais il réussit à éliminer quelques-unes des inégalités les plus criantes, améliorant du même coup les perspectives pour l'apparition d'un secteur économiquement moderne, après que les militaires furent retournés dans leurs casernes en 1980.

L'utilisation du pouvoir de l'Etat dictatorial pour briser l'emprise des groupes sociaux établis n'est pas réservée à la gauche léniniste; les régimes de droite ont parfois employé ce moyen pour ménager la transition vers l'économie de marché, donc avec la réalisation des niveaux les plus avancés de l'industrialisation. Le capitalisme prospère en effet au mieux dans une société mobile et égalitaire, où une classe moyenne entreprenante a écarté les propriétaires traditionnels et autres groupes sociaux privilégiés mais économiquement inefficaces. Lorsqu'une dictature « moderniste » utilise la coercition pour accélérer ce processus et évite dans le même temps la tentation de transférer les ressources et le pouvoir d'une classe de propriétaires traditionnellement inefficace à un secteur étatisé également inefficace, on ne voit pas pourquoi ce régime devrait être économiquement incompatible avec les formes les plus modernes d'organisation économique « postindustrielle ». C'est ce genre de logique qui a conduit Andranik Migranian et d'autres intellectuels soviétiques à appeler de leurs vœux une « transition autoritaire » vers l'économie de marché en U.R.S.S., par la création d'une présidence nationale dotée de pouvoirs dictatoriaux [29].

De forts clivages de classe, de nationalité, d'ethnie ou de religion peuvent être atténués par le processus du développement économique capitaliste lui-même, améliorant ainsi les perspectives d'un consensus démocratique avec le temps. Mais rien ne garantit que ces différences et ces divergences ne persisteront pas avec la croissance économique du pays, voire qu'elles ne réapparaîtront pas sous une forme plus virulente. Le développement économique n'a pas émoussé le sens de l'identité nationale chez les Canadiens français du Québec : leur peur de la disparition dans la culture anglophone dominante a renforcé leur désir de préserver leur caractère spécifique. Dire que la démocratie est plus fonctionnelle pour des sociétés « nées égales » comme celle des Etats-Unis suppose résolue la question de savoir comment une nation parvient à la première place. La démocratie, donc, ne devient pas nécessairement plus fonctionnelle lorsque les sociétés deviennent plus compliquées et plus diversifiées. En fait, le phénomène se situe précisément lorsque la diversité d'une société passe une certaine limite.

La seconde des argumentations présentées ci-dessus – selon laquelle la démocratie apparaît parfois comme la conséquence d'une rivalité de pouvoir entre les élites non démocratiques, à droite comme à gauche – n'est pas non plus satisfaisante comme explication : pourquoi devrait-il exister une évolution *universelle* dans le sens de la démocratie libérale? Dans cette explication, en effet, la démocratie n'est la solution *préférée* d'aucun des groupes en lutte pour le pouvoir dans le pays. La démocratie devient au contraire une sorte de compromis entre les factions en lutte et elle apparaît ainsi vulnérable à une rupture dans l'équilibre des forces existantes, de sorte que l'un de ces groupes rivaux risque de réapparaître victorieux à la faveur de cette rupture. En d'autres termes, si la démocratie s'installe en Union soviétique uniquement parce que des ambitieux comme Gorbatchev ou Eltsine ont besoin d'un « bâton » populaire pour battre l'appareil du Parti cramponné au pouvoir, il s'ensuivra que la victoire de l'un ou de l'autre conduira à une diminution, voire une annulation des gains démocratiques. De la même façon, cette argumentation présume que la démocratie en Amérique latine est à peine plus qu'un compromis entre la droite autoritaire et la gauche qui ne l'est pas moins, ou entre deux factions rivales de la droite, dont chacune a sa propre vision de la société qu'elle imposera à terme, lorsqu'elle sera en mesure d'occuper seule le pouvoir. Ce peut être une façon exacte de décrire le processus de démocratisation dans certains pays spécifiques, mais si la démocratie n'est le « premier choix » de personne, elle sera difficilement stable. Une telle explication ne saurait permettre d'espérer une évolution universelle dans cette direction [30].

La remarque finale – selon laquelle les progrès de l'industrialisation produisent des sociétés à fortes classes moyennes, qui préfèrent naturellement les droits libéraux et la participation démocratique – n'est correcte que jusqu'à un certain point. Il est parfaitement clair que l'éducation est, sinon un préalable absolument indispensable, du moins un appoint non négligeable pour la démocratie. Il est difficile d'imaginer celle-ci fonctionnant correctement dans une société majoritairement illettrée, où le peuple ne pourrait pas profiter de l'information sur les choix qui lui sont offerts. Mais il est sensiblement différent de dire que l'éducation conduit *nécessairement* à la croyance dans les normes démocratiques. On constate que l'élévation du niveau de l'éducation, depuis l'Union soviétique et la Chine jusqu'à la Corée du Sud, Taiwan et le Brésil, a été étroitement associée à la diffusion des normes démocratiques. Mais la mode est actuellement aux idées démocratiques dans les grands centres mondiaux d'éducation : il n'est pas étonnant qu'un étudiant de Taiwan obtenant un diplôme d'ingénierie à l'U.C.L.A. retourne en son pays avec l'idée que la démocratie libérale représente la plus haute forme d'organisation politique pour les pays modernes. Mais c'est tout autre chose que de prétendre qu'il existe une relation *nécessaire* entre cette formation à l'ingénierie – c'est-à-dire ce qui compte vraiment pour Taiwan – et son credo de néophyte dans la démocratie libérale. Penser que l'éducation conduit naturellement aux valeurs démocratiques reflète en effet une immense présomption de la part d'un démocrate. En d'autres temps, lorsque les idées démocratiques n'étaient pas si largement répandues et acceptées, il arrivait aussi fréquemment que les jeunes gens venus étudier en Occident revinssent chez eux en estimant que le communisme ou le fascisme était l'avenir des sociétés modernes. Une formation supérieure aux Etats-Unis ou dans d'autres pays occidentaux inculque aujourd'hui aux jeunes esprits la perspective historiciste et relativiste de la pensée du XXe siècle. Cela les prépare à être des citoyens de démocraties libérales en encourageant une sorte de tolérance attentive pour les points de vue différents, mais cela leur enseigne aussi qu'il n'y a finalement aucune raison fondamentale de croire en la supériorité de la démocratie libérale par rapport aux autres formes de gouvernement.

Le fait que les classes moyennes éduquées préfèrent massivement la démocratie libérale aux différentes formes d'autoritarisme dans les pays les plus industrialisés pose le problème du pourquoi de cette préférence. Il semble relativement clair que la préférence pour la démocratie *n'est pas* imposée par la logique du processus d'industrialisation en lui-même. En fait, la logique de ce processus pourrait paraître indiquer la direction opposée. En effet, si l'objectif d'un pays est la croissance économique avant toute autre considération, la combinaison véritablement gagnante ne sera ni la démocratie libérale ni les diverses variantes – léniniste ou démocratique – du socialisme, mais plutôt cette combinaison d'économie libérale et de politique autoritaire que certains observateurs ont appelé l'« Etat bureaucratique-autoritaire », ou ce que nous pourrions appeler un « Etat autoritaire à économie de marché ».

Il existe une évidence empirique importante pour indiquer que cette forme de modernisation autoritaire réussit mieux que la contrepartie démocratique. Certaines des croissances économiques les plus impressionnantes ont été enregistrées dans l'histoire par ce type d'Etat : l'Empire allemand, le Japon de l'ère Meiji, la Russie de Witte et Stolypine, ou – plus récemment – le Brésil après le coup d'Etat militaire de 1964, le Chili de Pinochet et, naturellement, les « tigres » asiatiques [31]. Entre 1961 et 1968, par exemple, le taux de croissance annuel des pays démocratiques avancés – y compris l'Inde, Ceylan, les Philippines, le Chili et le Costa Rica – n'a été que de 2,1 %, alors que le groupe des régimes autoritaires et conservateurs (Espagne, Portugal, Iran, Taiwan, Corée du Sud, Thaïlande et Pakistan) connaissait un taux de croissance de 5,2 % [32].

Les raisons pour lesquelles un « Etat autoritaire à économie de marché » doit mieux réussir économiquement qu'un Etat démocratique sont simples; elles ont été décrites par l'économiste Joseph Schumpeter dans son livre *Capitalism, Socialism, and Democracy*. Bien que les électeurs des pays démocratiques aient la possibilité d'affirmer dans l'abstrait les principes du marché libre, tous sont prêts à les abandonner lorsque leur propre intérêt économique est en jeu. Aucune présomption, en d'autres termes, à ce que les publics démocratiques fassent des choix économiquement rationnels, ou que les perdants économiques n'utilisent pas leur pouvoir politique pour protéger leurs positions. Les régimes démocratiques, reflétant les demandes des divers groupes d'intérêts de leurs sociétés, tendent dans leur ensemble à dépenser davantage pour la protection sociale, à prendre des mesures qui découragent la production par des politiques fiscales nivelant les salaires, à protéger les industries déclinantes et non compétitives; leurs déficits budgétaires tendent donc à être plus importants et leurs taux d'inflation plus élevés. Pour prendre un exemple récent, durant la décennie 1980, les Etats-Unis ont dépensé beaucoup plus qu'ils ne produisaient grâce à une série de déficits budgétaires croissants, compromettant ainsi la future croissance économique et les choix des futures générations pour maintenir la consommation à un niveau élevé. Malgré la conscience largement répandue du danger politique et économique que faisait courir à long terme ce genre d'imprévoyance, le système démocratique américain fut incapable de traiter sérieusement le problème, ne pouvant se résoudre à l'affectation précise des coupes budgétaires et des augmentations d'impôts. La démocratie américaine n'a pas démontré un haut degré de fonctionnalisme économique durant ces dernières années.

En revanche, les régimes autoritaires sont en principe mieux armés pour suivre des politiques économiques vraiment libérales, sans être troublés par des objectifs de redistribution qui compromettent la croissance. Ils n'ont pas de comptes à rendre aux ouvriers des industries déclinantes, ni à subventionner des secteurs inefficients simplement parce que ces derniers ont un impact politique. Ils peuvent en revanche utiliser le pouvoir de l'Etat pour maintenir un bas niveau de consommation en vue de la croissance à long terme. Durant sa phase de plus grande croissance, dans les années 1960, la Corée du Sud a réussi à supprimer les revendications salariales en interdisant les grèves et tout discours sur l'amélioration de la consommation et de la protection des travailleurs. Par contraste, la transition démocratique du pays, en 1987, a entraîné une prolifération sans précédent des grèves et des demandes d'augmentations de salaire, que dut affronter le nouveau régime démocratiquement élu. Naturellement, les régimes communistes ont été capables d'obtenir des taux d'épargne et d'investissement extrêmement élevés en freinant systématiquement la consommation, mais leur croissance à long terme et leur capacité à moderniser ont été entravées par l'absence de compétition. Les régimes autoritaires, en revanche, gagnent sur les deux tableaux : ils peuvent imposer à leurs populations un degré assez élevé de discipline sociale, tout en autorisant un degré suffisant de liberté pour stimuler l'innovation et l'emploi des technologies les plus récentes.

Si l'un des arguments contre l'efficacité économique des démocraties est qu'elles mêlent trop au marché les intérêts de la redistribution et de la consommation courante, un autre argument est qu'elles ne le font pas assez. Les régimes autoritaires orientés vers l'économie de marché sont à plus d'un titre plus « étatistes » dans leurs politiques économiques que les démocraties développées d'Amérique du Nord et d'Europe occidentale. Mais cet étatisme est uniquement dirigé vers la promotion d'une forte croissance économique plutôt que vers des objectifs comme la redistribution et la justice sociale. Il n'est pas évident que les « politiques industrielles » dans lesquelles l'Etat subventionne ou soutient certains secteurs économiques au détriment de certains autres aient constitué un obstacle plutôt qu'une aide pour l'économie du Japon et des autres pays asiatiques. Mais des interventions étatistes de ce genre, intelligemment menées tout en restant dans le cadre général d'un marché ouvert à la compétition, se sont révélées parfaitement compatibles avec de très hauts niveaux de croissance économique. Les planificateurs taiwanais de la fin des années 1970 et du début des anées 1980 ont pu ainsi détourner les ressources d'investissement des industries légères comme le textile vers celles des ordinateurs et des semi-conducteurs, malgré les difficultés et le chômage que cette transformation a créés dans le premier secteur. La « politique industrielle » n'a fonctionné à Taiwan que parce que l'Etat était en mesure de protéger ses technocrates planificateurs des pressions politiques, de sorte qu'ils ont pu contraindre le marché et prendre leurs décisions en fonction des seuls critères de l'efficacité – en clair, le système a fonctionné parce que Taiwan n'était *pas* gouverné démocratiquement. Il est beaucoup moins probable qu'une politique industrielle américaine réussisse à améliorer sa compétitivité économique, précisément parce que l'Amérique est plus « démocratique » que le Japon ou les « quatre tigres » d'Extrême-Orient. Le processus de planification y tomberait rapidement sous les pressions du Congrès, destinées soit à protéger des industries inefficaces, soit à promouvoir des intérêts particuliers.

Il existe une relation indiscutable entre le développement économique et la démocratie libérale, que l'on peut observer facilement en regardant autour de soi. Mais la nature exacte de cette relation est plus compliquée qu'il n'y paraît de prime abord et elle n'est expliquée de façon satisfaisante par aucune des théories présentées jusqu'ici. La logique de la physique moderne et le processus d'industrialisation qu'elle implique n'indiquent pas un sens unique dans le domaine de la politique, comme ils le font dans la sphère de l'économie. La démocratie libérale est certes compatible avec la maturité industrielle et elle a la préférence des citoyens de nombreux Etats industriellement avancés, mais aucune connexion *nécessaire* n'apparaît entre les deux. Le mécanisme qui sous-tend l'orientation de notre système historique conduit aussi bien à un futur bureaucratique et autoritaire qu'à un avenir libéral. Il nous faut donc chercher à comprendre la crise actuelle des régimes autoritaires et la révolution démocratique mondiale.

11

RÉPONSE À LA PREMIÈRE QUESTION

A la question de Kant : « Est-il possible d'écrire une histoire universelle d'un point de vue cosmopolitique? », notre réponse provisoire est donc : « Oui. »

La physique moderne nous a fourni un mécanisme dont le déploiement progressif donne à la fois un sens et une cohérence à l'histoire humaine pour les siècles nombreux qui viennent de s'écouler. Le mécanisme est véritablement universel, à une époque où l'on ne peut plus identifier les expériences de l'Europe et de l'Amérique du Nord avec celles de l'humanité prise dans son ensemble. Mis à part quelques tribus en voie d'extinction rapide dans les jungles du Brésil ou de la Papouasie, il n'est pas une branche de l'humanité qui n'ait été touchée par le système et qui ne soit entrée en relation avec le reste des hommes par le réseau économique de la consommation moderne. Ce n'est donc pas une marque de provincialisme, mais bien de cosmopolitisme, que de reconnaître que ces derniers siècles ont vu l'apparition d'une sorte de culture mondiale, centrée sur une croissance économique mue par la technologie et sur les relations sociales capitalistes nécessaires pour la produire et l'entretenir. Les sociétés qui ont cherché à résister à cette unification, comme le Japon Tokugawa, la Sublime Porte, l'Union soviétique, la République populaire de Chine, la Birmanie ou l'Iran, n'ont généralement réussi qu'à mener des combats d'arrière-garde qui ont duré une ou deux générations tout au plus. Ceux qui n'ont pas été vaincus par une technique militaire supérieure ont été séduits par le monde matériel brillant que la physique moderne a créé. Même si tous les pays du monde ne sont pas capables de devenir des sociétés de consommation, il n'est pas une société au monde qui ne conçoive cet objectif comme sa propre finalité.

Etant donné l'emprise de la physique moderne, il est plus difficile de soutenir l'idée que l'histoire est cyclique. Cela ne veut pas dire qu'il n'y ait pas de répétition dans l'histoire : ceux qui ont lu Thucydide connaissent bien les parallèles entre la rivalité antique d'Athènes et de Sparte et la « guerre froide » récente entre les Etats-Unis et l'Union soviétique. Ceux qui ont observé la grandeur et la décadence de certaines grandes puissances dans l'Antiquité et ont comparé ces phénomènes aux époques contemporaines n'ont pas tort de relever des ressemblances et des similitudes. Mais la récurrence de certains schémas historiques permanents n'est pas incompatible avec une histoire orientée et dialectique, dès lors que nous comprenons qu'il y a à la fois de la mémoire et du mouvement entre les répétitions. La démocratie athénienne n'était pas la démocratie moderne, et la Russie de Staline n'a jamais été l'équivalent contemporain de Sparte, malgré les ressemblances que l'on peut noter. Une histoire véritablement cyclique telle que la concevaient Platon ou Aristote requerrait un cataclysme mondial d'une ampleur assez considérable pour effacer tout souvenir des temps anciens. Même à l'âge des armes nucléaires et du réchauffement du globe terrestre, il est difficile de concevoir un cataclysme capable de détruire l'idée même de la physique moderne. Aussi longtemps qu'un pieu de bois n'aura pas été enfoncé dans le cœur de ce vampire, il renaîtra et se reconstituera de lui-même – avec l'ensemble de ses composantes sociales, économiques et politiques – en l'espace de quelques générations tout au plus. Inverser le cours des choses de manière fondamentale impliquerait de rompre totalement avec cette physique moderne et avec le monde économique et matériel qu'elle a créé. Il semble y avoir peu de chances qu'une société contemporaine choisisse d'agir ainsi, et les rivalités militaires renforceront toujours la participation à ce monde.

En notre fin de XXe siècle, Hitler et Staline apparaissent comme des aberrations de l'histoire conduisant à des impasses, plutôt que comme des alternatives réelles pour l'organisation des sociétés humaines. Même si leur « coût » humain a été monstrueux, ces totalitarismes sous leur forme la plus pure se sont consumés d'eux-mêmes dans l'espace d'une vie, l'hitlérisme finissant en 1945 et le stalinisme en 1956. Beaucoup d'autres pays ont cherché à imiter le totalitarisme sous l'une ou l'autre de ses formes, depuis la révolution chinoise de 1949 jusqu'au génocide froidement exécuté par les Khmers rouges au milieu des années 1970, parmi la constellation de petites dictatures hideuses allant de la Corée du Nord, du Yémen du Sud et du Mozambique à Cuba et à l'Afghanistan pour la gauche, du Chili et de l'Argentine à l'Iran, à la Syrie et à l'Irak pour la droite nationaliste [1]. La caractéristique commune de toutes ces tentatives de totalitarisme est qu'ils ont eu pour cadre des pays relativement arriérés et appauvris du tiers monde [2]. L'échec permanent du communisme à prendre la tête du monde développé tout autant que sa prépondérance parmi les pays qui abordent juste les premières étapes de l'industrialisation suggèrent que la « tentation totalitaire » a toujours été – selon la remarque de Walt Rostow – essentiellement une « maladie de transition », sorte d'affection pathologique naissant des exigences politiques et sociales des pays parvenus à un certain stade de développement socio-économique [3].

Mais qu'en est-il du nazisme, qui naquit justement dans un pays hautement développé? Comment est-il possible de réduire le national-socialisme à une « étape de l'histoire » plutôt que de voir en lui une invention spécifique de la modernité elle-même? Et si la génération qui a vécu les années 1930 a été tirée de sa complaisance par l'explosion de haines en principe « maîtrisées » par le progrès de la civilisation, qui peut garantir que nous ne serons pas surpris par quelque nouvelle éruption d'une autre origine jusque-là inconnue?

La réponse est évidemment que nous n'avons aucune garantie et que nous ne pouvons pas assurer aux générations futures qu'il n'y aura plus de Hitler ni de Pol Pot dans l'avenir. Un apprenti hégélien moderne qui prétendrait que Hitler était *nécessaire* pour apporter la démocratie en Allemagne après 1945 serait entre le ridicule et l'odieux. En revanche, une « histoire universelle » n'a pas besoin de justifier tout régime tyrannique et toute guerre pour dégager un schéma d'ensemble plus vaste pour l'évolution de l'humanité. L'ampleur et la régularité à long terme de ce processus d'évolution ne se trouvent pas diminuées si nous admettons qu'il a été sujet à des solutions de continuité importantes et apparemment inexplicables, pas plus que la théorie biologique de l'évolution n'est anéantie par le phénomène de la soudaine disparition des dinosaures.

Mais il n'est pas suffisant de citer simplement l'Holocauste et d'attendre la fin du discours sur la question du progrès ou de la rationalité dans l'histoire humaine, tout comme si l'horreur de cet événement devait nous inciter à réfléchir et à méditer. Il existe aussi une propension à ne pas vouloir discuter rationnellement les causes historiques de l'Holocauste, attitude similaire à plus d'un titre à l'opposition des activistes antinucléaires au discours rationnel sur l'équilibre de la terreur, utilisation stratégique des armes nucléaires. Dans les deux cas, on relève l'idée sous-jacente que la « rationalisation » du problème pourrait apprivoiser le génocide. Il est courant, parmi les auteurs qui considèrent l'Holocauste comme l'événement majeur de la modernité, de soutenir qu'il est à la fois unique historiquement dans son horreur maléfique, et dans le même temps manifestation d'un mal potentiellement universel qui dort sous la surface de toutes les sociétés. Mais l'on ne peut pas le maintenir dans les deux catégories : si c'est un événement unique dans son horreur et sans précédent historique, il doit avoir eu aussi des causes uniques, dont nous ne devons pas attendre la répétition dans d'autres pays à d'autres époques [4]. Cela ne saurait donc être considéré comme un aspect nécessaire de la modernité. Par contre, si c'est une manifestation du mal universel, cela devient une version extrême d'un phénomène terrible – mais très familier – de nationalisme excessif, qui peut ralentir la locomotive de l'histoire mais non la faire sortir de ses rails.

J'incline à penser que l'Holocauste a été à la fois une horreur unique et le produit de circonstances historiquement uniques qui convergèrent dans l'Allemagne des années 1920-1930. Non seulement ces conditions ne sont pas latentes dans les sociétés les plus développées, mais elles seraient très difficiles à retrouver dans d'autres sociétés à l'avenir. Nombre de ces circonstances, comme la défaite à la suite d'une guerre longue et meurtrière et la dépression économique, sont bien connues et peuvent se répéter dans d'autres pays. Mais d'autres sont spécifiques aux traditions intellectuelles et culturelles de l'Allemagne de cette époque, à son idéalisme antimatérialiste et à son exaltation du combat et du sacrifice, qui ont rendu ce pays très distinct de la France et de l'Angleterre libérales. Ces traditions, qui n'étaient en aucune manière « modernes », ont été mises à l'épreuve par les bouleversements sociaux violents engendrés par l'industrialisation forcée de l'Allemagne impériale avant et après la guerre de 1870. Il est possible de comprendre le nazisme comme une variante – si extrême qu'elle soit – de la « maladie de transition », consécutive au processus de modernisation, mais en aucune façon composante nécessaire de la modernité elle-même [5]. Rien de tout cela n'implique malheureusement qu'un phénomène comme le nazisme soit devenu impossible parce que nous avons avancé socialement au-delà de ce stage. Par contre, cela indique que le fascisme est un état pathologique extrême au nom duquel on ne saurait juger la modernité dans son ensemble.

Dire que le stalinisme ou le nazisme sont des maladies du développement social n'est pas rester aveugle devant leur monstruosité ou manquer de sympathie pour leurs victimes. Comme Jean-François Revel l'a noté, le fait que la démocratie libérale a été victorieuse dans certains pays durant les années 1980 n'a aucune importance pour la majorité des hommes des siècles écoulés, dont la vie a été dévorée par le totalitarisme [6].

En revanche, le fait que *leurs* vies aient été ravagées et que *leurs* souffrances aient été sans remèdes ne doit pas *nous* laisser sans voix :

la question du schéma rationnel de l'histoire doit être posée. On s'attend assez généralement à ce qu'une histoire universelle, si l'on peut en tracer une, fonctionne comme une sorte de théodicée laïque, c'est-à-dire une justification de tout ce qui existe au nom de la finalité de l'Histoire. Un tel échafaudage intellectuel depuis le début des temps représenterait une gigantesque abstraction des détails et du tissu même de l'histoire, et finirait presque nécessairement par ignorer toutes les époques et tous les peuples qui constituent la « pré-histoire ». Toute histoire universelle que nous pourrions construire échouerait inévitablement à rendre compte de manière raisonnable de nombreux événements qui n'ont été que trop réels pour les peuples qui en ont fait l'expérience. Une histoire universelle est simplement un outil universel; elle ne saurait prendre la place de Dieu pour apporter la rédemption personnelle à chacune des victimes de l'histoire.

Dans le développement historique, l'existence de solutions de continuité comme l'Holocauste – si terrifiantes qu'elles puissent être – ne contredit pas davantage le fait évident que la modernité est un ensemble cohérent et extrêmement puissant. L'existence de discontinuités ne rend pas moins réelles les similitudes remarquables dans les expériences des peuples qui vivent le processus de la modernisation. Personne ne saurait nier que la vie du XXe siècle est fondamentalement différente à plus d'un titre de la vie de toutes les périodes antérieures, et bien peu des habitants douillets des démocraties développées qui se moquent de l'idée de progrès historique dans l'abstrait seraient prêts à passer leur vie dans un pays arriéré du tiers monde, qui représente dans les faits une époque antérieure de l'humanité. On peut reconnaître le fait que la modernité a ouvert de nouvelles perspectives à la perversion humaine et mettre même en doute la notion de progrès *moral,* tout en continuant à croire en l'existence d'un devenir historique orienté et cohérent.

12

PAS DE DÉMOCRATIE SANS DÉMOCRATES

Il devrait être évident à présent que le mécanisme que nous avons démonté est essentiellement une interprétation économique de l'histoire. La « logique de la physique moderne » n'a aucune force par elle-même si on la sépare des êtres humains qui désirent faire usage de la science pour conquérir la nature de manière à satisfaire leurs envies et leurs besoins, ou à se protéger contre les dangers. En elle-même, que ce soit sous la forme de la production mécanisée ou de l'organisation rationnelle du travail, la science n'impose qu'un horizon de possibilités déterminées par les lois fondamentales de la nature. C'est le désir humain qui pousse les hommes à exploiter ces possibilités : non pas le désir induit par un ensemble limité de besoins « naturels », mais un désir aux limites extensibles, dont le propre horizon des possibles est constamment repoussé.

En d'autres termes, le « mécanisme » est une sorte d'interprétation marxiste de l'histoire qui conduit à une conclusion entièrement non marxiste. C'est le désir de produire et de consommer éprouvé par l'« homme en tant qu'espèce existante » qui le conduit à quitter la campagne pour la ville; à travailler dans de grandes usines ou de vastes bureaux plutôt qu'à la campagne; à vendre sa force de travail au plus offrant au lieu de vaquer aux occupations de ses ancêtres; à acquérir enfin l'éducation nécessaire et à se soumettre à la discipline de l'horloge.

Pourtant, contrairement à l'opinion de Marx, le genre de société qui permet aux hommes de produire et de consommer la plus grande quantité de produits de la manière la plus égalitaire n'est pas une société communiste, mais une société capitaliste. Dans le troisième volume du *Capital*, Marx décrit le royaume de liberté qui apparaîtra sous le communisme en ces termes :

En fait, le royaume de la liberté commence seulement là où le travail déterminé par la nécessité et les considérations mondaines cesse; ainsi, dans la nature des choses, il est bien au-delà de la sphère de la production matérielle actuelle. Tout comme le sauvage doit lutter avec la Nature pour satisfaire ses désirs, pour entretenir et reproduire la vie, l'homme civilisé doit agir de même, et il doit le faire sous toutes les formes d'organisation sociale et sous toutes les formes possibles de production. Au fur et à mesure du développement, ce royaume de la nécessité physique s'étend en fonction de ses besoins; mais, dans le même temps, les forces de production qui satisfont à ces désirs croissent aussi. La liberté dans ce domaine ne peut consister qu'en un échange avec la Nature, en la mettant sous leur contrôle commun, au lieu d'être gouverné par elle comme par des forces aveugles; et réaliser cela au prix de la plus minime dépense d'énergie et sous les conditions les plus favorables pour la nature humaine, et dignes d'elle. Néanmoins, cela reste un royaume de la nécessité. Au-delà de son action commence ce développement de l'énergie humaine qui est une fin en elle-même, le pur royaume de la liberté, qui ne peut fleurir toutefois qu'à partir du royaume de la nécessité. Le raccourcissement de la journée de travail est une exigence préliminaire [1].

Le royaume marxiste de la liberté est en effet le jour de travail de quatre heures : c'est-à-dire une société si productive que le travail matinal de l'homme peut satisfaire ses besoins naturels et ceux de sa famille et de ses amis, lui laissant l'après-midi et le soir pour être un chasseur ou un poète ou un critique de théâtre. D'une certaine manière, les sociétés communistes réelles telles que celles de l'Union soviétique ou de l'ancienne R.D.A. avaient effectivement atteint ce stade, puisque peu de personnes travaillaient honnêtement plus de quatre heures par jour. Mais le reste de leur temps était rarement passé à écrire des poèmes ou à faire de la critique, puisque cela pouvait rapidement les conduire en prison; le temps était passé dans le désœuvrement, la boisson ou la recherche d'une « combine » pour prendre des vacances dans un sanatorium bondé au bord d'une plage polluée. Mais si le « temps de travail nécessaire » requis pour satisfaire les besoins physiques fondamentaux est de quatre heures par jour en moyenne pour les ouvriers dans les sociétés socialistes, cela correspond en fait à une heure ou deux pour les sociétés capitalistes; les six ou sept heures de « travail supplémentaire » qui complètent la journée de travail ne vont pas uniquement dans la poche des capitalistes : elles fournissent de quoi acheter des voitures et des machines à laver, des barbecues et des tentes. Que cela constitue ou non le « royaume de la liberté » est une autre affaire, mais un ouvrier américain est beaucoup plus libre du « royaume de la nécessité » que son homologue soviétique.

Naturellement, les statistiques sur la productivité par ouvrier n'impliquent aucune relation de nécessité avec le bonheur. Selon l'explication de Marx, les besoins physiques se sont accrus au même rythme que la productivité, et il faudrait connaître quel type de société a maintenu un meilleur équilibre avec les capacités de production, pour savoir laquelle a produit davantage de travailleurs satisfaits. L'ironie réside dans le fait que les sociétés communistes ont fini par acquérir l'horizon en perpétuelle expansion des besoins engendrés par les sociétés consuméristes occidentales, sans acquérir toutefois les moyens de le satisfaire. Erich Honecker, de glorieuse mémoire, avait coutume de dire que le niveau de vie en R.D.A. était « beaucoup plus élevé que du temps de l'Empereur »; de fait, il était beaucoup plus élevé que pour la plupart des sociétés dans l'histoire humaine et satisfaisait beaucoup mieux les désirs « naturels » de l'homme. Mais cela ne signifiait pas grand-chose : les Allemands de l'Est se comparaient non pas aux anciens sujets de l'empereur d'Allemagne, mais à leurs contemporains de l'Allemagne de l'Ouest – et constataient les manques cruels de leur société.

Si l'homme est fondamentalement un animal économique gouverné par son désir et sa raison, le processus dialectique de l'évolution historique devrait être passablement similaire pour des sociétés et des cultures humaines différentes. Telle était la conclusion de la « théorie de la modernisation », qui empruntait au marxisme une vue essentiellement économique des forces qui sous-tendent le changement historique. La théorie de la modernisation est beaucoup plus convaincante en 1990 qu'elle ne l'était voici quinze ou vingt ans lorsqu'elle succomba aux attaques massives des cercles académiques. Pour l'essentiel, cette théorie disait que le processus du développement économique était cohérent et comportait certaines conséquences sociales et politiques constantes dans tous les pays qui le connaissent. En fait, presque tous les pays qui ont réussi à réaliser un haut degré de développement économique ont tendu à se ressembler de plus en plus. Même s'il existe une grande variété de parcours que les pays peuvent emprunter pour atteindre la fin de l'Histoire, il n'y a que peu de versions de la modernité en dehors de la version démocrate-libérale du capitalisme qui ait les apparences de la réussite possible [2]. Les pays en voie de modernisation, depuis l'Espagne et le Portugal jusqu'à Taiwan et la Corée du Sud en passant par l'Union soviétique et la Chine, se sont tous déplacés dans cette direction.

Pourtant, comme toutes les théories économiques de l'histoire, la théorie de la modernisation n'est pas entièrement satisfaisante. C'est une théorie qui fonctionne dans la mesure où l'homme est une créature économique, où il est gouverné par les impératifs de la croissance économique et de la rationalité industrielle. Sa force indéniable dérive du fait que les êtres humains, particulièrement dans leur ensemble, agissent réellement en vertu de tels motifs pour l'essentiel de leur existence. Mais il existe d'autres aspects de la motivation humaine qui n'ont rien à voir avec l'économie, et c'est là que les « discontinuités » de l'histoire – la majorité des guerres humaines, les éruptions soudaines des passions religieuses, idéologiques ou nationalistes, qui conduisent à des phénomènes comme Hitler et Khomeyni – trouvent leurs origines. Une véritable histoire universelle de l'humanité devrait être capable d'expliquer non seulement les tendances générales de l'évolution, mais aussi bien les tendances discontinues et inattendues.

D'après ce qui vient d'être dit, il devrait être clair que nous ne pouvons pas expliquer le phénomène de la démocratie de manière satisfaisante si nous cherchons à le comprendre seulement en termes économiques. Une explication économique de l'histoire nous amène aux portes de la « terre promise » – la démocratie libérale – mais elle ne nous permet pas de les franchir. Le processus de modernisation économique peut entraîner certains changements sociaux à grande échelle, comme la transformation de sociétés tribales et sociales en classes moyennes urbaines et éduquées, qui créent d'une certaine manière les conditions matérielles pour l'avènement de la démocratie. Mais ce processus n'explique toujours pas la démocratie en elle-même, car si nous y regardons de plus près, nous découvrons que la démocratie n'est presque jamais choisie pour des raisons économiques. Les premières grandes révolutions démocratiques, celles des Etats-Unis et de la France, eurent lieu au moment où la révolution industrielle s'amorçait en Angleterre et bien avant que l'un et l'autre pays n'eussent « modernisé » leur économie au sens où nous comprenons le terme aujourd'hui. Leur choix des droits de l'homme ne peut donc pas avoir été conditionné par le processus d'industrialisation. Les pères fondateurs de l'Amérique furent sans doute irrités par les tentatives de la Couronne britannique pour les imposer sans qu'ils eussent de représentation au Parlement, mais leur décision de proclamer l'Indépendance et de combattre l'Angleterre pour établir un nouvel ordre démocratique peut difficilement être expliquée comme une affaire d'efficacité économique. En outre, on constate à plusieurs reprises dans l'histoire du monde que le choix de la prospérité sans la liberté a bel et bien existé, depuis les planteurs *tories* qui s'opposèrent à la Déclaration d'indépendance aux Etats-Unis jusqu'aux « modernisateurs » autoritaires de l'Allemagne et du Japon au XIXᵉ siècle, pour arriver aux contemporains comme Deng Xiaoping, qui offrit à son pays la libéralisation et la modernisation économiques sous la tutelle continue d'un parti communiste dictatorial, ou Lee Kuan Yew, qui a soutenu à Singapour que la démocratie serait un obstacle à la réussite économique spectaculaire du pays. Malgré tout cela, à toutes les époques, des gens ont franchi le pas – non économique – et risqué leurs vies et leurs biens afin de combattre pour les droits démocratiques. Il n'y a pas de démocratie sans démocrates, c'est-à-dire sans un *homo democraticus* qui désire et modèle la démocratie autant qu'il est modelé par elle.

De plus, une histoire universelle fondée sur le développement progressif de la physique moderne n'a de sens que pour les quatre derniers siècles de l'histoire des hommes, à partir de la découverte de la méthode scientifique aux XVIe et XVIIe siècles. Pourtant, ni la méthode scientifique ni la libération du désir humain qui a fait des efforts pour conquérir la nature et l'assujettir aux desseins de l'humanité ne naquirent *ex nihilo* sous la plume de Descartes ou de Bacon. Une histoire universelle plus complète, même si elle se fondait dans une large mesure sur la physique moderne, doit comprendre aussi les origines prémodernes de la science et du désir qui se cache derrière le désir de l'*homo economicus*.

De telles considérations suggèrent que nous n'avons guère progressé dans notre tentative de comprendre le fondement de la révolution économique mondiale actuelle ou celui de toute histoire universelle qui pourrait la sous-tendre. Le monde économique moderne est une structure massive et imposante qui tient une bonne partie de notre vie dans une poigne de fer, mais le processus par lequel il est venu à l'existence n'a pas la même finalité que l'Histoire elle-même et il n'est pas suffisant pour nous dire si nous avons atteint ou non la fin de celle-ci. Pour cela, nous ferions donc mieux de nous appuyer non pas sur Marx et sur les sciences sociales traditionnelles qui sont nées de sa vision de l'histoire fondée sur l'économie, mais bien sur Hegel, son prédécesseur « idéaliste », qui fut le premier philosophe à relever le défi de Kant d'écrire une histoire universelle. La compréhension qu'avait Hegel du mécanisme qui sous-tend le développement de l'histoire est incomparablement plus profonde que celle de Marx ou de tout spécialiste contemporain des sciences sociales. Pour Hegel, le premier moteur de l'histoire humaine n'est pas la physique moderne ou l'horizon en perpétuelle extension qui la gouverne, mais bien plutôt une pulsion totalement non économique, la *lutte pour la reconnaissance*. L'histoire universelle selon Hegel complète le mécanisme que nous avons dégagé, mais nous donne une compréhension plus large de l'homme – « l'homme en tant qu'*Homme* » – qui nous permet de comprendre les discontinuités, les guerres et les éruptions soudaines de l'irrationalité dans le calme du développement économique qui ont caractérisé le cours réel de l'histoire humaine.

Revenir à Hegel est important aussi parce que cela nous fournit un cadre pour essayer de voir si l'on peut s'attendre à ce que le processus historique humain continue indéfiniment, ou si nous avons en fait atteint la « fin de l'Histoire ». Comme point de départ de cette analyse, acceptons la thèse hégéliano-marxiste selon laquelle l'histoire passée a procédé *dialectiquement*, par un système de contradictions surmontées, laissant de côté pour l'instant la question du fondement – idéal ou matériel? – de la dialectique : une certaine forme d'organisation sociopolitique s'installe dans une partie du monde, mais contient une contradiction interne qui conduit avec le temps à sa propre ruine et à son remplacement par une organisation plus efficace. Le problème de la fin de l'Histoire peut alors être défini en ces termes : existe-t-il dans notre ordre social démocratique des « contradictions » qui puissent nous conduire à penser que le processus historique va continuer et produire un nouvel ordre plus élevé? Nous pourrons identifier une « contradiction » si nous discernons une source de mécontentement social suffisamment radicale pour provoquer en fin de compte la chute des sociétés démocratiques libérales – du « système », selon le jargon des années 1960 – dans leur ensemble. Il ne suffit pas de relever les « problèmes » actuels des démocraties libérales, tels que déficits budgétaires, inflation, crimes, drogue, etc., même s'ils sont graves. Un « problème » ne saurait devenir une « contradiction » que s'il est assez grave pour ne pas pouvoir être résolu dans le cadre du système, et entame du même coup la légitimité de celui-ci, de sorte qu'il s'effondre de lui-même. Par exemple, l'appauvrissement constant du prolétariat dans les sociétés capitalistes, selon Marx, n'était pas simplement un « problème », mais bien une « contradiction », parce qu'il devait conduire à une situation révolutionnaire qui jetterait à bas la structure entière de la société capitaliste pour la remplacer par une autre entièrement nouvelle. Inversement, on peut avancer que l'Histoire est parvenue à une fin si la forme présente d'organisation sociale et politique est *entièrement satisfaisante* pour l'homme dans ses caractéristiques les plus essentielles.

Mais comment pouvons- nous savoir s'il reste des contradictions dans notre ordre actuel? Il existe essentiellement deux approches à ce problème. Selon la première, il nous faut observer le cours actuel du développement historique pour voir s'il existe pour l'histoire un schéma démontrable qui indiquerait la supériorité d'une forme particulière de société sur une autre. De même qu'un économiste moderne n'essaie pas de définir l'« utilité » ou la « valeur » d'un produit en elles-mêmes, mais accepte plutôt sa valeur marchande telle que l'exprime son prix, on doit accepter le jugement de la « valeur marchande » de l'histoire du monde. Nous pouvons considérer l'histoire de l'homme comme un dialogue ou une compétition entre différents régimes ou formes d'organisation sociale. Les sociétés « se contredisent » mutuellement dans ce dialogue en triomphant l'une de l'autre ou en se survivant l'une à l'autre, dans certains cas par la conquête militaire, dans d'autres par suite de leur plus grande cohérence politique interne [3]. Si les sociétés humaines à travers les siècles évoluent ou convergent vers une forme unique d'organisation sociopolitique comme la démocratie libérale, s'il n'apparaît point d'alternatives viables à la démocratie libérale, et si les gens qui vivent dans les démocraties libérales n'expriment aucun mécontentement radical à propos de leur vie, on peut dire que le dialogue a atteint une conclusion finale et définitive. Le philosophe historien doit être contraint d'accepter la supériorité et la finalité que la démocratie libérale revendique pour elle-même. *Die Weltgeschichte ist das Weltgericht* : « L'histoire du monde est le tribunal du monde [4]. »

Cela ne signifie pas que ceux qui choisissent cette approche doivent se contenter d'adorer le pouvoir et la réussite au nom du principe que « la force crée le droit ». Nous n'avons pas à avaliser toute tyrannie ou tout prétendant à l'empire qui s'agite un bref moment sur la scène de l'histoire, mais seulement le type de régime qui survit à travers le déroulement *entier* de l'histoire du monde. Cela implique une capacité à résoudre le problème de la satisfaction des hommes, omniprésent dans l'histoire humaine depuis le début, aussi bien qu'une capacité à survivre et à s'adapter à l'environnement changeant de l'humanité [5].

Une telle approche « historiciste », aussi sophistiquée soit-elle, souffre néanmoins du problème suivant : comment pouvons-nous savoir qu'un manque apparent de « contradictions » dans le système social apparemment victorieux – ici, la démocratie libérale – n'est pas illusoire, et que la suite des temps ne révélera pas de nouvelles contradictions, qui exigeront une nouvelle étape de l'évolution historique humaine ? Sans un concept sous-jacent de l'homme déterminant une hiérarchie de ses caractéristiques essentielles et non essentielles, il serait impossible de savoir si une paix sociale apparente représente la satisfaction véritable des désirs humains, plutôt que le travail d'un appareil policier particulièrement efficace, ou simplement le calme avant la tempête révolutionnaire. On doit garder à l'esprit qu'à la veille de la Révolution française, l'Europe semblait détenir aux yeux de beaucoup d'observateurs un ordre social réussi et stable, de même que pour l'Iran des années 1970, ou pour les pays de l'Europe de l'Est dans les années 1980. Prenons un autre exemple : certains féministes contemporains affirment que la majeure partie de l'histoire antérieure a été l'histoire de conflits entre des sociétés « patriarcales », mais que des sociétés « matriarcales », plus consensuelles, plus formatrices et plus enclines à la paix, constitueraient une alternative viable. Cela est peut-être vrai, mais rigoureusement indémontrable, puisque l'on ne connaît aucun exemple existant de société matriarcale [6]. Pourtant, la possibilité de leur *future* existence ne saurait être écartée, si l'approche féministe des possibilités de libération du côté « féminin » de la personnalité humaine se révèle exacte. Et si tel est le cas, nous n'avons manifestement pas atteint la fin de l'Histoire.

Une approche alternative pour déterminer ce point pourrait être appelée « transhistorique », ou approche fondée sur un concept de la nature. C'est-à-dire que nous pourrions apprécier la validité des démocraties libérales existantes du point de vue d'un concept transhistorique de l'homme. Nous pourrions ne pas considérer simplement le témoignage *empirique* du mécontentement populaire dans les sociétés réelles d'Angleterre ou d'Amérique, par exemple. Nous ferions plutôt appel à une compréhension de la *nature* humaine, ces attributs permanents mais non constamment visibles de l'homme en tant qu'*Homme*, et mesurer la validité des démocraties contemporaines à l'aide de ce critère. Cette approche nous libérerait de la tyrannie du présent, c'est-à-dire des critères et des attentes imposés par la société même que nous essayons d'apprécier [7].

Le simple fait que la nature humaine n'est pas créée « une fois pour toutes » mais se crée elle-même « au cours du *temps historique* » ne nous dispense pas de la nécessité de parler d'elle, soit comme d'une structure dans le cadre de laquelle l'autocréation de l'homme par lui-même se déroule, soit comme d'un point terminal ou *télos*, vers quoi le développement historique humain apparaît en marche [8]. Par exemple, si la raison humaine, comme le suggère Kant, ne peut se développer entièrement que comme le résultat d'un processus social long et cumulatif, elle ne constitue pas pour autant un aspect moins « naturel » de l'homme [9].

En fin de compte, il peut paraître impossible de parler d' « Histoire », et encore plus d' « Histoire universelle », sans référence à un critère transhistorique permanent, c'est-à-dire sans référence à la nature. L'« histoire » n'est pas une donnée, ni simplement un catalogue de tout ce qui s'est produit dans le passé, mais un effort délibéré d'abstraction par lequel nous séparons ce qui est important de ce qui ne l'est pas. Les critères sur lesquels cette abstraction est fondée sont variables. Pour les dernières générations, par exemple, on a vu une évolution de l'histoire militaire et diplomatique vers l'histoire sociale, l'histoire des femmes et des groupes minoritaires, ou l'histoire de la « vie quotidienne ». Le fait que les objets de l'attention historique aient descendu les degrés de l'échelle sociale traditionnelle n'implique nullement un abandon des critères de la sélection historique, mais simplement le changement de ces critères pour s'adapter à une conscience nouvelle et plus égalitaire. Toutefois, ni l'historien de la diplomatie ni celui de la société ne sauraient échapper au choix entre l'essentiel et le secondaire, donc à la référence à des critères qui existent quelque part « en dehors de l'histoire » – et, incidemment, en dehors du domaine de compétence des historiens professionnels parce qu'ils sont historiens. Cela est vrai par-dessus tout de l'histoire universelle, qui élève le niveau de l'abstraction à un degré encore plus haut. L'historien de ce type d'histoire doit être prêt à écarter des nations et des périodes entières, comme fondamentalement pré- ou non historiques, parce qu'elles ne touchent pas aux point centraux de « son » histoire.

Il paraît donc inévitable que nous devions passer d'un examen de l'histoire à un examen de la nature, si nous devons traiter à fond la question de la fin de l'Histoire. Nous ne saurions examiner les perspectives à long terme de la démocratie libérale – sa séduction pour les peuples qui ne l'ont pas connue, et son emprise durable pour les autres qui vivent depuis longtemps sous ses règles – en nous attachant exclusivement aux témoignages « empiriques » que nous offre le monde contemporain. Nous devons au contraire examiner directement et explicitement la nature des critères transhistoriques qui permettent d'évaluer le caractère bon ou mauvais de tout régime ou système social. Kojève prétend que nous avons atteint la fin de l'Histoire parce que la vie dans l'Etat universel et homogène est *totalement satisfaisante* pour les citoyens de celui-ci. En d'autres termes, le monde démocratique libéral moderne est libre de contradictions. En examinant cette affirmation, nous ne voulons pas être piégés par des objections qui méconnaîtraient le sujet de l'assertion de Kojève, en relevant par exemple que tel ou tel groupe social est manifestement insatisfait parce qu'on lui refuse l'accès à certains biens de la société, à cause de la pauvreté, du racisme, etc. Le problème fondamental est celui des principes premiers – c'est-à-dire dc savoir si les « bonnes choses » de notre société sont véritablement bonnes et satisfaisantes pour « l'homme *en tant qu'Homme* », ou s'il existe par principe une forme de satisfaction plus haute que d'autres types de régime ou d'organisation sociale pourraient procurer. Pour répondre à cette question, pour comprendre si notre époque est bien l' « ancien âge de l'humanité », il nous faut revenir en arrière et considérer l'homme naturel tel qu'il existait avant le début du processus historique : en d'autres termes, il nous faut considérer le « premier homme »,

TROISIÈME PARTIE :

LA LUTTE
POUR LA RECONNAISSANCE

13

AU DÉBUT, UNE LUTTE À MORT DE PUR PRESTIGE

> Et c'est seulement par la mise en jeu de la vie qu'est ainsi éprouvée et avérée la liberté; qu'il est éprouvé et avéré que l'essence, pour la conscience de soi, ce n'est pas l'*être*, ce n'est pas la façon *immédiate* dont elle entre en scène [...]. L'individu qui n'a pas mis sa vie en jeu peut, certes, être reconnu comme *personne*; mais il n'est pas parvenu à la vérité de cette reconnaissance, comme étant celle d'une conscience de soi autonome.
>
> G.W.F. Hegel, *La Phénoménologie de l'esprit*[1].

> Autrement dit, tout Désir humain, anthropogène, générateur de la Conscience de soi, de la réalité humaine, est, en fin de compte, fonction du désir de la « reconnaissance ». Et le risque de la vie par lequel « s'avère » la réalité humaine est un risque en fonction d'un tel Désir. Parler de l' « origine » de la Conscience de soi, c'est donc nécessairement parler d'une lutte à mort en vue de la « reconnaissance ».
>
> Alexandre Kojève, *Introduction à la lecture de Hegel*[2].

Quel est l'enjeu pour les peuples de la terre, de l'Espagne et de l'Argentine à la Hongrie et à la Pologne, lorsqu'ils renversent une dictature et établissent une démocratie libérale? Dans une certaine mesure, la réponse est purement négative, et fondée sur les erreurs et les injustices de l'ordre politique précédent : les gens veulent se débarrasser des colonels détestés ou des chefs de parti qui les opprimaient, ou vivre libérés de la crainte d'une arrestation arbitraire. Ceux qui vivent en Europe de l'Est et en Union soviétique pensent ou espèrent qu'ils vont y gagner la prospérité capitaliste, puisque capitalisme et démocratie sont étroitement liés dans l'esprit de beaucoup.

Pourtant, comme nous l'avons vu, il est parfaitement possible d'avoir la prospérité sans la liberté, comme en Espagne, en Corée du Sud ou à Taiwan, sous des régimes autoritaires. Dans chacun de ces pays, toutefois, la prospérité n'a pas suffi. Toute tentative pour définir comme purement économique l'impulsion humaine fondamentale qui a entraîné les révolutions libérales de la fin du XXe siècle, et même toute révolution de ce type depuis celles de l'Amérique et de la France au XVIIIe siècle, serait radicalement incomplète et réductrice. Le mécanisme créé par la physique moderne reste une explication partielle, donc finalement non satisfaisante, du développement historique. Tout gouvernement libre exerce une attraction positive par lui-même : lorsque le président des Etats-Unis ou celui de la France vante les mérites de la liberté et de la démocratie, celles-ci sont exaltées pour elles-mêmes, et cet éloge semble connaître un écho universel pour les peuples du monde entier.

Pour comprendre cette résonance, il nous faut revenir à Hegel, le premier philosophe qui ait répondu à l'appel de Kant en écrivant ce qui reste à plus d'un titre la plus sérieuse des histoires universelles. Selon l'interprétation d'Alexandre Kojève, Hegel nous fournit un « mécanisme » alternatif permettant de comprendre le développement historique, mécanisme fondé sur la « lutte pour la reconnaissance ». Sans que nous ayons besoin d'abandonner notre explication économique de l'histoire, la théorie de la « reconnaissance » nous permet de récupérer une dialectique entièrement non matérialiste qui se révèle beaucoup plus riche dans sa compréhension de la motivation humaine que la version marxiste ou que la tradition sociologique issue de Marx.

Il se pose certes au préalable une question légitime : l'interprétation « kojèvienne » de Hegel présentée ici est-elle vraiment l'opinion profonde de Hegel, ou contient-elle un mélange d'idées spécifiquement kojèviennes ? Kojève prend en fait certains éléments de l'enseignement de Hegel, tels que la lutte pour la reconnaissance et la fin de l'Histoire, et il en fait le cœur même de cet enseignement, ce que Hegel lui-même n'aurait peut-être pas fait. Quoique la découverte du Hegel original soit un objectif important, ce qui nous intéresse pour le moment n'est pas Hegel *in se*, mais « Hegel-interprété-par-Kojève », voire un philosophe de synthèse nouveau qui s'appellerait « Hegel-Kojève ». Les références à Hegel qui suivront seront ainsi des références à « Hegel-Kojève » et nous nous intéresserons davantage aux idées qu'aux philosophes qui les ont vraiment formulées à l'origine [3].

On pourrait penser que, pour trouver la véritable signification du libéralisme, il serait souhaitable de remonter plus haut dans le temps jusqu'à la pensée de ces philosophes qui ont été à la source originale du libéralisme, Hobbes et Locke : les sociétés libérales les plus anciennes et les plus durables – celles de la tradition anglo-saxonne, comme l'Angleterre, les Etats-Unis et le Canada – se sont toujours considérées elles-mêmes dans une perspective « lockienne ». Nous aurons en effet à revenir sur Hobbes et Locke, mais Hegel est pour nous d'un intérêt tout particulier, pour deux raisons. En premier lieu, il nous procure une conception du libéralisme qui est plus « noble » que celles de Hobbes et de Locke. L'énoncé des principes du libéralisme de Locke a vu naître en effet, presque en même temps, un malaise persistant vis-à-vis de la société engendrée par ces principes, et du produit typique de cette société, le *bourgeois*. Ce malaise remonte en dernière analyse à un fait moral unique : le *bourgeois* est d'abord préoccupé par son propre bien-être matériel ; il n'a ni vertu ni souci du bien public, et ne se consacre absolument pas à la communauté humaine qui l'environne. En bref, il est égoïste, et cet égoïsme individuel a été au cœur des critiques de la société libérale, aussi bien de la part de la gauche marxisante que de la droite aristocratique ou républicaine. Au contraire de Hobbes et de Locke, Hegel nous offre une conception de la société libérale fondée sur la partie non égoïste de la personnalité humaine, et cherche à préserver cette part comme noyau du projet politique moderne. Qu'il y réussisse en fin de compte, cela reste à voir, mais cette dernière question sera le sujet de la dernière partie de cet ouvrage.

La seconde raison de revenir à Hegel est la suivante : la compréhension de l'histoire comme « lutte pour la reconnaissance » donne effectivement un regard très éclairant et très utile sur le monde contemporain. Nous autres, habitants des pays libéraux démocratiques, sommes actuellement si habitués à expliquer les événements quotidiens par de pures raisons économiques, et notre approche des choses est si profondément « bourgeois » qu'il nous arrive fréquemment de découvrir avec surprise à quel point l'essentiel de la vie politique est totalement non économique. Nous n'avons même pas un vocabulaire usuel pour évoquer le côté orgueilleux et autoritaire de la nature humaine qui est responsable de la plupart des guerres et des conflits politiques. La « lutte pour la reconnaissance » est un concept aussi vieux que la philosophie politique et se rattache à un phénomène coextensif à la vie politique elle-même. Si cela nous semble aujourd'hui un terme un peu étrange et non familier, c'est uniquement à cause de la réussite de l' « économisation » de notre pensée, qui s'est faite depuis quatre siècles. Pourtant, la « lutte pour la reconnaissance » est partout évidente autour de nous et sous-tend les mouvements contemporains pour les droits libéraux, que ce soit en Union soviétique, en Europe de l'Est, en Afrique du Sud, en Asie ou en Amérique latine.

Pour trouver la signification de la « lutte pour la reconnaissance », il nous faut comprendre le concept hégélien de l'homme, ou de la nature humaine [4]. Pour les anciens théoriciens de la modernité qui ont précédé Hegel, tout exposé sur la nature humaine était présenté comme une peinture du « premier homme », c'est-à-dire de l'homme « à l'état de nature ». Hobbes, Locke et Rousseau n'ont jamais prétendu que cet « état de nature » devait être compris comme une explication empirique ou historique de l'homme primitif, mais plutôt comme une sorte d'expérience conceptuelle pour débarrasser l'être humain de ces aspects qui étaient simplement le produit de la convention – le fait que quelqu'un soit italien, aristocrate ou bouddhiste – et pour découvrir les caractères communs à tous les hommes *en tant qu'hommes*.

Hegel refusait d'avoir une doctrine sur l'état de nature et il aurait effectivement rejeté le concept d'une nature humaine permanente et immuable. L'homme, pour lui, était libre et *non* déterminé, donc capable de créer sa propre nature au cours des temps historiques. Et pourtant, ce processus d'autocréation historique a eu un point de départ qui avait toutes les apparences d'un « état de nature [5] ». Dans la *Phénoménologie de l'esprit*, Hegel a décrit un « premier homme » primitif vivant au début de l'histoire, dont la fonction philosophique recouvre pratiquement celle de l' « homme à l'état de nature » selon Hobbes, Locke et Rousseau. C'est-à-dire que ce « premier homme » était un prototype d'être humain, possédant les attributs fondamentaux de l'humanité antérieure à la création de la société civile et au développement de l'histoire.

Le « premier homme » de Hegel partage avec les animaux certains besoins naturels fondamentaux, tels que les envies de nourriture, de sommeil, d'abri et, par-dessus tout, l'instinct de conservation de sa propre existence. En tant que tel, il fait partie du monde naturel ou physique. Mais le « premier homme » de Hegel est radicalement différent des animaux en ceci qu'il désire non seulement des objets réels et « positifs » (un morceau de viande pour se nourrir ou un habit de fourrure pour avoir chaud ou un abri pour y vivre), mais aussi des objets qui sont entièrement non matériels. Par-dessus tout, il désire le désir des autres hommes, c'est-à-dire d'être *reconnu* par ceux-ci. Pour Hegel en effet, un individu ne saurait devenir conscient de lui-même, c'est-à-dire prendre conscience de son identité humaine distincte, sans être reconnu par d'autres êtres humains. En d'autres termes, dès le départ, l'homme a été un être *social* : son propre sens de son identité et de sa valeur est étroitement lié à la valeur que les autres êtres humains lui accordent. Selon le mot de David Riesman, il est fondamentalement « tourné-vers-autrui [6] ». Lorsque les animaux manifestent un comportement « social », ce comportement est de type instinctif et fondé sur la satisfaction mutuelle des besoins naturels : un dauphin ou un singe désire un poisson ou une banane, non le désir d'un autre dauphin ou d'un autre singe. Comme Kojève l'explique, seul un homme peut désirer « un objet parfaitement inutile du point de vue biologique (comme une médaille, ou le drapeau de l'ennemi) »; il désire de tels objets non pas pour eux-mêmes, mais parce qu'ils sont convoités aussi par d'autres êtres humains.

Mais le « premier homme » de Hegel diffère aussi des animaux d'une seconde manière, beaucoup plus fondamentale. Cet homme en effet souhaite non seulement être reconnu par d'autres hommes, mais être reconnu *en tant qu'homme*. Ce qui constitue l'identité de l'homme en tant que tel – la caractéristique la plus fondamentale et la plus exclusivement humaine – est la capacité de l'homme à risquer consciemment sa vie. Ainsi, la rencontre du « premier homme » avec d'autres hommes entraîne naturellement une lutte violente dans laquelle chaque combattant cherche à ce que les autres le « reconnaissent » en risquant sa propre vie. L'homme est fondamentalement un animal social et « tourné-vers-autrui »; pourtant, sa sociabilité le conduit non pas vers une société civile paisible, mais vers une lutte à mort de pur prestige. Ce « combat sanglant » peut avoir trois issues possibles. Il peut entraîner la mort des deux combattants, auquel cas la vie elle-même, humaine et naturelle, se termine. Il peut provoquer la mort de l'un des deux rivaux, auquel cas le survivant reste insatisfait, parce qu'il n'existe plus d'autre conscience humaine pour le « reconnaître ». Enfin, la bataille peut se terminer par une relation de maître et d'esclave, par laquelle l'un des combattants décide de se soumettre à une vie de servitude plutôt que d'affronter le risque d'une mort violente. Le maître reçoit ainsi satisfaction, parce qu'il a risqué sa vie et obtenu la reconnaissance d'un autre être humain pour avoir agi de cette façon. Ainsi, la rencontre initiale entre les « premiers hommes » de l'état de nature selon Hegel est aussi violente que dans l'état de nature de Hobbes ou dans l'état de guerre selon Locke, mais ne se termine pas par un contrat social ou une autre forme de société civile pacifiée : elle débouche sur une relation de maître à esclave, inégale par excellence [7].

Pour Hegel tout comme pour Marx, la société primitive était divisée en classes sociales. Mais, à la différence de Marx, Hegel croyait que les différences de classe les plus importantes n'étaient pas fondées sur une fonction économique, telle que celle de seigneur ou de paysan, mais sur l'attitude de chacun face à la mort violente. La société était simplement divisée entre les « maîtres », qui acceptaient de risquer leur vie, et les « esclaves », qui ne l'acceptaient pas. La conception hégélienne de la stratification sociale primitive est probablement plus exacte historiquement que celle de Marx. De nombreuses sociétés aristocratiques traditionnelles sont nées à l'origine de l' « éthique guerrière » des tribus nomades qui ont conquis les peuplades sédentaires par leur cruauté impitoyable et leur bravoure militaire. Après la conquête initiale, au cours des générations suivantes, les « maîtres » se sont établis sur des domaines et ont assumé une fonction économique comme propriétaires, prélevant taxes et tributs sur la vaste masse des paysans « esclaves » qu'ils dominaient. L'éthique guerrière – sens de la supériorité innée fondée sur le risque de mort volontairement assumé – est restée toutefois au cœur de la culture des sociétés aristocratiques dans le monde entier, longtemps après que des années de paix et d'oisiveté eurent permis à ces mêmes aristocrates de dégénérer en courtisans poudrés et efféminés.

L'essentiel de cette explication hégélienne de l'homme primitif paraîtra étrange à des oreilles modernes, particulièrement cette identification du risque de mort volontairement assumé pour le seul prestige comme caractéristique humaine la plus fondamentale. Cette volonté de risquer sa vie n'est-elle pas en effet simplement une coutume sociale primitive, depuis longtemps passée de mode, avec les duels, les vendettas et autres crimes d'honneur [8]? Dans notre monde, il y a toujours des gens qui courent risquer leur vie dans des batailles sanglantes pour un nom, ou un drapeau, ou un morceau de tissu; mais ils tendent à se restreindre à des gangs baptisés les *Bloods* ou les *Crips*, et gagnent leur vie en vendant de la drogue, à moins qu'ils n'aillent vivre en Afghanistan. Dans quel sens un homme volontaire pour tuer ou être tué pour quelque chose de valeur purement symbolique (prestige ou reconnaissance) peut-il être dit plus profondément « humain » que quelqu'un qui refuse plus intelligemment le défi et soumet ses revendications à un arbitrage pacifique ou aux tribunaux?

L'importance de cette volonté de risquer sa vie dans une bataille de pur prestige ne peut être comprise que si nous examinons de plus près la conception hégélienne du sens de la liberté humaine. Dans la tradition libérale anglo-saxonne, la liberté est communément comprise comme la simple absence de contrainte. Ainsi, selon Thomas Hobbes, « la LIBERTÉ signifie proprement l'absence d'opposition – j'entends par opposition les entraves extérieures à toute action

– et peut être appliquée aussi bien aux créatures irrationnelles et inanimées qu'aux créatures rationnelles [9] ». Selon cette définition, un bloc de rocher dévalant une pente et un ours affamé parcourant les bois sans entraves peuvent être dits « libres » tous les deux. Nous savons pourtant que la chute du rocher est déterminée par la loi de la gravitation et par la pente de la colline, de même que le comportement de l'ours est provoqué par l'interaction complexe d'un ensemble de désirs, d'instincts et de besoins naturels. Un ours affamé cherchant sa nourriture dans la forêt est « libre » seulement en un sens formel : il n'a d'autre choix en fait que de répondre à sa faim et à ses instincts. Il est typique que les ours ne font pas de grève de la faim pour des causes supérieures. Le comportement du rocher et de l'ours sont en bref déterminés par leur propre nature physique et par leur environnement naturel. En ce sens, ils sont comme des machines programmées pour fonctionner selon un ensemble de règles, les ultimes étant les lois fondamentales de la physique.

Selon la définition de Hobbes, tout être humain qui n'est pas empêché physiquement de faire quelque chose serait à considérer comme « libre ». Mais, dans la mesure où un être humain a une nature physique ou animale, il peut aussi bien être considéré comme une collection finie de besoins, d'instincts, de désirs et de passions, qui réagissent entre eux de manière complexe mais finalement mécanique, et déterminent ainsi le comportement de cet être. Ainsi, un homme transi de froid et de faim qui cherche à satisfaire ses besoins naturels de nourriture et de protection n'est pas plus « libre » que l'ours ou même le rocher : il représente simplement une machine plus complexe fonctionnant selon un ensemble de règles plus compliqué. Le fait qu'il n'ait pas de barrières physiques dans sa quête de nourriture et d'abri ne crée que l'apparence – et non la réalité – de la liberté.

La grande œuvre politique de Hobbes, le *Léviathan*, commence précisément par une présentation de l'homme comme une machine hautement complexe. Il divise la nature humaine en une série de passions fondamentales – joie, peine, crainte, espérance, indignation et ambition – dont les différentes combinaisons suffisent, selon lui, à déterminer et à expliquer la totalité du comportement humain. En dernier ressort, Hobbes ne croit donc pas que l'homme soit libre au sens où il aurait la possibilité d'un véritable choix moral. Il peut être plus ou moins rationnel dans son comportement, mais cette rationalité sert simplement des fins qui sont imposées par la nature, comme l'instinct de conservation. La nature, à son tour, peut être entièrement expliquée par les lois de la matière en mouvement, que le grand Newton venait alors tout juste d'expliquer.

Hegel, au contraire, débute par une conception entièrement différente de l'homme. Non seulement celui-ci n'est pas déterminé par sa nature physique ou animale, mais son « humanité » réside précisément dans sa capacité à surmonter ou refuser cette nature animale. Il est libre, non pas au sens formel de Hobbes (absence d'obstacles physiques), mais libre au sens métaphysique, comme radicalement *non* déterminé par la nature. Ce terme inclut à la fois sa nature propre, son environnement naturel et les lois de la nature. En bref, il est capable d'un véritable choix *moral*, c'est-à-dire d'un choix entre deux possibilités d'action : ce choix se fera non pas simplement en fonction de la plus grande utilité de l'une ou de l'autre, non pas simplement en fonction de la victoire d'un ensemble de passions et d'instincts sur un autre, mais bien en raison de sa liberté inhérente à créer et respecter ses propres règles. La *dignité* spécifique de l'homme ne réside donc pas dans une capacité combinatoire supérieure qui fait de lui une machine plus intelligente que les animaux inférieurs, mais précisément dans sa capacité à faire un choix moral libre.

Mais comment savoir si l'homme est libre en ce sens plus profond ? Il est certain que de nombreux choix sont pour l'homme de simples calculs d'intérêts égoïstes, qui n'obéissent à rien de plus qu'à la satisfaction des désirs ou des passions animales. Par exemple, un homme s'abstiendra de voler une pomme dans le verger de son voisin non pas en raison d'un quelconque sens moral, mais parce qu'il craindra un châtiment qui serait plus dur à supporter que sa faim présente, ou bien parce qu'il sait que le voisin partira bientôt en voyage et que les pommes s'offriront alors aisément à sa cueillette. Le fait qu'il puisse calculer de cette manière ne le rend pas moins déterminé par ses instincts naturels – en l'occurrence la faim – qu'un animal qui se contenterait d'attraper la pomme.

Hegel ne refuserait assurément pas que l'homme ait un côté animal ou une nature finie et déterminée : il doit manger et dormir. Mais on peut aussi démontrer qu'il est capable d'agir selon des manières qui contreviennent totalement à ses instincts naturels et vont à leur encontre non pas dans le but de satisfaire un instinct plus élevé ou plus puissant mais, d'une certaine façon, pour l'amour même de l'opposition. C'est la raison pour laquelle le danger de mort assumé volontairement dans une bataille de pur prestige joue un tel rôle dans l'explication hégélienne de l'histoire : en risquant sa vie, l'homme prouve qu'il peut agir à l'encontre du plus puissant et du plus fondamental des instincts, celui de conservation. Ainsi que Kojève le souligne, le désir *humain* de l'homme doit l'emporter sur le désir *animal* dicté par l'instinct de conservation. Et c'est la raison pour laquelle il est important que la bataille primordiale, au début de l'histoire, soit une bataille de pur prestige, ou pour un objet apparemment inutile – médaille ou drapeau – qui signifie la reconnaissance. La raison pour laquelle je combats est d'obtenir d'un autre être humain qu'il reconnaisse le fait que je risque volontairement ma vie, et que je suis donc authentiquement libre et humain. Si la bataille sanglante était engagée pour quelque but pratique (ou « rationnel », ainsi que nous dirions, nous autres bourgeois modernes formés à l'école de Locke et de Hobbes) comme la protection de la famille ou l'acquisition de la terre, des femmes et des biens de notre concurrent, alors la bataille serait simplement menée pour la satisfaction de quelque autre besoin animal. De fait, beaucoup d'animaux inférieurs sont capables de risquer leur vie dans des batailles destinées à protéger leurs petits ou à délimiter leur territoire de chasse. Dans chacun de ces cas, ce comportement est déterminé par l'instinct et n'existe que pour l'objectif évolutionniste d'assurer la survie de l'espèce. Seul l'homme est capable d'engager une bataille potentiellement mortelle dans le seul but de démontrer qu'il méprise sa propre vie, qu'il est quelque chose de plus qu'une machine un peu complexe ou un « esclave de ses passions [10] », en bref qu'il a une dignité proprement et spécifiquement humaine parce qu'il est libre.

On pourrait objecter qu'un comportement « anti-instinctif » comme la bataille volontaire pour le seul prestige est simplement déterminée par un instinct plus profond et plus atavique, dont Hegel n'était pas conscient. De fait, la biologie moderne relève que les animaux aussi bien que les hommes s'engagent dans des batailles de pur prestige. Si l'on considère sérieusement l'enseignement des sciences modernes de la nature, le domaine de l'homme est entièrement subordonné au domaine de la nature, et déterminé également par les lois de celle-ci. Tout comportement humain peut en dernière analyse être expliqué par l'infrahumain, la psychologie et l'anthropologie, qui reposent à leur tour sur la biologie et la chimie moléculaire, et sur le travail des forces fondamentales de la nature. Hegel et Kant, son prédécesseur, étaient conscients de la menace que les fondements matérialistes des sciences modernes de la nature faisaient peser sur la possibilité du libre choix humain. L'objectif ultime de la grande *Critique de la raison pure* de Kant était de fortifier une « île » au milieu de la mer des causes mécaniques naturelles, « île » qui permettrait au libre choix moral humain de coexister de manière philosophiquement rigoureuse avec la physique moderne. Hegel a repris l'idée de l'existence de cette « île », mais il la conçoit beaucoup plus vaste et spacieuse que Kant ne l'avait envisagée. Les deux philosophes croyaient qu'à certains égards, les êtres humains étaient littéralement indépendants des lois de la physique. Cela ne signifiait pas que des êtres humains pouvaient se déplacer plus vite que la lumière ou échapper à l'action de la gravité, mais plutôt que les phénomènes moraux pouvaient ne pas être réduits à des mécanismes de matière en mouvement.

Il est ici hors de notre propos ou de nos possibilités d'analyser l'adéquation de l'« île » créée par l'idéalisme allemand; le problème métaphysique de la possibilité du libre choix pour l'homme est, comme le disait Rousseau, « l'abyme de la philosophie [11] ». Mais si nous laissons de côté pour l'instant cette question controversée, nous pouvons toujours relever – en tant que phénomène *psychologique* – l'accent mis par Hegel sur l'importance du risque volontaire de mort, qui indique un élément très réel et capital. Que la libre volonté existe ou non, presque tous les humains agissent en fait *comme si* elle existait et s'apprécient mutuellement à partir de leur capacité à faire ce qu'ils croient être d'authentiques choix moraux. Alors même qu'une bonne part de l'activité humaine est dirigée vers l'assouvissement des envies naturelles, une partie non négligeable du temps est passée à poursuivre des buts plus fugitifs. Les hommes ne recherchent pas simplement le confort matériel, mais le respect ou la reconnaissance, et ils croient qu'ils méritent ce respect parce qu'ils possèdent une certaine valeur ou une certaine dignité. Une psychologie ou une science politique qui ne prendrait pas en compte le désir de reconnaissance de l'homme et sa volonté intermittente – mais très prononcée – d'agir parfois contre ses instincts naturels les plus forts méconnaîtrait quelque chose de très important à propos du comportement humain.

Pour Hegel, la liberté n'était pas simplement un phénomène psychologique, mais l'essence de ce qui était spécifiquement humain. Dans ce sens, la liberté et la nature sont diamétralement opposées. « Liberté » ne signifie pas la liberté de vivre dans la nature ou conformément à la nature; au contraire, la liberté ne commence que là où la nature cesse. La liberté humaine n'apparaît que lorsque l'homme est capable de transcender son existence naturelle et animale, et de créer un nouveau moi *pour lui-même*. Le point de départ emblématique de ce processus d'autocréation est la lutte à mort de pur prestige.

Mais si cette lutte pour la reconnaissance est le premier acte authentiquement humain, il est loin d'être le dernier. La lutte se termine en effet par une relation de maître à esclave qui est loin d'être satisfaisante, à plus d'un titre, pour l'un comme pour l'autre. La bataille sanglante entre les « premiers hommes » de Hegel n'est que le point de départ de la dialectique hégélienne, et nous laisse un très long chemin à parcourir avant d'atteindre la démocratie libérale moderne. Le problème de l'histoire humaine peut être vu, en un sens, comme la recherche d'un moyen de satisfaire *à la fois* les maîtres et les esclaves dans leur désir de reconnaissance, sur une base de réciprocité et d'égalité; l'Histoire se termine alors avec la victoire d'un ordre social qui accomplit cet objectif.

Toutefois, avant de passer aux étapes ultérieures dans l'évolution de la dialectique, il serait utile d'opposer à la conception hégélienne du « premier homme » à l'état de nature les visions des fondateurs du libéralisme moderne, Hobbes et Locke. En effet, si les points de départ et d'arrivée de Hegel sont assez semblables à ceux des penseurs anglais, les conceptions de l'homme sont radicalement différentes et nous offrent des points de vue opposés sur la démocratie libérale moderne.

14

LE PREMIER HOMME

> Car chaque homme tient à ce que son compagnon l'évalue au même prix qu'il s'estime lui-même; et à tous les signes de mépris ou de mésestime, il s'efforce, pour autant qu'il l'ose [...], d'arracher une estimation plus grande de ses contempteurs par la querelle, et des autres par l'exemple.
>
> Thomas Hobbes, *Léviathan*[1].

Les démocraties libérales contemporaines ne sont pas nées des brouillards mystérieux et remplis d'ombre de la tradition. A l'instar des sociétés communistes, elles ont été délibérément créées par des êtres humains en un moment précis de l'histoire, sur la base d'une certaine conception théorique de l'homme et des institutions politiques appropriées qui doivent le gouverner. Même si la démocratie libérale ne peut faire remonter ses origines théoriques à un seul auteur comme Karl Marx, elle revendique comme fondements les principes scientifiques rationnels dont nous pouvons reconnaître aussitôt la filiation intellectuelle. Les principes qui sous-tendent la démocratie américaine, codifiés dans la Déclaration d'indépendance et dans la Constitution, étaient fondés sur les écrits de Jefferson, Madison, Hamilton et autres « pères fondateurs », qui avaient eux-mêmes tiré beaucoup de leurs idées de la tradition libérale anglaise de Thomas Hobbes et de John Locke. Si nous voulons découvrir la conception que la plus ancienne démocratie du monde a d'elle-même (conception qui a été adoptée par beaucoup de sociétés démocratiques en dehors de l'Amérique du Nord), il nous faut revenir sur les écrits politiques de Hobbes et de Locke. Bien que ces auteurs anticipent un bon nombre des affirmations de Hegel concernant la nature du « premier homme », ils prennent – avec la tradition libérale anglo-saxonne qui découle d'eux – une attitude foncièrement différente envers le désir de reconnaissance et, plus généralement, envers le *thymos*.

Thomas Hobbes est essentiellement connu pour deux choses : sa caractérisation de l'état de nature comme « solitaire, pauvre, désagréable, brutal et mesquin », et sa doctrine de la souveraineté monarchique absolue, qui est souvent comparée défavorablement à la théorie plus « libérale » de Locke, lequel affirme le droit à la révolution contre la tyrannie. Pourtant, même si Hobbes n'était en aucune façon un démocrate au sens contemporain du terme, il était très définitivement un libéral, et sa philosophie est la source d'où jaillit le libéralisme moderne. Hobbes a été en effet le premier à établir le principe selon lequel la légitimité du gouvernement a pour origine les droits des gouvernés, plutôt que le droit divin des rois, ou de la supériorité naturelle de ceux qui gouvernent. A cet égard, les différences qui le distinguent de Locke ou de l'auteur de la Déclaration d'indépendance américaine sont insignifiantes si on les compare au gouffre qui le sépare d'écrivains plus proches de lui dans le temps comme Filmer et Hooker.

Hobbes fait dériver ses principes du droit et de la justice de sa caractérisation de l'homme à l'état de nature. Cet état est une « déduction des Passions », qui peut n'avoir jamais existé en tant qu'étape générale de l'histoire humaine, mais qui est partout latent lorsque la société civile s'effondre – phénomène sensible, par exemple, dans des pays comme le Liban, après la plongée dans la guerre civile en 1974. Tout comme la bataille sanglante de Hegel, l'état de nature de Hobbes est censé illuminer la condition humaine lorsqu'il naît de l'interaction des passions humaines les plus permanentes et les plus fondamentales [2].

Les similitudes entre l' « état de nature » de Hobbes et la « bataille sanglante » de Hegel sont frappantes. En premier lieu, tous deux sont caractérisés par une extrême violence : la réalité sociale première n'est ni l'amour ni la concorde, mais une guerre de « chaque homme contre chaque homme »; bien que Hobbes n'utilise pas l'expression de « lutte pour la reconnaissance », les enjeux de cette guerre originelle de tous contre tous sont les mêmes que pour Hegel :

> De sorte que nous trouvons dans la nature de l'homme trois causes principales de conflit : premièrement, la rivalité; deuxièmement, la méfiance; troisièmement, la *gloire* [...]. La troisième cause [fait s'affronter les hommes] pour des futilités comme un mot, un sourire, une opinion différente, et tout autre signe de mésestime, soit directement adressé à leur personne, soit par ricochet à leur parenté, leurs amis, leur nation, leur profession ou leur nom [3].

Selon Hobbes, les hommes peuvent combattre pour des nécessités vitales, mais, plus souvent qu'à leur tour, ils combattent pour des « futilités » – en d'autres termes, pour la reconnaissance par autrui. Hobbes – le grand matérialiste – termine en décrivant la nature du « premier homme » par des termes qui ne sont pas très différents de ceux qu'emploie Hegel l'idéaliste : la passion qui conduit avant toute autre les hommes à s'affronter n'est pas la convoitise pour des possessions matérielles, mais bien la satisfaction de l'orgueil et de la vanité de quelques ambitieux [4]. Le « désir d'un désir » ou la recherche de la « reconnaissance » selon Hegel n'est en effet rien d'autre que cette passion humaine que nous appelons généralement « fierté » ou « respect de soi-même » (lorsque nous l'approuvons), et « vanité », « forfanterie » ou « amour-propre » (lorsque nous ne l'approuvons pas [5]).

En outre, les deux philosophes conçoivent de façon identique que l'instinct de conservation est en quelque sorte la plus forte et la plus largement partagée des passions naturelles. Pour Hobbes, cet instinct, solidaire de « ce genre de choses qui sont nécessaires à une vie commode », est la passion qui pousse le plus puissamment les hommes vers la paix. Hegel et Hobbes voient tous deux la bataille primordiale comme une tension fondamentale entre, d'un côté, l'orgueil de l'homme ou son désir d'être reconnu, qui le pousse à risquer sa vie dans une bataille pour le prestige, et de l'autre sa peur d'une mort violente, qui le pousse à se soumettre et accepter une vie de servitude en échange de la paix et de la sécurité. Finalement, Hobbes pourrait rejoindre Hegel pour admettre que la bataille sanglante conduit historiquement à la relation du maître et de l'esclave, lorsque l'un des combattants se soumet à l'autre parce qu'il craint pour sa vie. La domination des esclaves par les maîtres est pour Hobbes le despotisme, condition qui maintient l'homme à l'état de nature puisque les esclaves ne servent leurs maîtres que sous la menace implicite de la force [6].

La différence fondamentale entre Hobbes et Hegel – là où la tradition anglo-saxonne du libéralisme prend un tournant décisif – réside dans le poids moral relatif assigné d'une part aux passions de fierté ou de vanité (c'est-à-dire de la « reconnaissance »), d'autre part à la peur de la mort violente. Hegel, on l'a vu, pense que l'acceptation du risque de mort dans une bataille de pur prestige est en quelque sorte ce qui fait l'homme humain, le fondement même de la liberté humaine. Il n'« approuve » pas, en dernière analyse, la relation suprêmement inégale du maître et de l'esclave, dont il sait fort bien qu'elle est à la fois primitive et oppressive. Il conçoit toutefois qu'elle est une étape nécessaire de l'histoire humaine dans laquelle les deux termes de l'équation de classe – maîtres et esclaves – conservent quelque chose d'essentiel pour l'homme. La conscience du maître est pour lui, en un certain sens, plus haute et plus humaine que celle de l'esclave car, en se soumettant à la peur de la mort, l'esclave ne réussit pas à s'élever au-dessus de sa nature animale et il est ainsi moins libre que le maître. En d'autres termes, Hegel trouve quelque chose de moralement digne d'éloge dans la fierté de l'aristocrate guerrier qui risque volontairement sa vie, et quelque chose d'ignoble dans la conscience de l'esclave qui cherche à se préserver avant toute autre chose.

Hobbes, en revanche, ne trouve aucun élément de rédemption – morale ou autre – dans la fierté (ou plus proprement la vanité) du maître aristocratique : en effet, c'est précisément ce désir d'être reconnu, cet empressement à combattre pour des « futilités » comme une médaille ou un drapeau, qui est la source de toute violence et de toute misère humaine dans l'état de nature [7]. Pour lui, la passion humaine la plus puissante est la peur de la mort violente, et l'impératif moral le plus puissant – la « loi de la nature » – est la préservation par l'individu de sa propre intégrité physique. L'instinct de conservation est le fait moral fondamental : tous les concepts de justice et de droit sont fondés, pour Hobbes, sur la poursuite rationnelle de la conservation de soi, alors que l'injustice et l'erreur conduisent à la violence, à la guerre et à la mort [8].

La place centrale de la peur de la mort est ce qui conduit Hobbes à la notion de l'Etat libéral moderne. Dans l'état de nature, en effet, avant l'établissement de lois positives et d'un gouvernement, le « droit naturel » à chaque homme de préserver sa propre existence lui donne la discrétion des moyens qu'il juge nécessaires pour ce faire, y compris des moyens violents. Lorsque les hommes n'ont pas de maître commun, il s'ensuit inévitablement une guerre anarchique de tous contre tous. Le remède à cette anarchie est un gouvernement établi sur la base d'un contrat social, sous l'autorité duquel tout homme s'accorde effectivement à « placer ce droit à toutes choses et à se satisfaire d'autant de liberté envers les autres hommes qu'il permet aux autres d'en avoir envers lui-même ». La seule source de légitimité d'un Etat est sa capacité à protéger et préserver ces *droits* que les individus possèdent en tant qu'êtres humains. Pour Hobbes, le droit fondamental des hommes est le droit à la vie, c'est-à-dire le droit à la préservation de l'existence physique de tout homme, et le seul gouvernement légitime est celui qui peut protéger cette vie de manière adéquate, en prévenant un retour de la guerre de tous contre tous [9].

La paix et la protection du droit à la vie ne sont pourtant pas sans frais. Le contrat social selon Hobbes a pour fondement un accord en vertu duquel, en échange de la préservation de leur existence physique, les hommes doivent renoncer à leur orgueil et à leur vanité injustes. En d'autres termes, Hobbes demande qu'en échange d'une vie paisible dans un Etat libéral, les hommes renoncent à leur lutte pour la reconnaissance, en particulier à leur lutte pour être reconnus comme supérieurs en fonction de leur empressement à risquer leur vie pour des batailles de pur prestige. Ce côté de l'homme qui cherche à se montrer supérieur aux autres hommes, à les dominer en fonction d'une vertu supérieure, ainsi que la noblesse du caractère qui lutte contre ses limites – « humaines, trop humaines » – doivent être persuadés de la folie de cette fierté. La tradition libérale issue de Hobbes s'appuie explicitement sur le petit nombre de ceux qui cherchent à transcender leur nature « animale », et les contraint, au nom d'une passion qui constitue le plus petit dénominateur commun de l'humanité : la préservation de soi. Il s'agit en effet d'un élément commun non seulement aux êtres humains, mais aussi aux animaux « inférieurs ». Contrairement à Hegel, Hobbes pense que le désir d'être reconnu et le noble mépris pour la vie « simple » ne constituent pas le commencement de la liberté de l'homme, mais l'origine de sa misère [10]. Ceci explique le titre du plus célèbre des livres de Hobbes : « Dieu ayant donné le grand pouvoir au Léviathan, l'appela Roi de l'*Orgueil*, » explique l'auteur, en comparant son Etat au Léviathan parce qu'il est « Roi de tous les enfants de l'orgueil [11] ». Le « Léviathan » n'honore pas cet orgueil : il le soumet.

La distance qui sépare Hobbes de l'« esprit de 1776 » et de la démocratie libérale moderne est très courte. Hobbes croyait en la monarchie absolue, non pas en raison de quelque droit divin des rois à gouverner, mais parce qu'il pensait qu'un monarque peut être investi de quelque chose qui ressemble au consentement populaire. Dans son esprit, ce consentement des gouvernés pouvait être obtenu non seulement grâce à des élections multipartites à bulletin secret, comme nous pouvons les connaître aujourd'hui, mais aussi par une sorte d'accord tacite exprimé dans l'acceptation des citoyens à vivre sous une forme particulière de gouvernement et à se soumettre à ses lois [12]. Pour Hobbes, la différence était très nette entre despotisme et gouvernement légitime, même si les deux pouvaient paraître similaires de l'extérieur (tous deux prenant la forme de la monarchie absolue) : un souverain légitime jouissait du consentement populaire, mais non un despote. La préférence du philosophe pour la monarchie au détriment du gouvernement parlementaire ou démocratique reflète sa croyance en la nécessité d'un gouvernement fort pour réprimer l'orgueil, et non sa contestation de la souveraineté populaire en tant que telle.

La faiblesse de l'argumentation de Hobbes réside en revanche dans la tendance des monarques légitimes à glisser doucement vers un despotisme sans contrôle; sans un mécanisme institutionnel comme des élections pour constater et vérifier le consentement populaire, il devient souvent difficile de savoir si le souverain en bénéficie ou non. Il fut ainsi relativement aisé pour John Locke d'infléchir la doctrine de la souveraineté monarchique selon Hobbes dans le sens d'une souveraineté parlementaire ou législative, fondée sur le pouvoir de la majorité. Locke considérait comme Hobbes que l'instinct de conservation est la passion la plus fondamentale, et que le droit à la vie est le droit fondamental dont tous les autres dérivaient. Même si sa vision de l'état de nature est plus « douce » que celle de Hobbes, Locke rejoignait ce dernier pour penser que cet état tend inévitablement à dégénérer en un état de guerre ou d'anarchie, et que le gouvernement légitime naît en fait du besoin de protéger l'homme contre sa propre violence. Mais Locke faisait remarquer que la monarchie absolue pouvait violer les droits de l'homme à sa propre conservation, comme lorsqu'un roi arrachait à un homme ses biens et sa vie. Le remède à cet état de choses n'était pas la monarchie absolue, mais un gouvernement limité par des lois, un régime constitutionnel offrant la sauvegarde des droits fondamentaux des citoyens et dont l'autorité découlait du consentement des gouvernés. Selon Locke, le droit naturel de conservation de soi formulé par Hobbes impliquait un droit à la révolte contre tout tyran qui utiliserait injustement ses pouvoirs contre les intérêts de son peuple. C'est à ce droit que fait référence le premier paragraphe de la Déclaration d'indépendance, qui parle de la nécessité éventuelle pour « un peuple de dissoudre les liens politiques qui l'ont attaché à quelqu'un [13] ».

Locke ne contesterait pas l'évaluation comparative faite par Hobbes des mérites moraux de la reconnaissance et de l'instinct de conservation : la première doit être sacrifiée au second, qui est le droit fondamental de la nature, dont tous les autres droits découlent. Mais au contraire de Hobbes, Locke pourrait objecter que l'homme a droit non simplement à une existence physique brute, mais à une existence confortable et potentiellement aisée; si la société civile existe, ce n'est pas simplement pour préserver la paix sociale, mais aussi pour protéger le droit des « gens industrieux et rationnels » à créer l'abondance pour tous les hommes par l'institution de la propriété privée. La pauvreté naturelle est alors remplacée par l'abondance sociale, de sorte que « le souverain d'un territoire vaste et fertile [en Amérique] est nourri, logé et vêtu beaucoup moins bien qu'un journalier en Angleterre ». La conception de la propriété selon Locke ressemble beaucoup à l' « esprit du capitalisme ».

Toutefois, comme celui de Hobbes, le « premier homme » de Locke diffère radicalement de celui de Hegel : alors qu'il lutte pour la reconnaissance à l'état de nature, il doit être éduqué pour soumettre son désir d'être reconnu au désir de préserver sa propre vie, et au désir de doter sa vie du confort matériel. Le « premier homme » selon Hegel ne désire pas de possessions matérielles, mais un autre désir : la reconnaissance par les autres de sa liberté et de son humanité. Dans sa recherche de cette reconnaissance, il se montre indifférent aux « choses de ce monde », depuis la propriété privée jusqu'à sa propre existence. Au contraire, le « premier homme » selon Locke entre dans la société civile non pas simplement pour protéger les possessions matérielles qu'il a à l'état de la nature, mais pour ouvrir la possibilité d'en obtenir davantage et sans limite.

Malgré les efforts récents de quelques chercheurs pour voir les racines du régime américain dans le républicanisme classique, la fondation de l'Amérique a été profondément sinon totalement imprégnée des idées de John Locke [14]. Les vérités « évidentes » de Thomas Jefferson sur le droit des hommes à la vie, à la liberté et à la recherche du bonheur n'étaient pas essentiellement différentes des droits naturels de Locke à la vie et à la propriété. Les pères fondateurs de l'Amérique croyaient que les Américains possédaient ces droits en tant qu'êtres humains, antérieurement à l'établissement de toute autorité politique sur eux, et que le premier objectif du gouvernement était de protéger ces droits. La liste des droits dont les Américains se croyaient dotés par la nature est allée au-delà de la vie, de la liberté et de la poursuite du bonheur pour inclure non seulement ceux qui sont énumérés dans le *Bill of Rights,* mais aussi d'autres comme le « droit à la vie privée », d'invention plus récente. Quel que soit l'ensemble spécifique de droits évoqué, toutefois, le libéralisme américain et celui des autres républiques constitutionnelles similaires partagent l'idée implicite que ces droits définissent un univers de choix individuels où le pouvoir de l'Etat est strictement limité. Lorsque la France, les Etats-Unis ou la Grande-Bretagne accusent un gouvernement étranger de « violation des droits de l'homme », ils invitent ce gouvernement à limiter ses propres pouvoirs d'interdire à un individu ou à une minorité d'exercer des droits qu'ils possèdent « par nature ».

Pour un Américain élevé dans la pensée de Hobbes, Locke, Jefferson, et des autres pères fondateurs américains, l'éloge par Hegel du

« maître » aristocratique prêt à risquer sa vie dans une bataille de pur prestige doit paraître passablement teutonique et pervers. Non qu'aucun de ces penseurs anglo-saxons ne manque à reconnaître le « premier homme » de Hegel comme un type humain authentique, mais bien parce qu'ils ont vu que le problème de toute politique était en quelque sorte de persuader tout apprenti-maître d'accepter plutôt la vie de l'esclave dans une société d'esclaves sans classes. C'est la raison pour laquelle ils estimaient infiniment moins que Hegel la satisfaction qui découle de la reconnaissance, particulièrement si on la met en balance avec la douleur du trépas, « seigneur et maître de tout homme ». Ils croyaient en effet que la peur de la mort violente et le désir d'une préservation de soi confortable étaient si forts que ces passions surpasseraient le désir d'être reconnu dans l'esprit de tout homme rationnel, éduqué dans l'idée de son propre intérêt. C'est là l'origine de notre réaction presque instinctive contre la bataille de pur prestige telle que la conçoit Hegel : elle est irrationnelle.

En fait, préférer la vie de l'esclave à celle du maître n'est pas évidemment plus rationnel, sauf si l'on accepte de donner une importance morale plus grande à la préservation de soi qu'à la reconnaissance, dans la tradition anglo-saxonne. Du reste, c'est précisément la primauté morale accordée à cette préservation de soi (et même à cette préservation confortable) qui nous laisse insatisfaits. Au-delà de l'établissement de règles pour la préservation mutuelle, les sociétés libérales ne cherchent à définir aucun objectif positif pour leurs citoyens, ni à promouvoir un mode de vie particulier comme supérieur ou préférable à un autre. Quelle que soit la positivité de son contenu, la vie doit être remplie par l'individu lui-même. Ce contenu positif peut être fort élevé, et fait de service public et de générosité privée ; il peut être tout aussi bien fort bas, et fait de plaisir égoïste et de mesquinerie personnelle. L'Etat en tant que tel y est indifférent. Le gouvernement a en fait la charge de tolérer les différents « styles de vie », sauf lorsque l'exercice d'un droit empiète sur celui d'un autre. En l'absence d'objectifs positifs « plus élevés », au cœur du libéralisme selon Locke, ce qui remplit le vide est l'accumulation effrénée de richesse, libérée désormais des contraintes traditionnelles du besoin et de la pénurie [15].

Les limites de la conception libérale de l'homme deviennent plus évidentes si l'on considère le produit le plus typique de la société libérale, ce nouveau type d'individu qui a fini par donner une expression utilisée péjorativement : le « bourgeois », être humain enfermé dans le souci immédiat de sa propre conservation et de son bien-être matériel, et qui ne s'intéresse à la communauté environnante que dans la mesure où elle favorise l'acquisition et la conservation de ses biens. L'homme selon Locke n'a pas besoin d'être doté du sens de la communauté, de la patrie, ou d'être intéressé au bien-être de ceux qui l'entourent; comme Kant l'a suggéré, une société libérale pourrait être composée de démons, pourvu qu'ils fussent rationnels. Il n'est même pas évident pour le citoyen d'un Etat libéral, particulièrement dans une variante à la Hobbes, qu'il veuille servir dans l'armée et risquer sa vie pour son pays dans une guerre. Si le droit naturel fondamental est celui de la préservation de l'individu par soi-même, comment pourrait-il être rationnel de mourir pour sa patrie au lieu d'essayer de fuir et de mettre en lieu sûr son argent et sa famille? Même en temps de paix, un libéralisme à la mode de Hobbes ou de Locke ne fournit aucun motif pour que les meilleurs individus de la société doivent préférer le service de l'Etat et de la communauté nationale à une vie privée d'affairisme fructueux. Il n'est pas immédiat qu'un homme inspiré des principes de Locke doive devenir actif dans la vie de sa communauté, être généreux en privé pour les pauvres, voire consentir aux sacrifices nécessaires pour nourrir une famille [16].

Au-delà de la question pratique (peut-on créer une société viable dans laquelle manque tout esprit public?), un problème plus important se pose : n'y a-t-il point quelque chose de profondément méprisable dans un homme qui ne peut élever ses vues au-delà de ses intérêts mesquins et de ses besoins physiques? Le « maître » aristocratique selon Hegel, qui risque sa vie dans une bataille pour le prestige, n'est que l'exemple le plus extrême de l'impulsion humaine à transcender un besoin purement naturel ou physique. N'est-il pas possible que la lutte pour la reconnaissance reflète une envie de se transcender qui soit à la racine non seulement de la violence de l'état de nature et de l'esclavage, mais aussi des passions nobles comme le courage, le patriotisme, la générosité et le dévouement au bien public? La reconnaissance n'est-elle pas liée en quelque sorte à tout le côté moral de la nature humaine, cette part de l'homme qui trouve sa satisfaction dans le sacrifice des intérêts mesquins du corps pour un objectif ou un principe qui se trouvent bien au-delà de ce corps? En ne rejetant pas la perspective du maître en faveur de celle de l'esclave, en identifiant la lutte du maître pour la reconnaissance comme située au cœur même de ce qui fait l'humain, Hegel cherche à honorer et à conserver une certaine dimension morale à la vie humaine, qui manque totalement dans la société conçue par Hobbes et par Locke. En d'autres termes, Hegel conçoit l'homme comme un agent moral dont la dignité spécifique est liée à sa libération intérieure de toute détermination physique ou naturelle. C'est cette dimension morale, et la lutte pour la voir reconnue, qui constituent le moteur du développement dialectique de l'histoire.

Mais comment la lutte pour la reconnaissance et le risque de mort sont-ils liés, dans cette bataille sanglante primordiale, à des phénomènes moraux qui nous sont plus familiers? Pour répondre à cette question, il nous faut examiner plus à fond le concept de « reconnaissance » et chercher à comprendre le côté de la personnalité humaine qu'il représente.

15

DES VACANCES EN BULGARIE

> « Puis nous chasserons [de la cité juste] », dis-je, « tout ce qui est du même genre, à commencer par les vers que voici :
>
> *J'aimerais mieux, valet de bœufs, vivre en service chez un autre,*
> *Chez un pauvre fermier qui n'aurait pas grand'chère,*
> *Que régner sur ces morts, sur tout ce peuple éteint !* »
>
> Platon, *La République*, III, 386c [1].

Le « désir de reconnaissance » sonne comme un concept étrange et quelque peu artificiel, surtout lorsqu'il est présenté comme le premier moteur de l'histoire humaine. « Reconnaissance » revient dans notre vocabulaire de temps en temps, par exemple lorsque l'un de nos collègues prend sa retraite et qu'on lui offre une montre « en reconnaissance de ses années de service ». Mais nous ne pensons pas normalement à la vie politique comme à une « lutte pour la reconnaissance ». Dans la mesure où nous pouvons généraliser dans ce domaine, nous sommes beaucoup plus enclins à le considérer comme une compétition pour le pouvoir entre des intérêts économiques, et une lutte pour partager la richesse et les autres biens matériels de la vie.

Le concept qui sous-tend la « reconnaissance » n'a pas été inventé par Hegel. Il est aussi vieux que la philosophie politique occidentale elle-même et se réfère à une partie parfaitement familière de la personnalité humaine. Au cours des millénaires, aucun mot consacré n'a été employé avec constance pour désigner le phénomène psychologique du « désir de reconnaissance » : Platon parlait du *thymos* ; Machiavel, du désir de gloire de l'homme ; Hobbes, de sa fierté ou de son orgueil; Rousseau, de son amour-propre; Alexander Hamilton, de son amour de la renommée; Hegel, de reconnaissance; Nietzsche, enfin, de l'homme comme de la « bête aux joues rouges ». Toutes ces expressions renvoient à cette partie de l'homme qui éprouve le besoin d'accorder une *valeur* à tout : à lui-même en premier lieu, mais aussi bien aux gens, aux actions ou aux choses qui l'entourent. C'est la partie de la personnalité qui est la source fondamentale des émotions de fierté, de colère et de honte, et qui n'est réductible ni au désir d'un côté, ni à la raison de l'autre. Ce désir de reconnaissance est la partie la plus spécifiquement politique de la personnalité humaine, parce qu'elle est ce qui pousse les hommes à vouloir s'affirmer eux-mêmes sur les autres hommes, rentrant ainsi dans la situation kantienne de l'« insociable sociabilité ». Il n'est donc pas surprenant que tant de philosophes politiques aient vu le problème central de la politique dans le domptage ou le dressage de ce désir de reconnaissance, de manière qu'il puisse servir la communauté politique dans son entier. En fait, le projet de dompter le désir de reconnaissance a si bien réussi dans les mains de la philosophie politique moderne que nous autres, citoyens des démocraties égalitaires modernes, échouons souvent à distinguer en nous le désir de reconnaissance pour ce qu'il est véritablement [2].

Dans la tradition philosophique occidentale, la première analyse un peu étendue de ce phénomène apparaît, de manière parfaitement logique, dans le livre qui inaugure absolument cette tradition, c'est-à-dire *La République* de Platon. Ce livre rapporte une conversation entre le philosophe Socrate et deux jeunes aristocrates athéniens, Glaucon et Adimante, qui cherchent à décrire « par le discours » la nature d'une cité juste. Une telle cité, comme les villes « de la réalité », a besoin d'une classe de gardiens ou de guerriers pour la défendre des ennemis de l'extérieur. Selon Socrate, la principale caractéristique de ces gardiens est le *thymos*, mot grec intraduisible littéralement mais que l'on pourrait rendre par l'expression « ardeur de sentiment [3] ». Il compare alors un homme doué de ce *thymos* à un chien de race, capable d'un courage furieux pour combattre les étrangers en défendant sa cité. Dans sa première approche du problème (livre II), Socrate décrit le *thymos* de l'extérieur, tel qu'il se manifeste : nous savons seulement qu'il est associé au courage – c'est-à-dire l'empressement à risquer sa vie – et à l'émotion de la colère ou de l'indignation pour le compte de quelqu'un [4].

Socrate revient ensuite (au livre IV) à une analyse plus détaillée qui contient sa fameuse division tripartite de l'âme humaine [5]. Il fait remarquer que celle-ci possède une partie désirante, qui est constituée de nombreux désirs différents, dont les plus vivaces sont ceux de la faim et de la soif. Tous ces désirs agissent pareillement, en poussant l'homme *vers* quelque chose – nourriture ou boisson, par exemple – en dehors de lui-même. Mais, ajoute Socrate, il est des moments où l'homme s'abstient de boire, même lorsqu'il est assoiffé. Socrate et Adimante s'accordent également pour reconnaître qu'il existe une partie séparée de l'âme, la partie raisonnante ou calculante, qui peut pousser un être humain à agir contrairement à son désir – par exemple, lorsque l'homme assoiffé ne boit pas parce qu'il sait que l'eau est contaminée. Le désir et la raison seraient-ils donc les deux seules parties de l'âme, suffisantes pour expliquer le comportement humain? Peut-on par exemple expliquer tous les cas d'abstention volontaire par l'opposition d'un désir à un autre sous l'égide de la raison, par exemple la gourmandise à la sensualité, ou la sécurité à long terme contre le plaisir immédiat?

Adimante serait tout prêt à admettre que le *thymos* est simplement en réalité une autre sorte de désir, lorsque Socrate lui raconte l'histoire d'un certain Léontios, qui a envie de regarder une rangée de cadavres étendus près du bourreau public :

> « En même temps qu'il avait envie de les regarder, en même temps il était au contraire fâché et se détournait lui-même d'en avoir envie; durant un moment il lutta et s'encapuchonna la tête. Finalement, vaincu par son désir, il courut vers les cadavres en écarquillant les yeux et dit : « Voici ce que vous avez à regarder, maudits! Emplissez-vous de ce beau spectacle [6]! »

On pourrait interpréter la lutte intérieure qui déchire Léontios comme un combat entre deux désirs, celui de regarder les cadavres rivalisant avec la répulsion naturelle de voir un corps d'homme mort. Cela conviendrait assez bien à la psychologie quelque peu mécaniste de Hobbes, qui interprète la volonté simplement comme « le dernier appétit à parler », donc comme la victoire du désir le plus fort ou le plus tenace. Mais interpréter le comportement de Léontios comme rien d'autre que le choc de deux désirs n'explique pas sa colère contre lui-même [7]. Il n'aurait probablement pas été furieux s'il avait réussi à se contrôler : au contraire, il aurait ressenti une émotion toute différente, mais liée elle aussi : la fierté [8]. Une réflexion rapide montrera que la fureur de Léontios ne pouvait venir ni de la partie désirante ni de la partie raisonnante de l'âme, puisque Léontios n'a pas été indifférent à l'issue de ce combat intérieur. Il fallait donc que cette colère vînt d'une troisième partie, différente des deux autres, que Socrate appelle le *thymos*. Il fait remarquer que cette colère qui vient du *thymos* est potentiellement une alliée de la raison, parce qu'elle aide à réprimer les désirs erronés ou mauvais, mais elle n'en est pas moins distincte de celle-ci.

Le *thymos* apparaît donc dans *La République* comme lié d'une certaine façon à la valeur que l'on place en soi-même, ce que nous pourrions appeler l'« estime de soi ». Léontios pensait de lui-même qu'il était le genre d'individu à pouvoir se comporter avec une certaine dignité et maîtrise de soi, et lorsqu'il est venu à manquer à sa propre image, il est devenu furieux contre lui-même. Socrate suggère donc une relation entre colère et « estime de soi », en expliquant que plus un homme est noble (plus il place haut sa propre valeur), plus il deviendra furieux lorsqu'il aura agi ou été traité injustement : son esprit « bout » et « s'emporte », apportant « son concours à la défense de ce qui est cru juste », même s'il souffre « la faim, le froid ou tout autre tourment analogue[9] [...] ». Le *thymos* est quelque chose comme un sens inné de la justice dans l'homme : les gens pensent qu'ils ont une certaine dignité et lorsque les autres agissent comme s'ils avaient moins que cette dignité (lorsqu'ils ne *reconnaissent* pas leur dignité à sa juste valeur), ils se mettent en colère. Cette relation sémantique est bien perceptible dans le mot « indignation » : « dignité » renvoie à l'estimation de soi par soi, et l'« indignation » éclate lorsque quelque chose arrive qui offense cette estimation. Inversement, lorsque les autres gens s'aperçoivent que nous ne vivons pas au niveau de notre propre estimation de nous-mêmes, nous éprouvons de la *honte* ; lorsque nous sommes évalués justement (c'est-à-dire conformément à notre véritable valeur), nous ressentons de la *fierté*.

La colère est une émotion potentiellement toute-puissante, capable de surpasser, comme Socrate le relève, les instincts naturels comme la faim, la soif et la conservation de soi. Mais ce n'est pas un désir pour un quelconque objet matériel situé en dehors du moi; si l'on peut parler d'un désir en général, il s'agit en fait d'un *désir pour un désir*, le désir que cette personne qui nous a évalué trop bas change d'opinion et nous *reconnaisse* en mettant son appréciation au niveau de notre propre estimation de nous-même. La colère peut réprimer le désir des choses matérielles, au bénéfice de quelque chose d'entièrement immatériel : pour la pensée ou la conscience d'une autre personne, pour voir changer son évaluation de nous-même. Le *thymos* platonicien n'est donc rien d'autre que le siège psychologique du désir hégélien de « reconnaissance » : dans la bataille sanglante, le « maître » aristocratique est poussé par le désir que les autres l'évaluent au niveau qu'il estime posséder. Il est bien mis dans une rage furieuse lorsque ce sens de sa propre valeur lui est refusé. Le *thymos* et le « désir de reconnaissance » diffèrent quelque peu dans la mesure où le premier se réfère à une partie de l'âme qui investit les objets de valeur, tandis que le second est une activité du *thymos* qui exige qu'une autre conscience partage la même évaluation. Il est possible à un individu de ressentir en lui la fierté « thymotique » sans exiger pour autant la « reconnaissance ». Mais l'estime de soi n'est pas une « chose » comme une pomme ou une Porsche : c'est un état de conscience, et pour que l'on ait une certitude subjective sur son propre sens de la valeur, elle doit être reconnue par une autre conscience. Ainsi, le *thymos* pousse les hommes de manière caractéristique – mais non inévitable – à rechercher la reconnaissance.

Considérons un instant un exemple de *thymos*, petit mais révélateur, emprunté au monde contemporain. Avant de devenir président de la République tchécoslovaque à la fin de 1989, Vaclav Havel passa une grande partie de sa vie entre prison et semi-liberté, en raison de ses activités dissidentes et comme membre fondateur de l'organisation de la Charte des 77, consacrée à la lutte pour les droits de l'homme. Ses longs séjours en prison lui donnèrent beaucoup de temps pour réfléchir au système qui l'emprisonnait, et sur la nature réelle du mal que celui-ci représentait. Dans son essai intitulé *Le Pouvoir des impuissants,* publié au début des années 1980, bien avant que les révolutions en Europe de l'Est n'aient fait ciller les yeux de Gorbatchev, Havel rapporte l'histoire suivante d'un marchand de fruits et légumes :

> Le patron d'une boutique de fruits et légumes place dans sa vitrine, parmi les choux et les carottes, un slogan : « Prolétaires du monde entier, unissez-vous ! » Pourquoi agit-il ainsi? Qu'essaye-t-il de communiquer au monde? Est-il authentiquement enthousiaste à propos de l'idée de l'unité des travailleurs du monde entier? Son enthousiasme est-il donc si grand qu'il éprouve le besoin irrépressible de faire connaître ses idéals au public? A-t-il songé plus d'un instant comment une telle union pourrait se réaliser et ce qu'elle pourrait signifier [...] ?
>
> A l'évidence, le marchand de fruits et légumes est parfaitement indifférent au contenu sémantique du slogan affiché; il ne l'a pas mis dans sa vitrine poussé par le désir profond de faire part au public de l'idéal qu'il exprime. Cela ne signifie évidemment pas que son action soit totalement dépourvue de motif ou de signification, ou que le slogan ne communique rien à personne. Le slogan est réellement un *signe*, et contient en tant que tel un message subliminal, mais parfaitement défini. En paroles, on pourrait l'exprimer de cette manière : « Moi, marchand X, je vis ici et je sais ce que j'ai à faire. Je me comporte de la manière que l'on attend de moi. Je suis au-dessus de tout reproche. Je suis obéissant et j'ai donc le droit d'être laissé en paix. » Ce message a bien sûr un destinataire : il est dirigé vers le haut, vers les supérieurs du marchand, et dans le même temps c'est un bouclier qui protège ce marchand des mouchards potentiels. La véritable signification du

slogan est donc enracinée dans l'existence du marchand. Elle reflète ses intérêts vitaux. Mais quels sont ses intérêts vitaux?

Remarquons que si le marchand avait reçu l'instruction de mettre le slogan suivant : « J'ai peur et je suis donc indiscutablement obéissant », il n'aurait pas du tout été aussi indifférent à son contenu sémantique, même si cette constatation reflétait l'exacte vérité. *Le marchand aurait été gêné et honteux de placer un tel aveu flagrant de sa propre dégradation dans la vitrine de la boutique, très naturellement parce qu'il est un être humain et possède ainsi le sens de sa propre dignité.* Pour surmonter cette complication, l'expression de sa loyauté doit prendre la forme d'un signe qui, au moins en surface, indique un niveau de conviction désintéressée. Elle doit pouvoir permettre au marchand de dire : « Qu'y a-t-il de mal avec l'union des travailleurs du monde entier? » Le signe sert donc au marchand à se cacher à lui-même les fondements sordides de son obéissance, en cachant du même coup les fondements sordides du pouvoir. Le signe les dissimule derrière la façade de quelque chose d'élevé. Et ce quelque chose est l'*idéologie* [10].

En lisant ce passage, on est immédiatement frappé par l'utilisation que fait Havel du mot « dignité ». L'auteur décrit le marchand de fruits et légumes comme un homme ordinaire sans éducation ni stature particulières, qui n'en aurait pas moins honte d'afficher un signe disant clairement : « J'ai peur. » Quelle est la nature de cette « dignité » qui est à l'origine de l'inhibition de cet homme? Havel fait remarquer qu'un tel signe aurait été un aveu plus honnête que l'exposition du slogan communiste. En outre, dans la Tchécoslovaquie communiste, tout le monde savait que l'on était parfois contraint de faire des choses que l'on n'aurait pas voulu faire s'il n'y avait pas eu la peur. La peur en elle-même – l'instinct de conservation – est un instinct naturel partagé universellement par tous les hommes : pourquoi ne pas admettre que l'on est simplement un être humain, donc que l'on a peur?

La raison réside en dernière analyse dans le fait que le marchand croit qu'il a une certaine *valeur.* Cette valeur supposée est liée à la croyance qu'il est quelque chose de plus qu'un animal craintif et nécessiteux, que l'on peut manipuler grâce à ses craintes et à ses besoins. Il pense, même s'il est incapable d'articuler sa croyance avec netteté, qu'il est un être moral capable de choisir, et qui peut résister à ses besoins naturels pour l'amour des principes.

Naturellement, comme Havel le fait remarquer, le marchand est capable de contourner ce débat intérieur parce qu'il peut accrocher un slogan communiste de noble portée, et prétendre qu'il a des principes, et non une peur abjecte. D'une certaine façon, sa situation est semblable à celle du Léontios de Socrate, qui finit par céder à son désir d'aller voir les cadavres. Le marchand aussi bien que Léontios croyaient tous deux qu'ils avaient une certaine valeur liée à leur capacité de choisir, qu'ils étaient « meilleurs que » leur peur ou leur désir naturel. L'un et l'autre ont été finalement vaincus par cette peur ou ce désir. La seule différence est que Léontios est honnête et lucide face à sa propre faiblesse et se condamne lui-même pour celle-ci, tandis que le marchand refuse de voir sa propre dégradation parce que l'idéologie lui fournit une excuse convenable. L'anecdote de Havel nous enseigne deux choses : premièrement, le sentiment de dignité ou d'estime de soi qui est à l'origine du *thymos* est lié à l'idée, propre à tout homme, qu'il est un agent moral capable de choisir réellement; deuxièmement, cette perception de soi est innée ou caractéristique de tous les êtres humains, qu'ils soient de grands et glorieux conquérants ou d'humbles marchands de fruits et légumes. Selon les mots mêmes de Havel :

> Les prétentions essentielles de la vie sont naturellement présentes dans toute personne. Il y a dans chaque être humain quelque désir de la juste dignité de l'homme, de l'intégrité morale, de l'expression libre de l'être, et un sens de la transcendance sur le monde des existences [11].

Havel note en revanche que « chaque personne est capable, à un degré plus ou moins grand, de s'abaisser à des compromissions en vivant avec le mensonge ». Sa condamnation de l'Etat communiste post-totalitaire tourne essentiellement autour des ravages que le communisme a provoqués dans le caractère moral des gens, dans leur croyance en leur capacité d'action comme agents moraux : ainsi l'absence de toute dignité chez le marchand qui accepte d'afficher le slogan : « Prolétaires du monde entier, unissez-vous ! » La dignité et l'humiliation sont les deux termes qui reviennent le plus souvent dans la description que fait Havel de la Tchécoslovaquie communiste [12]. Le communisme a *humilié* les gens ordinaires en les contraignant à une multitude de compromissions morales, certaines légères, d'autres beaucoup moins. Ces humiliations ont pris les formes les plus diverses : affichage d'un slogan dans une vitrine, signature d'une pétition dénonçant un collègue de bureau qui fait quelque chose qui déplaît à l'Etat, ou simple silence lorsque ce collègue est injustement persécuté. Les Etats post-totalitaires pitoyables de l'ère Brejnev ont essayé de rendre tout le monde moralement complice, non pas par la terreur mais, assez ironiquement, en agitant la promesse des fruits de la culture moderne de consommation : non point les spectaculaires babioles qui alimentaient la convoitise des banques d'investissement américaines des années 1980, mais de petites choses comme un réfrigérateur, un appartement plus grand, ou des vacances en Bulgarie, qui ont été au premier plan pour des gens habitués à posséder peu. D'une manière beaucoup plus approfondie que le libéralisme « bourgeois », le communisme a renforcé la partie désirante de l'âme aux dépens de sa partie « thymotique ». Havel ne reproche pas au communisme d'avoir échoué dans sa promesse d'assurer l'abondance matérielle grâce à l'efficacité industrielle, ou d'avoir déçu les espérances de la classe ouvrière et des malheureux en une vie meilleure. Au contraire, il leur a offert tout cela – mais dans un marché faustien, en échange de la compromission de leur dignité morale. En concluant ce marché, les victimes du système sont devenues ses continuateurs, alors que le système lui-même acquérait une vie propre indépendamment du désir de participation de qui que ce fût.

A l'évidence, ce que Havel identifie comme « le mauvais gré des gens dominés par la consommation, à sacrifier certaines certitudes matérielles pour l'amour de leur intégrité spirituelle et morale » est un phénomène qui n'est pas réservé aux sociétés communistes. En Occident, la civilisation de consommation conduit les gens à se compromettre journellement avec eux-mêmes, en se mentant non pas au nom du socialisme, mais au nom d'idées comme l'« épanouissement personnel » ou la « réussite ». Il y a pourtant une différence importante : dans les sociétés communistes, il était difficile d'avoir une vie normale et presque impossible d'avoir une vie « réussie » sans réprimer son propre *thymos* de manière plus ou moins grande. On ne pouvait pas être un simple charpentier, un électricien ou un docteur sans être « compagnon de route » en quelque façon, à la manière du marchand de fruits et légumes; on ne pouvait à coup sûr pas être écrivain à succès, ou professeur, ou journaliste de télévision, sans s'impliquer à fond dans les tromperies du système [13]. Si l'on était foncièrement honnête et que l'on désirât garder le sens de sa propre valeur, il n'existait qu'une seule alternative (à moins qu'on ne fût du nombre de plus en plus restreint de ceux qui continuaient de croire sincèrement en l'idéologie marxiste-léniniste) : c'était de sortir du système et de devenir – comme Bukowski, Rostropovitch, Sakharov, Soljenitsyne, Havel lui-même, et tant d'autres moins connus – des dissidents professionnels. Mais cela signifiait rompre aussi avec la partie « désirante » de la vie, et échanger des gratifications matérielles aussi simples qu'un travail régulier et un appartement contre une vie ascétique et anxieuse d'emprisonnement, d'hôpital psychiatrique, ou d'exil. Pour la grande masse des gens, dont les côtés « thymotiques » n'étaient pas nécessairement si développés, la vie « normale » signifiait l'acceptation d'une dégradation morale mesquine et quotidienne.

A travers l'histoire du Léontios de Platon, et l'anecdote du marchand de fruits et légumes de Havel (début et fin, en quelque sorte, de la tradition occidentale de philosophie politique), nous voyons ainsi apparaître une humble forme de *thymos* comme facteur central de la vie politique. Ce *thymos* paraît lié à un ordre politique satisfaisant d'une certaine manière, puisqu'il est à la source du courage, de l'ardeur envers le bien public et d'une certaine répugnance à se compromettre moralement. Le bon ordre politique a besoin d'être quelque chose de plus qu'un pacte mutuel de non-agression, selon ces auteurs; il doit satisfaire le légitime désir de l'homme pour la reconnaissance de sa dignité et de sa valeur.

Pourtant, *thymos* et « désir de reconnaissance » sont des phénomènes beaucoup plus amples que ces deux exemples ne le suggéreraient. Le processus d'évaluation de soi et des autres a envahi de nombreux aspects de la vie quotidienne auxquels nous pensons communément en termes d'économie : l'homme est véritablement la « bête aux joues rouges ».

16

« LA BETE AUX JOUES ROUGES »

> Pourtant, si Dieu veut que [cette guerre] continue jusqu'à ce que la richesse entassée grâce aux deux cent cinquante années de travail non rémunéré de l'esclave soit anéantie, et jusqu'à ce que chaque goutte de sang tirée par le fouet soit payée d'une autre goutte tirée par l'épée, il faut continuer à dire ce qui était dit voici trois mille ans : « Les jugements du Seigneur sont justes et droits. »
>
> Abraham Lincoln, *Seconde Adresse inaugurale,* mars 1865 [1].

Le *thymos* tel qu'il apparaît dans *La République* ou dans l'histoire du marchand de Havel est quelque chose comme un sens de la justice inné en l'homme et, en tant que tel, il constitue le siège psychologique de toutes les vertus nobles comme l'oubli de soi, l'idéalisme, la moralité, l'esprit de sacrifice, le courage et le sentiment de l'honneur. Le *thymos* fournit un support émotionnel tout-puissant au processus de valorisation et d'évaluation, et permet aux êtres humains de triompher de leurs instincts naturels les plus forts pour l'amour de ce qu'ils croient droit ou juste. Les gens évaluent et se donnent *à eux-mêmes* leur valeur dans le premier cas; ils ressentent de l'indignation *pour leur propre compte.* Mais ils sont aussi capables d'assigner une valeur *aux autres gens* et de ressentir de la colère *pour le compte des autres.* Cela arrive le plus souvent lorsqu'un individu appartient à une classe de gens qui se perçoit comme injustement traitée, par exemple une féministe au nom de toutes les femmes, ou un nationaliste au nom de son groupe ethnique. L'indignation pour son propre compte s'étend alors à la classe tout entière et fait naître un sentiment de solidarité. Il existe aussi des cas de colère au nom de catégories auxquelles on n'appartient pas soi-même : la juste fureur des abolitionnistes blancs contre l'esclavage avant la guerre de Sécession américaine, ou l'indignation du monde entier (à quelques exceptions près) contre le système de l'apartheid en Afrique du Sud, sont toutes deux des manifestations évidentes du *thymos.* Dans le dernier cas, l'indignation vient de ce que la victime du racisme n'est pas traitée avec les égards que la personne qui ressent cette indignation lui estime dus en tant qu'être humain, c'est-à-dire parce que la victime du racisme n'est pas *reconnue* comme un être humain à part entière.

Le désir de reconnaissance qui naît du *thymos* est un phénomène profondément paradoxal, parce que ce dernier est le siège psychologique de la justice et de l'oubli de soi, tout en étant étroitement lié à l'égoïsme humain. Le moi « thymotique » exige en fait la reconnaissance pour *son propre sens* de la valeur des choses et des gens, aussi bien pour lui-même que pour les autres. Le désir d'être reconnu reste une forme d'affirmation de soi-même, une projection de sa propre valeur sur le monde extérieur; il donne naissance à des sentiments de colère lorsque cette valeur n'est pas reconnue par les autres gens. Or il n'est nullement garanti que le sens « thymotique » que le moi personnel a de la justice correspondra à celui des autres moi : ce qui est juste pour un Afrikaner partisan de l'apartheid n'est absolument pas ce qui est juste pour un activiste anti-apartheid, puisque les systèmes d'évaluation de la dignité humaine d'un Noir diffèrent radicalement entre les deux. En pratique, comme le moi « thymotique » commence par s'évaluer lui-même, il est vraisemblable qu'il va d'abord se *surévaluer* : comme le dit Locke, aucun homme n'est un bon juge de lui-même.

La nature impérieuse du *thymos* en tant que forme de l'égoïsme conduit à la confusion commune du *thymos* et du désir. En fait, ce sont deux phénomènes très distincts [2]. Prenons l'exemple d'un conflit salarial entre direction et syndicat dans une usine automobile. La plupart des sociologues politiques, suivant une psychologie proche de Hobbes qui réduit la volonté au seul jeu du désir et de la raison, interprétera ce conflit comme une rivalité entre deux « groupes d'intérêts », c'est-à-dire entre le désir des patrons et le désir des ouvriers d'obtenir une plus grande part du « gâteau » économique (ou, peut-être, de bénéfices qui sont *stricto sensu* en dehors du champ économique, comme l'emploi sur place ou la sécurité du travail). La raison, dira un tel spécialiste, conduit chaque parti à suivre une stratégie de négociation qui maximise les bénéfices économiques pour elle-même ou, dans le cas d'une grève, en minimise les coûts, jusqu'à ce que l'équilibre des forces en présence engendre un compromis.

En réalité, cela représente une simplification considérable du processus psychologique qui se déroule intérieurement de chaque côté.

L'ouvrier en grève ne porte pas une pancarte indiquant : « Je suis gourmand et je veux tout l'argent que je pourrai tirer de la direction », pas plus que le marchand de Havel ne voulait afficher : « J'ai peur. » L'ouvrier dit plutôt (et il pense en lui-même) : « Je suis un bon ouvrier; je vaux bien plus pour mon employeur que ce qu'on me paye actuellement. Etant donné les profits que mon travail a permis de faire à la firme, et les salaires pratiqués pour un travail comparable dans d'autres industries, je suis scandaleusement sous-payé; en fait, je me fais ... » A ce moment, l'ouvrier aura immanquablement recours à une métaphore biologique qui traduira le fait que sa dignité d'homme est bafouée. Tout comme le marchand, l'ouvrier pense qu'il a une certaine valeur. L'ouvrier exige évidemment un meilleur salaire parce qu'il paye son loyer et achète de la nourriture pour ses enfants, mais aussi parce qu'il veut une marque tangible de sa valeur. La colère qui se manifeste à l'occasion des conflits salariaux a rarement trait au niveau absolu des salaires, mais provient plutôt du fait que les offres du patronat ne « reconnaissent » pas de manière satisfaisante la dignité du travailleur. Et ceci explique pourquoi les grévistes éprouvent une colère beaucoup plus vive contre le briseur de grève que contre la direction elle-même. Même si le briseur de grève n'est rien d'autre qu'un instrument tactique de la direction, on le méprise parce que c'est une personne abjecte dont le sens de la dignité a été surpassé par son désir d'un gain économique immédiat. A la différence des autres grévistes, le désir du briseur de grève l'a emporté sur son *thymos*.

On comprend aisément l'intérêt économique pour soi-même, mais on ignore fréquemment la manière dont cet intérêt est intimement lié à l'affirmation « thymotique » de soi. Une élévation du salaire satisfait *à la fois* l'appétit de biens matériels qui vient de la partie désirante de l'âme, *et* le désir de reconnaissance qui vient de sa partie « thymotique ». Dans la vie politique, les exigences économiques sont rarement présentées comme de simples demandes pour avoir plus; elles sont ordinairement formulées en termes de « justice économique ». Présenter une demande économique comme une revendication au nom de la justice envers soi-même peut être un acte de pur cynisme, mais plus souvent cela reflète le pouvoir réel de la colère « thymotique » de la part de gens qui croient, consciemment ou non, que leur dignité est finalement en jeu dans les conflits salariaux. En fait, beaucoup d'éléments communément interprétés comme des motivations économiques se fondent dans une sorte de désir « thymotique » de reconnaissance. Adam Smith, le père de l'économie politique, l'a parfaitement compris. Dans *The Theory of Moral Senti-*

ments, Smith prétend que la raison pour laquelle les hommes recherchent la richesse et fuient la pauvreté a peu de chose à voir avec la nécessité physique, puisque « le salaire du plus humble travailleur » peut subvenir aux nécessités de la nature, telles que « la nourriture et le vêtement, le confort d'une maison et d'une famille », et qu'une grande partie des revenus des pauvres gens est dépensée pour des choses qui sont, à strictement parler, « des biens que l'on peut regarder comme des superfluités ». Pourquoi donc les hommes cherchent-ils à « améliorer leurs conditions de vie » par la peine et les tracas de la vie économique? La réponse est la suivante :

> Etre vus, être observés, être connus avec sympathie, complaisance et approbation, voilà tous les avantages que nous pouvons supposer en découler. C'est la *vanité, non l'aisance ou le plaisir,* qui nous intéresse. Mais la vanité est toujours fondée sur notre conviction intime d'être objet d'attention et d'approbation. L'homme riche *se glorifie* de ses richesses, parce qu'il sent qu'elles attirent naturellement sur lui l'attention du monde, et que l'humanité est toute disposée à l'accompagner dans toutes les émotions agréables que lui procurent si visiblement les avantages de sa situation [...]. L'homme pauvre, au contraire, est *honteux* de sa pauvreté. Il sent bien qu'elle le place en dehors de la vue de l'humanité, ou bien que si l'on prend quelque nouvelle de lui, on n'a que très rarement des sentiments de pitié pour la misère et la détresse qui l'accablent [3] [...].

Il existe un niveau de pauvreté à partir duquel toute activité économique est entreprise pour l'assouvissement des besoins naturels, comme dans le Sahel africain ravagé par la sécheresse durant les années 1980. Pour la plupart des autres régions du monde, la pauvreté et les privations sont des concepts plutôt relatifs qu'absolus, qui proviennent du rôle de l'argent comme symbole de la valeur [4]. Le « seuil de pauvreté » officiel aux Etats-Unis représente un niveau de vie beaucoup plus élevé que celui des catégories aisées de certains pays du tiers monde. Cela ne signifie cependant pas que les pauvres des Etats-Unis soient plus satisfaits que les gens aisés d'Afrique ou d'Asie méridionale, parce que le sens de leur dignité personnelle subit beaucoup plus d'affronts quotidiens. L'observation de Locke selon laquelle un chef de tribu américaine « est nourri, logé et vêtu beaucoup moins bien qu'un journalier en Angleterre » néglige le *thymos* et passe ainsi totalement à côté du problème. Le chef de tribu américaine possède un sens de la dignité qui fait totalement défaut au journalier anglais, dignité née de sa liberté, de son autosuffisance, et du respect et de la reconnaissance qu'il reçoit de la communauté qui l'entoure. Le journalier mange peut-être mieux, mais il est totalement dépendant d'un employeur aux yeux duquel il est virtuellement invisible en tant qu'être humain.

L'incompréhension de la composante « thymotique » dans ce qui est normalement considéré comme une motivation économique conduit à de vastes contresens sur l'interprétation de la politique et des changements historiques. Il est par exemple fort courant d'affirmer que les révolutions sont provoquées par la pauvreté et les privations, ou de croire que plus celles-ci sont importantes, plus le potentiel révolutionnaire est élevé. La célèbre étude de Tocqueville sur la Révolution française montre que c'est précisément le contraire qui s'est produit : au cours des trente ou quarante années qui précédèrent la Révolution, la France connut une période sans précédent de croissance économique, couplée avec une série de réformes libéralisantes bien intentionnées, mais peu suivies de la part de la monarchie. La paysannerie française était beaucoup plus prospère et indépendante à la veille de la Révolution que ses homologues de Silésie ou de Prusse orientale; il en allait de même pour les classes moyennes. Elles s'enflammèrent pourtant pour la Révolution parce que la libéralisation de la vie politique qui eut lieu vers la fin du siècle leur permit de comprendre leurs privations *relatives* de manière beaucoup plus aiguë que n'importe quel Prussien, et d'exprimer leur colère devant cet état de choses [5]. Dans le monde contemporain, seuls les pays les plus riches et les pays les plus pauvres tendent à être stables. Les pays en voie de modernisation économique, par contre, ont une propension marquée à l'instabilité politique, parce que la croissance elle-même suscite et encourage de nouvelles attentes et de nouvelles exigences. Ce qui est communément perçu comme la « révolution des attentes nouvelles » est autant un phénomène « thymotique » qu'une montée des désirs [6].

Il existe un aspect « thymotique » à beaucoup d'autres activités qui sont normalement considérées comme des exemples de désir naturel. Ainsi, la conquête sexuelle n'est pas simplement une affaire de gratification physique – on n'a pas toujours besoin d'un partenaire pour cela – mais reflète en outre le besoin de voir sa propre séduction « reconnue » par l'autre. Le moi qui est alors « reconnu » n'est pas nécessairement le même que le moi du maître aristocratique selon Hegel, ou que le moi moral du marchand de Havel; mais les formes les plus profondes de l'érotisme impliquent un désir de reconnaissance, par l'être aimé, de quelque chose de plus que de ses caractéristiques physiques, un désir de ce qui est en fin de compte la reconnaissance de sa valeur.

Ces divers exemples de *thymos* ne sont pas destinés à prouver que toute activité économique, tout amour érotique et toute politique peuvent être réduits au désir de reconnaissance. La raison et le désir restent des parties de l'âme distinctes du *thymos*. Ils constituent même, à plus d'un titre, les parties *dominantes* de l'âme pour l'homme moderne du libéralisme. Les êtres humains sont avides d'argent parce qu'ils veulent des *objets*, et non pas simplement la reconnaissance; avec la libération des possibilités d'acquisition de l'homme qui a eu lieu au début des Temps modernes, le nombre et la variété des désirs matériels ont cru de manière exponentielle. Nous avons fait remarquer les dimensions « thymotiques » de la gourmandise et du luxe précisément parce que la primauté du désir et de la raison dans le monde moderne tend à obscurcir le rôle que le *thymos* ou la reconnaissance jouent dans la vie quotidienne. Le *thymos* se manifeste fréquemment comme un allié du désir – ainsi dans le cas de la demande de l'ouvrier pour la « justice économique » – et on le confond facilement avec ce même désir.

Il existe toutefois d'autres cas où le *thymos* a été confondu avec le désir. Les historiens qui tentent d'expliquer la guerre de Sécession se doivent de trouver pourquoi les Américains ont enduré volontairement les souffrances terribles entraînées par une guerre qui a tué six cent mille hommes sur une population totale de trente et un millions d'habitants, soit presque 2 % de celle-ci. Certains historiens du XXe siècle, mettant en relief les facteurs économiques, ont tenté d'interpréter la guerre comme un conflit entre un Nord en voie d'industrialisation et un Sud de planteurs traditionnels. Ce genre d'explication n'est pas vraiment satisfaisant. La guerre fut d'abord menée pour des objectifs échappant totalement à l'économie : préservation de l'union pour le Nord, maintien du « statut particulier » et du mode de vie qu'il représentait pour le Sud. Mais il y eut aussi un autre problème, et Abraham Lincoln, plus sage que beaucoup de ses interprètes postérieurs, le fit remarquer en disant que « chacun savait » que l'esclavage était « de quelque manière la cause » de ce conflit. De nombreux Nordistes étaient en fait opposés à l'émancipation et espéraient terminer rapidement la guerre par un compromis. Mais la détermination de Lincoln à mener la guerre jusqu'au bout, évidente dans la sévérité même de son avertissement (il préférait voir la guerre aller à son terme, même si elle consumait les fruits « du travail non rémunéré de deux cent cinquante ans d'esclavage »), était économiquement incompréhensible. De tels échanges n'ont de sens que pour la partie « thymotique » de l'âme [7].

On relève quelques exemples du désir de reconnaissance dans la politique américaine contemporaine. L'avortement a été par exemple l'un des problèmes cruciaux de la société pour la génération précédente, bien qu'il ne représente aucun enjeu économique [8]. Le débat sur l'avortement se situe apparemment autour des droits respectifs des fœtus et des femmes, mais reflète en réalité un désaccord beaucoup plus profond entre la dignité relative de la famille traditionnelle et le rôle des femmes dans cette famille, d'une part, et l'indépendance des femmes au travail, de l'autre. Les partis en présence dans le conflit éprouvent de l'indignation soit au nom des fœtus avortés, soit au nom des femmes mourant de l'intervention maladroite des avorteuses clandestines, mais aussi en leur nom propre : la mère traditionnelle parce qu'elle sent que l'avortement dégrade le respect dû à la maternité, et la femme qui travaille parce que l'absence du droit à l'avortement diminue sa dignité comme égale de l'homme. L'indignité du racisme dans l'Amérique moderne ne réside que partiellement dans le manque de facilités économiques pour les Noirs : le scandale réel est bien dans le fait qu'aux yeux de nombreux Blancs, un Noir est (selon le mot de Ralph Ellison) un « homme invisible », non pas haï activement, mais « non vu » comme être humain. Presque tous les problèmes de libertés et de droits civils, tout en ayant une dimension économique importante, sont essentiellement des luttes « thymotiques » pour la reconnaissance de conceptions rivales à propos de la justice et de la dignité humaine.

L'activisme au nom des sans- logis; les tentatives pour stopper les grands projets de développement au nom de la préservation du gobemouches à crête mordorée ou du hibou tacheté occidental; le zèle prosélytique avec lequel les Américains non seulement arrêtent de fumer, mais s'efforcent de bannir les fumeurs de tous les lieux publics; l'indignation des gens contre le terrorisme, ou contre l'engagement militaire américain dans de petits pays éloignés – tous ces événements constituent des manifestations du *thymos* envahissant la vie politique.

Le désir de reconnaissance a également joué un rôle critique dans le déclenchement du séisme anticommuniste en Union soviétique, en Europe de l'Est et en Chine. De nombreux Européens de l'Est ont à coup sûr voulu la fin du communisme pour des raisons économiques rien moins que sordides – en clair parce que cela ouvrirait la voie (pensaient-ils) à des niveaux de vie semblables à celui de l'Allemagne de l'Ouest. Le moteur fondamental des réformes entreprises en Union soviétique et en Chine a été en un sens économique : nous avons analysé plus haut cette incapacité des économies centralisées à répondre aux exigences de la société « postindustrielle ». Mais le désir de prospérité s'est également accompagné d'une revendication de droits démocratiques et de participation politique pour eux-mêmes; en d'autres termes, on a exigé un système capable de procurer la reconnaissance comme fondement universel et normal. Les apprentis putschistes d'août 1991 se trompèrent en pensant que le peuple russe échangerait « sa liberté contre un morceau de saucisse », selon les mots de l'un des défenseurs du Parlement de Russie.

On ne saurait comprendre la totalité du phénomène révolutionnaire si l'on n'apprécie pas à son juste prix le travail de la colère « thymotique » et l'exigence de reconnaissance qui ont accompagné la crise économique du communisme. Si l'on examine ce monde communiste (ou anciennement communiste), on s'aperçoit que les événements qui ont cristallisé ces révolutions disparates n'ont presque jamais été amenés par des considérations économiques, mais bien par des réactions « thymotiques ». C'est une caractéristique remarquable des situations révolutionnaires que les événements qui poussent le peuple à prendre les plus grands risques et à mettre en route la machine qui renversera le pouvoir sont rarement ceux que les historiens décrivent ensuite comme « fondamentaux », mais plutôt de petits faits, apparemment accidentels. En Tchécoslovaquie, par exemple, c'est l'emprisonnement de Havel lui-même qui a suscité l'indignation populaire et entraîné la création du groupe d'opposition du Forum civique, et cela malgré les premiers essais de libéralisation économique tentés par un régime communiste aux abois. Des foules de plus en plus importantes commencèrent de se rassembler dans les rues de Prague en novembre 1989, après que le bruit eut couru initialement – pour se révéler faux ensuite – qu'un étudiant avait été tué par les forces de sécurité. En Roumanie, l'enchaînement des événements qui finirent par entraîner la chute du régime Ceauşescu en décembre 1989 a commencé par des manifestations dans la ville de Timisoara à propos de l'emprisonnement d'un prêtre de nationalité hongroise, le père Tokes, qui avait mené une campagne active pour les droits de la minorité locale d'origine hongroise [9]. En Pologne, l'hostilité à l'égard des Soviétiques et de leurs alliés communistes polonais a été nourrie durant des décennies par le refus de Moscou d'admettre la responsabilité du N.K.V.D. dans le massacre des officiers polonais, en 1940, dans la forêt de Katyn. L'un des premiers actes de Solidarité, une fois l'organisation entrée au gouvernement après la « table ronde » du printemps 1989, fut de demander aux Soviétiques un compte rendu précis des massacres de Katyn. Un processus similaire s'est déroulé en Union soviétique même, où de nombreux survivants de la terreur stalinienne ont demandé justice contre les criminels, et la réhabilitation pour leurs victimes. La *perestroïka* et la réforme politique ne sauraient être comprises indépendamment du désir de dire simplement la vérité sur le passé, et de restaurer au moins la dignité de ceux qui ont disparu silencieusement dans les horreurs du goulag. La colère qui éclata contre d'innombrables apparatchiks locaux en 1990 et 1991 n'eut pas pour origine les ratés économiques du système, mais bien la corruption personnelle et l'arrogance des responsables locaux du parti communiste, comme ce premier secrétaire de Volgograd qui fut chassé à grand fracas de son poste parce qu'il avait utilisé les fonds du Parti pour se payer une Volvo.

Le régime Honecker a été terriblement affaibli par une série d'événements en 1989 : crise des réfugiés, au cours de laquelle des centaines de milliers de citoyens s'enfuirent à l'Ouest; perte du soutien soviétique; et finalement chute du mur de Berlin. A ce moment pourtant, il n'était pas encore clair que le socialisme communiste était mort en Allemagne de l'Est : ce qui balaya complètement les communistes du pouvoir et discrédita définitivement leurs nouveaux chefs Krenz et Modrow fut les révélations sur l'opulence de la résidence personnelle de Honecker, dans les faubourgs de Wandlitz [10]. A parler raisonnablement, cette colère générale paraît aujourd'hui quelque peu irrationnelle : il y avait de multiples raisons de se plaindre du communisme en Allemagne de l'Est, liées par-dessus tout au manque de liberté politique et au bas niveau de vie, comparé à celui de la R.F.A. Honecker ne vivait pas non plus dans un Versailles moderne; sa demeure était celle d'un bourgeois aisé de Hambourg ou de Brême. Mais les reproches bien connus et longuement ressassés contre le communisme n'atteignirent pas le degré de violence « thymotique » qui saisit les citoyens moyens de R.D.A. en découvrant sur leurs écrans de télévision la résidence de Honecker : l'hypocrisie flagrante que ces images révélaient de la part d'un régime qui se prétendait consacré à l'égalité entre les hommes offensa profondément le sens de la justice du peuple et suffit à le jeter massivement dans la rue pour demander la fin définitive du pouvoir du parti communiste.

Ce fut aussi finalement le cas de la Chine. Les réformes économiques de Deng Xiaoping créèrent un nouvel horizon de facilités économiques pour toute une génération de jeunes Chinois arrivant à l'âge adulte dans les années 1980 : ils pouvaient commencer à faire des affaires, lire des journaux étrangers, étudier aux Etats-Unis et dans les pays occidentaux pour la première fois depuis la révolution maoïste. Les étudiants élevés dans ce climat de liberté économique avaient évidemment des raisons économiques de se plaindre, spécialement à propos de l'inflation galopante qui grignotait de plus en plus vite le pouvoir d'achat de la plupart des citadins. Mais la Chine des réformes était un pays infiniment plus dynamique et plus riche en occasions que sous Mao, spécialement pour les privilégiés qui étudiaient dans les universités de Pékin, de Sian, de Canton et de Shanghai. Ce sont pourtant ces étudiants qui manifestèrent pour davantage de démocratie, d'abord en 1986, puis de nouveau au printemps de 1989, pour l'anniversaire de la mort de Hu Yaobang. Ils présentaient une grande variété de revendications, dont beaucoup avaient peu à voir avec la démocratie telle qu'on la conçoit à l'Ouest, et dont certaines étaient même contraires à l'esprit des réformes économiques libéralisantes. Les étudiants étaient mécontents en premier lieu de l'inflation, et de la corruption personnelle des dignitaires du parti, corruption qui atteignait – disait-on – des niveaux record dans la famille même de Deng. Avec le développement de la manifestation, toutefois, ils s'irritèrent de leur manque d'audience, et de l'attitude du parti et du gouvernement qui refusaient de les *reconnaître*, eux et la justice de leurs revendications. Ils exigèrent de rencontrer personnellement Deng Xiaoping, Zhao Ziyang, ou d'autres dirigeants chinois, puis commencèrent à demander à ce que, à terme, leur participation fût institutionnalisée. Il est difficile de déterminer s'ils entendaient que cette institutionnalisation souhaitée prît finalement la forme d'une démocratie représentative, mais l'exigence sous-jacente était bien celle d'être pris au sérieux, comme des adultes dont les opinions méritaient un degré certain de respect et de déférence.

Tous ces exemples empruntés au monde communiste illustrent d'une manière ou d'une autre les effets du désir de reconnaissance. L'impulsion fondamentale des réformes entreprises en Union soviétique et en Chine a été en un certain sens économique, en raison de l'incapacité d'une économie à direction centralisée à satisfaire aux exigences d'une société « postindustrielle ». Mais ce désir de mieux-être et de prospérité a été accompagné d'une revendication de droits démocratiques et de participation politique pour eux-mêmes, en d'autres termes d'un système qui comprît la reconnaissance comme fondement automatique et universel. En outre, nous ne saurions comprendre la totalité du phénomène révolutionnaire sans apprécier les effets de la colère « thymotique » et l'exigence de reconnaissance qui accompagna la crise économique. C'est une caractéristique curieuse des situations révolutionnaires, que les événements qui poussent les gens à prendre les plus grands risques et à saper les bases des governements sont rarement les grands faits que les historiens décrivent plus tard comme causes fondamentales, mais plutôt de petits faits, apparemment accidentels. Le peuple n'est pas descendu dans les rues de Leipzig, de Prague, de Timisoara, de Pékin ou de Moscou pour demander que le gouvernement leur donne une « économie postindustrielle », ou même que les supermarchés soient approvisionnés en nourriture. Leur colère la plus ardente fut provoquée par leur perception d'injustices relativement « secondaires » : emprisonnement ou meurtre d'un prêtre, révélation de la corruption d'un apparatchik local, martyre d'un manifestant devant une police à la détente facile, fermeture d'un journal, ou refus des dignitaires de recevoir une liste de doléances. Les historiens interprètent plus tard tous ces faits comme des causes secondaires ou annexes, ce qu'ils sont en effet; mais cela ne les rend pas moins nécessaires à la mise en place de l'enchaînement qui aboutit finalement à la révolution.

Les situations révolutionnaires ne peuvent se mettre en place aussi longtemps que quelques gens au moins n'acceptent pas de sacrifier leur confort et leur vie pour la victoire d'une cause; le courage d'agir ainsi ne naît pas de la partie désirante de l'âme, mais bien de sa partie « thymotique ». L'homme du désir, *homo economicus,* le vrai « bourgeois », fera toujours une « analyse des coûts et des profits » qui le conduira immanquablement à une bonne raison de travailler « dans le cadre du système ». Seul l'homme « thymotique », l'homme de colère qui est jaloux de sa propre dignité et de la dignité de ses concitoyens, l'homme qui comprend que sa valeur est constituée de quelque chose de plus que de l'ensemble de désirs complexes qui font son existence physique – sera volontaire pour se dresser contre un char ou affronter une ligne de soldats. Et il arrive fréquemment que sans ces petits actes de bravoure, en réponse à de petits actes d'injustice, l'immense cortège des événements qui déterminent les changements fondamentaux dans les structures politiques et économiques ne se mettrait jamais en route.

17

GRANDEUR ET DÉCADENCE DU *THYMOS*

Un homme ne lutte *pas* pour le bonheur; seul l'Anglais agit ainsi.

F. Nietzsche, *Le Crépuscule des idoles* [1].

Le sens de la dignité personnelle de l'homme et son exigence de reconnaissance ont été présentés jusqu'ici comme la source des vertus nobles telles que le courage, la générosité et l'amour du bien public, comme le siège de la résistance à la tyrannie, et comme une des raisons du choix de la démocratie libérale. Mais il existe aussi un côté sombre au désir d'être reconnu, qui a conduit plusieurs philosophes à penser que le *thymos* est l'origine fondamentale du mal sur la terre des hommes.

Initialement, le *thymos* est né pour nous comme une évaluation de la valeur personnelle de quelqu'un. L'exemple du marchand de Havel suggère que ce sens de la dignité est fréquemment lié au sentiment que l'on est « plus que » ses désirs naturels, que l'on est un agent moral capable de choisir librement. Cette forme assez humble de *thymos* peut être conçue comme un sentiment de respect de soi-même, ou, dans le langage à la mode, d' « estime de soi ». Tous les êtres humains le possèdent à un degré plus ou moins grand, puisque cette possession semble être importante pour la capacité de chacun à agir dans le monde et pour la satisfaction qu'il éprouve de sa propre vie. Selon Joan Didion, c'est là ce qui permet de dire « non » aux autres gens sans se le reprocher [2].

L'existence d'une dimension morale dans la personnalité humaine, qui évalue constamment soi-même et les autres, ne signifie cependant pas qu'il y aura un accord sur le contenu substantiel de la moralité.

Dans un univers de « moi » moraux et « thymotiques », on verra s'élever constamment des désaccords, des controverses et des colères, auxquels les penseurs donneront les noms les plus divers, de sorte que le *thymos* est aussi, même dans ses plus humbles manifestations, le point de départ des conflits entre les hommes.

En outre, il n'est nullement garanti que l'évaluation par un être humain de sa propre valeur restera dans les limites de son moi « moral ». Havel pense qu'il existe un embryon de jugement moral et de sens de la « justesse » chez tous les hommes; même si l'on accepte cette généralisation, il faudra cependant admettre qu'il n'est pas développé de la même façon chez tout le monde. On peut exiger la reconnaissance non seulement de sa valeur morale, mais aussi de sa richesse, de sa puissance, ou de sa beauté physique aussi bien.

Plus important encore : on n'a aucune raison de penser que chacun s'évaluera comme *l'égal* des autres. Il cherchera bien plutôt à être reconnu comme *supérieur* aux autres, peut-être sur la base d'une véritable valeur intérieure, mais plus vraisemblablement sous l'effet d'une vaine surestimation de soi-même. Ce désir d'être reconnu comme supérieur aux autres, nous lui attribuerons un nouveau nom, de racine grecque, la *mégalothymia*. Cette *mégalothymia* peut se manifester aussi bien chez le tyran qui envahit et asservit un peuple voisin pour qu'il reconnaisse son autorité, que chez un pianiste de concert qui veut être reconnu comme le meilleur interprète de Beethoven. Son opposé sera l'*isothymia*, ou désir d'être reconnu comme l'égal des autres. *Mégalothymia* et *isothymia* constituent les deux manifestations du désir de reconnaissance qui permettent de comprendre la transition historique vers la modernité.

Il est clair que la *mégalothymia* est une passion extrêmement problématique dans la vie politique, car si la reconnaissance de la supériorité de quelqu'un par une autre personne est gratifiante, il tombe sous le sens que la reconnaissance par *tous* les autres le sera encore plus. Le *thymos,* qui est né sous l'humble forme du respect de soi-même, peut ainsi se manifester comme le désir de domination. Ce dernier aspect était naturellement présent dès le départ dans la description hégélienne de l'affrontement primordial, et finalement dans la domination du maître sur l'esclave. La logique de la reconnaissance conduit en dernière instance au désir d'être *universellement* reconnu, c'est-à-dire à l'impérialisme.

Le *thymos,* sous l'humble forme du sens de la dignité du marchand ou sous la forme de la *mégalothymia* (l'ambition tyrannique d'un César ou d'un Staline, par exemple), a constitué l'un des sujets centraux de la philosophie politique occidentale, même si chaque penseur a donné à ce phénomène un nom différent. Presque tous ceux qui ont réfléchi sérieusement sur la politique et le problème d'un ordre politique équitable ont dû se mesurer aux ambiguïtés morales du *thymos,* en essayant d'utiliser ses aspects positifs et en cherchant à neutraliser son côté obscur.

Socrate entame un exposé prolongé sur ce concept dans *La République* parce que la composante « thymotique » de l'âme se révèle être cruciale pour la construction « par le discours » de sa cité idéale[3]. Cette cité, comme toute ville « réelle », a des ennemis étrangers et a besoin d'être défendue des attaques extérieures. Cela exige donc une classe de gardiens courageux et amoureux du bien public, qui sacrifient volontairement leurs désirs matériels pour l'amour du bien commun. Socrate ne croit pas que le courage et la dévotion au bien public puissent naître d'un calcul de l'intérêt égoïste éclairé par la raison. Ils doivent être plutôt enracinés dans le *thymos,* dans la juste fierté de cette classe de gardiens vis-à-vis de soi-même et de sa ville, et dans la colère potentiellement irrationnelle contre ceux qui la menacent[4]. Ainsi, pour Socrate, le *thymos* est une vertu foncièrement politique nécessaire à la survie de toute communauté, parce qu'elle est la base à partir de laquelle l'homme privé est tiré de sa vie de désir égoïste et amené à regarder en direction du bien commun. Mais Socrate croit aussi que le *thymos* a la capacité de détruire les communautés politiques aussi bien que de les cimenter. Il revient sur ce point en différents endroits de *La République,* par exemple lorsqu'il compare le gardien « thymotique » à un chien de garde féroce qui peut mordre éventuellement son maître aussi bien qu'un étranger, s'il n'est pas convenablement formé et entraîné[5]. La construction d'un ordre politique juste requiert donc la formation et le dressage du *thymos,* et la plus grande partie des six premiers livres de *La République* est consacrée à l'éducation de la classe des gardiens de l'Etat.

La *mégalothymia* des prétendants à la domination sur les autres par l'impérialisme a été un thème important pour une bonne partie de la pensée politique du Moyen Age et du début des Temps modernes, qui attribuait ce phénomène à la recherche de la *gloire.* La lutte des princes ambitieux pour la reconnaissance a été généralement perçue comme une caractéristique d'ensemble à la fois de la nature humaine et de la politique. On ne lui attribuait pas nécessairement la connotation de tyrannie ou d'injustice, à une époque où la légitimité de l'impérialisme était fréquemment considérée comme un fait acquis[6]. Saint Augustin, par exemple, inscrit le désir de gloire parmi les vices, mais comme l'un des moins pernicieux, et source potentielle de grandeur humaine[7].

La *mégalothymia* comprise comme désir de gloire a été au cœur de la pensée du premier philosophe moderne à rompre décidément avec la tradition aristotélicienne de la philosophie politique chrétienne du Moyen Age : Nicolas Machiavel. Machiavel est surtout connu aujourd'hui comme l'auteur de plusieurs maximes d'un franc cynisme sur la nature impitoyable de la politique : par exemple qu'il vaut mieux être craint qu'être aimé, ou que l'on ne doit tenir parole que si cela est intéressant. Machiavel fut en fait le fondateur de la philosophie politique moderne : il pensait que l'homme pouvait devenir maître de sa destinée s'il s'inspirait non pas de la façon dont les hommes auraient dû vivre, mais de la façon dont ils vivaient réellement. Au lieu d'essayer d'améliorer les hommes par l'éducation, Machiavel cherchait à bâtir un ordre politique satisfaisant à partir de la méchanceté des hommes : cette méchanceté pouvait être mise au service de fins satisfaisantes si elle était convenablement réglementée par des institutions appropriées [8].

Le Florentin comprit que la *mégalothymia* sous la forme du désir de gloire était le moteur psychologique essentiel de l'ambition des princes. Des nations pouvaient à l'occasion conquérir leurs voisins par nécessité de se défendre préventivement, ou pour accumuler des populations et des ressources pour l'avenir. Mais derrière ces justifications matérielles, il y avait en fait le désir de l'homme d'être reconnu, le genre de plaisir qu'un général romain ressentait durant son triomphe lorsque son ennemi était promené dans les rues couvert de chaînes, au milieu des vivats de la foule. Pour Machiavel, le désir de gloire n'était pas la caractéristique exclusive des princes ou des gouvernements aristocratiques. Il affectait aussi bien les républiques, comme dans le cas des empires avides d'Athènes et de Rome, où la participation démocratique avait eu pour effet d'accroître l'ambition de l'Etat et de fournir un outil militaire plus efficace pour l'expansion [9].

Le désir de gloire étant une caractéristique universelle de l'homme [10], Machiavel constatait que cela créait des problèmes particuliers en conduisant les hommes ambitieux à la tyrannie et le reste à l'esclavage. La solution qu'il proposa à ce problème était différente de celle de Platon et devint caractéristique des constitutions républicaines qui suivirent. Au lieu d'essayer d'éduquer les princes ou les gardiens « thymotiques », comme Platon l'avait envisagé, il fallait opposer *thymos* contre *thymos*. Des républiques « mixtes », dans lesquelles les ambitions « thymotiques » des princes et de l'aristocratie pouvaient être équilibrées par le désir « thymotique » pour l'indépendance de la part du peuple, pouvaient assurer un certain degré de liberté [11]. La république « mixte » de Machiavel était ainsi une version primitive de la séparation des pouvoirs, familière à la Constitution américaine.

Après Machiavel, on vit naître un autre projet, peut-être plus ambitieux, avec lequel nous sommes déjà familiarisés. Hobbes et Locke, fondateurs du libéralisme moderne, cherchèrent à éradiquer le *thymos* de la vie politique et à le remplacer par une combinaison de désir et de raison. Ces premiers « libéraux » anglais modernes considérèrent la *mégalothymia* – sous la forme de l'orgueil passionné et entêté des princes, ou du fanatisme religieux des prêtres militants – comme la principale cause de la guerre. Leur critique de l'orgueil aristocratique a été continuée par un certain nombre d'écrivains des Lumières, dont Adam Ferguson, James Stewart, David Hume et Montesquieu. Dans la société civile imaginée par Hobbes, Locke et les autres premiers penseurs du libéralisme moderne, l'homme n'a besoin que de désir et de raison. Le *bourgeois* a été une création entièrement délibérée des débuts de la pensée moderne, un effort d'ingénierie sociale qui cherchait à créer la paix de la société en changeant la nature humaine elle-même. Au lieu de dresser la *mégalothymia* du petit nombre contre celle du plus grand nombre, comme Machiavel l'avait suggéré, les fondateurs du libéralisme moderne espéraient surmonter totalement la *mégalothymia* en opposant pratiquement les intérêts de la partie désirante de la nature humaine aux passions de sa partie « thymotique [12] ». L'incarnation sociale de la *mégalothymia* – la classe sociale à laquelle le libéralisme moderne déclara la guerre – était l'aristocratie traditionnelle. Le guerrier aristocratique ne créait pas de richesse, il la volait aux autres guerriers, ou plus précisément à la paysannerie dont il s'appropriait les surplus. Il n'agissait pas sur la base de la rationalité économique, en vendant son travail au plus offrant : en réalité, il ne travaillait absolument pas, mais se réalisait dans son oisiveté. Son comportement était entièrement conditionné par les exigences de l'orgueil et par les codes de l'honneur, qui ne lui permettaient pas de faire des choses au-dessous de sa dignité, comme de s'engager dans des activités commerciales. Malgré la décadence générale de nombreuses sociétés aristocratiques, l'essentiel de l'« être » aristocratique était lié, comme pour le « maître » primordial selon Hegel, au risque de mort volontairement assumé dans la bataille sanglante. La guerre restait donc au centre du mode de vie aristocratique et cette guerre était, nous le savons bien, « économiquement catastrophique ». Autant de gagné pour convaincre le guerrier aristocratique de la vanité de ses ambitions, et pour le transformer en homme d'affaires pacifique, dont les activités fructueuses contribueraient également à enrichir son entourage [13].

Le processus de « modernisation » décrit par les sciences sociales contemporaines peut être entendu comme la victoire graduelle de la partie désirante de l'âme, guidée par la raison, sur sa composante « thymotique », selon un schéma répété à l'envi dans d'innombrables pays du monde entier. Les sociétés aristocratiques ont été presque universelles dans les différentes cultures humaines, de l'Europe au Moyen-Orient et de l'Afrique à l'Asie. La modernisation économique requérait non pas simplement la création de structures sociales modernes (cités et bureaucraties rationnelles), mais bien la victoire éthique du mode de vie bourgeois sur la vie « thymotique » de l'aristocrate. Dans toutes les sociétés, l'une après l'autre, le marché de Hobbes a été proposé à l'ancienne classe des aristocrates : que leur fierté « thymotique » se convertît à la perspective d'une vie pacifique d'acquisition matérielle illimitée. Dans certains pays comme le Japon, ce marché a été passé ouvertement : l'Etat en voie de modernisation établit certains membres de l'ancienne classe guerrière des *samouraïs* en homme d'affaires, dont les entreprises devinrent les *zaïbatsous* du XXe siècle [14]. Dans des pays comme la France, le marché fut refusé par de nombreux éléments de l'aristocratie, qui menèrent une série de combats désespérés d'arrière-garde pour préserver l'éthique de leur ordre « thymotique ». Cette lutte continue aujourd'hui dans de nombreux pays du Tiers Monde, où les descendants des guerriers doivent faire face au même choix : suspendre leurs épées comme trophées familiaux et prendre à leur place les terminaux d'ordinateur et le bureau qui va avec.

Au moment où l'on arrive à la fondation de l'Amérique, la victoire des principes de Locke – donc la victoire de la partie désirante de l'âme sur sa partie « thymotique » – était presque complète. Le droit à « la recherche du bonheur » proclamé dans la Déclaration américaine d'Indépendance a été très largement conçu en termes d'acquisition de la propriété. Le système de Locke est le cadre général des *Federalist Papers,* cette grande défense de la Constitution américaine écrite par Alexandre Hamilton, James Madison et John Jay. Dans le célèbre *Federalist 10*, par exemple, qui défend le gouvernement représentatif comme remède à la maladie gouvernementale populaire des factions, James Madison affirme que la protection des diverses facultés humaines – et notamment des « facultés différentes et inégales d'acquisition de la propriété » – est le « premier objectif du gouvernement » [15].

Alors que l'héritage de Locke est partout sensible dans la constitution américaine, les auteurs des *Federalist Papers* n'en ont pas moins démontré qu'ils savaient que le désir de reconnaissance ne pouvait pas être purement et simplement banni de la vie politique : il pouvait être interprété comme finalité ou motif de la vie politique. Ils comprirent en effet que le bon gouvernement était fondé sur l'orgueilleuse affirmation de soi-même, laquelle avait besoin d'être orientée selon des directions positives, ou au moins inoffensives, comme Machiavel avait essayé de le faire. Tout en se référant à des partis fondés sur des « intérêts » économiques dans *Federalist 10*, Madison les distinguait des autres partis fondés sur les « passions », ou plus précisément sur les opinions passionnées des hommes à propos du vrai et du faux : « un zèle pour diverses opinions concernant la religion, le gouvernement, et beaucoup d'autres sujets », ou « un attachement à différents chefs ». Les opinions politiques étaient une expression de l'amour de soi, et devenaient inextricablement liées à l'évaluation par lui-même de chaque individu et de sa valeur : « Aussi longtemps que la relation subsiste entre sa raison et son amour de lui-même, tout homme aura des opinions et des passions qui influeront réciproquement les unes sur les autres; et les premières seront des objets auxquels les secondes s'attacheront [16]. » Les factions politiques ne résultent donc pas simplement du heurt entre les parties désirantes des différentes âmes humaines (c'est-à-dire leurs intérêts économiques), mais aussi du choc entre leurs composantes « thymotiques [17] ». A l'époque de Madison, la politique américaine était dominée par des divergences sur des problèmes comme la tempérance, la religion, l'esclavage, etc., tout comme la nôtre est dominée par le droit à l'avortement, l'enseignement religieux à l'école et la liberté d'expression.

Outre la multitude d'opinions passionnées proclamées par un grand nombre d'individus relativement faibles, les auteurs des *Federalist Papers* pensaient que la vie politique devait affronter l'« amour de la réputation » qui était, selon Hamilton, « la passion dirigeante des plus nobles esprits [18] » – en clair, le désir de gloire de la part des hommes forts et ambitieux. La *mégalothymia* aussi bien que l'*isothymia* demeurèrent des problèmes pour les pères fondateurs. La Constitution américaine n'était pas considérée par Madison et Hamilton comme moyen institutionnel de réprimer ces diverses expressions du *thymos,* mais plutôt de les orienter vers des issues sans danger, voire productives. Ainsi Madison considérait-il le gouvernement populaire – bureaucratie, discours politiques, débats, écriture d'éditoriaux, vote des élections, etc. – comme une manière innocente de satisfaire la fierté naturelle de l'homme et son penchant naturel vers l'affirmation « thymotique » de soi-même, pourvu que cela pût être à l'échelle d'un Etat républicain suffisamment vaste. Le processus politique démocratique était important non pas simplement comme moyen de prendre des décisions ou de « regrouper les intérêts », mais comme *processus de développement,* c'est-à-dire comme une étape de l'expression du *thymos*, par lequel les hommes pouvaient rechercher la reconnaissance de leurs propres conceptions. Sur le plan plus élevé et potentiellement plus dangereux de la *mégalothymia* des hommes importants et ambitieux, le gouvernement constitutionnel était établi explicitement comme un moyen d'utiliser l'ambition « pour contrecarrer l'ambition ». Les différents secteurs du gouvernement étaient considérés comme des avenues pour l'avancement des ambitions des puissants, mais le système de vérifications et d'équilibres garantissait que ces ambitions s'annuleraient mutuellement et préviendraient l'apparition de la tyrannie. Un politicien américain peut afficher l'ambition d'être un César ou un Napoléon, mais le système ne lui permettra d'être rien de plus qu'un Jimmy Carter ou un Ronald Reagan, en le bridant par des contraintes institutionnelles et des forces politiques puissantes, et en l'amenant à réaliser ses ambitions en étant le « serviteur » du peuple plutôt que son maître.

La tentative des politiques libérales – dans la tradition de Hobbes et de Locke – de bannir de la vie politique le désir de reconnaissance ou de le laisser subsister, mais entravé et presque impuissant, a laissé une impression de malaise à de nombreux penseurs. La société moderne serait alors composée de ce que C. S. Lewis appelait des « hommes sans courage » : c'est-à-dire des gens entièrement faits de désir et de raison, mais dépourvus de cette fière affirmation de soi-même qui a été d'une certaine manière au principe même de l'humanité dans ses premiers âges. Le courage est en effet ce qui fait de l'homme un homme : « Par son intelligence, il est davantage esprit, et par son appétit davantage animal [19]. » Le champion le plus illustre et le plus déclaré du *thymos* dans les temps modernes, véritable prophète de son renouveau, fut Frédéric Nietzsche, parrain du relativisme et du nihilisme contemporains. Ce philosophe a été décrit naguère par un contemporain comme un « radical aristocratique », caractérisation qu'il n'a pas contestée. En un certain sens, une bonne partie de son œuvre est assimilable à une réaction contre ce qu'il considérait comme la montée d'une civilisation entière d' « hommes sans courage », une société de *bourgeois* qui n'aspiraient à rien d'autre qu'à leur propre préservation confortable. Pour Nietzsche, la véritable essence de l'homme n'était ni son désir ni sa raison, mais son *thymos* : l'homme était par-dessus tout une créature évaluante, la « bête aux joues rouges », qui trouvait sa raison de vivre dans sa capacité à prononcer les mots « bien » et « mal ». Zarathoustra dit de ce caractère :

En vérité, les hommes se sont eux-mêmes donné leur bien et leur mal. En vérité, ils ne les ont pas pris, ils ne les ont pas trouvés, ils ne les ont pas entendus comme une voix du ciel.

C'est l'homme qui a prêté de la valeur aux choses, afin de se conserver, – c'est lui qui a créé le sens des choses, un sens humain. C'est pourquoi il s'appelle « homme », c'est-à-dire celui qui évalue.

Evaluer, c'est créer : écoutez cela, vous qui êtes créateurs ! Evaluer est de toutes les choses évaluées le trésor le plus estimable.

C'est par l'évaluation que se fixe la valeur : sans l'évaluation, la noix de l'existence serait creuse. Ecoutez cela, vous qui êtes créateurs [20] !

Les valeurs créées par l'homme n'étaient pas pour Nietzsche le problème central, car l'homme poursuivait « mille et un buts ». Chacun des peuples de la terre avait son propre « langage du bien et du mal », que ses voisins ne pouvaient pas comprendre. Mais ce qui constituait l'essence de l'homme était l'acte d'autoévaluation, de s'attribuer une valeur et d'exiger la reconnaissance de celle-ci [21]. Cet acte d'évaluation était par définition inégalitaire, puisqu'il requérait la distinction entre le mieux et le pire. Nietzsche s'intéressait donc uniquement aux manifestations du *thymos* qui amenaient les hommes à déclarer qu'ils étaient meilleurs que d'autres, c'est-à-dire à la *mégalothymia*. La conséquence terrible de la modernité résida dans l'effort de ses créateurs Hobbes et Locke pour arracher à l'homme son pouvoir d'évaluation au nom de la sécurité physique et de l'accumulation matérielle. La fameuse doctrine nietzschéenne de la « volonté de puissance » peut être comprise comme l'effort pour réaffirmer la primauté du *thymos* contre le désir et la raison, et pour réparer ainsi le tort que le libéralisme moderne avait causé à la fierté humaine et à l'affirmation de soi. L'œuvre de Nietzsche est une célébration du « maître aristocratique » de Hegel et de sa lutte à mort de pur prestige, ainsi que la condamnation fulminante d'une modernité qui avait si totalement adopté la moralité de l'esclave qu'elle n'était même plus consciente du choix qui avait été fait.

Malgré le changement de vocabulaire utilisé pour décrire le phénomène du *thymos* ou du désir de reconnaissance, il devrait être manifeste que cette « troisième partie » de l'âme a été un sujet de réflexion central de la tradition philosophique qui va de Platon à Nietzsche. Cela suggère une manière toute différente de lire le processus historique, non comme l'histoire du développement de la science physique moderne, mais plutôt comme l'apparition, la croissance et finalement le déclin de la *mégalothymia*. En fait, le monde économique moderne ne pouvait apparaître qu'après que le désir eut été libéré, pour ainsi dire, aux dépens du *thymos*. Le processus historique qui commence avec la bataille sanglante du maître finit en quelque sorte avec le *bourgeois* habitant des démocraties libérales contemporaines, qui recherche le profit matériel de préférence à la gloire.

Aujourd'hui, personne n'étudie systématiquement le *thymos* comme partie de sa formation, et la « lutte pour la reconnaissance » n'appartient pas à notre vocabulaire politique contemporain. Le désir de gloire, qui était pour Machiavel une composante normale du comportement humain (cet effort irrépressible pour être meilleur que les autres, et pour faire que le plus de gens possible reconnaissent votre supériorité), n'est plus une manière acceptable de décrire les objectifs personnels d'un individu. Cela est devenu une caractéristique de ces hommes que nous n'aimons guère, ces tyrans qui se sont élevés parmi nous, Hitler, Staline ou Saddam Hussein. La *mégalothymia* se perpétue sous différentes formes dans la vie quotidienne, et – comme nous le verrons dans la cinquième partie de cet ouvrage – une bonne partie de ce que nous trouvons satisfaisant dans nos vies serait impossible sans elle. Mais pour ce que nous disons de nous-mêmes, elle a été vaincue sur le plan de l'éthique dans le monde moderne.

L'attaque de la *mégalothymia* et son manque de respectabilité dans notre monde actuel doivent nous mettre d'accord avec Nietzsche : les premiers philosophes modernes qui voulaient bannir de la société civile les formes les plus visibles du *thymos* ont parfaitement réussi. Cette *mégalothymia* a été remplacée par une combinaison de deux éléments. Le premier est une émanation de la partie désirante de l'âme, qui se manifeste par une *économisation* profonde de la vie. Cette économisation s'étend des choses les plus élevées aux choses les plus humbles, depuis les Etats de l'Europe qui ne recherchent ni grandeur ni empire, mais une meilleure intégration dans le marché unique de 1992, jusqu'au jeune diplômé qui effectue une analyse des coûts et des profits pour les possibilités de carrière qui lui sont offertes.

Le second élément résiduel de la *mégalothymia* est une *isothymia* envahissante, c'est-à-dire le besoin d'être reconnu comme l'égal des autres. Ses différentes manifestations incluent le *thymos* du marchand de Havel, les manifestants antiavortement, ou l'avocat des droits des animaux. Même si nous n'utilisons pas les mots de « reconnaissance » ou de *thymos* pour décrire nos objectifs personnels, nous utilisons volontiers et fréquemment des mots comme « dignité », « respect », « respect de soi », et « estime de soi »; ces éléments non matériels entrent même dans les calculs de carrière du diplômé moyen. De tels concepts parcourent notre vie politique et sont indispensables pour une compréhension de la transformation démocratique qui est en cours de réalisation à la fin de notre xxe siècle.

Nous sommes donc dans une contradiction apparente. Les fondateurs de la tradition anglo-saxonne du libéralisme moderne ont cherché à bannir toute *mégalothymia* de la vie politique, et voici que le désir de reconnaissance reste omniprésent sous la forme résiduelle de l'*isothymia.* Est-ce un résultat inattendu, provenant de l'échec à supprimer ce qu'il était finalement impossible de supprimer dans la nature humaine? Ou bien est-ce là une plus haute compréhension du libéralisme moderne, qui cherche à préserver le côté « thymotique » de la personnalité humaine au lieu de l'exiler du royaume de la politique?

Il existe effectivement une conception plus élevée, et, pour la saisir, il nous faut revenir à Hegel et à l'exposé inachevé de son système de dialectique historique, dans lequel la lutte pour la reconnaissance joue un rôle clef.

18

LE MAITRE ET L'ESCLAVE

> L'homme intégral, absolument libre, définitivement et complètement satisfait par ce qu'il est, l'homme qui se parfait et s'achève dans et par cette satisfaction, sera l'Esclave qui a « supprimé » sa servitude. Si la Maîtrise oisive est une impasse, la Servitude laborieuse est au contraire la source de tout progrès humain social, historique. L'histoire est histoire de l'Esclave travailleur.
>
> Alexandre Kojève,
> *Introduction à la lecture de Hegel*[1].

Nous avons laissé notre exposé de la dialectique hégélienne voici plusieurs chapitres à un stade très initial du processus historique, pratiquement à la conclusion de la phase initiale de l'histoire humaine, alors que l'homme risquait sa vie pour la première fois dans une bataille de pur prestige. L'état de guerre qui prévalait dans l'« état de nature » de Hegel – en gardant à l'esprit que Hegel lui-même n'a jamais utilisé un tel terme – ne conduisait pas directement à l'établissement de la société civile fondée sur un contrat social, comme pour Locke. Elle menait à la relation du maître et de l'esclave, lorsque l'un des combattants primordiaux, craignant pour sa vie, « reconnaissait » l'autre et acceptait de devenir son esclave. Toutefois, la relation sociale du maître et de l'esclave n'était pas stable à long terme, parce que ni le maître ni l'esclave n'étaient finalement satisfaits dans leur désir de reconnaissance[2]. Cette absence de satisfaction constituait une « contradiction » dans les sociétés esclavagistes et engendrait l'impulsion vers une nouvelle étape du processus historique. Même si le premier acte humain de l'homme avait été de risquer volontairement sa vie dans la bataille sanglante, il n'était pas devenu pour autant un homme totalement libre, donc satisfait. Cela ne pouvait arriver que dans le courant du processus historique suivant [3].

Le maître et l'esclave restent insatisfaits pour différentes raisons. Le maître est en quelque sorte plus humain que l'esclave, parce qu'il est volontaire pour surmonter sa nature biologique pour une finalité non biologique : être reconnu. En risquant sa vie, il démontre qu'il est libre. L'esclave, au contraire, suivant l'avis de Hobbes, renonce par crainte d'une mort violente. Ce faisant, il reste un animal victime du besoin et de la crainte, incapable de surmonter sa définition biologique ou naturelle. Mais le manque de liberté de l'esclave, son humanité incomplète, est la source du dilemme du maître : celui-ci désire en effet être reconnu par un autre être humain, il veut la reconnaissance de sa valeur et de sa dignité par un autre être qui possède comme lui valeur et dignité propres. Au lieu de cela, il est reconnu par l'esclave, dont l'humanité est restée inachevée parce qu'il y a renoncé par peur « naturelle » de la mort. La valeur du maître est donc reconnue par quelqu'un qui n'est pas complètement humain [4]. D'où l'insatisfaction.

Cela correspond à notre expérience commune de la reconnaissance : nous apprécions beaucoup plus la reconnaissance de notre valeur si elle vient de quelqu'un que nous respectons ou dans le jugement de qui nous avons confiance, et par-dessus tout si cette reconnaissance est accordée librement et non sous la contrainte. Notre chien familier nous « reconnaît » d'une certaine manière lorsqu'il agite sa queue quand nous rentrons à la maison; mais il « reconnaît » beaucoup de gens de la même façon, parce qu'il est instinctivement conditionné à se comporter ainsi. Pour prendre un exemple plus politique, la satisfaction d'un Staline ou d'un Saddam Hussein recevant les acclamations d'une foule qui a été rassemblée dans un stade sous peine de prison ou de mort est probablement d'une nature inférieure au respect accordé par un peuple libre à un dirigeant démocratique comme Washington ou Lincoln.

Cela constitue donc la tragédie du maître : il risque sa vie pour gagner la reconnaissance de l'esclave, qui n'est pas véritablement digne de le reconnaître. Le maître reste donc insatisfait, et de manière durable. Il n'a pas besoin de travailler, puisqu'il a un esclave pour le faire à sa place et qu'il a le libre accès à toutes les choses qui sont nécessaires pour entretenir sa vie. Celle-ci devient donc statique et inchangée, simple vie d'oisiveté et de consommation; le maître peut être tué, comme Kojève le fait remarquer, mais il ne peut pas être éduqué. Il peut évidemment risquer de nouveau sa vie dans des combats mortels contre d'autres maîtres, pour le contrôle d'une province ou pour la succession à quelque trône. Mais, si profondément humain que soit ce geste de risquer sa vie, cet acte est perpétuellement identique à lui-même. La conquête et la reconquête incessantes des provinces ne changent pas la relation qualitative de l'homme à son environnement naturel, et ne fournit donc aucun moteur pour le développement du processus historique.

De son côté, l'esclave aussi est insatisfait. Son manque de satisfaction ne conduit cependant pas à une stase mortelle, comme dans le cas du maître, mais à un changement créateur et enrichissant. En se soumettant au maître, l'esclave n'est naturellement pas reconnu comme un être humain : au contraire, il est traité comme une *chose*, un outil pour la satisfaction des désirs du maître. La reconnaissance est entièrement à sens unique. Mais cette totale absence de reconnaissance est ce qui conduit l'esclave à changer de désir.

L'esclave recouvre en effet son humanité, qu'il avait perdue à cause de sa peur d'une mort violente, par le *travail.* [5] Au début, l'esclave est contraint au travail pour la satisfaction du maître, à cause de sa peur persistante de la mort. Mais la motivation de son travail finit par changer. Au lieu de travailler par peur d'une punition immédiate, il commence peu à peu à le faire par sens du devoir et de l'autodiscipline, processus au cours duquel il apprend à surmonter ses désirs animaux pour l'amour même du travail [6]. En d'autres termes, il développe quelque chose qui ressemble à une éthique du travail. Plus important encore : grâce à son travail, l'esclave commence à comprendre qu'en tant qu'être humain, il est capable de transformer la nature, c'est-à-dire de prendre les matières premières fournies par la nature, et de les changer librement en quelque chose d'autre, d'après une idée préexistante ou un concept. L'esclave utilise des outils; il peut les utiliser pour faire d'autres outils, et invente ainsi la technologie. La science physique moderne n'est pas l'invention des maîtres paresseux, qui ont tout ce qu'ils veulent, mais celle des esclaves qui sont forcés de travailler et qui n'aiment pas leur condition présente. Grâce à la science et à la technologie, l'esclave découvre alors qu'il peut changer la nature, c'est-à-dire non seulement l'environnement physique dans lequel il est né, mais aussi bien sa propre nature [7].

Pour Hegel, au contraire de Locke, le travail était totalement libéré de la nature. Le but du travail n'était pas simplement de satisfaire les besoins naturels, ou même des désirs nouvellement forgés. Le travail en lui-même représentait la liberté, parce qu'il démontrait la capacité de l'homme à surmonter le déterminisme naturel, pour créer grâce à son travail. Rien de tel ne fonctionnait « en accord avec la nature »; le travail véritablement humain ne commençait que lorsque l'homme montrait sa maîtrise sur la nature. Hegel a également une tout autre conception de la propriété privée que Locke. L'homme selon Locke acquiert la propriété pour satisfaire ses désirs; l'homme selon Hegel voit la propriété comme une sorte de « réification » de lui-même en un objet, maison ou parcelle de terrain. La propriété n'est pas une caractéristique intrinsèque des choses; son existence est purement affaire de convention sociale, lorsque les hommes conviennent entre eux de respecter mutuellement leurs droits de propriété. L'homme tire satisfaction de sa propriété non pour les besoins qu'elle satisfait, mais parce que d'autres hommes la reconnaissent. La protection de la propriété privée est une fin légitime de la société civile pour Hegel, comme pour Locke et pour Madison. Mais Hegel considère la propriété comme une étape ou un aspect de la lutte historique pour la reconnaissance, comme quelque chose qui satisfait le *thymos* plutôt que le désir [8].

Le maître démontre sa liberté en risquant sa vie dans une bataille sanglante, indiquant ainsi sa supériorité sur le déterminisme naturel. L'esclave, au contraire, conçoit *l'idée* de la liberté en travaillant pour le maître, et comprend au cours du processus qu'il est capable de travail libre et créatif en tant qu'être humain. La maîtrise de la nature par l'esclave est la clef de sa compréhension de la maîtrise tout court. La liberté potentielle de l'esclave est historiquement beaucoup plus signifiante que la liberté présente de son maître. Le maître *est* libre; il jouit de sa liberté de manière immédiate, irréfléchie, en faisant ce qui lui plaît et en consommant ce qu'il veut. Par contre, l'esclave ne conçoit que *l'idée* de la liberté, idée qui lui est venue comme résultat de son travail. Mais l'esclave n'est pas libre dans sa propre vie; il existe un désaccord entre son idée de liberté et sa condition actuelle. L'esclave est donc plus philosophe : il doit considérer la liberté dans l'abstrait, avant de pouvoir en jouir dans la réalité, et doit inventer pour lui-même les principes d'une société libre avant de vivre dans celle-ci. La conscience de l'esclave est donc plus élevée que celle du maître, parce qu'elle est plus réflexive, c'est-à-dire consciente d'elle-même et de sa propre condition.

Les principes de 1776 ou de 1789 – liberté et égalité – n'ont pas jailli spontanément dans la tête des esclaves. L'esclave ne commence pas par défier son maître, mais passe plutôt par un long et pénible processus d'autoéducation, alors qu'il s'enseigne à surmonter sa crainte de la mort et à revendiquer sa juste liberté. L'esclave, reflétant sa propre condition et *l'idée* abstraite de la liberté, récuse plusieurs versions préliminaires de la liberté avant de s'arrêter à la bonne. Pour Hegel comme pour Marx, ces versions préliminaires sont des *idéologies,* c'est-à-dire des constructions intellectuelles qui ne sont pas vraies en elles-mêmes, mais qui reflètent les substructures sous-jacentes de la réalité – la réalité des maîtres et des esclaves. Tout en contenant l'embryon de l'idée de la liberté, elles servent à réconcilier l'esclave avec la réalité de son manque de liberté. Dans la *Phénoménologie de l'esprit,* Hegel identifie plusieurs de ces idéologies serviles, y compris des philosophies comme le stoïcisme et le scepticisme. Mais la plus importante de ces idéologies serviles – et la seule qui conduise le plus directement à des sociétés fondées sur la liberté et l'égalité – est le christianisme, la « religion absolue ».

Hegel parle ainsi du christianisme non pas pour quelque raison d'ethnocentrisme à l'esprit étroit, mais en raison de la relation historique objective entre la doctrine chrétienne et l'apparition des sociétés libérales démocratiques en Europe occidentale – relation qui a été acceptée par un certain nombre de penseurs venus après lui, comme Weber et Nietzsche. Selon Hegel, l'idée de liberté a reçu sa forme pénultième avec le christianisme, parce que cette religion a été la première à établir le principe de l'égalité universelle de tous les hommes au regard de Dieu, sur la base de leur faculté de libre choix ou de croyance. Le christianisme soutenait que l'homme était libre : non point au sens formel de Hobbes (liberté de toute contrainte physique), mais moralement libre de choisir entre le juste et le faux. L'homme était un être déchu, pauvre animal nu et nécessiteux, mais il était aussi susceptible de régénération spirituelle grâce à sa capacité de choix et de croyance. La liberté chrétienne était une condition interne de l'esprit, et non une condition extérieure du corps. Le sens « thymotique » de la valeur personnelle, éprouvé aussi bien par le Léontios de Socrate que par le marchand de Havel, a quelque chose en commun avec la dignité et la liberté intérieures du croyant chrétien.

La conception chrétienne de la liberté implique l'égalité humaine universelle, mais pour des raisons tout autres que dans le libéralisme selon Hobbes ou Locke. La Déclaration d'indépendance américaine affirme que « tous les hommes ont été créés égaux », vraisemblablement parce que leur Créateur les a dotés de certains droits inaliénables. Hobbes et Locke fondaient leur croyance en l'égalité des hommes sur l'égalité des dons naturels : le premier disait que les hommes étaient égaux parce qu'ils étaient tous également capables de s'égorger mutuellement tandis que le second relevait l'égalité de leurs facultés. Locke note cependant que les enfants ne sont pas les égaux de leurs parents, et pense comme Madison que tous les hommes n'ont pas les mêmes facultés d'acquérir des propriétés. L'égalité dans un Etat selon Locke signifie donc à peu près l'égalité des chances.

Au contraire, l'égalité chrétienne est fondée sur le fait que tous les hommes sont également doués d'une faculté qui leur est propre, la faculté de choix moral [9]. Tous les hommes peuvent accepter ou refuser Dieu, faire le bien ou le mal. La perspective chrétienne d'égalité est bien illustrée par le discours du pasteur Martin Luther King sur les marches du Lincoln Memorial, en 1964. Dans une phrase mémorable de ce discours (« *I have a dream* »), il dit en effet qu'il rêve que ses quatre petits enfants « vivront un jour dans une nation où ils seront jugés non pas d'après la couleur de leur peau, mais d'après le contenu de leur caractère ». Remarquons que King n'a pas dit qu'ils seront jugés selon leurs talents ou leurs capacités, ou qu'il souhaite les voir s'élever jusqu'au niveau que leur permettraient ces capacités. Pour King, ministre du culte, la dignité humaine ne résidait pas dans la raison ou l'intelligence de l'homme, mais dans son caractère – c'est-à-dire dans son caractère moral, sa capacité de distinguer le juste du faux. Les gens sont manifestement inégaux en beauté, talent, intelligence ou habileté, mais ils n'en sont pas moins égaux comme agents moraux. L'orphelin le plus démuni et le plus faible peut avoir une âme plus belle aux yeux de Dieu que le pianiste le plus talentueux ou que le physicien le plus brillant.

La contribution du christianisme au processus historique a donc été de clarifier pour l'esclave sa vision de la liberté humaine, et de définir pour lui en quel sens on pouvait comprendre la dignité possédée par tous les hommes. Le Dieu chrétien *reconnaît* tous les êtres humains universellement; il reconnaît leur valeur humaine individuelle et leur dignité. En d'autres termes, le royaume des cieux offre la perspective d'un monde dans lequel l'*isothymia* de tout homme – mais non la *mégalothymia* des vaniteux – sera satisfaite.

Le problème du christianisme est cependant qu'il reste lui aussi une idéologie d'esclave, c'est-à-dire qu'elle est fausse sous certains aspects vitaux. Le christianisme place la réalisation de la liberté humaine non pas ici sur la terre, mais seulement dans le royaume des cieux. En d'autres termes, le christianisme *concevait* justement la liberté, mais finissait par réconcilier les esclaves du monde réel avec leur manque de liberté en leur disant de ne pas attendre la libération en cette vie. Selon Hegel, le chrétien ne comprenait pas que ce n'est pas Dieu qui a créé l'homme, mais le contraire. L'homme a créé Dieu comme une sorte de projection de l'idée de la liberté : nous avons dans le Dieu chrétien un être qui est parfaitement maître de lui-même et de la nature. Mais le chrétien s'asservissait ensuite à ce Dieu qu'il avait lui-même créé. Il se réconciliait avec une vie de servitude sur la terre, dans la croyance qu'il serait racheté plus tard par Dieu, alors qu'il pouvait être en fait son propre rédempteur. Le christianisme était ainsi une forme d'*aliénation,* c'est-à-dire une nouvelle forme d'esclavage où l'homme s'asservissait à quelque chose qu'il avait lui-même créée, se divisant du même coup contre lui-même.

Le christianisme, dernière grande idéologie servile, énonçait pour l'esclave une vision de ce que la liberté humaine *serait.* Même s'il ne lui fournissait pas une voie pratique pour sortir de son esclavage, il lui permettait de voir plus clairement son objectif idéal : l'individu libre et autonome qui est reconnu pour sa liberté et son autonomie, universellement et réciproquement par tous les hommes. L'esclave, par son travail, accomplissait une bonne partie de sa libération personnelle : il maîtrisait la nature et la transformait selon ses idées, devenant ainsi conscient de la possibilité de sa propre liberté. Pour Hegel, donc, l'achèvement du processus historique requérait seulement une « laïcisation » du christianisme, c'est-à-dire une transposition de l'idée chrétienne de liberté dans le *hic et nunc.* Il requérait aussi une nouvelle bataille sanglante, celle par laquelle l'esclave se libère lui-même de son maître. Hegel considérait sa propre philosophie comme une transformation de la doctrine chrétienne, fondée non plus sur le mythe et l'autorité des Ecritures, mais sur la réalisation par l'esclave de la connaissance absolue et de la conscience de soi.

Le processus historique humain avait commencé par la bataille de pur prestige, dans laquelle le maître aristocratique cherchait la reconnaissance de son ardeur volontaire à risquer sa vie. En surmontant sa nature, le maître montrait qu'il était un être humain plus libre et plus authentique. Mais c'étaient l'esclave et son travail – non le maître et son combat – qui faisaient avancer le processus historique. L'esclave commençait par accepter son esclavage par peur de la mort, mais, à la différence de l'homme rationnel selon Hobbes qui recherche sa propre préservation, l'esclave selon Hegel n'était jamais content de lui : il possédait toujours le *thymos,* sens de sa propre valeur et dignité, et désir de vivre quelque chose d'autre qu'une vie purement esclave. Ce *thymos* s'exprimait dans la fierté qu'il tirait de son propre travail, dans sa capacité à manipuler les « matériaux presque sans valeur » de la nature et à les transformer en quelque chose portant son empreinte. Il se révélait aussi dans l'idée qu'il avait de la liberté : le *thymos* l'amenait à imaginer la possibilité abstraite d'un être libre investi de valeur et de dignité, longtemps avant que sa propre valeur et sa propre dignité ne fussent reconnues par quiconque. A la différence encore de l'homme rationnel selon Locke, il ne cherchait pas à réprimer sa propre fierté. Au contraire, il ne se sentait pas un être humain à part entière avant d'avoir obtenu à son tour d'être reconnu. C'est le désir de reconnaissance de l'esclave qui faisait avancer l'Histoire, non pas la complaisance paresseuse et l'identité immuable du maître.

19

L'ÉTAT UNIVERSEL ET HOMOGÈNE

L'existence de l'Etat est la venue de Dieu dans le monde.

G.W.F. Hegel, *La Philosophie du droit*[1].

Pour Hegel, la Révolution française a été l'événement qui prit la vision chrétienne d'une société libre et égalitaire, et l'apporta ici-bas sur la terre. En faisant cette révolution, les anciens esclaves ont risqué leur vie et prouvé ce faisant qu'ils avaient surmonté la peur même de la mort, qui avait servi à l'origine à faire d'eux des esclaves. Les principes de liberté et d'égalité ont été ensuite portés au reste de l'Europe par les armées victorieuses de Bonaparte, puis de Napoléon. L'Etat démocratique libéral moderne qui vint au jour à la suite de la Révolution française était – tout simplement – la réalisation de l'idéal chrétien de liberté et d'égalité humaines *hic et nunc.* Ce n'était pas une tentative de déifier l'Etat ou de lui donner une portée « métaphysique » qui manquait au libéralisme anglo-saxon. Cela constituait plutôt une reconnaissance du fait que c'était l'homme qui avait créé le Dieu chrétien à sa place, donc que c'était aussi l'homme qui pouvait faire descendre Dieu sur la terre, pour qu'il vécût dans les parlements, les palais présidentiels et les bureaucraties des Etats modernes.

Hegel nous offre l'occasion de réinterpréter la démocratie libérale moderne en termes sensiblement différents de ceux de la tradition anglo-saxonne du libéralisme qui émane de Hobbes et de Locke. Cette vision hégélienne du libéralisme est en même temps une vision plus noble de ce qu'il représente, et une explication plus précise de ce que les peuples du monde signifient lorsqu'ils disent qu'ils veulent vivre dans une démocratie. Pour Hobbes et pour Locke, comme pour leurs successeurs qui rédigèrent la Constitution américaine et la Déclaration d'indépendance, la société libérale était un contrat social entre des individus possédant certains droits naturels, dont les principaux étaient le droit à la vie (c'est-à-dire l'instinct de conservation) et le droit de rechercher le bonheur, généralement compris comme le droit à la propriété privée. La société libérale est ainsi un accord égal et réciproque entre citoyens de ne pas se mêler mutuellement de leurs vies et de leurs propriétés.

Pour Hegel, au contraire, la société libérale est un accord égal et réciproque entre citoyens pour se reconnaître mutuellement. Si le libéralisme selon Hobbes ou Locke peut être interprété comme la poursuite de l'intérêt personnel bien compris, le « libéralisme » hégélien peut être vu comme la poursuite de la *reconnaissance rationnelle,* c'est-à-dire la reconnaissance sur une base universelle selon laquelle la dignité de chaque personne comme être humain libre et autonome est reconnue par tous. Ce qui est en jeu pour nous lorsque nous choisissons de vivre dans une démocratie libérale n'est pas simplement le fait que cela nous permet de gagner de l'argent et de satisfaire les composantes désirantes de notre âme. La chose la plus importante et finalement la plus gratifiante que cela nous procure est la reconnaissance de notre dignité. La vie dans une démocratie libérale est potentiellement le chemin ouvert de l'abondance matérielle, mais cela nous montre aussi le chemin vers l'objectif entièrement non matériel de la reconnaissance de notre liberté. L'Etat démocratique libéral nous apprécie selon notre sens de la valeur personnelle. Ainsi, les composantes désirantes *et* thymotiques de nos âmes y trouvent en même temps leur satisfaction.

La reconnaissance universelle résout le cruel manque qui existait dans les sociétés d'esclaves et leurs multiples variantes. Presque toutes les sociétés antérieures à la Révolution française étaient monarchiques ou aristocratiques; une seule personne (le roi) ou une petite oligarchie (« classe dirigeante » ou élite) y était reconnue. Leur satisfaction de cette reconnaissance se faisait au détriment de la grande masse du peuple, dont l'humanité n'était pas reconnue en retour. Cette reconnaissance ne pouvait être rationalisée que si elle était placée sur une base universelle et égalitaire. La « contradiction » interne de la relation maître-esclave se résolvait en un Etat qui synthétisait avec succès la moralité du maître et celle de l'esclave. La distinction entre maîtres et esclaves était abolie, et les anciens esclaves devenaient les nouveaux maîtres – non point d'autres esclaves, mais d'eux-mêmes. Tel était le sens de l'« esprit de 1776 » : non pas la victoire d'un autre groupe de maîtres, non pas la venue d'une nouvelle conscience asservie, mais la réalisation de la maîtrise de soi sous la forme du gouvernement démocratique. Cette nouvelle synthèse gardait quelque chose des anciens antagonismes : la satisfaction de la reconnaissance, héritage du maître; le travail, héritage de l'esclave.

On peut mieux comprendre la rationalité de la reconnaissance universelle en l'opposant à d'autres formes de reconnaissance qui ne sont pas rationnelles. Par exemple, un Etat nationaliste, c'est-à-dire un Etat dans lequel la citoyenneté est restreinte aux membres d'un groupe national, ethnique ou racial particulier, constitue une forme de reconnaissance *irrationnelle*. Le nationalisme est pour beaucoup une manifestation du désir de reconnaissance, né du *thymos*; le nationaliste est préoccupé avant tout non pas de profits économiques, mais de reconnaissance et de dignité [2]. La nationalité n'est pas une caractéristique naturelle ou héritée; on ne la possède que si l'on est reconnu par les autres comme la possédant [3]. Toutefois, la reconnaissance qu'il recherche n'est pas pour lui-même en tant qu'individu, mais pour le groupe dont il est membre. En un sens, le nationalisme moderne représente une transmutation de la *mégalothymia* des anciens âges sous une forme plus moderne et plus démocratique. A la place des princes luttant individuellement pour leur gloire personnelle, nous avons à présent des nations entières qui revendiquent la reconnaissance de leur nationalité. A l'instar du maître aristocratique, ces nations ont été volontaires pour accepter le risque de mort violente, en échange de leur reconnaissance et de leur « place au soleil ».

Le désir d'être reconnu qui est fondé sur la nationalité ou la race n'est cependant pas un désir rationnel. La distinction entre humain et non-humain est totalement rationnelle : seuls les êtres humains sont libres, c'est-à-dire capables de lutter pour leur reconnaissance dans une bataille de pur prestige. Cette distinction est fondée sur la nature, ou plutôt sur la séparation radicale entre le domaine de la nature et celui de la liberté. La distinction entre un groupe humain et un autre, en revanche, est le résultat accidentel et arbitraire de l'histoire des hommes. La lutte entre groupes nationaux pour la reconnaissance de leur dignité nationale conduit, à l'échelle internationale, à la même impasse que la bataille de prestige entre maîtres aristocratiques : l'une ou l'autre des nations devient « maître », pour ainsi dire, et l'autre devient esclave. La reconnaissance ainsi accessible est défectueuse pour les mêmes raisons que la relation originelle et individuelle du maître et de l'esclave était insatisfaisante.

L'Etat libéral, en revanche, est rationnel parce qu'il concilie ces exigences rivales de reconnaissance sur la seule base mutuelle potentiellement acceptable, c'est-à-dire sur la base de l'identité de l'individu en tant qu'être humain. Il doit être *universel,* c'est-à-dire accorder la reconnaissance à tous les citoyens parce qu'ils sont des êtres humains, non parce qu'ils sont membres de tel ou tel groupe national, ethnique ou racial; et il doit être *homogène,* dans la mesure où il crée une société sans classes fondée sur l'abolition de la distinction entre maîtres et esclaves. La rationalité de cet Etat universel et homogène est plus évidente encore du fait qu'il est consciemment fondé sur la base de principes ouverts et publiés. C'est dire que l'autorité de l'Etat ne naît pas d'une tradition séculaire, ou des profondeurs ténébreuses de la foi religieuse, mais résulte d'un débat public dans lequel les citoyens de l'Etat se mettent d'accord entre eux sur les termes explicites du régime sous lequel ils veulent vivre ensemble. Cela représente une forme de conscience de soi rationnelle parce que, pour la première fois, des êtres humains ont conscience en tant que société de leur véritable nature, et sont capables de modeler une communauté politique qui existe en conformité et en harmonie avec cette nature.

De quelle manière pouvons-nous dire que la démocratie libérale moderne « reconnaît » tous les hommes universellement?

Elle le fait en garantissant et en protégeant leurs *droits* : chaque enfant né sur le territoire de la France ou des Etats-Unis ou de l'un des nombreux autres Etats libéraux est, par cet acte même, doté de certains droits de citoyenneté. Nul ne peut porter atteinte à la vie de cet enfant, qu'il soit garçon ou fille, riche ou pauvre, blanc ou noir, sans être poursuivi par la justice de son pays. Le moment venu, cet enfant aura le droit de propriété, qui devra être respecté à la fois par l'Etat et par ses concitoyens. Cet enfant aura le droit d'avoir des opinions « thymotiques » (c'est-à-dire des opinions concernant la valeur et la dignité) sur tous les sujets qu'il concevra, et il aura le droit de publier et de diffuser ces opinions aussi largement qu'il lui sera possible de le faire. Ces opinions « thymotiques » peuvent prendre la forme d'une croyance religieuse, qui sera exercée en totale liberté. Finalement, quand cet enfant atteindra l'âge adulte, il aura le droit de participer au gouvernement qui établit ces droits à la première place, et de contribuer aux délibérations sur les questions les plus hautes et les plus importantes de politique publique. Cette participation peut prendre la forme du vote dans les élections périodiques, ou une forme plus active par l'entrée directe dans le processus politique : administration publique, éditoriaux dans les journaux pour soutenir un personnage ou une position, etc. Le gouvernement populaire abolit la distinction entre maître et esclave; chacun détient quelque titre à partager le rôle du maître. La maîtrise prend à présent la forme de promulgation de lois démocratiquement déterminées, c'est-à-dire d'ensembles de règlements universels par lesquels les hommes responsables d'eux-mêmes se gouvernent. La reconnaissance devient *réciproque* lorque l'Etat et son peuple se reconnaissent mutuellement, c'est-à-dire lorsque l'Etat garantit les droits de ses citoyens et que ceux-ci acceptent d'être régis par les lois de celui-là. Les seules limitations de ces droits interviennent lorsqu'ils deviennent contradictoires avec eux-mêmes, en d'autres termes lorsqu'un droit empiète sur l'exercice d'un autre.

Cette description de l'Etat universel et homogène selon Kojève ressemble beaucoup à celle de l'Etat libéral selon Locke, qui est pareillement défini comme un système destiné à protéger un ensemble de droits individuels. Le spécialiste de Hegel objectera immédiatement que ce dernier a critiqué le libéralisme à l'anglo-saxonne, héritier de Locke, et qu'il aurait assurément rejeté une théorie selon laquelle les Etats-Unis ou l'Angleterre pourraient constituer l'étape finale de l'Histoire. Il aurait raison en un certain sens. Hegel n'aurait jamais avalisé la conception de certains libéraux de la tradition anglo-saxonne, représentée aujourd'hui avant tout par la droite ultralibérale, qui estime que la seule tâche du gouvernement est de se tenir à l'écart du chemin suivi par les individus, et que la liberté de ces derniers de poursuivre leurs intérêts égoïstes doit être absolue. Il aurait rejeté cette version du libéralisme, selon laquelle les droits politiques ne seraient que les moyens grâce auxquels les hommes pourraient protéger leur vie et leur argent, ou, pour prendre une expression à la mode, leur « style de vie » personnel.

En revanche, Kojève a fait une constatation juste en affirmant que l'Amérique d'après-guerre ou les membres de la Communauté européenne constituaient la réalisation parfaite de l'Etat universel et homogène, l'Etat de la reconnaissance universelle. En effet, même si les démocraties anglo-saxonnes ont été fondées sur des bases explicitement tirées de Locke, leur conception d'elles-mêmes n'a jamais été purement dans cette tradition. Nous avons vu, par exemple, comment Madison aussi bien que Hamilton, dans le *Federalist,* avaient pris en compte le côté « thymotique » de la nature humaine, et comment le premier pensait que l'un des buts du gouvernement représentatif était de donner une issue aux opinions « thymotiques » et passionnées des hommes. Lorsque les gens parlent de leur société et de leur forme de gouvernement dans l'Amérique contemporaine, leur langage est plus fréquemment celui de Hegel que celui de Locke. Par exemple, durant la période des droits civiques, il était parfaitement normal pour les gens de dire que le but de tel article de la législation sur ces mêmes droits était de reconnaître la dignité des Noirs, ou de réaliser la promesse de la Déclaration d'indépendance ou de la Constitution en vertu de laquelle tous les Américains devaient pouvoir vivre dans la liberté et la dignité. Nul besoin d'être un spécialiste de Hegel pour comprendre la force de cet argument; il faisait partie du vocabulaire du citoyen le plus humble et le moins instruit. La Constitution de la République fédérale d'Allemagne fait explicitement référence à la dignité humaine. Le droit de vote, aux Etats-Unis et dans d'autres pays démocratiques, étendu d'abord aux non-propriétaires, puis aux Noirs et aux autres minorités ethniques ou raciales, puis aux femmes, n'a jamais été considéré comme une affaire exclusivement économique (le droit de vote permettant à ces diverses catégories de protéger leurs intérêts économiques), mais a été généralement perçu comme un symbole de leur valeur et de leur égalité, et apprécié comme une fin en soi. Le fait que les pères fondateurs américains n'ont pas utilisé les termes de « reconnaissance » et de « dignité » n'a pas empêché le langage des droits hérité de Locke de se fondre sans effort et de façon invisible dans le langage hégélien de la reconnaissance.

L'Etat universel et homogène qui apparaît à la fin de l'Histoire peut ainsi être vu comme reposant sur le pilier double de l'économie et de la reconnaissance. L'évolution historique humaine qui y conduit a été mue à égalité par le développement progressif de la physique moderne et par la lutte pour la reconnaissance. La première émane de la partie désirante de l'âme, libérée au début des Temps modernes et consacrée bientôt à l'accumulation illimitée de richesse. Cette accumulation illimitée a été permise par une alliance formée entre le désir et la raison : le capitalisme est inextricablement lié à la physique moderne. Par contre, la lutte pour la reconnaissance a son origine dans la composante « thymotique » de l'âme. Elle a été poussée en avant par la réalité de l'esclavage, qui contrastait avec la vision servile de la maîtrise, dans un monde où tous les hommes étaient libres et égaux au regard de Dieu. Une description complète du processus historique – une véritable « histoire universelle » – ne saurait être réellement complète sans rendre compte de ces deux piliers, exactement comme une description de la personne humaine n'est pas complète si elle ne rend pas compte à la fois du désir, de la raison et du *thymos.* Marxisme, « théorie de la modernisation » ou toute autre théorie de l'histoire fondée essentiellement sur l'économie sera radicalement incomplète tant qu'elle ne tiendra pas compte de la composante « thymotique » de l'âme, et de la lutte pour la reconnaissance comme moteur principal de l'histoire.

Nous sommes à présent en mesure d'expliquer plus complètement l'interrelation entre libéralisme politique et libéralisme économique, et de rendre compte du degré élevé de corrélation entre l'industrialisation avancée et la démocratie libérale. Comme on l'a souligné plus haut, il n'existe aucune raison *économique* en faveur de la démocratie; au contraire, la politique démocratique est bien souvent un frein à l'efficacité économique. Le choix de la démocratie est donc un choix autonome, entrepris pour l'amour de la reconnaissance, et non pour celui du désir.

Mais le développement économique crée certaines conditions qui rendent ce choix autonome plus vraisemblable. Cela se produit pour deux raisons. En premier lieu, le développement économique montre à l'esclave le concept de maîtrise, lorsqu'il découvre qu'il peut maîtriser la nature grâce à la technologie, et se maîtriser aussi bien lui-même par la discipline du travail et par l'éducation. Les sociétés devenant mieux éduquées, les esclaves ont l'occasion de prendre davantage conscience du fait qu'ils sont des esclaves et qu'ils préféreraient être les maîtres; ils ont aussi l'occasion d'assimiler les idées d'autres esclaves qui ont réfléchi sur les conditions de leur servitude. Le fait que l'éducation moderne enseigne les idées de liberté et d'égalité n'est pas fortuit; ce sont des idéologies d'esclaves qui ont été abandonnées par réaction à la situation réelle dans laquelle les esclaves se trouvaient eux-mêmes. L'éducation leur enseigne alors qu'ils ne sont pas simplement des esclaves, mais qu'ils sont aussi des êtres humains avec leur dignité, et qu'ils devraient lutter pour voir cette dignité reconnue.

La seconde façon dont le développement économique favorise la démocratie libérale provient de son effet puissamment niveleur, qui résulte de son besoin d'éducation universelle. Les anciennes barrières de classes sont renversées en faveur d'une condition générale d'égalité des chances. Tandis que de nouvelles classes naissent, fondées sur le statut économique ou sur l'éducation, on relève une mobilité croissante dans la société, qui encourage la diffusion des idées égalitaires. L'économie crée ansi une sorte d'égalité *de facto* avant que cette égalité ne soit établie *de jure.*

Si les êtres humains n'étaient rien d'autre que raison et désir, ils seraient (ou auraient été) parfaitement heureux de vivre en Corée du Sud sous une dictature militaire, ou sous l'administration technocratique éclairée du franquisme espagnol, ou encore dans un Taiwan obsédé de croissance économique accélérée sous la férule du Guomindang. Et pourtant les citoyens de ces pays sont quelque chose de plus que désir et raison : ils ont aussi une fierté « thymotique » et une croyance en leur propre dignité; ils entendent bien que cette dignité soit reconnue, surtout par le gouvernement du pays où ils vivent.

Le désir d'être reconnu est donc le maillon manquant entre libéralisme économique et libéralisme politique. Nous avons vu comment une industrialisation avancée produit des sociétés urbanisées, mobiles, de mieux en mieux éduquées, et libres des formes traditionnelles d'autorité telles que tribus, prêtres ou corporations. Nous avons vu aussi qu'il y avait un haut degré de corrélation empirique entre de telles sociétés et la démocratie libérale, sans être capable toutefois d'expliquer complètement la raison de cette corrélation. La faiblesse de notre système d'interprétation réside dans le fait que nous recherchons une explication économique au choix de la démocratie libérale, c'est-à-dire une explication qui, d'une manière ou d'une autre, ait pour origine la partie désirante de l'âme. Mais nous aurions dû au contraire considérer la composante « thymotique », le désir de l'âme d'être reconnue. Les changements sociaux qui accompagnent l'industrialisation avancée, en particulier l'éducation, paraissent libérer une certaine exigence de reconnaissance qui n'existait pas parmi les populations plus pauvres et moins instruites. Lorsque les gens deviennent plus riches, plus instruits et d'un esprit plus ouvert sur le monde, ils ne revendiquent pas simplement davantage de richesse, mais la reconnaissance de leur statut. C'est bien cette impulsion entièrement non économique et non matérielle qui peut expliquer pourquoi les peuples d'Espagne, du Portugal, de Corée du Sud, de Taiwan et même de Chine ont tous exprimé la revendication non pas simplement d'une économie de marché, mais bien de gouvernements libres par et pour le peuple.

Dans son interprétation de Hegel, Alexandre Kojève a soutenu que l'Etat universel et homogène serait le dernier Etat de l'histoire humaine parce qu'il est *totalement satisfaisant* pour l'homme. Cette position s'appuyait, en dernière analyse, sur sa croyance en la primauté du *thymos,* ou désir de reconnaissance, en tant que désir humain le plus profondément ancré et le plus fondamental. En soulignant l'importance métaphysique aussi bien que psychologique de la reconnaissance, Hegel et Kojève ont peut-être éclairé plus profondément la personnalité humaine que les autres philosophes comme Locke ou Marx, pour qui seuls comptaient le désir et la raison. Bien que Kojève proclamât qu'il n'avait pas de critère transhistorique pour mesurer l'adéquation des institutions humaines, le désir de reconnaissance constituait en fait ce critère. Le *thymos* était finalement pour lui une composante permanente de la nature humaine. La lutte pour la reconnaissance issue de cette composante avait beau avoir requis une marche historique de dix mille ans ou plus, elle n'en était pas moins une partie constitutive de l'âme, pour lui comme pour Platon.

L'idée de Kojève selon laquelle nous sommes bien à la fin de l'Histoire résiste ou s'effondre selon la force de l'assertion proclamant que la reconnaissance fournie par l'Etat démocratique libéral contemporain satisfait de manière suffisante le désir humain de reconnaissance. Kojève estimait que la démocratie libérale moderne avait réussi à synthétiser la morale du maître et celle de l'esclave, surmontant la distinction entre eux tout en conservant quelque chose des deux formes d'existence. Cela est-il vrai? En particulier, la *mégalothymia* du maître a-t-elle été victorieusement sublimée et canalisée par les institutions politiques modernes, de sorte qu'elle ne pose plus de problèmes pour la politique contemporaine? L'homme se satisfera-t-il toujours d'être reconnu simplement comme l'égal des autres hommes, ou bien exigera-t-il davantage avec le temps? Si la *mégalothymia* a bien été si totalement sublimée et endiguée par la politique moderne, devrions-nous dire avec Nietzsche que ce n'est pas une raison pour pavoiser, mais plutôt un désastre sans précédent?

Ce sont là des considérations à long terme sur lesquelles nous reviendrons dans la cinquième partie de cet ouvrage.

En attendant, il nous faut examiner de plus près ce qui se passe dans la conscience lors de la transition vers la démocratie libérale. Le désir d'être reconnu peut prendre une grande variété de formes irrationnelles – comme celles que représentent les multiples formes de religion et de nationalisme – avant de se transformer en reconnaissance universelle et égalitaire. Cette transition n'est jamais aisée, et il arrive parfois qu'une reconnaissance rationnelle coexiste avec des formes irrationnelles dans la plupart des sociétés du monde réel. Plus encore : l'apparition et la longévité d'une société incarnant la reconnaissance rationnelle semblent *exiger* la survivance de certaines formes de reconnaissance irrationnelle, en un paradoxe que Kojève n'aborde pas totalement.

Dans la préface à sa *Philosophie du Droit,* Hegel explique que la philosophie « est son propre temps appréhendé par la pensée »; en tant que philosophe, on ne peut pas davantage aller au-delà de sa propre époque et prédire le futur qu'un homme ne pouvait jadis sauter par-dessus la statue colossale qui se trouvait à l'entrée du port de Rhodes. Malgré cet avertissement, nous allons essayer de comprendre les perspectives et les limites de la révolution libérale en cours dans le monde, et l'effet qu'elle pourrait avoir sur les relations internationales.

QUATRIÈME PARTIE :

LE SAUT DE RHODES

Hic Rhodus, hic saltus

20

« LE PLUS FROID DE TOUS LES MONSTRES FROIDS »

> Il y a quelque part encore des peuples et des troupeaux, mais pas chez nous, mes frères : chez nous, il y a des Etats. Etat? Qu'est-ce que cela? Allons! ouvrez vos oreilles, car je vais vous parler maintenant de la mort des peuples.
>
> « Etat » est le nom du plus froid de tous les monstres froids. Il ment froidement; et voici le mensonge qui s'échappe de sa bouche : « Moi, l'Etat, je suis le Peuple. » C'est un mensonge! Ce sont des créateurs qui ont créé les peuples et suspendu au-dessus d'eux une foi et un amour : ainsi ont-ils servi la vie.
>
> Mais ce sont des destructeurs qui tendent des pièges au grand nombre et qui appellent cela « Etat » : ils suspendent au-dessus d'eux une épée et cent appétits [...].
>
> Voici le signe que je vous donne : chaque peuple parle son langage du bien et du mal, que son voisin ne comprend pas. Il s'est inventé le langage de ses coutumes et de ses droits. Mais l'Etat ment dans toutes les langues du bien et du mal; et quoi qu'il dise, il ment, – et tout ce qu'il a, il l'a volé.
>
> F. Nietzsche, *Ainsi parlait Zarathoustra* [1].

A la fin de l'Histoire, il ne reste aucun rival idéologique sérieux à la démocratie libérale. Par le passé, les peuples ont rejeté celle-ci parce qu'ils croyaient qu'elle était inférieure à la monarchie, à l'aristocratie, à la théocratie, au fascisme, au communisme totalitaire, ou aux autres idéologies qui ont paru sur la terre. Mais aujourd'hui, en dehors du monde islamique, un consensus général semble se dégager, qui accepte la légitimité des prétentions de la démocratie libérale à être la forme la plus rationnelle de gouvernement, c'est-à-dire l'Etat qui réalise le plus complètement aussi bien la reconnaissance rationnelle que le désir rationnel. S'il en est ainsi, pourquoi tous les pays ne sont-ils pas des démocraties de ce type? Pourquoi la transition vers la démocratie reste-t-elle si difficile pour de nombreux pays dont les peuples et les dirigeants ont pourtant accepté dans l'abstrait les principes démocratiques? Pourquoi soupçonnons-nous que certains régimes qui se proclament démocratiques de par le monde ont peu de chances de le rester, tandis que d'autres sont difficilement concevables sous d'autres formes que des démocraties stables? Pourquoi enfin la tendance actuelle vers le libéralisme connaît-elle des retours en arrière, même si elle est destinée à triompher à long terme?

Il est courant de penser que la fondation d'une démocratie libérale est un acte politique suprêmement rationnel, par lequel la communauté dans son ensemble délibère de la nature de la Constitution et de l'ensemble des lois fondamentales qui régiront la vie publique. Mais l'on est fréquemment frappé par la faiblesse de la raison et de la politique à atteindre leurs objectifs, et, pour les êtres humains, à « perdre le contrôle » de leur vie non pas simplement sur le plan personnel, mais sur le plan politique. Par exemple, la plupart des pays d'Amérique latine se sont établis comme démocraties libérales aussitôt après avoir conquis leur indépendance sur l'Espagne ou le Portugal au XIXe siècle, avec des constitutions inspirées de celles de la France ou des Etats-Unis. Pourtant, aucun d'eux n'a réussi à maintenir cette tradition démocratique sans interruption jusqu'à nos jours. L'opposition à la démocratie libérale n'a jamais été forte sur le plan de la théorie en Amérique latine, et pourtant les démocrates libéraux ont dû mener de durs combats pour gagner et garder le pouvoir. On connaît un bon nombre de nations comme la Russie qui ont subi une grande variété de gouvernements autoritaires, mais jamais une véritable démocratie. D'autres nations encore, comme l'Allemagne, ont eu les plus terribles difficultés à réaliser ce régime, malgré leur enracinement dans la tradition de l'Europe occidentale; la France même, berceau de la liberté et de l'égalité, a vu cinq Républiques démocratiques différentes depuis 1792, entrecoupées de parenthèses plus ou moins autoritaires parfois assez longues. Ces cas contrastent fortement avec l'expérience de la plupart des démocraties d'origine anglosaxonne, qui semblent avoir maintenu la stabilité de leurs institutions avec une relative facilité.

La raison pour laquelle la démocratie libérale n'est pas devenue universelle, ou n'est pas restée stable une fois parvenue au pouvoir, réside en dernière analyse dans la correspondance imparfaite entre les peuples et les Etats : les Etats sont des création politiques intentionnelles, alors que les peuples sont des communautés morales préexistantes. Ce sont en effet des communautés qui partagent des croyances communes sur le bien et le mal, sur la nature du sacré et du profane; elles ont pu résulter d'une fondation délibérée dans un lointain passé, mais elles existent maintenant au même titre que les traditions. Comme le dit le Zarathoustra de Nietzsche, « chaque peuple parle son propre langage du bien et du mal » et « s'est inventé le langage de ses coutumes et de ses droits », qui ne se reflète pas simplement dans sa Constitution et dans ses lois, mais aussi dans la famille, dans la structure des classes, dans les habitudes quotidiennes et dans les modes de vie qui sont à l'honneur. Le domaine des Etats est le domaine du politique, l'univers du choix conscient sur le mode de gouvernement; le domaine des peuples est « subpolitique » : c'est le domaine de la culture et de la société, dont les lois sont rarement explicites ou consciemment reconnues, même par ceux qui y participent. Lorsque Tocqueville parle du système constitutionnel américain de contrôles et d'équilibres, ou de la division des responsabilités entre le gouvernement fédéral et celui de chacun des Etats, il parle d'un Etat; mais lorsqu'il décrit le spiritualisme parfois fanatique des Américains, leur passion pour l'égalité, ou le fait qu'ils s'adonnent plutôt aux sciences pratiques qu'aux sciences théoriques, il parle d'un peuple.

Les Etats s'imposent à la tête des peuples. Dans certains cas, l'Etat modèle même le peuple : on pensait que les lois de Lycurgue et de Romulus avaient déterminé l'*ethos* des peuples de Sparte et de Rome respectivement; la règle de la liberté et de l'égalité a façonné une conscience démocratique parmi les différentes populations d'immigrés qui ont constitué les Etats-Unis d'Amérique. Mais les Etats ont souvent des rapports tendus et malaisés avec les peuples et l'on peut même dire, dans certains cas, qu'il s'agit d'un véritable état de guerre – comme lorsque les communistes russes puis chinois ont cherché à convertir de force leurs concitoyens à l'idéologie marxiste. Le succès et la stabilité de la démocratie libérale ne dépendent donc jamais simplement de l'application mécanique d'un ensemble de lois et de principes universels, mais requièrent un certain degré de conformité entre les peuples et les Etats.

Si l'on définit avec Nietzsche un peuple comme une communauté morale partageant les mêmes idées du bien et du mal, il devient alors clair que les peuples – et les cultures qu'ils créent – ont leur origine dans la composante « thymotique » de l'âme. La *culture*, en d'autres termes, naît de la capacité à évaluer, à dire par exemple que la personne qui respecte ses aînés est digne, ou que l'être humain qui mange des animaux impurs comme le porc ne l'est pas. Le *thymos*, ou désir de reconnaissance, est ainsi le siège de ce que les sociologues appellent les « valeurs ». C'est la lutte pour la reconnaissance, on l'a vu, qui a produit la relation entre le maître et l'esclave sous ses divers avatars, et les codes moraux qui en sont nés : déférence d'un sujet envers son monarque, d'un paysan envers son seigneur, supériorité arrogante de l'aristocrate, etc.

Le désir de reconnaissance est aussi le siège psychologique de deux passions extrêmement puissantes, la religion et le nationalisme. Nous ne prétendons pas dire par là que la religion et le nationalisme peuvent être réduits au désir de reconnaissance; mais l'enracinement de ces deux passions dans le *thymos* est ce qui leur donne une grande puissance. Le fidèle religieux attribue de la dignité à tout ce que sa religion lui présente comme sacré : ensemble de lois morales, mode de vie, objets particuliers du culte. Il se met en fureur lorsque la dignité de ce qu'il tient pour sacré est violée [2]. Le nationaliste croit en la dignité de son groupe national ou ethnique, donc en sa propre dignité en tant que membre de ce groupe. Il cherche à voir cette dignité particulière reconnue par les autres, et, tout comme le fidèle, se fâche lorsque cette dignité est offensée. C'est une passion « thymotique » – le désir de reconnaissance de la part du maître aristocratique – qui a lancé le processus historique, et ce sont les passions « thymotiques » du fanatisme religieux et du nationalisme qui l'ont fait avancer à travers guerres et conflits au cours des siècles. Les origines « thymotiques » de la religion et du nationalisme expliquent pourquoi les conflits sur les « valeurs » sont potentiellement plus mortels que les conflits sur les possessions matérielles ou sur la richesse [3]. A la différence de l'argent, qui peut tout simplement être partagé, la dignité ne souffre par définition aucun compromis : ou vous reconnaissez ma dignité (ou la dignité de ce que je tiens pour sacré), ou vous ne la reconnaissez pas. Seul le *thymos* en quête de « justice » est capable de fanatisme, d'obsession et de haine véritables.

La démocratie libérale dans sa variante anglo-saxonne représente l'apparition d'une sorte de froid calcul aux dépens des premiers objectifs moraux et culturels. Le désir rationnel doit vaincre le désir irrationnel de reconnaissance, particulièrement la *mégalothymia* des maîtres orgueilleux qui cherchent la reconnaissance de leur supériorité. L'Etat libéral issu de la tradition de Hobbes et de Locke s'engage dans une lutte prolongée avec son propre peuple. Il cherche à homogénéiser ses cultures traditionnelles bigarrées, et à leur enseigner à calculer à leur place leurs propres intérêts à long terme. A la place d'une communauté morale organique douée de son propre langage « du bien et du mal », on doit apprendre un nouvel ensemble de valeurs démocratiques : être « participant », « rationnel », « laïc », « souple », « compatissant » et « tolérant [4] ». Au départ, ces nouvelles valeurs démocratiques n'étaient absolument pas des valeurs au sens où l'on définit la vertu humaine ou le bien suprême. Elles ont été conçues avec une fonction purement instrumentale, comme des habitudes qu'il fallait acquérir si l'on voulait vivre avec bonheur dans une société libérale paisible et prospère. C'est pour cette raison que Nietzsche appelait l'Etat « le plus froid de tous les monstres froids », qui détruit les peuples en suspendant au-dessus d'eux « une épée et cent appétits ».

Pour que la démocratie fonctionne, cependant, les citoyens des Etats démocratiques doivent oublier les racines instrumentales de leurs valeurs, et développer une certaine fierté « thymotique » irrationnelle à l'égard de leur système politique et de leur mode de vie. Ils doivent arriver à aimer la démocratie non parce qu'elle est nécessairement meilleure que les solutions alternatives, mais parce qu'elle est *à eux*. En outre, ils doivent cesser de considérer des valeurs telles que la « tolérance » comme de simples moyens pour parvenir à une fin : dans les sociétés démocratiques, la tolérance devient la pierre de touche des valeurs, la vertu cardinale [5]. Le développement de ce genre de fierté dans la démocratie, ou l'assimilation des valeurs démocratiques dans la conscience personnelle de chaque citoyen, est ce que l'on entend par la création d'une « culture démocratique » ou « civique ». Une telle culture est vitale pour la santé et la stabilité à long terme des démocraties, car aucune société du monde réel ne peut survivre longtemps si elle est fondée uniquement sur le calcul rationnel et sur le désir.

La culture – sous la forme de résistance à la transformation de certaines valeurs traditionnelles en valeurs de la démocratie – peut ainsi constituer un obstacle à la démocratisation. Quels peuvent donc être ces facteurs culturels qui entravent l'instauration de démocraties libérales stables [6]? Il se répartissent en plusieurs catégories.

Le premier type d'obstacle tient au degré et au caractère de la conscience nationale, ethnique et raciale d'un pays. Il n'y a rien d'incompatible en soi entre nationalisme et libéralisme : ils ont été étroitement alliés dans les luttes pour l'unité nationale en Allemagne et en Italie, au siècle dernier. Nationalisme et libéralisme ont été aussi associés dans le mouvement polonais de renaissance nationale des années 1980; ils ont été étroitement liés tout récemment encore dans les luttes des pays Baltes pour l'indépendance que l'U.R.S.S.

vient juste de leur accorder. Le désir d'indépendance et de souveraineté nationales peut être considéré comme une des manifestations possibles du désir d'autodétermination et de liberté, pourvu que la nationalité, la race ou l'appartenance ethnique ne devienne pas la base exclusive de la citoyenneté et des droits légaux qui y sont attachés : une Lituanie indépendante peut être un Etat parfaitement libéral, sous réserve qu'elle garantisse les droits de tous ses citoyens, y compris de toute minorité russe qui déciderait de rester sur place. Les législations actuellement envisagées par le nouvel Etat indépendant laissent mal augurer de ce libéralisme.

Par contre, la démocratie n'apparaîtra vraisemblablement pas dans un pays où le nationalisme ou l'appartenance ethnique de ses groupes constitutifs serait si puissamment développé que ceux-ci ne partageraient pas un sens commun de la nation ou n'accepteraient pas réciproquement leurs droits. Un sens puissant de l'unité nationale est donc nécessaire avant toute apparition d'une démocratie stable, comme cela a été le cas dans des pays comme les Etats-Unis, la France, l'Angleterre, l'Italie ou l'Allemagne. L'absence d'un tel sens de l'unité nationale en Union soviétique était l'une des raisons pour lesquelles une démocratie stable ne pouvait se mettre en place avant que le pays n'eût éclaté en unités nationales plus petites [7]. 11 % seulement de la population du Pérou sont des Blancs, descendants des conquérants espagnols ; le reste est composé d'Indiens, géographiquement, économiquement et spirituellement séparés du reste du pays. Cette séparation constitue un très sérieux obstacle à long terme contre la stabilité de la démocratie péruvienne. On peut en dire autant de l'Afrique du Sud : non seulement il existe un clivage fondamental entre Noirs et Blancs, mais les Noirs eux-mêmes sont divisés en groupes ethniques qui ont derrière eux une longue histoire d'antagonismes et de massacres mutuels.

Le deuxième obstacle culturel à la démocratie est en rapport avec la religion. Comme le nationalisme, il n'existe aucun conflit statutaire entre religion et démocratie libérale, sauf au moment où la religion cesse d'être tolérante ou égalitaire. Nous avons déjà relevé comment Hegel croyait que le christianisme avait préparé les voies de la Révolution française, en établissant le principe de l'égalité de tous les hommes sur la base de leur capacité à effectuer un choix moral. Une grande majorité des démocraties actuelles vit sur un héritage religieux issu du christianisme, et Samuel Huntington a fait remarquer que la plupart des démocraties nouvelles depuis 1970 ont été des pays catholiques [8]. D'une certaine manière, la religion pourrait ainsi apparaître non comme un obstacle, mais comme un aiguillon pour la démocratisation.

Pourtant, la religion n'a jamais créé *par elle-même* de sociétés libres ; en un certain sens, le christianisme a dû s'abolir lui-même par laïcisation de ses objectifs avant que le libéralisme ne pût apparaître. L'agent de cette laïcisation en Occident, de l'avis général, a été le protestantisme. En faisant de la religion une affaire privée entre le fidèle et son Dieu, le protestantisme a éliminé le besoin d'une classe séparée de prêtres, et plus généralement l'intervention de la religion dans la politique. D'autres religions ont connu de par le monde un processus évolutif semblable de laïcisation : le bouddhisme et le shintoïsme, par exemple, se sont limités au domaine du culte privé centré sur la famille. L'hindouisme et le confucianisme sont tous deux des doctrines relativement permissives, qui se sont révélées largement compatibles avec de très nombreuses activités laïques. Par contre, le judaïsme orthodoxe et l'islam fondamentaliste sont des religions totalitaires, qui cherchent à régler tous les aspects de la vie humaine, publics comme privés, y compris le domaine de la politique. Ces religions peuvent être compatibles avec la démocratie (l'islam, en particulier, établit tout autant que le christianisme le principe de l'égalité universelle des hommes), mais ils sont presque impossibles à concilier avec le libéralisme et la reconnaissance des droits universels, particulièrement la liberté de conscience ou de religion, ou les droits des femmes. Il n'est peut-être pas surprenant que la seule démocratie libérale du monde islamique contemporain – quels que soient les cahots de son parcours – soit la Turquie, qui a été au début du siècle le seul pays à mettre de côté son héritage religieux au bénéfice d'une société officiellement laïque [9].

La troisième entrave à l'apparition d'une démocratie stable est due à l'existence préalable d'une structure sociale fondamentalement inégalitaire, avec toutes les habitudes de pensée qui en découlent. Selon Tocqueville, la force et la stabilité de la démocratie en Amérique étaient dues au fait que la société américaine était profondément égalitaire et démocratique longtemps avant la rédaction de la Déclaration d'indépendance et de la Constitution : les Américains étaient « nés égaux ». En clair, les traditions culturelles dominantes apportées en Amérique du Nord ont été celles de l'Angleterre et de la Hollande libérales, et non – par exemple – celles de l'Espagne et du Portugal absolutistes du XVIIe siècle. Le Brésil et le Pérou, au contraire, ont hérité de leur passé espagnol des structures de classe extrêmement stratifiées et figées, dans lesquelles les différentes catégories étaient mutuellement hostiles et jalouses de leur constitution et de leurs prérogatives.

En d'autres termes, maîtres et esclaves ont perduré sous des formes plus franches et plus enracinées dans certains pays que dans d'autres. Dans de nombreuses contrées de l'Amérique latine, comme dans le Sud des Etats-Unis avant la guerre de Sécession, l'esclavage existait ouvertement, ou bien quelque autre forme d'agriculture de *latifundia*, qui attachait les paysans à une classe de grands propriétaires dans un véritable servage. Cela conduisit à la situation décrite par Hegel comme caractéristique des premières périodes de la relation maître-esclave : d'un côté des maîtres violents et paresseux, de l'autre des esclaves dépendants et craintifs, avec peu d'idée de leur propre liberté. Au contraire, l'absence d'*haciendas* au Costa Rica, partie isolée et négligée de l'Empire espagnol, et l'égalité dans la pauvreté qui en était résultée, expliquent partiellement le succès relatif de la démocratie dans ce pays [10].

Un dernier facteur culturel affecte les perspectives pour une démocratie stable : il a trait à la capacité d'une communauté de créer de manière autonome une société civile en bonne santé – domaine qui met en jeu les capacités d'un peuple à exercer ce que Tocqueville appelle l' « art de l'association », à l'écart de toute intervention de l'Etat. Tocqueville prétendait en effet que la démocratie fonctionne mieux lorsqu'elle procède de bas en haut, et non le contraire, le gouvernement central se dégageant alors comme naturellement d'une multitude d'instances dirigeantes locales et d'associations privées, qui servent de laboratoires et d'écoles pour apprendre et exercer la liberté et la maîtrise de soi. La démocratie est après tout une affaire d'autogestion, et si les gens sont capables de se gouverner eux-mêmes dans leurs villes, leurs corporations, leurs associations ou leurs universités, il est d'autant plus vraisemblable qu'ils feront de même sur le plan national.

Cette capacité a fréquemment été rapprochée du caractère de la société « prémoderne » d'où la démocratie est sortie. On a prétendu que ces sociétés prémodernes, gouvernées par des Etats puissants et centralisés qui détruisaient systématiquement toute source intermédiaire de pouvoir (aristocratie féodale ou seigneurs de la guerre régionaux, par exemple), étaient plus vraisemblablement destinées à engendrer des gouvernements autoritaires que ne l'étaient les sociétés féodales, dans lesquelles le pouvoir était partagé entre le roi et un certain nombre de puissants seigneurs féodaux [11]. Ainsi la Russie et la Chine, après avoir été de vastes empires bureaucratiques et centralisés aux temps prérévolutionnaires, avaient développé des Etats communistes totalitaires, tandis que l'Angleterre et le Japon, essentiellement féodaux, maintenaient des démocraties stables [12]. Cette explication rend compte des difficultés que certains pays d'Europe occidentale comme la France et l'Espagne ont eues pour établir enfin des démocraties stables. Dans les deux cas, le féodalisme avait été réduit par une monarchie forte et centralisée aux XVIe et XVIIe siècles, qui avait laissé à ces pays un héritage de puissant pouvoir étatique, et une société civile relativement faible, dépendant de l'autorité de l'Etat. Ces monarchies centralisées avaient développé une certaine habitude de pensée dans laquelle le peuple perdait la capacité de s'organiser spontanément par lui-même, de travailler indépendamment de l'Etat et de prendre la responsabilité de sa propre vie. La tradition centralisatrice de la France, où l'on ne pouvait construire un pont sur un ruisseau dans une campagne reculée sans l'autorisation de Paris, s'est poursuivie ainsi sans interruption de Louis XIII à Napoléon et de là à l'actuelle République, où elle reste incarnée par le Conseil d'Etat [13]. L'Espagne a légué le même genre de handicap à de nombreux Etats de l'Amérique latine.

La force d'une culture « démocratique » dépend souvent beaucoup de l'ordre dans lequel les différents éléments de la démocratie libérale sont venus à l'existence. Les démocraties contemporaines libérales les plus fortes – par exemple l'Angleterre ou les Etats-Unis – ont été celles dans lesquelles le libéralisme a précédé la démocratie, ou dans lesquelles la liberté a précédé l'égalité. Les libertés d'expression, d'association et de participation politique au gouvernement ont été exercées au sein d'une petite élite – essentiellement constituée de l'aristocratie terrienne masculine et blanche – avant de se diffuser dans des secteurs plus larges de la population [14]. Les habitudes de débats et de compromis démocratiques, où les droits des perdants sont soigneusement protégés, ont été plus facilement apprises d'abord par une petite élite partageant les mêmes goûts et le même niveau social que par une société vaste et hétérogène, fourmillant de haines tribales ou ethniques. Ce genre de succession chronologique a permis à la pratique démocratique libérale de prendre racine et d'être associée aux plus anciennes traditions nationales. L'identification de la démocratie libérale avec le patriotisme renforce son attraction « thymotique » pour des groupes nouvellement émancipés et les rattache aux institutions démocratiques plus solidement que s'ils y avaient participé depuis le départ.

Tous ces facteurs – sens de l'identité nationale, religion, égalité sociale, propension à la société civile, expérience historique des institutions libérales – constituent collectivement la culture d'un peuple. Le fait que les peuples puissent être si différents dans ce domaine explique pourquoi des constitutions démocratiques libérales et modernes fonctionneront sans heurts pour certains d'entre eux, mais non pour d'autres, ou pourquoi le même peuple rejette la démocratie à une époque et l'adopte sans hésitation à une autre. Tout homme d'Etat qui cherche à étendre l'univers de la liberté et à consolider ses progrès doit être sensible à ce genre de contraintes subpolitiques qui pèsent sur la capacité des Etats à parvenir à la fin de l'Histoire avec bonheur.

Il reste que plusieurs erreurs doivent être évitées à propos de la culture et de la démocratie. La première serait de penser que les facteurs culturels constituent des conditions *suffisantes* pour l'établissement de la démocratie. Un soviétologue éminent était ainsi convaincu qu'une forme effective de pluralisme existait en Union soviétique durant les années Brejnev simplement parce que le pays avait atteint un certain niveau d'urbanisation, d'instruction, de revenu *per capita*, de sécularisation, etc. Mais nous devons nous rappeler que l'Allemagne nazie remplissait virtuellement toutes les conditions culturelles préalables jugées nécessaires à une démocratie stable : elle était intégrée nationalement, économiquement développée, essentiellement protestante, avait une société civile en bonne santé et n'était pas plus inégalitaire que les autres pays de l'Europe occidentale. Malgré tout, les débordements « thymotiques » et catastrophiques qui constituèrent le national-socialisme réussirent à submerger totalement tout désir de reconnaissance rationnelle et réciproque.

La démocratie ne peut jamais entrer à la sauvette par la porte de derrière; à un certain point, elle doit jaillir d'une décision politique affirmée en faveur de son établissement. Le domaine de la politique reste autonome et indépendant de celui de la culture; il a sa propre dignité spécifique, au point d'intersection du désir, du *thymos* et de la raison. Une démocratie libérale stable ne peut venir au jour sans l'existence d'hommes politiques sages et efficaces, qui comprennent l'art de la politique et sont capables de convertir les inclinations sous-jacentes des peuples en institutions politiques durables. L'étude des passages réussis à la démocratie souligne l'importance de facteurs entièrement politiques comme la capacité de la nouvelle direction démocratique à neutraliser les forces armées, tout en cherchant à obtenir des comptes pour les abus passés, sa capacité à maintenir aussi une continuité symbolique avec le passé, la nature du système de parti qui était établi, en fonction de la nature présidentielle ou parlementaire de cette démocratie [15]. Inversement, l'étude de la chute des démocraties a constamment montré que de tels événements n'étaient en aucune façon les résultats inéluctables de l'environnement culturel ou économique, mais avaient fréquemment pour origine de mauvaises décisions de la part des politiciens [16]. Les Etats d'Amérique latine n'ont jamais été forcés d'adopter une politique de protectionnisme et de « remplacement des importations » lorsqu'ils ont affronté la dépression économique mondiale des années 1930, mais cette politique a bel et bien ruiné leurs perspectives de démocratie stable pour les années qui ont suivi [17].

La deuxième erreur, probablement la plus commune, est de considérer les facteurs culturels comme des conditions *nécessaires* à l'établissement de la démocratie. Max Weber expose longuement les origines historiques de la démocratie moderne, qu'il considère comme née de certaines conditions sociales très spécifiques propres à la cité occidentale [18]. Cet exposé est, comme toujours chez lui, historiquement nourri et plein de perspicacité; mais il peint la démocratie comme un système qui n'a pu naître que dans le milieu culturel et social bien spécifique d'un petit canton de la civilisation occidentale. Le fait que la démocratie a pris son essor parce qu'elle était le système politique le plus rationnel possible et qu'elle « s'accorde » à une personnalité humaine plus générale partagée par plusieurs cultures n'est jamais pris sérieusement en considération.

On peut citer de nombreux pays qui ne remplissaient pas un grand nombre des conditions « culturelles » préalables pour la démocratie et qui ont néanmoins réussi à réaliser un haut niveau de stabilité démocratique. Le principal exemple en est l'Inde : ce pays n'est ni riche, ni puissamment industrialisé (quoique certains secteurs de son économie soient technologiquement très avancés), ni intégré nationalement, ni protestant – et pourtant il a réussi à maintenir en vie une démocratie active depuis son indépendance en 1947. A d'autres moments de l'histoire, d'autres pays ont été ainsi rayés de la liste des démocraties potentielles : les Allemands et les Japonais étaient prétendument entravés par leurs traditions d'autoritarisme; le catholicisme était un obstacle insurmontable à la démocratisation de l'Espagne, du Portugal et d'un certain nombre de pays d'Amérique latine, de même que l'orthodoxie en Grèce et en Russie. Le même genre d'arguments servait pour la plupart des peuples de l'Europe de l'Est, considérés comme inadaptés ou indifférents à l'égard des traditions démocratiques de l'Europe occidentale. Comme la *perestroïka* de Mikhaïl Gorbatchev se prolongeait sans produire de réformes précises, de nombreuses personnes (en Union soviétique comme à l'étranger) ont dit de même que le peuple russe était culturellement incapable de vivre en démocratie : il n'avait, affirmait-on, ni tradition démocratique, ni société civile, ayant été soumis à la tyrannie pendant des siècles. Et pourtant, des institutions démocratiques sont apparues dans tous ces pays. En Union soviétique, elles ont remarquablement fonctionné à partir de 1989, lorsque les premières élections relativement libres ont été organisées et que l'on a autorisé la formation de groupes parlementaires non communistes. L'acceptation supposée de l'ancien contrat social autoritaire a été démentie par l'énorme majorité qui a voté contre les représentants de l'ancien appareil communiste à chaque occasion qui se présentait. La renaissance d'une société civile très vivante a marqué les années 1989-1991. La maturité politique du peuple russe n'a jamais été plus évidente que dans son choix de Boris Eltsine comme premier président démocratiquement élu. Sous sa direction, le Parlement de Russie a fonctionné comme s'il était un corps législatif né depuis longtemps. L'enracinement profond des idées démocratiques dans la majorité de la population a éclaté au grand jour lors de la résistance massive opposée au coup d'Etat que les conservateurs ont essayé de réaliser en août 1991[19].

On entend dire beaucoup trop fréquemment qu'un pays donné ne peut se démocratiser parce qu'il n'a pas de tradition démocratique préexistante. Si cette dernière condition était vraiment nécessaire, alors *aucun* pays n'aurait pu devenir une démocratie, puisqu'il n'en existe aucun (y compris en Europe occidentale) qui n'ait connu préalablement une forte tradition autoritaire. L'absence de régime démocratique antérieur n'a pas empêché l'Allemagne, le Japon ou l'Espagne de réussir leur passage à la démocratie. En fait, l'idée même qu'un peuple donné ne puisse se démocratiser pour des raisons culturelles profondes devient par elle-même un obstacle non négligeable à la démocratisation. Une certaine russophobie dans l'élite russe elle-même, un profond pessimisme dans sa capacité à prendre le contrôle de sa propre vie, et un fatalisme marqué à propos du caractère inéluctable d'une forte autorité de l'Etat, deviennent, à partir d'un certain moment, des prophéties qui s'accomplissent d'elles-mêmes.

Un examen plus poussé de ce sujet suggère que la ligne de partage entre culture et politique, entre peuples et Etats, n'est pas du tout claire. Les Etats peuvent jouer un rôle très important en *formant* des peuples, c'est-à-dire en établissant leur « langage du bien et du mal » et en créant *de novo* des habitudes, des coutumes et des cultures nouvelles. Les Américains ne se sont pas contentés d'être « nés égaux »; ils ont aussi été « rendus égaux » avant la fondation des Etats-Unis, par la pratique de l'autogestion à l'échelon de l'Etat ou de la ville, dans les années qui précédèrent la conquête de l'indépendance des colonies sur la Grande-Bretagne. La nature ouvertement démocratique de la fondation de l'Amérique fut ensuite responsable de la formation démocratique des générations suivantes, selon un modèle humain (brillamment décrit par Tocqueville) qui n'avait jamais existé auparavant dans le cours de l'histoire. En d'autres termes, la culture n'est pas un acquis, comme l'environnement naturel; c'est, comme le système politique, une création humaine. Il est infiniment plus difficile de changer des habitudes culturelles profondément enracinées que d'amender une Constitution, bien que celle-ci comme celles-là soient des créations de la conscience humaine, donc susceptibles de changement.

En revanche, l'importance des peuples et de leurs cultures souligne les limites du rationalisme libéral, ou – pour le dire différemment – la dépendance des institutions libérales rationnelles par rapport au *thymos* irrationnel. L'Etat libéral rationnel est impossible sans un certain degré d'amour irrationnel du pays, ou sans un attachement instinctif à des valeurs comme la tolérance. Si la santé de la démocratie libérale contemporaine repose sur la santé de la société civile, et que cette dernière dépend de la capacité spontanée du peuple à s'organiser, il est alors clair que le libéralisme doit aller au-delà même de ses propres principes pour réussir. Les associations ou communautés civiles remarquées par Tocqueville étaient souvent fondées non sur des principes libéraux, mais sur la religion, l'appartenance ethnique ou quelque autre base irrationnelle. Une modernisation politique réussie requiert ainsi la préservation de quelque chose de « prémoderne » dans le cadre de ses droits et arrangements constitutionnels : la survivance des peuples et la victoire incomplète des Etats.

21

LES ORIGINES « THYMOTIQUES » DU TRAVAIL

> Hegel [...] croyait que le Travail était l'*essence*, la véritable essence de l'Homme.
>
> Karl Marx [1].

Etant donné la forte corrélation entre l'industrialisation avancée et la démocratie, la capacité des pays à dégager de forts taux de croissance économique sur des périodes prolongées pourrait paraître déterminante pour leur capacité à créer et maintenir des sociétés libres. Pourtant, même si les économies modernes les plus réussies sont capitalistes, toutes les économies capitalistes ne réussissent pas – à tout le moins pas toutes de la même façon. De même qu'il existe des distinctions tranchées entre les capacités des divers pays formellement démocratiques à maintenir la démocratie, de même on constate des différences marquées dans les capacités de croissance des diverses économies capitalistes.

Selon Adam Smith, la principale source de différences dans la richesse des diverses nations était la sagesse ou la folie des politiques gouvernementales; le comportement économique des hommes, une fois libéré des contraintes de la mauvaise politique, était plus ou moins universel. Comme on l'a noté plus haut [2], de nombreuses économies ostensiblement capitalistes en Amérique latine sont en fait des aberrations mercantilistes dans lesquelles des années d'intervention étatique ont réduit l'efficacité et tué l'esprit d'entreprise. Inversement, une bonne partie des succès économiques de l'Extrême-Orient peut être attribuée à l'adoption par ces régions de politiques économiques sensées, telles que le maintien de la compétition sur les marchés intérieurs. L'importance de la politique du gouvernement est parfaitement évidente lorsqu'une Espagne ou une Corée du Sud arrête le « remplacement des importations » et se met à prospérer, ou lorsqu'une Argentine nationalise son industrie et s'effondre.

Pourtant, on a l'impression que les différences de politique ne constituent qu'une partie de l'histoire, et que la culture affecte le comportement économique de manière critique, de même qu'elle affecte la capacité des peuples à maintenir une démocratie stable. Cela n'est nulle part plus évident que dans les attitudes vis-à-vis du travail. Le travail, selon Hegel, est l'*essence* de l'homme : c'est le travail de l'esclave qui crée l'histoire humaine en transformant le monde naturel en un monde habitable par l'homme. A l'exception de quelques « maîtres » paresseux, tous les êtres humains travaillent : mais il existe de notables différences dans la manière dont ils travaillent. Ces différences sont traditionnellement exposées sous la rubrique de l'« éthique du travail ».

Dans le monde contemporain, parler de « caractère national » n'est pas considéré comme acceptable : de telles généralisations sur les habitudes éthiques des peuples, dit-on, ne sont pas mesurables « scientifiquement » et sont donc exposées au danger de stéréotypes et d'abus grossiers, puisqu'elles sont fondées essentiellement sur des témoignages anecdotiques. Les généralisations vont également à contre-courant du tempérament relativiste et égalitaire de notre époque, puisqu'elles renferment presque toujours des jugements de valeur implicites concernant la valeur relative des cultures en question : personne n'aime entendre dire que sa culture favorise la paresse et la malhonnêteté. De fait, ce genre de jugements conduit à des abus considérables.

Toutefois, si l'on a passé quelque temps à voyager ou à travailler à l'étranger, on a été obligé de remarquer que les attitudes envers le travail sont profondément influencées par les cultures nationales. Dans une certaine mesure, ces différences sont même mesurables empiriquement, par exemple dans les performances économiques relatives des différents groupes d'une société multiethnique comme celles de Malaisie, d'Inde ou des Etats-Unis. La supériorité des performances économiques de certains groupes ethniques – juifs en Europe, Grecs et Arméniens au Moyen-Orient, Chinois en Asie du Sud-Est – est suffisamment connue pour ne pas avoir besoin d'être plus amplement démontrée. Aux Etats-Unis, Thomas Sowell a relevé les différences marquées pour le revenu et l'éducation entre les descendants des Noirs qui sont venus volontairement des Indes occidentales, et de ceux qui ont été amenés directement dans le pays comme esclaves depuis l'Afrique [3]. De telles différences suggèrent que les performances économiques ne sont pas liées exclusivement aux conditions d'environnement comme le racisme ou le manque d'occasions économiques, mais dépendent aussi des différences culturelles des groupes ethniques eux-mêmes.

A côté de ces mesures brutes des performances économiques (comme le revenu *per capita*), il existe une foule de contrastes subtils dans l'approche du travail à l'intérieur des différentes cultures. Pour donner un petit exemple, R. V. Jones, un des fondateurs de l'espionnage scientifique britannique au cours de la Seconde Guerre mondiale, racontait comment les Anglais avaient été capables de s'emparer d'une installation de radar allemande complète et de la rapatrier en Angleterre dans les premières années de la guerre. Les Britanniques avaient inventé le radar et étaient plus avancés que les Allemands en matière de technique, mais l'installation allemande s'était révélée étonnamment bonne parce que l'antenne était prévue pour des réceptions bien supérieures à tout ce que l'on pouvait obtenir en Angleterre [4]. La supériorité de longue date des Allemands sur leurs voisins européens en matière d'artisanat industriel, toujours évidente aujourd'hui pour les automobiles et les machines-outils, est l'un de ces phénomènes qui défient l'explication en termes de politique « macro-économique ». Sa cause dernière pourrait bien être située dans le domaine de la culture.

La théorie économique libérale classique, qui commence avec Adam Smith, prétend que le travail est une activité essentiellement désagréable [5], entreprise uniquement en raison de l'utilité des choses créées par le travail [6]. Or on ne peut profiter pleinement de cette utilité que dans le loisir : le but de l'activité humaine, en un certain sens, n'est pas de travailler, mais de profiter du loisir. L'homme travaillera jusqu'au point où les désagréments annexes du travail – rester tard au bureau, travailler le samedi – dépasseront l'utilité du bénéfice matériel que le travail procure. Les hommes peuvent différer dans la productivité de leur travail et dans l'évaluation subjective de ses désagréments, mais le degré d'intensité de leur travail résultera essentiellement d'un calcul rationnel par lequel ils estimeront le désagrément du travail face à l'agrément de ses résultats. Un accroissement de travail est stimulé par de plus hauts bénéfices matériels pour le travailleur individuel : une personne sera plus incitée à rester tard au bureau si son employeur lui paie doublement ses heures supplémentaires. Le désir et la raison, selon la théorie économique libérale traditionnelle, expliquent donc de manière adéquate les différences de propension au travail.

Le terme même d' « éthique du travail », au contraire, implique que ces différences dans l'intensité du travail des gens sont liées par la culture et la coutume, donc rattachées en quelque façon au *thymos*. De fait, pour les individus comme pour les peuples, en cas de forte éthique du travail, il est très difficile de donner une explication satisfaisante avec les termes strictement utilitaires de l'économie libérale traditionnelle. Prenons pour exemple des « cadres » modernes : avocat écrasé de travail, directeur exécutif ou « salarié » d'une multinationale japonaise compétitive. Ce genre d'individu peut facilement travailler soixante-dix ou quatre-vingts heures par semaine et prendre peu ou pas de vacances, tout en gravissant rapidement les échelons de sa carrière. Ils seront sans doute grassement payés par rapport à d'autres qui travaillent moins dur, mais l'intensité de leur travail n'est pas strictement liée à la compensation qu'ils en reçoivent. En fait, leur comportement est irrationnel en termes strictement utilitaires [7] : ils travaillent si dur qu'ils ne sont jamais en état d'utiliser leur argent; ils ne peuvent pas profiter de leurs loisirs parce qu'ils n'en ont pas; et ils ruinent chemin faisant leur santé et leurs perspectives de retraite confortable, parce qu'ils sont destinés vraisemblablement à mourir jeunes. On pourrait avancer qu'ils travaillent pour leur famille, ou pour les générations à venir, mais la plupart de ces « drogués du travail » ne voient presque jamais leurs enfants et sont tellement mobilisés par leur carrière que leur vie familiale en souffre le plus souvent. La raison pour laquelle ces gens travaillent si dur n'est que partiellement liée aux compensations monétaires : ils tirent visiblement satisfaction du travail en lui-même, ou du statut et de la reconnaissance qu'il procure. Le sens de leur valeur personnelle est étroitement enchaîné à la dureté et à la qualité de leur travail, à la rapidité de leur ascension dans la société qui les emploie, et au respect dont ils sont entourés par leurs collègues. Même leurs biens matériels sont appréciés par eux plus pour la réputation qu'ils leur confèrent que pour leur véritable usage, puisque leur temps est si mesuré. En d'autres termes, ils travaillent pour satisfaire leur *thymos* plus que leur désir.

En fait, de nombreuses études empiriques des diverses éthiques du travail ont considérées celle-ci comme non utilitaires à l'origine. La plus célèbre de ces études est assurément celle de Max Weber intitulée *L'Ethique protestante et l'Esprit du capitalisme*. Weber n'était certes pas le premier à observer une forte relation entre le protestantisme – spécialement sous sa variante calviniste ou puritaine – et le développement économique capitaliste. En effet, l'observation était si commune au moment où Weber a écrit son livre qu'il avait le sentiment que la preuve du contraire appartenait aux autres [8]. Depuis sa publication, sa thèse a été constamment discutée. Alors que beaucoup ont mis en cause la relation spécifique de causalité que Weber établissait entre la religion et le comportement économique, bien peu ont récusé totalement l'existence d'une forte relation entre les deux [9]. La relation entre protestantisme et croissance économique continue d'être évidente aujourd'hui en Amérique latine, où des conversions massives au protestantisme (habituellement par des sectes évangéliques nord-américaines) ont été suivies d'un accroissement parfois étonnant des revenus personnels, et par une brusque diminution de la criminalité, de l'usage des drogues, etc [10].

Ce que Weber cherchait à expliquer était la raison pour laquelle de nombreux entrepreneurs capitalistes de la première heure, qui avaient passé leur vie à accumuler sans fin de la richesse, paraissaient avoir si peu d'intérêt pour son usage. Leur frugalité, leur autodiscipline, leur honnêteté et leur aversion pour les plaisirs simples constituaient un « ascétisme séculier » qu'il percevait comme une transposition de la doctrine calviniste de la prédestination. Le travail n'était pas une activité déplaisante entreprise uniquement pour l'utilité ou la consommation; c'était plutôt une « vocation » dont le croyant pensait qu'elle refléterait son statut d'élu ou de damné. Le travail était assumé pour une finalité « irrationnelle » et entièrement non matérielle, c'est-à-dire pour démontrer que l'on faisait partie des « élus ». L'application et la discipline avec lesquelles on travaillait ne pouvaient être expliquées par aucun calcul rationnel et profane de plaisirs et de peines. Weber pensait que l'impulsion spirituelle originelle qui sous-tend le capitalisme s'était atrophiée avec les années et que le travail en vue des profits matériels s'était réintroduit dans le capitalisme. Néanmoins, « l'idée du devoir dans la vocation personnelle » continuait de vivre « comme le fantôme des croyances religieuses défuntes » dans le monde contemporain, et l'éthique du travail de l'Europe moderne ne pouvait pas être totalement expliquée sans référence à ses origines spirituelles.

Des phénomènes analogues à l' « éthique protestante » ont existé dans d'autres cultures et expliquent leurs succès économiques [11]. Robert Bellah, par exemple, a montré comment l'éthique japonaise contemporaine du travail peut remonter à certaines sources religieuses nationales qui ont été l'équivalent fonctionnel du calvinisme. Le *Jodo Shinshu*, ou secte bouddhique du « Pays pur », par exemple, prônait l'économie, la frugalité, l'honnêteté et l'acharnement au travail ainsi qu'une attitude ascétique envers la consommation, tout en légitimant le profit d'une façon étrangère aux anciennes traditions japonaises du confucianisme [12]. Le mouvement *Shingaku* d'Ishida Baigan, quoique moins influent que le *Jodo Shinshu*, enseignait aussi une forme de « mysticisme laïc » prônant l'économie et le zèle tout en rabaissant la consommation [13]. Ces mouvements religieux coïncidaient avec l'éthique *Bushido* de la classe des samouraïs. Cette dernière était une idéologie aristocratique et guerrière exaltant le risque de mort et encourageant néanmoins non pas une « maîtrise » paresseuse, mais l'ascétisme, l'économie et par-dessus tout le savoir. L' « esprit du capitalisme », avec sa rationalité et son éthique ascétique du travail, n'eut donc pas à être importé au Japon avec la technologie navale et la constitution prussienne; il existait sur place depuis le début à travers les traditions culturelles et religieuses japonaises.

Par contraste avec ces exemples où la foi religieuse favorisa ou rendit possible le développement économique capitaliste, on remarque une foule de cas où la religion et la culture ont joué le rôle d'obstacles. L'hindouisme, par exemple, est l'une des rares grandes religions mondiales qui ne soit pas fondée sur une doctrine de l'égalité universelle des hommes. La doctrine hindoue divise au contraire les hommes de manière rigide en un système complexe de castes qui définit les droits, les privilèges et les modes de vie de chacune d'elles. Par un curieux paradoxe, l'hindouisme n'a guère posé de problèmes pour la pratique d'une politique libérale en Inde, bien qu'une progression alarmante de l'intolérance religieuse suggère actuellement que cela pourrait changer, mais il semble qu'il ait constitué une barrière à la croissance économique. Cela est habituellement attribué au fait que l'hindouisme sanctifie la pauvreté et l'immobilisme social des castes inférieures : en leur promettant la possibilité d'une renaissance plus élevée dans les vies postérieures, il les réconcilie en effet avec la position qu'elles occupent actuellement, quelle qu'elle soit. Cette sanctification offerte par l'hindouisme a été favorisée et revêtue d'une forme modernisée par Gandhi, le fondateur de l'Inde moderne, qui prêchait les vertus de la vie simple des paysans comme spirituellement plus enrichissante. L'hindouisme a rendu moins pénible la charge de l'existence quotidienne pour ces Indiens qui vivent dans une pauvreté accablante, et la « spiritualité » de cette religion est même apparue paradoxalement séduisante pour les jeunes des classes moyennes de l'Occident. Mais elle induit chez ses sectateurs une certaine forme d'engourdissement face au monde d'ici-bas, et une inertie qui est à plus d'un titre à l'opposé de l'esprit du capitalisme. On ne compte plus les réussites brillantes dans l'entreprise indienne, mais les sujets semblent mieux réussir à l'extérieur des confins de la culture indienne (comme les Chinois expatriés). Remarquant qu'un bon nombre de grands scientifiques indiens avaient exercé leur métier à l'étranger, le romancier V.S. Naipaul a été amené à écrire :

La pauvreté indienne est plus déshumanisante que n'importe quelle machine; et plus que dans toute civilisation mécanisée, les hommes sont des ensembles, verrouillés dans la plus stricte obéissance par leur conception du *dharma*. Le scientifique qui retourne en Inde perd l'individualité qu'il a acquise durant son séjour à l'étranger; il regagne la sécurité de son identité de caste, et le monde est d'autant plus simplifié. Il existe des règlements minutieux, aussi apaisants que des pansements; la perception et le jugement individuels, qui excitaient naguère sa créativité, sont laissés de côté comme des fardeaux [...]. La plaie du système des castes n'est pas seulement l'intouchabilité et la déification consécutive de la crasse; dans une Inde qui essaye de croître, la plaie du système est aussi l'obéissance universelle qu'il impose, ses satisfactions automatiques, la diminution de l'esprit d'aventure, la mise à l'écart par les hommes de l'individualisme et de la possibilité de l'excellence [14].

Gunnar Myrdal, dans sa grande étude sur la pauvreté asiatique, a été amené à conclure que la religion indienne omniprésente constituait « une terrible force d'inertie sociale » et qu'elle n'avait jamais joué un rôle positif pour le changement comme le calvinisme ou le *Jodo Shinshu*. Outre la torpeur spirituelle que l'hindouisme entraîne, Myrdal notait que l'interdiction de tuer les vaches était à elle seule un obstacle majeur à la croissance économique dans un pays où le cheptel de ruminants improductifs se monte à la moitié d'une population humaine déjà surabondante [15].

A partir d'exemples comme le tabou hindou sur les vaches, la plupart des sociologues ont supposé que la religion était l'un de ces aspects des « cultures traditionnelles » qui déclinerait sous l'impact de l'industrialisation. Toute croyance religieuse étant fondamentalement irrationnelle, elle devrait finir par céder la place à l'esprit de conquête rationnel qui constituait le capitalisme moderne. Mais si Weber et Bellah disent vrai, il n'existe aucune tension fondamentale entre *certaines* formes de croyances religieuses et le capitalisme : dans ses variantes européennes et japonaises, le capitalisme est amplement facilité par les doctrines religieuses qui encouragent le travail « par vocation », c'est-à-dire pour l'amour de lui-même et non pour la consommation qu'il permet. Le libéralisme économique pur et dur – doctrine qui dit aux hommes de s'enrichir *ad infinitum* par l'application de la raison au problème de la satisfaction du désir personnel de propriété – suffit peut-être à expliquer le fonctionnement de la plupart des sociétés capitalistes, mais il ne saurait totalement rendre compte des plus dynamiques et des plus compétitives. Les sociétés capitalistes les plus réussies sont montées au zénith parce qu'elles ont eu une éthique du travail fondamentalement irrationnelle et « prémoderne », qui conduisait les gens à vivre ascétiquement et à accepter éventuellement une mort précoce, puisque le travail lui-même était tenu pour rédempteur. Cela suggère que, même à la fin de l'Histoire, une certaine forme de *thymos* irrationnel est toujours nécessaire pour maintenir en état de marche notre monde économique libéral et rationnel, au moins si nous voulons rester parmi les premières puissances économiques mondiales.

Quelles que soient les origines religieuses de l'éthique du travail en Europe et au Japon, on pourrait objecter qu'elle est à présent totalement séparée de ses sources spirituelles avec la laïcisation universelle des sociétés modernes. Les gens ne croient plus qu'ils travaillent « par vocation » : tout comme les lois du capitalisme l'imposent, ils vont au travail dans la poursuite rationnelle de leur propre intérêt.

Le divorce de l'éthique capitaliste du travail et de ses racines spirituelles, et la croissance d'une culture qui exalte la légitimité et le caractère désirable d'une consommation immédiate, ont conduit un certain nombre d'observateurs à prédire un déclin marqué de l'éthique du travail, donc une attaque du capitalisme lui-même [16]. La réalisation d'une « société d'abondance » devrait bannir toute survivance de nécessité naturelle, et mener les gens à rechercher les gratifications du plaisir plutôt que le travail. Les prédictions relatives au déclin de l'éthique du travail ont paru recevoir une certaine confirmation avec plusieurs études faites pendant les années 1970 auprès des patrons américains, qui révélaient le sentiment généralisé que les niveaux de professionnalisme, d'autodiscipline et de motivation se détérioraient parmi leurs ouvriers [17]. Bien peu de directeurs de sociétés seraient aujourd'hui les modèles d'ascétisme décrits par Weber. L'éthique du travail, croyait-on, devait être entamée non pas par une attaque frontale, mais par la promotion d'autres valeurs incompatibles avec cet ascétisme des origines telles que l' « accomplissement de soi » ou le désir d'avoir non pas simplement un travail, mais un « travail significatif ». Le même processus de dégénérescence des valeurs du travail devait probablement constituer aussi un problème pour le Japon, où les directeurs et les cadres sont en tous points aussi « laïcs » et séparés des racines spirituelles de leur culture que leurs homologues européens ou américains.

La réalisation de ces prédictions sur le déclin de l'éthique du travail reste à vérifier. Pour le moment, la tendance à l'affaiblissement notée dans les années 1970 semble s'être inversée, au moins dans les classes professionnelles des Etats-Unis à l'échelon de la direction [18]. Les raisons de cet état de choses paraissent être d'abord économiques plutôt que culturelles. Pour de nombreux secteurs de la population, le niveau de vie et la sécurité du travail ont baissé durant les années

1980, et les gens ont dû travailler plus dur simplement pour rester là où ils étaient. Même ceux qui jouissaient d'un niveau de prospérité en hausse constante au cours de cette période ont continué d'être poussés à travailler longtemps et avec zèle par l'attraction de l'intérêt personnel rationnel. Ceux qui craignaient les conséquences du consumérisme sur l'éthique du travail ont tendu, comme Marx, à oublier la nature infiniment élastique du désir humain, qui continue de pousser l'homme à travailler jusqu'à ses limites physiques. L'importance de l'intérêt personnel rationnel pour stimuler une éthique du travail est évidente si l'on compare la productivité des ouvriers dans les deux Allemagnes d'avant la réunification : ils partageaient une culture commune, mais différaient sensiblement sur les incitations matérielles auxquelles ils étaient confrontés. La persistance d'une forte éthique du travail dans l'Occident capitaliste est peut-être moins un témoignage de la longévité des « fantômes des croyances religieuses défuntes » évoqués par Weber que l'attestation de la puissance du désir lié à la raison.

Cependant, il reste d'importantes différences dans la propension au travail *entre* les pays qui partagent un engagement commun pour le libéralisme économique et où la rationalité des intérêts personnels peut être considérée comme acquise. Cela paraît refléter le fait que dans certains pays, le *thymos* a trouvé de nouveaux objectifs auxquels se rattacher, en dehors de la religion, dans le monde moderne.

Par exemple, la culture japonaise (comme de beaucoup d'autres pays de l'Extrême-Orient) est beaucoup plus orientée vers les groupes que vers les individus. Ces groupes commencent avec le plus petit et le plus immédiat (la famille), s'étendent par degrés aux diverses relations de clientèle établies durant l'éducation et la formation (y compris dans la société pour laquelle on travaille), pour finir par le plus grand groupe signifiant pour un Japonais, à savoir la nation. L'identité d'un individu se fond à un degré extrême dans celle du groupe : il ne travaille pas tant pour son propre bénéfice à court terme que pour la prospérité du groupe plus vaste auquel il appartient. Son statut est moins déterminé par sa performance individuelle que par les performances de son groupe. Son attachement à ce groupe a donc un caractère hautement « thymotique » : il travaille pour la reconnaissance que le groupe lui accorde et pour la reconnaissance du groupe par les autres groupes, non pas simplement pour le bénéfice matériel à court terme que constitue son salaire. Lorsque le groupe pour lequel il recherche la reconnaissance est la nation, le résultat est le nationalisme économique. De fait, le Japon tend à être économiquement plus nationaliste que les Etats-Unis. Ce nationalisme s'exprime par un protectionnisme déguisé, mais aussi sous des formes moins visibles, comme le réseau des fournisseurs domestiques traditionnels entretenu par les industriels japonais, ou le choix volontaire des consommateurs de payer plus cher pour acheter des produits japonais.

C'est cette identité de groupe qui rend efficaces des pratiques comme l'emploi à vie, utilisées dans certaines grandes sociétés japonaises. Selon les principes du libéralisme économique occidental, l'emploi à vie devrait nuire à l'efficacité économique en sécurisant trop les employés, à l'image de ces professeurs d'université qui cessent d'écrire à partir du moment où une chaire inamovible leur a été attribuée. L'expérience du monde communiste, où l'emploi permanent à vie était effectivement garanti, confirme également cette idée. Les meilleurs talents doivent être attirés par les postes les plus risqués, et récompensés par les salaires les plus élevés; inversement, les compagnies doivent savoir élaguer les branches mortes. En termes d'économie libérale classique, la loyauté patron-client constitue une rigidité qui limite l'efficacité économique du marché. Pourtant, dans le contexte de la conscience de groupe déterminée par la culture japonaise, la loyauté paternaliste de la société envers son employé est payée en retour par un plus haut degré d'efforts de la part de l'employé, qui travaille non seulement pour lui-même mais aussi pour la gloire et la réputation de cette organisation plus vaste. Cette organisation plus vaste ne représente pas simplement pour lui un chèque bimensuel; c'est aussi une source d'identité et un rempart protecteur pour la famille et les amis. La conscience nationale hautement développée des Japonais fournit une source supplémentaire d'identité et de motivation, à côté de la famille ou de la compagnie. Ainsi, même à une époque où la spiritualité religieuse a presque disparu, l'éthique du travail a été entretenue par la création d'une fierté au travail fondée sur la participation à un ensemble de communautés de plus en plus grandes qui s'imbriquent et se recouvrent comme les tuiles d'un toit.

Cette conscience de groupe hautement développée est typique d'autres parties de l'Asie, mais beaucoup moins de l'Europe; elle est presque totalement absente des Etats-Unis, où l'idée de loyauté à vie à une société unique paraîtrait incompréhensible. En dehors de l'Asie, toutefois, on remarque certaines formes de consciences de groupe qui ont servi à maintenir une éthique du travail. Le nationalisme économique – sous la forme d'un désir commun de la direction et des travailleurs d'œuvrer ensemble à l'expansion des marchés d'exportation – est assez bien développé dans certains pays d'Europe comme la Suède ou l'Allemagne. Les corporations de métiers ont été aussi traditionnellement une autre source d'identité de groupe : un mécanicien hautement qualifié ne travaille pas simplement pour pointer, mais parce qu'il tire de la fierté des résultats de son travail. On peut en dire autant des professions « libérales », dont les hauts niveaux de qualification sont gratifiants pour le *thymos*.

Toutefois, l'expérience de certaines réussites économiques en Asie et en Europe suggère que parmi les pays qui participent au système économique capitaliste, avec son ensemble d'incitations personnelles, l'intérêt individuel situé au cœur de la théorie économique libérale de l'Occident peut être une source de motivation moins importante que certaines formes d'intérêt de groupe. On a longtemps reconnu en Occident que les gens acceptaient de travailler plus dur pour leur famille que pour eux, et qu'en temps de guerre ou de crise, on pouvait les réquisitionner pour travailler pour la nation. En revanche, le libéralisme économique littéralement atomisé des Etats-Unis ou de l'Angleterre, fondé exclusivement sur le désir rationnel, devient économiquement contreproductif à un certain moment. Cela peut arriver lorsque les ouvriers ne tirent plus de fierté du travail pour lui-même, mais en viennent à le regarder comme une marchandise à vendre, ou quand les ouvriers et les patrons se considèrent mutuellement comme des antagonistes dans un jeu à produit nul, plutôt que comme des collaborateurs potentiels dans une compétition avec les ouvriers et les patrons d'un autre pays [19].

Tout comme la culture affecte la capacité des pays à établir et entretenir le libéralisme politique, elle affecte aussi leur capacité à faire fonctionner le libéralisme économique. A l'image exacte de la démocratie politique, le succès du capitalisme dépend dans une certaine mesure de la survie des traditions culturelles prémodernes dans l'époque moderne; comme le libéralisme politique, le libéralisme économique n'est pas totalement autosuffisant, mais dépend d'un certain degré de *thymos* irrationnel.

L'acceptation générale du libéralisme – politique ou économique – par un grand nombre de nations n'éliminera pas entre elles les différences fondées sur la culture, différences qui deviendront encore plus marquées avec le changement des clivages idéologiques. D'ores et déjà, les conflits commerciaux avec le Japon ont plus d'importance dans l'esprit de nombreux Américains que la question de la liberté à travers le monde, malgré le fait que le Japon et les Etats-Unis partagent, formellement, un système politique et économique commun. Les excédents commerciaux persistants et apparemment irréversibles du Japon dans ses échanges avec les Etats-Unis résultent davantage, de ce point de vue, de facteurs culturels tels que le taux d'épargne élevé ou la nature très fermée des relations avec les fournisseurs que d'un protectionnisme ouvert. Les conflits idéologiques hérités de la guerre froide ont pu être réglés entièrement lorsque l'une ou l'autre des parties en présence a accepté un compromis sur un problème politique spécifique comme le mur de Berlin, ou abandonné la totalité de son idéologie. Mais les différences culturelles persistantes entre des Etats démocratiques capitalistes et manifestement libéraux seront beaucoup plus difficiles à éliminer.

Ces différences culturelles dans l'attitude à l'égard du travail entre le Japon et les Etats-Unis paraissent vraiment minuscules, comparées aux différences culturelles qui séparent le Japon *et* les Etats-Unis d'un côté, d'un bon nombre de pays du tiers monde qui, de l'autre, ont beaucoup moins bien réussi à faire fonctionner le capitalisme. Le libéralisme économique offre la voie la meilleure vers la prospérité pour tout peuple qui souhaite en tirer parti. Pour de nombreux pays, le problème est simplement d'adopter la bonne politique de marché. Mais la politique n'est elle-même que la condition préalable et nécessaire à de hauts niveaux de croissance. Les formes « irrationnelles » de *thymos* – religion, nationalisme, capacité des industries et des autres secteurs professionnels à maintenir les rendements et la fierté dans le travail – continuent d'influencer le comportement économique de multiples façons, qui contribuent toutes à la richesse ou à la pauvreté des nations. La persistance de ces différences peut signifier que la vie internationale sera perçue de manière croissante comme une compétition non plus entre idéologies rivales – puisque la plupart des Etats économiquement prospères seront organisés sur des schémas similaires – mais entre des cultures différentes.

22

EMPIRES DU RESSENTIMENT, EMPIRES DU RESPECT

L'influence de la culture sur le développement économique, comme aiguillon ou comme contrainte, révèle les obstacles qui peuvent entraver la marche de l'histoire universelle décrite dans la deuxième partie. L'économie moderne – processus d'industrialisation déterminé par la physique moderne – force l'humanité à s'homogénéiser, et détruit une grande variété de cultures traditionnelles au cours du processus. Mais toutes les batailles ne sont pas gagnées pour autant, puisque certaines cultures et certaines manifestations du *thymos* peuvent paraître difficiles à assimiler. Presque tous les peuples de la terre peuvent croire qu'ils désirent la prospérité capitaliste et la démocratie libérale sur le plan intellectuel, mais tout le monde ne sera pas en mesure d'y parvenir.

Ainsi, malgré l'apparente absence de systèmes alternatifs à la démocratie libérale à l'heure actuelle, quelques variantes autoritaires – peut-être jamais vues auparavant dans l'histoire – peuvent s'affirmer dans le futur. Ces alternatives, si elles viennent jamais au jour, seront créées par deux groupes distincts de gens : ceux qui, pour des raisons culturelles, connaissent des échecs économiques persistants, malgré leurs efforts pour que le libéralisme fonctionne, et ceux qui sont excessivement heureux du jeu capitaliste.

Le premier phénomène – apparition de doctrines non libérales à partir d'un échec économique – a déjà eu lieu dans le passé. La renaissance actuelle du fondamentalisme islamique, qui touche virtuellement chaque pays du monde pourvu d'une population musulmane substantielle, peut être vue comme une réponse à l'échec économique des sociétés musulmanes en général pour maintenir leur dignité face à l'Occident non musulman. Sous la pression de la concurrence de la part de l'Europe, qui domine militairement, un certain nombre de pays islamiques ont entrepris au XIXe siècle des efforts intensifs de modernisation pour assimiler les pratiques occidentales considérées comme nécessaires pour rester dans la compétition. A l'instar des réformes du Japon de l'ère Meiji, ces programmes de modernisation incluaient des tentatives sérieuses pour introduire des principes de rationalisme occidental dans tous les secteurs de la vie, depuis l'économie, la bureaucratie et l'armée jusqu'à l'éducation et la politique sociale. L'effort le plus systématique dans cette direction fut entrepris par la Turquie : les réformes ottomanes du XIXe siècle ont été suivies au XXe siècle par celles du fondateur de l'Etat turc actuel, Mustafa Kemal « Atatürk », en vue de créer une société laïque fondée sur le nationalisme. Le dernier apport intellectuel majeur accepté par le monde islamique de la part de l'Occident a été le nationalisme laïc, représenté par les grands mouvements nationalistes panarabes de l'Egypte nassérienne, et par les partis Ba'ass de Syrie, du Liban et d'Irak.

A la différence du Japon de l'ère Meiji, toutefois, qui utilisa la technologie occidentale pour battre la Russie en 1905 et pour défier les Etats-Unis en 1941, la majeure partie du monde islamique n'a jamais assimilé les « importations » de l'Occident de manière satisfaisante et n'a pas réussi à obtenir le genre de succès économique que les modernisateurs du XIXe siècle avaient espéré. Jusqu'à la venue de la richesse pétrolière dans les années 1960 et 1970, aucune société islamique n'avait été en mesure de rivaliser militairement ou économiquement avec l'Occident. Beaucoup de ces pays restèrent des dépendances coloniales durant la Seconde Guerre mondiale, et le projet d'unité laïque panarabe s'est effondré après l'humiliante défaite des coalisés contre Israël en 1967. La renaissance de l'islam fondamentaliste, qui commença d'occuper le devant de la scène avec la révolution iranienne de 1977-1978, ne fut aucunement un cas de « valeurs traditionnelles » survivant à l'époque moderne. Ces valeurs, laxistes et corrompues, avaient été radicalement discréditées au cours des siècles précédents. La renaissance islamique fut plutôt la réaffirmation nostalgique d'un ensemble de valeurs plus anciennes et plus pures, qui avaient prétendument existé dans un passé lointain, et qui n'étaient ni les « valeurs traditionnelles » du passé récent, démonétisées, ni les valeurs occidentales dont la transplantation avait si mal réussi au Proche-Orient. A cet égard, le fondamentalisme islamique possède plus qu'une ressemblance superficielle avec le fascisme européen. Comme dans le cas de ce dernier, il n'est pas surprenant que le fondamentalisme frappe le plus durement les pays apparemment les plus modernes, parce que ce sont ceux dont les cultures traditionnelles ont été le plus sérieusement menacées par l'importation des valeurs occidentales. La force du renouveau islamique ne peut être saisie que si l'on comprend combien la dignité de la société islamique a été profondément blessée dans son double échec pour maintenir la cohésion de sa société traditionnelle et pour assimiler avec succès la technique et les valeurs de l'Occident.

Même aux Etats-Unis, il est possible d'assister à l'éclosion de nouvelles idéologies antilibérales, qui apparaissent comme les résultats lointains d'attitudes culturelles différentes envers l'activité économique. Dans les beaux jours du mouvement pour les droits civiques, la plupart des Noirs américains aspiraient à s'intégrer complètement dans la société blanche, ce qui impliquait une acceptation totale des valeurs culturelles dominantes de la société américaine. Le problème de ces Noirs américains était entendu non pas comme celui des valeurs elles-mêmes, mais comme celui de la bonne volonté des Blancs à reconnaître la dignité des Noirs qui acceptaient ces valeurs. Malgré l'abolition des barrières ségrégationnistes dans les années 1960 et l'essor d'une grande variété de programmes positifs donnant la priorité aux Noirs, tout un secteur de la population noire américaine non seulement n'a pas réussi à progresser économiquement, mais a véritablement perdu pied. Les causes de cet échec sont apparues de plus en plus comme culturelles, et fondées sur un effondrement presque total de l'institution la plus vitale pour transmettre la culture, à savoir la famille.

L'un des résultats politiques de l'échec économique permanent, toutefois, est l'affirmation de plus en plus fréquente selon laquelle les mesures traditionnelles du succès économique – telles que travail, éducation et emploi – ne représentent pas des valeurs universelles, mais des valeurs « blanches ». Au lieu de chercher l'intégration dans une société indifférente aux couleurs, certains dirigeants noirs soulignent au contraire le besoin de tirer fierté d'une culture afro-américaine distincte, avec sa propre histoire, ses traditions, ses héros et ses valeurs, d'égale importance mais radicalement séparée de la culture de la société blanche. Dans certains cas, cela débouche sur un véritable « afrocentrisme », qui affirme la supériorité de la culture indigène d'Afrique sur les idées « européennes » comme le socialisme et le capitalisme. Le désir de voir reconnue la dignité de cette culture séparée par le système éducatif, par les employeurs et par l'Etat lui-même a remplacé pour beaucoup de Noirs le désir de reconnaissance de leur dignité *humaine* indifférenciée, par exemple cette dignité chrétienne de l'homme en tant qu'acteur moral à laquelle se référait

Martin Luther King avant son assassinat. Le résultat de ce genre de pensée a été une autoségrégation croissante de la part des Noirs – évidente sur la plupart des campus universitaires américains à l'heure actuelle – et l'accentuation d'une politique de dignité de groupe plutôt que d'un accomplissement individuel ou d'une activité personnelle comme voie principale vers le progrès social.

Pourtant, si de nouvelles idéologies non libérales peuvent être ourdies par ceux qui se trouvent culturellement défavorisés dans la compétition économique, l'autre source potentielle d'idées autoritaires peut provenir de ceux qui ont été plus qu'heureux dans leur réussite économique. Le défi le plus significatif posé aujourd'hui au libéralisme universel des révolutions américaine et française ne vient pas du monde communiste, dont l'échec économique est patent pour tout observateur, mais bien de ces sociétés asiatiques qui combinent l'économie libérale avec une sorte d'autoritarisme paternaliste. Pendant de nombreuses années après la Seconde Guerre mondiale, le Japon et d'autres sociétés asiatiques regardaient vers les Etats-Unis et l'Europe comme vers des modèles de sociétés totalement modernisées, et croyaient qu'ils devaient emprunter tout aux techniques de direction occidentales – voire en fin de compte les systèmes politiques eux-mêmes de cet Occident – pour être compétitifs. Toutefois, le succès économique retentissant de l'Asie a conduit à reconnaître de plus en plus clairement que ce succès n'était pas dû simplement à la transplantation réussie des pratiques occidentales, mais aussi au fait que les sociétés asiatiques ont gardé certains traits traditionnels de leur propre culture – une forte éthique du travail, par exemple – en les intégrant à un environnement d'affaires ultramoderne.

L'autorité politique a des origines spéciales dans une grande partie de l'Asie, si on la compare à l'Europe ou l'Amérique du Nord, et la démocratie libérale y est interprétée assez différemment par rapport aux pays de sa naissance historique [1]. Les groupes, qui sont si importants dans les sociétés japonaise et confucéenne pour maintenir l'éthique du travail, sont aussi vitaux comme bases de l'autorité politique. Un individu obtient son statut principalement non sur la base de sa capacité individuelle ou de sa valeur, mais seulement dans la mesure où il est membre de l'une des séries de ces groupes qui s'imbriquent. Alors même que la Constitution et le système légal du Japon reconnaissent par exemple tout comme ceux des Etats-Unis les droits individuels, la société japonaise tend à n'accorder principalement la reconnaissance qu'aux groupes. Un individu dans une telle société a de la dignité dans la mesure où il est membre d'un groupe établi et se conforme à ses règles. Mais à partir du moment où il cherche à affirmer sa dignité et ses droits personnels contre le groupe, il s'expose à l'ostracisme social et à la perte de son statut, toutes choses qui peuvent être aussi dévastatrices que la tyrannie ouverte du despotisme traditionnel. Cet état de choses engendre de terribles pressions pour la conformité, que les enfants de ces cultures intériorisent à un âge très précoce. En d'autres termes, les individus des sociétés asiatiques sont soumis à ce que Tocqueville appelait la « tyrannie de la majorité » –, ou plutôt *des* majorités dans tous les groupes sociaux, petits et grands, avec lesquels l'individu entre en rapport tout au long de sa vie.

Cette tyrannie peut être illustrée par quelques exemples empruntés à la société japonaise, qui a des parallèles dans n'importe quelle autre culture d'Extrême-Orient. Le groupe social principal auquel les individus doivent le respect au Japon est la famille, et l'autorité bienveillante du père sur ses enfants a été en quelque sorte le modèle des relations dans la société entière, y compris de celles qui existent entre gouvernants et gouvernés [2]. L'autorité paternelle a été aussi un modèle pour l'autorité politique en Europe, mais le libéralisme moderne a représenté une rupture ouverte avec cette tradition [3]. Aux Etats-Unis, on attend des jeunes enfants qu'ils défèrent à l'autorité de leurs parents, mais lorsque les enfants commencent à grandir, ils commencent par affirmer leur propre identité *contre* leurs parents. La rébellion de l'adolescence, au cours de laquelle l'enfant rejette ouvertement les valeurs et les volontés de ses parents, constitue un moment presque nécessaire du processus de formation de la personnalité de tout être humain [4]. C'est en grande partie grâce à cet acte de rébellion que l'enfant développe les ressources psychologiques de l'indépendance et de l'autonomie, et le sens « thymotique » de la valeur individuelle fondée sur sa capacité à quitter le cocon protecteur de son foyer, qui soutiendront l'individu plus tard en tant qu'adulte. Après cette révolte seulement, l'enfant peut revenir à une relation de respect mutuel avec ses parents, mais cette fois comme égal et non plus comme dépendant. Chez les Japonais, au contraire, l'incidence de la révolte adolescente est beaucoup moins importante : on attend de la déférence première envers les aînés qu'elle continue durant toute la vie de l'adulte. Le *thymos* de chacun est attaché non pas tant aux qualités du moi personnel dont on tire orgueil, qu'à la famille ou au groupe, dont la réputation globale prend le pas sur celle de chacun de ses membres [5]. L'irritation ne naît pas lorsque les autres personnes méconnaissent la valeur propre d'un individu, mais lorsque le groupe est méconnu ou dévalorisé dans son ensemble; inversement, le plus fort sentiment de honte ne naît pas d'un échec personnel, mais du discrédit jeté sur le groupe [6]. Ainsi les parents japonais continuent-ils de peser fortement sur les décisions importantes pour leurs enfants – choix de la carrière ou du mariage, par exemple –, ce qu'un jeune Américain qui se respecte ne pourrait absolument pas tolérer.

La seconde manifestation de la conscience de groupe au Japon est l'atténuation de tout ce qui pourrait ressembler à une « politique » démocratique au sens occidental du terme. La démocratie occidentale est construite sur la lutte entre les diverses opinions « thymotiques » à propos du bien et du mal, qui se manifeste par les éditoriaux des journaux et finalement par des élections à divers niveaux, par le jeu desquelles les partis politiques représentant des intérêts ou des points de vue différents alternent aux affaires. Cette lutte est tenue pour naturelle et même indispensable au fonctionnement normal de toute démocratie. Rien de tel au Japon : la société dans son ensemble tend à se considérer comme un groupe très vaste, doté d'une seule source stable d'autorité. L'accent mis sur l'harmonie de ce groupe tend à repousser les confrontations ouvertes aux marges de la politique; on ne relève aucune alternance des partis politiques au pouvoir, à partir de confrontations sur certains « problèmes », mais plutôt une domination de longue date du parti libéral démocratique (L.D.P.). Il existe naturellement une contestation ouverte entre celui-ci et les partis d'opposition socialiste et communiste, mais ces derniers se sont marginalisés par leur extrémisme. La politique sérieuse, en termes généraux, se passe hors de la place publique, dans la bureaucratie centrale ou dans les arrière-salles du L.D.P. [7] Dans le fonctionnement de celui-ci, la politique tourne au contraire autour de manœuvres constantes de factions, fondées sur des relations personnelles de clientélisme et largement dépourvues de ce qu'on appellerait en Occident tout contenu politique.

Au Japon, on respecte des hommes comme le romancier Yukio Mishima, mais dans d'autres sociétés asiatiques, on aurait eu peu d'égards pour l'individualisme à principes d'un Soljenitsyne ou d'un Sakharov, dressés contre l'injustice de la société environnante. Dans le film de Frank Capra *M. Smith au Sénat*, James Stewart joue le rôle d'un innocent de village qui est nommé par les patrons politiques pour représenter son Etat à la mort du sénateur élu. Lorsqu'il arrive à Washington, Stewart se révolte contre la corruption qu'il constate et, au grand dam de ses apprentis manipulateurs, il réussit à bloquer à lui tout seul au Sénat un article d'une législation scélérate. Le personnage de Stewart est en un certain sens un héros américain archétypique; dans beaucoup de sociétés asiatiques, au contraire, un tel rejet en bloc du consensus par un individu isolé serait considéré comme une fantaisie suspecte.

La démocratie japonaise prend ainsi des allures d'autoritarisme selon les critères américains ou européens. Les plus puissants hommes du pays sont ou bien les bureaucrates les plus âgés ou bien les chefs de courant à l'intérieur du L.D.P., qui sont arrivés à leur position grâce non pas à l'élection populaire, mais à leur éducation ou aux patronages personnels dont ils ont bénéficié. Ces hommes prennent les décisions majeures qui affectent le bien-être de leur communauté avec relativement peu de soutien des votants ou autres formes d'appui populaire. Le système reste toutefois fondamentalement démocratique parce qu'il est *formellement* démocratique, c'est-à-dire qu'il remplit les conditions de fonctionnement apparent de toute démocratie libérale, avec des élections multipartites périodiques et la garantie des droits fondamentaux. Le concept occidental des droits universels de l'individu a été accepté par de larges secteurs de la société japonaise. En revanche, on pourrait dire à certains égards que le Japon est gouverné de fait par l'autorité bienveillante d'un parti unique, non que ce parti se soit imposé à la société à la manière du parti communiste en Union soviétique, mais bien parce que le peuple du Japon a *choisi* d'être gouverné de cette manière. Le système japonais de gouvernement actuel est un vaste consensus social, enraciné dans une culture de groupe typiquement japonaise, culture qui serait profondément mal à l'aise et déconcertée face à une contestation plus « ouverte » ou à une alternance des partis au pouvoir.

Etant donné le consensus répandu dans la plupart des sociétés asiatiques à propos du caractère souhaitable de l'harmonie du groupe, il n'est pas surprenant que l'autoritarisme soit aussi présent dans cette zone sous une forme plus ouverte. On peut avancer – et cela a été fait, notamment par l'ancien Premier ministre de Singapour, Lee Kouan You – qu'une certaine forme de paternalisme autoritaire convient davantage aux traditions confucéennes de l'Asie, et – plus important – qu'elle s'accorde mieux avec de forts taux de croissance économique que la démocratie libérale à l'occidentale. La démocratie, disait par exemple Lee, est un obstacle à la croissance, parce qu'elle interfère avec la planification économique rationnelle et encourage une sorte d'autocomplaisance égalitaire dans laquelle une multitude d'intérêts privés s'affirment aux dépens de la communauté dans son ensemble. L'Etat de Singapour s'est distingué ces dernières années par ses efforts acharnés en vue de réduire au silence les critiques de la presse, et même par ses violations des droits de l'homme sur la personne des opposants politiques au régime. De surcroît, le gouvernement de Singapour intervient dans la vie privée de ses citoyens à un degré qui serait totalement inacceptable en Occident, en fixant par exemple la longueur des cheveux des garçons, en déclarant hors la loi les salles de jeux vidéo, et en infligeant des contraventions sévères pour des délits mineurs comme laisser des ordures dans les toilettes publiques ou ne pas y tirer la chasse d'eau. L'autoritarisme de Singapour est doux selon les critères du XXe siècle, mais il est caractéristique de deux manières. Premièrement, il s'est accompagné d'un succès économique extraordinaire; deuxièmement, il a été justifié – et ce n'était pas une excuse – non pas comme dispositif transitoire, mais comme système supérieur à la démocratie libérale.

Les sociétés asiatiques perdent cependant beaucoup du fait de cette orientation de groupe. Elles imposent un haut degré de conformisme à leurs membres et répriment jusqu'aux formes les plus inoffensives de l'expression individuelle. Les contraintes de ce genre de société sont parfaitement évidentes pour les femmes, puisque l'accent mis sur la famille patriarcale traditionnelle a limité pour elles les possibilités de vie et de travail en dehors du foyer. Les consommateurs ont peu de droits et doivent accepter des politiques économiques sur lesquelles ils n'ont guère d'avis à donner. La reconnaissance fondée sur les groupes est finalement irrationnelle : à la limite, elle peut donner naissance au chauvinisme et à la guerre, comme ce fut le cas dans les années 1930. Faute de guerre, la reconnaissance fondée sur le groupe peut entraîner des dysfonctionnements marqués. Par exemple, tous les pays développés font aujourd'hui l'expérience d'un afflux de personnes venues des pays plus pauvres et moins stables, attirées par le travail et par la sécurité. Le Japon, tout autant que les Etats-Unis, a besoin d'ouvriers peu payés pour certains travaux, mais est peut-être le moins capable d'accueillir des immigrants en raison de la nature fondamentalement intolérante de ses groupes constitutifs. Le libéralisme éclaté des Etats-Unis, par contre, est la seule base concevable sur laquelle d'importants contingents d'immigrés peuvent être assimilés avec succès.

Malgré tout, l'effondrement des valeurs asiatiques traditionnelles, prédit depuis longtemps, est très long à se concrétiser. C'est peut-être parce que les sociétés de ces pays ont certains avantages que leurs membres n'oublient pas facilement, spécialement lorsqu'ils observent les alternatives étrangères. Certes, les ouvriers américains n'ont pas à chanter l'hymne de leur société tout en faisant des exercices de groupe, mais l'une des plaintes les plus courantes à propos de la vie américaine contemporaine est précisément qu'elle manque d'*esprit de communauté*. L'effondrement de cet esprit commence aux Etats-

Unis au niveau de la famille, qui s'est disloquée de façon croissante au cours des générations récentes, d'une manière qui est familière à tous les Américains. Mais il est évident aussi dans l'absence de tout sens d'attachement local pour beaucoup d'Américains, et dans la disparition de toute expression de sociabilité en dehors de la famille rapprochée. C'est précisément un sens de la communauté qui est offert par les sociétés asiatiques, et pour beaucoup de ceux qui sont nés et ont grandi dans ces cultures, le conformisme social et les contraintes qui pèsent sur l'individualisme semblent constituer un prix faible à payer pour jouir de cet état de choses sécurisant.

A la lumière de telles considérations, il pourrait sembler que l'Asie en général, et le Japon en particulier, sont à une phase particulièrement critique par rapport à l'histoire du monde. Il est possible d'imaginer l'Asie évoluant dans deux directions sensiblement différentes si elle continue de croître économiquement au cours des prochaines générations. D'un côté, les populations de plus en plus formées et cosmopolites de l'Asie peuvent continuer d'assimiler les idées occidentales de reconnaissance universelle et réciproque, conduisant à une diffusion plus large de la démocratie libérale formelle. L'importance des groupes comme source d'identification « thymotique » déclinera; les Asiatiques s'intéresseront davantage à la dignité personnelle, aux droits des femmes et à la consommation privée, en intégrant peu à peu les principes des droits universels de l'homme. C'est le processus qui a poussé la Corée du Sud et Taiwan vers la démocratie formelle au cours de la dernière décennie. Le Japon a déjà beaucoup avancé sur cette voie depuis la guerre, et le déclin des institutions patriarcales en fait un pays beaucoup plus « moderne » que – par exemple – Singapour.

En revanche, si les Asiatiques se persuadent que leurs succès économiques doivent plus à leurs traditions qu'aux emprunts étrangers; si la croissance économique américaine et européenne est plus faible que celle de l'Extrême-Orient; si les sociétés occidentales continuent de vivre l'effondrement progressif des institutions sociales de base comme la famille; enfin, si elles regardent les sociétés asiatiques avec méfiance ou hostilité : alors une alternative non libérale et non démocratique, combinant rationalisme économique technocratique et autoritarisme paternaliste, peut gagner du terrain dans ces pays. Jusqu'à présent, de nombreuses sociétés asiatiques ont au moins rendu un hommage verbal aux principes occidentaux de la démocratie libérale, acceptant sa forme mais modifiant son contenu pour l'accommoder aux traditions culturelles de l'Asie. Mais une rupture ouverte avec la démocratie pourrait se produire, au cours de laquelle la forme elle-même pourrait être rejetée comme une imposition de l'Occident, aussi inadéquate pour le fonctionnement des sociétés asiatiques que les techniques occidentales de direction des affaires pour leurs économies. Les débuts d'un rejet systématique de la démocratie libérale sont clairement perceptibles dans les prises de position théoriques de Lee Kouan You, et dans les écrits de certains auteurs japonais comme Shintaro Ishihara. Le Japon est appelé à jouer un rôle crucial si une telle alternative apparaît dans l'avenir, puisque ce pays a déjà remplacé les Etats-Unis comme modèle de modernisation pour l'essentiel de l'Asie [8].

Un nouvel autoritarisme asiatique ne prendrait probablement pas les allures d'un Etat policier totalitaire, sur le modèle qui nous est devenu familier. La tyrannie serait celle du respect, l'obéissance volontaire des gens à une autorité suprême, et leur conformité à un ensemble rigide de normes sociales. On peut douter qu'un tel système politique puisse être exportable à d'autres cultures qui ne partagent pas l'héritage confucéen de l'Asie, pas plus que le fondamentalisme islamique n'a été exportable dans les parties non islamiques du monde [9]. L'empire du respect que cela représente peut produire une prospérité sans précédent, mais il implique aussi une enfance prolongée pour la plupart des citoyens, donc un *thymos* incomplètement satisfait.

Dans le monde contemporain, nous assistons ainsi à un double phénomène curieux : la victoire de l'Etat universel et homogène, et dans le même temps la persistance des peuples. D'une part, on note l'homogénéisation toujours croissante de l'humanité, induite par l'économie et la technologie modernes, et par la diffusion de l'idée de reconnaissance rationnelle comme seule base légitime de gouvernement à travers le monde. D'autre part, on relève partout une résistance à cette homogénéisation, doublée d'une réaffirmation des identités culturelles (sur un plan largement infrapolitique), qui finit par renforcer les barrières existantes entre le peuple et les nations. Le triomphe du « monstre le plus froid » a été incomplet. Alors même que les formes d'organisation économique et politique acceptables se sont constamment réduites en nombre durant les cent dernières années, les interprétations des formes survivantes – capitalisme et démocratie libérale – continuent de connaître des variantes. Cela suggère que, même lorsque les différences idéologiques entre les Etats disparaissent à l'arrière-plan, d'importantes différences subsistent, déplacées toutefois sur le terrain de la culture et de l'économie. Ces différences suggèrent de plus que le système des Etats existant ne risque pas de se fondre brusquement dans un Etat universel et homogène *réel* [10]. La Nation continuera d'être un pôle central d'identification, même si de plus en plus de nations en viennent à partager des formes d'organisation économique et politique communes.

Il nous faut donc considérer à présent l'allure future des relations entre Etats, et comment elles différeront de l'ordre international auquel nous sommes habitués.

23

L'IRRÉALITE DU « RÉALISME »

> Étant donné ce qu'on peut supposer des dieux et ce qu'on sait avec certitude des hommes, nous croyons que les uns et les autres obéissent nécessairement à une loi de nature qui les pousse à dominer les autres chaque fois qu'ils sont les plus forts. Cette loi, ce n'est pas nous qui l'avons faite et nous ne sommes pas les premiers à l'avoir mise en application une fois qu'elle a été établie. D'autres nous l'ont transmise et nous lui obéissons, comme feront tous ceux qui viendront après nous. Nous savons que vous-mêmes ou tout autre peuple, vous n'agiriez pas autrement si vous disposiez d'une puissance comparable à la nôtre.
>
> « Discours des Athéniens aux Méliens »,
> in Thucydide, *Histoire de la guerre du Péloponnèse*[1].

L'existence d'une histoire orientée et l'évolution dialectique des Etats vers la démocratie libérale, sur la lancée du développement économique, devraient avoir d'importantes conséquences pour les relations internationales. Si l'avènement de l'Etat universel et homogène signifie l'établissement de la reconnaissance rationnelle sur le plan de la vie sociale des individus et l'abolition de la relation maître-esclave entre eux, la diffusion de ce type d'Etat à travers le système international devrait impliquer également la fin de la relation maître-esclave *entre* les nations, c'est-à-dire la fin de l'impérialisme, et, avec elle, la diminution des probabilités de guerre fondées sur cet impérialisme.

Mais de même que les événements du XXe siècle ont engendré un pessimisme profond à propos de la possibilité d'une « histoire universelle » et de changements progressifs dans les relations entre pays, ils ont également déterminé un pessimisme certain à propos des relations à l'intérieur même de ces pays. Ce dernier type de pessimisme est en un sens beaucoup plus grave que le pessimisme sur la politique domestique. Tandis que les principaux courants théoriques en économie et sociologie, au siècle dernier, se sont attaqués au problème de l'histoire et des changements historiques, les théoriciens des relations internationales dissertent comme si l'histoire n'avait pas existé – par exemple, comme si la guerre et l'impérialisme étaient des aspects permanents de l'horizon des hommes, dont les causes fondamentales n'avaient pas changé depuis l'époque de Thucydide. Alors que tous les autres aspects de l'environnement social des hommes – religion, famille, organisation économique, concepts de légitimité politique – sont soumis à l'évolution historique, les relations internationales sont considérées comme éternellement semblables à elles-mêmes : « La guerre est éternelle [2]. »

Cette vue pessimiste des relations internationales a reçu une formulation systématique sous l'étiquette changeante de « réalisme », « *Realpolitik* » ou « politique des puissances ». Le réalisme est le cadre dominant pour comprendre les relations internationales, et il a modelé la pensée de presque tous les spécialistes actuels de politique étrangère, aux Etats-Unis et dans une bonne partie du monde. Pour comprendre l'impact de la diffusion de la démocratie en politique internationale, il nous faut analyser les faiblesses de l'école d'interprétation réaliste, aujourd'hui dominante.

Le véritable fondateur du réalisme a été Machiavel, qui estimait que les hommes ne devraient pas s'inspirer de la façon dont les philosophes ont imaginé qu'ils doivent vivre, mais plutôt de celle dont ils vivent réellement ; il croyait également que pour pouvoir survivre, les Etats les meilleurs devraient imiter la politique des pires. Toutefois, en tant que doctrine à appliquer aux problèmes de politique contemporaine, le réalisme n'est pas intervenu sur la scène internationale avant la fin de la Seconde Guerre mondiale. Depuis lors, il a pris de nombreuses formes. La formulation originelle fut celle des écrivains des premières années de l'après-guerre, comme le théologien Reinhold Niebuhr, le diplomate George Kennan et le professeur Hans Morganthau, dont le manuel sur les relations internationales a peut-être exercé la plus grande influence sur la conception américaine de la politique étrangère durant la guerre froide [3]. Depuis lors, on a connu une grande variété de versions universitaires de cette théorie, telles que le « néo-réalisme » ou le « réalisme structural » ; mais l'avocat le plus déclaré et le plus important du réalisme dans la dernière génération a été Henry Kissinger. En tant que secrétaire d'Etat, Kissinger s'était donné comme objectif à long terme de faire sortir le public américain de son libéralisme wilsonien traditionnel, pour l'amener à une compréhension plus « réaliste » de la politique étrangère. Cette perspective caractérise la pensée de nombreux disciples et protégés de Kissinger, qui ont continué à déterminer la politique extérieure américaine longtemps après que celui-ci eut quitté le service de l'Etat.

Toutes les théories réalistes partent du postulat que l'insécurité est le trait permanent et universel de l'ordre international, dû au caractère constamment anarchique de ce dernier [4]. En l'absence d'une puissance internationale souveraine, chaque Etat reste potentiellement exposé à la menace de n'importe quel autre Etat et n'a d'autre remède contre cette insécurité que de prendre les armes pour sa propre défense [5]. C'est en fait la théorie de Hobbes (*Leviathan*, XIII) étendue aux relations internationales. Ce sentiment de menace est d'une certaine manière inévitable, puisque chaque Etat risque de mal interpréter les actions « défensives » des autres Etats et, sous l'effet de cette menace imaginaire, d'entreprendre à son tour des mesures défensives qui seront elles aussi interprétées (à tort) comme offensives. La menace devient ainsi une sorte de prophétie qui se réalise d'elle-même. La conséquence de cette situation est que tous les Etats vont chercher à maximiser leur puissance par rapport aux autres Etats. La rivalité et la guerre sont donc les résultats inévitables du système international, non pas à cause de la nature des Etats eux-mêmes, mais en raison du caractère anarchique du système des Etats dans son ensemble.

Cette course à la puissance n'est pas affectée par le caractère intérieur des Etats – qui peuvent être des théocraties, des aristocraties esclavagistes, des Etats policiers fascistes, des dictatures communistes, aussi bien que des démocraties libérales. Morganthau expliquait que « c'est la nature même de la politique de pousser l'acteur sur scène à se servir d'idéologies pour masquer le but immédiat de son action », qui est toujours le pouvoir [6]. Par exemple, la Russie s'est étendue territorialement sous le régime bolchevique autant qu'elle l'avait fait sous le régime tsariste : c'est l'expansion qui a été constante, non la forme particulière de gouvernement [7]. On s'attend donc à ce que le futur gouvernement de la Russie, complètement débarrassé du marxisme-léninisme, reste tout autant expansionniste, puisque l'expansionnisme semble être une expression de la volonté de puissance du peuple russe [8]. Le Japon peut bien être aujourd'hui une démocratie libérale et non une dictature militaire comme il l'était dans les années 1930, il n'en reste pas moins le Japon avant tout, et domine l'Asie non plus avec ses canons mais avec le yen [9].

Si l'appétit de puissance est essentiellement le même pour tous les Etats, le facteur qui détermine réellement la guerre n'est pas le comportement agressif de certains d'entre eux, mais plutôt l'existence ou non d'un équilibre des puissances dans le système d'ensemble de ces Etats. S'il existe, l'agression a toutes les chances de n'être pas payante; sinon, les Etats seront tentés de prendre l'avantage sur leurs voisins. Sous leur forme la plus pure, les réalistes soutiennent que la *répartition* de la puissance est le seul facteur déterminant fondamental de la guerre et de la paix. La puissance peut être répartie de manière « bipolaire », lorsque deux Etats du système prédominent sur tout le reste. C'était vrai d'Athènes et de Sparte au temps de la guerre du Péloponnèse, de Rome et de Carthage quelques siècles plus tard, de l'U.R.S.S. et des Etats-Unis durant la guerre froide. L'alternative est un système « multipolaire » dans lequel la puissance est répartie entre un plus grand nombre de nations, comme ce fut le cas dans l'Europe des XVIIIe et XIXe siècles. On a longuement discuté entre réalistes pour savoir laquelle des deux répartitions engendre la stabilité internationale sur un plus long terme. La plupart des spécialistes ont conclu que le système bipolaire a plus de chances d'être stable, quoique les raisons de cet état de choses tiennent probablement plus à des facteurs historiquement contingents, comme l'incapacité des Etats-nations modernes à être parfaitement souples dans leur système d'alliances [10]. La répartition bipolaire de la puissance après la Seconde Guerre mondiale est donc considérée comme l'une des raisons pour lesquelles l'Europe est restée en paix pendant le demi-siècle qui a suivi 1945 – durée sans précédent dans son histoire.

Sous sa forme la plus extrême, le réalisme traite les Etats-nations comme des boules de billard, dont le contenu, recouvert d'une carapace opaque, est sans importance pour prédire leur comportement. La science politique internationale ne requiert pas la connaissance de ce qui se trouve à l'intérieur. On n'a besoin que de comprendre les lois mécaniques de la physique qui régissent leur interaction : comment la poussée d'une boule contre une bande la fait ricocher selon un angle complémentaire, ou comment l'énergie cinétique d'une boule se répartit différemment entre les deux autres qu'elle frappe simultanément. La politique internationale ne porte donc pas sur l'interaction de sociétés humaines complexes et historiquement évolutives, et les guerres ne sont pas des heurts entre les systèmes de valeurs. Dans cette perspective de « billard », la modeste connaissance de la nature du système international (bipolaire ou multipolaire) est suffisante pour déterminer les probabilités de paix ou de guerre.

Le réalisme prend en même temps la forme d'une *description* de la politique internationale et d'une *prescription* sur la conduite à tenir par les Etats en matière de politique étrangère. La valeur de prescription du réalisme procède évidemment de l'exactitude de sa description. On peut estimer qu'aucun être doué de bonté ne souhaite mettre en pratique les préceptes cyniques du réalisme jusqu'à ce qu'il y soit contraint par le comportement de « la foule de ceux qui ne sont pas bons », comme disait Machiavel. Le réalisme prescriptif débouche sur de nombreuses règles de conduite qui nous sont devenues familières.

La première règle est que la solution ultime au problème de l'insécurité internationale est à trouver, pour un Etat, dans le maintien de l'équilibre de sa puissance avec celle de ses ennemis potentiels. Puisque la guerre est l'arbitre final dans les querelles entre Etats, ceux-ci doivent avoir suffisamment de force pour se défendre eux-mêmes. Ils ne peuvent se fier aux accords internationaux ou aux organisations internationales comme les Nations unies, qui n'ont presque aucun pouvoir de contrainte ou de sanction. Reinhold Niebuhr, citant l'impuissance de la Société des Nations à punir l'invasion japonaise de la Mandchourie, déclarait : « Le prestige de la communauté internationale n'est pas assez grand [...] pour forger un esprit communautaire suffisamment unifié afin de discipliner les nations récalcitrantes » [11]. La seule monnaie qui ait cours dans le domaine de la politique internationale est la puissance militaire. Les autres formes de puissance – telles que ressources naturelles ou capacité industrielle – sont importantes, mais principalement comme moyens de créer les capacités militaires de l'autodéfense.

La seconde règle du réalisme est que les amis et les ennemis devraient être choisis d'abord en fonction de leur puissance, plutôt qu'en raison de leur idéologie ou du caractère intérieur de leur régime. Les exemples sont innombrables en ce domaine, depuis l'alliance entre Américains et Soviétiques pour battre Hitler jusqu'à l'alignement de l'administration Bush sur les positions moyen-orientales de la Syrie, pour lutter contre l'Irak de Saddam Hussein. Après la défaite de Napoléon, la coalition antifrançaise conduite par le prince de Metternich, ministre autrichien des Affaires étrangères, se refusa à démembrer la France ou à en tirer d'autres concessions vexatoires, sur le principe qu'elle serait un jour nécessaire comme contrepoids à de futures menaces contre la paix européenne, venant d'horizons nouveaux et insoupçonnés. De fait, quelques décennies plus tard, ce ne fut pas la France, mais l'Allemagne et la Russie qui cherchèrent à bouleverser le *statu quo* européen. Cet équilibre lucide des puissances, libéré de toute considération idéologique ou revancharde, a été le sujet du premier livre de Kissinger et reste un exemple classique du réalisme mis en pratique [12].

Un troisième précepte, lié aux deux précédents, est qu'en déterminant les menaces étrangères qui pèsent sur leur pays, les dirigeants devraient regarder les capacités militaires de plus près que les intentions affichées. Le réalisme tient pour assuré que l'intention, d'une certaine manière, est toujours visible; même si aujourd'hui un pays a l'air amical et non belliqueux, son allure peut changer demain. Les capacités militaires – quantité de chars, d'avions et de canons – ne sont pas aussi inconstantes; elles constituent par elles-mêmes des indices sur les intentions réelles.

Le quatrième précepte – ou ensemble de règles de conduite – est qu'il faut exclure toute moralité de la politique étrangère. Morganthau attaquait la tendance trop répandue parmi les nations à « identifier les aspirations morales d'une nation particulière avec les lois morales qui gouvernent l'univers », arguant que cela conduisait à l'orgueil et à l'outrecuidance, tandis que « le concept d'intérêt défini en termes de puissance [...] nous préserve à la fois des excès moraux et de la folie politique [13] ». Dans le même ordre d'idées, Kissinger avançait qu'il existait deux sortes de systèmes des Etats, les « légitimes » et les « révolutionnaires ». Dans le premier, tous les Etats membres acceptaient réciproquement la légitimité fondamentale de chacun d'entre eux et ne cherchaient pas à se nuire ou à contester mutuellement leur droit à l'existence. Par contre, le système des Etats révolutionnaires était constamment parcouru de vastes conflits à cause de la mauvaise volonté de certains de ses membres pour accepter le *statu quo* [14]. L'Union soviétique était alors un exemple parfait d'Etat révolutionnaire, puisqu'il s'était engagé depuis sa naissance dans la lutte pour la révolution mondiale et pour la victoire universelle du marxisme-léninisme. Pourtant, des démocraties libérales comme les Etats-Unis ont parfois agi comme des Etats révolutionnaires, en cherchant à imposer leur forme de gouvernement dans des régions impropres à le recevoir, du Viêt-nam au Panama. Les systèmes des Etats révolutionnaires sont par définition plus enclins au conflit que les systèmes des Etats légitimes : ils ne se satisfont pas de la coexistence et considèrent chaque conflit comme une lutte manichéenne à propos des principes fondamentaux. Puisque la paix, surtout à l'ère nucléaire, est l'objectif le plus important, le système légitime est incomparablement préférable au système révolutionnaire.

Il en découle une forte opposition à l'introduction de toute morale en matière de politique étrangère. Selon Niebuhr,

> « le moraliste peut être un guide aussi dangereux que le réaliste politique. Il est généralement incapable de reconnaître les éléments d'injustice et de coercition qui sont présents dans toute paix sociale contemporaine [...]. Une

glorification trop aveugle de la coopération mutuelle aboutit ainsi à accepter les injustices traditionnelles et à préférer les types plus insidieux de coercition à ceux qui sont plus ouverts [15] ».

Cela conduit à une situation quelque peu paradoxale : les réalistes, qui cherchent constamment à maintenir un équilibre des puissances fondé sur la force militaire, sont aussi ceux qui chercheront probablement à s'accommoder avec de puissants ennemis. Ce fait découle naturellement de la position réaliste. Si la compétitition entre les Etats est, en un certain sens, permanente et universelle, alors les changements dans l'idéologie ou la direction des Etats hostiles n'amélioreront pas fondamentalement le dilemme de la sécurité internationale. Les tentatives pour chercher des remèdes au problème de sécurité par des moyens révolutionnaires – en attaquant par exemple les fondements de la légitimité des gouvernements rivaux par la critique de leurs violations des droits de l'homme – sont aussi malencontreuses que dangereuses.

Ce n'est donc pas un hasard si les premiers réalistes comme Metternich ont été des diplomates plutôt que des guerriers, et si le réaliste Kissinger, tout en méprisant souverainement les Nations unies, a été l'architecte de la détente entre les Etats-Unis et l'U.R.S.S. au début des années 1970 – détente paradoxale entre une démocratie libérale et un Etat parfaitement totalitaire. Comme Kissinger essayait de le faire comprendre à l'époque, le pouvoir communiste soviétique était une donnée permanente de la réalité internationale, que l'on ne pouvait ni effacer ni réformer en profondeur; les Américains devaient se faire à l'idée d'un compromis plutôt que d'une confrontation en traitant avec l'Union soviétique. Les Etats-Unis comme l'U.R.S.S. avaient intérêt à éviter toute guerre nucléaire, et Kissinger s'est constamment opposé à l'introduction de considérations morales (comme l'émigration des juifs soviétiques) dans ses efforts pour faire progresser cet intérêt commun fondamental.

Le réalisme a joué un rôle important et bénéfique en modelant la conception américaine de la politique étrangère après la Seconde Guerre mondiale. Il l'a fait en préservant les Etats-Unis de leur tendance à rechercher la sécurité sous la forme vraiment naïve d'un internationalisme libéral, appuyé par exemple sur la confiance basique dans les Nations unies pour la sécurité. Le réalisme était un cadre adéquat pour comprendre la politique internationale à cette époque, car le monde fonctionnait alors sur des postulats réalistes. Il ne le faisait pas tant parce que les principes réalistes reflétaient des vérités intemporelles, mais parce que le monde était profondément divisé entre des Etats aux idéologies radicalement différentes et mutuellement hostiles. La politique mondiale de la première moitié de ce siècle a d'abord été dominée par l'agressivité du nationalisme européen (par-dessus tout celui de l'Allemagne), puis par la confrontation violente entre le fascisme, le communisme et la démocratie libérale. Le fascisme reconnaissait explicitement la position de Morganthau selon laquelle l'ensemble de la vie politique était une lutte incessante pour le pouvoir, alors que le libéralisme et le communisme visaient tous deux à l'universalisme dans leur conception de la justice : le conflit entre eux était inévitable dans toutes les régions de la terre. L'hostilité implacable de ces idéologies garantissait que tout cadre d'internationalisme libéral destiné à régler les interactions d'un système d'Etats *libéraux* serait ignoré ou utilisé de manière malhonnête pour faire progresser des objectifs nationalistes agressifs. Le Japon, l'Allemagne et l'Italie se moquèrent des résolutions de la Société des Nations dans l'entre-deux-guerres, tout comme le veto de l'Union soviétique au Conseil de sécurité des Nations unies a suffi après 1946 à émasculer régulièrement cette organisation [16]. Dans un monde ainsi constitué, la loi internationale était une illusion et la force militaire était le seul remède au problème de la sécurité. Le réalisme paraissait donc un cadre adéquat pour comprendre le fonctionnement des relations mondiales et il fournit le support intellectuel nécessaire pour la création de l'O.T.A.N. et des autres alliances militaires avec l'Europe occidentale et le Japon après la guerre.

Le réalisme est une vue adéquate de la politique internationale pour un siècle pessimiste; il est né naturellement de l'expérience vécue par un bon nombre de ses pratiquants. Henry Kissinger, par exemple, avait connu par expérience personnelle la transformation brutale de la civilisation en lutte pour le pouvoir, lorsqu'il avait dû fuir dans son enfance une Allemagne devenue nazie. Son mémoire de licence sur Kant, rédigé alors qu'il était étudiant à Harvard, attaquait la position du philosophe sur le progrès historique et envisageait des positions qui approchent parfois de très près une sorte de nihilisme : il n' y aurait ni Dieu ni mécanisme laïc – comme l'histoire universelle de Hegel – qui puisse fournir une signification cohérente au flux des événements. L'histoire était plutôt une suite cahotique et incessante de luttes entre les nations, dans lesquelles le libéralisme n'avait aucune position privilégiée particulière [17].

Les premières contributions du réalisme à la politique étrangère américaine ne doivent pourtant pas nous rendre aveugles aux faiblesses sérieuses de ce type d'explication pour saisir les relations internationales, aussi bien pour décrire les réalités que pour prescrire la politique à suivre. Le réalisme est en effet devenu une sorte de fétiche pour les politiques étrangères « sophistiquées », qui acceptent souvent sans discernement les postulats de ce réalisme, sans reconnaître s'ils conviennent encore – et dans quelle mesure – au monde actuel. La persistance du cadre théorique au-delà de son temps de validité a même conduit à quelques propositions assez étranges sur la façon de penser et d'agir dans le monde d'après la guerre froide. Par exemple, on a suggéré que l'Occident devait essayer de maintenir en vie le pacte de Varsovie, parce que la division bipolaire de l'Europe expliquait la paix qui régnait sur ce continent depuis 1945 [18]; on a avancé aussi que la fin de la division de l'Europe allait conduire à une période d'instabilité et de danger plus grave que celle de la guerre froide, et que l'on pouvait y remédier par la multiplication contrôlée des armes nucléaires en Allemagne [19].

Ces deux propositions font penser à un médecin qui, après avoir traité un malade du cancer par une longue et épuisante chimiothérapie, finalement couronnée de succès, chercherait obstinément à persuader le patient de continuer le traitement parce qu'il a bien réussi par le passé. En voulant traiter une maladie qui n'existe plus, les réalistes proposent maintenant des traitements coûteux et dangereux à des patients en bonne santé. Pour comprendre pourquoi le patient est dans cet état de santé essentielle, il nous faut revenir à présent sur les thèses réalistes à propos des causes latentes de la maladie, c'est-à-dire de la guerre entre les nations.

24

LE POUVOIR DES IMPUISSANTS

Le réalisme est une théorie qui soutient que l'insécurité, l'agression et la guerre sont des possibilités permanentes dans le système international des Etats, et que cette condition est une condition *humaine*, c'est-à-dire qui ne peut être modifiée par l'apparition de formes et de types particuliers de société, parce qu'elle est profondément enracinée dans la nature immuable de l'homme. Pour soutenir cette théorie, les réalistes font remarquer la permanence de la guerre à travers toute l'histoire des hommes, depuis les premières batailles sanglantes de la Bible jusqu'aux hécatombes mondiales de notre siècle.

Tout cela paraît à première vue plausible, mais le réalisme repose sur deux fondements extrêmement branlants : un réductionnisme impardonnable à propos des motifs et du comportement des sociétés humaines, une incapacité à poser la question de l'Histoire.

Sous sa forme la plus pure, le réalisme essaie de bannir toutes les considérations de politique intérieure et de déduire la possibilité des guerres de la seule structure du système des Etats. Selon un réaliste, « la situation de conflit est commune parmi les Etats parce que le système international crée de puissantes incitations à l'agression [...]. Les Etats cherchent à survivre dans cette anarchie en maximisant leur puissance par rapport aux autres Etats [1] [...] ». Mais cette forme pure de réalisme réintroduit sans le dire certains postulats fortement réductionnistes à propos de la nature des sociétés humaines qui constituent le système, les attribuant par erreur à celui-ci dans son ensemble plutôt qu'aux unités qui le composent. Il n'existe par exemple absolument aucune raison pour affirmer que dans un ordre international anarchique, chaque Etat doit se sentir menacé par un autre Etat, sauf si l'on a des raisons de penser que les sociétés humaines sont par définition agressives. L'ordre international décrit par les réalistes ressemble de près à l'état de nature selon Hobbes, où l'homme est en état de guerre permanente de tous contre tous. Mais cet état ne résulte pas pour Hobbes du simple instinct de conservation; il vient de ce que la préservation de soi coexiste avec la vanité ou le désir de reconnaissance. S'il n'existait pas certains hommes pour désirer imposer leurs vues aux autres, particulièrement ceux qui sont imbus de l'esprit de fanatisme religieux, Hobbes dirait sans doute lui-même que l'état de guerre primordial ne viendrait jamais en premier. L'instinct de conservation ne suffit pas à lui tout seul à expliquer la guerre de tous contre tous.

Un « état de nature » paisible, c'est précisément ce que postule Rousseau. Il refuse que la vanité ou l' « amour-propre » soient naturels à l'homme, et que l'homme selon la nature, craintif et solitaire, ne soit pas essentiellement pacifique, parce que ses quelques besoins égoïstes sont aisément satisfaits. La peur ne conduit pas à la recherche perpétuelle d'une puissance toujours croissante, mais à l'isolement et au repos : l'état de nature est peuplé d'êtres placides, qui se contentent de vivre et de laisser vivre, pour éprouver le sentiment de leur propre existence sans dépendre des autres êtres humains. L'anarchie des origines engendre donc la paix, ou – pour le dire différemment – un monde d'esclaves qui chercherait uniquement à préserver leur existence naturelle serait exempt de conflits, puisque seuls les maître sont poussés par leur *thymos* à rechercher la bataille sanglante avec leurs homologues. Il est parfaitement possible d'imaginer des systèmes d'Etats anarchiques qui n'en seraient pas moins pacifiques et dans lesquels les problèmes de bipolarité et de multipolarité n'auraient aucune raison d'être, à condition que l'on postule que les sociétés humaines se comportent comme l'homme de Rousseau à l'état de nature ou comme l'esclave de Hegel, c'est-à-dire que leur *seul* intérêt soit dans l'instinct de conservation. La théorie réaliste selon laquelle les Etats se perçoivent mutuellement comme des menaces et s'arment en conséquence ne vient pas tant du système que d'un postulat caché en fonction duquel les sociétés humaines tendent à ressembler dans leur comportement international aux maîtres de Hegel qui cherchent la reconnaissance, ou au « premier homme » vaniteux selon Hobbes, plutôt qu'à la créature timide et solitaire de Rousseau.

Le fait même que la paix a été si difficile à obtenir dans les systèmes d'Etats historiques montre bien que certains Etats recherchent *plus* que leur propre conservation, puisque cette dernière est assez facilement obtenue. Comme d'immenses entités « thymotiques », ils cherchent en fait la reconnaissance de leur valeur ou de leur dignité pour des raisons dynastiques, religieuses, nationalistes ou idéologiques, et forcent les autres Etats, au cours de ce processus, à combattre ou à se soumettre. L'ultime raison de la guerre entre les Etats est finalement le *thymos* plutôt que l'instinct de conservation. Tout comme l'histoire humaine a commencé par la bataille sanglante pour le seul prestige, le conflit international commence par une lutte pour la reconnaissance entre les Etats, source originelle de l'impérialisme. Le réaliste ne peut donc absolument rien déduire des données brutes de la répartition de la puissance à l'intérieur du système des Etats. Une telle information ne devient signifiante que s'il fait quelques hypothèses à propos de la nature des sociétés qui constituent le système, à savoir que quelques-unes d'entre elles au moins ont une tendance à l'impérialisme plutôt qu'à la pure et simple conservation de soi.

L'ancienne génération des réalistes – celle de Morganthau, Kennan, Niebuhr et Kissinger – tenait compte du caractère intérieur des Etats dans leurs analyses et pouvait donc mieux expliquer les raisons des conflits internationaux que l'école universitaire postérieure des réalistes « structuralistes [2] ». Ces premiers réalistes reconnaissaient au moins que le conflit devait être amené par un désir *humain* de domination, plutôt que par les interactions mécaniques d'un système de boules de billard. Il reste que les réalistes de toutes tendances inclinent à se laisser attirer par des explications fortement réductionnistes du comportement de l'Etat, lorsqu'ils parlent de politique intérieure.

Il est difficile de savoir, par exemple, comment un réaliste comme Morganthau peut prouver empiriquement que la lutte pour le pouvoir est, comme il le dit, « universelle dans l'espace et le temps », puisqu'il existe d'innombrables cas où les sociétés aussi bien que les individus paraissent motivés par quelque chose de plus que par le désir de maximiser leur puissance relative. Les colonels grecs qui rendirent le pouvoir aux civils en 1974, ou la junte argentine qui quitta le pouvoir en 1983 pour affronter de possibles poursuites en raison des crimes commis « en service », ne peuvent pas raisonnablement être présentés comme « maximisant leur puissance » par ce comportement. L'Angleterre du dernier quart du XIXe siècle a consacré beaucoup de son énergie à l'acquisition de nouvelles colonies, particulièrement en Afrique, tandis qu'elle a fait après la Seconde Guerre mondiale des efforts presque aussi importants pour se débarrasser de cet empire colonial. Avant la Première Guerre mondiale, la Turquie ottomane rêva d'un empire « panturc » ou « pantouranien » allant de l'Adriatique à l'Asie centrale soviétique, mais elle a renoncé plus tard, sous la direction d'Atatürk, à de tels objectifs impérialistes, pour revenir aux frontières d'un Etat-nation compact centré sur l'Anatolie. Les cas de pays cherchant à devenir *plus petits* sont-ils également des exemples de lutte pour le pouvoir, comme pour ceux qui cherchent à s'agrandir par la conquête et l'annexion militaire?

Morganthau argumenterait ici que ces cas illustrent effectivement la lutte pour la puissance, parce qu'il y a différentes formes de puissance et différentes voies pour l'acquérir. Certains Etats cherchent à préserver la puissance qu'ils détiennent par une politique de *statu quo*; d'autres cherchent à l'accroître par une politique d'impérialisme; d'autres enfin cherchent à montrer leur puissance par une politique de prestige. Une Angleterre qui décolonise ou une Turquie kémaliste qui revient à la raison « maximisent » aussi leur puissance parce qu'elles ont réussi à la consolider. En diminuant de taille, elles garantissent leur puissance à long terme [3]. Un Etat n'est pas forcé de maximiser sa puissance par les voies traditionnelles de la conquête militaire et de l'expansion territoriale : il peut en faire autant grâce à la croissance économique, ou en se mettant à la tête de la lutte pour la liberté et la démocratie.

Si l'on poursuit en ce sens, il devient toutefois évident qu'une définition de la « puissance » si large qu'elle englobe à la fois les objectifs des Etats qui cherchent à rapetisser et ceux des Etats qui utilisent la violence et l'agression pour agrandir leur domaine territorial a perdu toute valeur descriptive ou analytique. Une telle définition ne nous aide pas non plus à comprendre pourquoi les nations partent en guerre. Il est clair en effet que certaines manifestations de la « lutte pour la puissance » au sens large non seulement ne menacent pas les autres Etats, mais sont nettement bénéfiques. Par exemple, si l'on interprète la recherche des marchés à l'exportation par la Corée du Sud et Singapour comme des manifestations d'une lutte pour la puissance, c'est évidemment un genre de lutte qui peut être poursuivi indéfiniment par les deux parties pour leur plus grand bénéfice mutuel, et pour le bénéfice de la région conçue comme un ensemble, qui aura ainsi accès à des biens de consommation bon marché grâce à la concurrence commerciale.

A l'évidence, tous les Etats ont à rechercher la puissance pour accomplir leurs objectifs nationaux, même s'ils vont plus loin que la simple survie. En ce sens, la quête de la puissance est effectivement universelle, mais sa signification devient banale. C'est une tout autre chose de dire que tous les Etats cherchent à maximiser leur puissance, et particulièrement leur puissance mlilitaire : en quoi est-il utile de considérer les Etats contemporains du Canada, de l'Espagne, de la Hollande ou du Mexique comme « maximisant leur puissance »? Chacun d'eux cherche certainement à devenir plus riche, mais cette richesse est recherchée pour la consommation domestique et non simplement pour rehausser la position de l'Etat concerné face à celle de ses voisins. En fait, ces pays peuvent soutenir la croissance économique de leurs voisins parce que leur propre prospérité y est intimement liée [4].

Les Etats ne recherchent donc pas simplement la puissance; ils poursuivent une rande variété de buts qui sont dictés par des principes de *légitimité* [5]. De tels concepts agissent comme de puissantes contraintes sur la recherche du pouvoir pour lui-même, et les Etats qui dédaignent ces considérations de légitimité le font à leurs risques et périls. Lorsque l'Angleterre renonça à l'Inde et à d'autres parties de son empire colonial après la Seconde Guerre mondiale, elle le fit essentiellement parce qu'elle était à la fois victorieuse et épuisée. Mais on constata également que de nombreux Anglais avaient fini par penser que le colonialisme était incompatible avec la Charte atlantique et avec la Déclaration universelle des droits de l'homme, au nom desquelles l'Angleterre venait de conclure la guerre avec l'Allemagne nazie. Si la maximisation de la puissance avait alors été son principal objectif, l'Angleterre aurait pu chercher à garder ses colonies – comme la France le fit après la guerre – ou à les récupérer une fois que la nation aurait été remise sur pied économiquement. L'inconcevabilité de cette politique a été due au fait que la Grande-Bretagne a reconnu alors, une fois pour toutes, que le colonialisme était une forme illégitime de domination.

La relation étroite qui existe entre puissance et concept de légitimité n'est nulle part mieux illustrée qu'en Europe de l'Est. Les années 1989 et 1990 ont vu des bouleversements parmi les plus impressionnants qui aient jamais eu lieu dans l'équilibre des puissances en temps de paix, avec la désintégration du pacte de Varsovie et la réunification de l'Allemagne au centre de l'Europe. Il n'y a pas eu de changement dans l'équilibre matériel des puissances : pas un seul char n'a été détruit au combat, ni même déplacé dans le cadre d'un contrôle des armements. Ce bouleversement a résulté entièrement du changement des critères de légitimité : le pouvoir communiste tombant dans le discrédit un pays après l'autre, et les Soviétiques n'ayant pas assez de confiance en eux-mêmes pour restaurer leur empire par la force, la cohésion du pacte de Varsovie a fondu beaucoup plus rapidement qu'elle n'aurait pu le faire dans la chaleur brûlante d'une guerre réelle. Peu importe le nombre de chars et d'avions dont dispose un pays si ses tankistes et ses aviateurs ne veulent pas monter à bord et les utiliser contre les ennemis désignés de la nation, ou s'ils ne veulent pas tirer contre des manifestants civils désarmés pour protéger un régime qu'ils servent nominalement. (On pourrait en dire autant de l'armée de Saddam Hussein, si impressionnante sur le papier, mais qui a fondu littéralement au combat parce que ses soldats ne voulaient pas se battre pour le régime.) La légitimité constitue, selon l'expression de Vaclav Havel, « le pouvoir des impuissants ». Les réalistes qui regardent uniquement les capacités et non les intentions sont perdus lorsque les intentions changent si radicalement.

Le fait que les concepts de légitimité aient changé si dramatiquement avec le temps suggère une seconde faiblesse majeure du réalisme : *il ne tient pas compte de l'histoire* [6]. En violent contraste avec tous les autres aspects de la vie sociale et politique des hommes, le réalisme présente les relations internationales comme isolées dans un vide intemporel, préservées des processus d'évolution qui se déroulent autour d'elles. Mais ces apparentes continuités en politique mondiale, depuis Thucydide jusqu'à la guerre froide, masquent en fait des différences significatives dans la manière dont les sociétés recherchent et contrôlent le pouvoir.

L'impérialisme – domination par la force d'une société sur une autre – naît directement du désir du maître aristocratique d'être reconnu comme supérieur (c'est-à-dire de sa *mégalothymia*). La même pulsion « thymotique » qui a conduit le maître à subjuguer l'esclave le conduit inévitablement à chercher la reconnaissance de tout le monde en entraînant sa société vers une bataille sanglante avec les autres sociétés. Ce processus n'a pas de fin logique avant que le maître n'obtienne l'empire du monde, ou qu'il ne meure. C'est donc le désir de reconnaissance des maîtres, non la structure du système des Etats, qui est la cause originelle des guerres. L'impérialisme et la guerre sont ainsi liés à une certaine classe sociale, la classe des maîtres – autrement connue sous le nom d'aristocratie – qui ont tiré leur statut social de leur ancienne acceptation du risque de mort. Dans les sociétés aristocratiques (ce qui englobe la plupart des sociétés humaines jusqu'au XIXe siècle), les efforts des princes pour conquérir la reconnaissance universelle mais *inégale* étaient largement considérés comme légitimes. Les guerres de conquête territoriale en vue d'une expansion constante de leur domaine étaient considérées comme une aspiration humaine normale, même si leurs effets destructeurs étaient décriés par certains moralistes et écrivains.

L'aspiration « thymotique » des maîtres à la reconnaissance peut prendre d'autres formes, comme celle de la religion. Le désir de domination religieuse – c'est-à-dire la reconnaissance de ses propres dieux et idoles par d'autres peuples – peut aussi accompagner le désir de domination personnelle, comme dans les conquêtes de Cortés ou de Pizarre; il peut également englober des motivations laïques, comme dans les diverses guerres de religion des XVIe et XVIIe siècles. Le point commun entre l'expansionnisme dynastique et l'expansionnisme religieux n'est pas une lutte indifférenciée pour le pouvoir, comme le diraient les réalistes, mais bien la lutte pour la reconnaissance.

Ces manifestations du *thymos* ont été largement remplacées, au début de la période moderne, par des formes de plus en plus rationnelles de reconnaissance, dont l'expression ultime fut l'Etat libéral. La révolution bourgeoise dont Hobbes et Locke étaient les prophètes a cherché à élever moralement la peur servile de la mort au-dessus de la vertu aristocratique du maître, et à sublimer par là-même les manifestations irrationnelles du *thymos* – telles que l'ambition des princes et le fanatisme religieux – en accumulation illimitée de biens et de possessions. Là où avaient eu lieu des conflits civils à propos de problèmes dynastiques et religieux, on vit surgir de nouvelles zones de paix constituées par les modernes Etats-nations européens. Le libéralisme politique en Angleterre mit un terme aux guerres de religion entre protestants et catholiques, qui avaient presque détruit le pays au XVIe siècle : avec l'avènement de ce libéralisme, la religion fut contrainte à la tolérance.

La paix civile apportée par le libéralisme devrait logiquement avoir sa contrepartie dans les relations entre Etats. L'impérialisme et la guerre ont été les conséquences historiques des sociétés aristocratiques. Si la démocratie libérale abolissait la distinction de classe entre maîtres et esclaves en faisant des esclaves leurs propres maîtres, elle devait finir par abolir aussi l'impérialisme. Cette thèse a été posée sous une forme légèrement différente par l'économiste Joseph Schumpeter, qui avança que les sociétés démocratiques capitalistes étaient résolument pacifiques et anti-impérialistes, parce qu'elles fournissaient d'autres exutoires pour les énergies qui se consacraient récemment encore à la guerre :

> Le système de compétition absorbe la totalité des énergies de la plupart des gens à tous les niveaux de l'économie. Une application, une attention et une concentration constantes de l'énergie sont les conditions de la survie dans ce cadre, en premier lieu dans les professions spécifiquement économiques, mais aussi dans les autres activités organisées sur leur modèle. Il y a beaucoup moins de trop-plein d'énergie à gaspiller dans les guerres et les conquêtes que dans toute société précapitaliste. Le trop-plein d'énergie qui pourrait se dégager va largement à l'industrie elle-même, explique l'apparition de ses figures marquantes – le type du « capitaine d'industrie » – et

s'applique pour le reste dans les arts, dans la science et dans les luttes sociales [...]. Un monde purement capitaliste ne saurait donc offrir un terreau fertile à des poussées impérialistes [...]. Le point essentiel réside dans le caractère fondamentalement non belliqueux de ces populations [7].

Schumpeter définissait l'impérialisme comme « la disposition indifférenciée de la part d'un Etat à une expansion illimitée par la force [8] ». Cet effort de conquête sans limites n'était pas une caractéristique de toutes les sociétés humaines et ne pouvait pas être causé par une recherche abstraite de la sécurité de la part de sociétés esclaves. Il s'est plutôt répandu en des lieux et à des moments particuliers, comme en Egypte après l'expulsion des Hyksos, ou au Moyen-Orient après la conversion des Arabes à l'islam, à cause de l'apparition d'un ordre aristocratique dont la morale et les valeurs étaient tournées vers la guerre [9].

La généalogie des sociétés libérales modernes dans la conscience de l'esclave plutôt que dans celle du maître et l'influence sur celles-ci de la dernière grande idéologie servile – le christianisme – sont aujourd'hui manifestes dans la diffusion de la pitié et dans la tolérance de plus en plus limitée à l'égard de la violence, la mort et la souffrance. Cela se révèle, par exemple, dans la disparition graduelle de la peine de mort parmi les pays développés, ou dans l'intolérance de plus en plus générale des morts par fait de guerre [10]. Durant la guerre de Sécession, des soldats étaient couramment exécutés pour désertion; au cours de la Seconde Guerre mondiale, un seul soldat fut exécuté pour ce motif, et sa veuve poursuivit en justice le gouvernement américain au nom du défunt après la guerre. La Royal Navy britannique avait coutume naguère d'enrôler de force des marins des basses classes pour ce qui paraissait alors être une vie de servitude involontaire; elle doit aujourd'hui les attirer avec des soldes qui concurrencent le secteur privé, et leur fournir le confort d'une maison lorsqu'ils sont à bord des navires. Aux XVIIe et XVIIIe siècles, les princes ne voyaient aucun inconvénient à envoyer des dizaines de milliers de soldats à la mort pour l'amour de leur seule gloire personnelle. Aujourd'hui, les dirigeants des pays démocratiques n'engagent leur pays dans la guerre que pour de très sérieuses causes nationales, et hésitent longuement avant de prendre de telles décisions, parce qu'ils savent que leur Constitution ne leur permet pas de s'avancer à la légère. Lorsqu'ils le font, comme l'Amérique au Viêtnam, ils en sont sévèrement punis [11]. Tocqueville, relevant la progression des sentiments de pitié dès les années 1830, au moment où il écrit *De la démocratie en Amérique*, cite en contrepoint une lettre écrite en 1675 par Mme de Sévigné à sa fille, dans laquelle la marquise décrit tranquillement le supplice d'un truand rompu sur la roue pour avoir volé quelque papier, puis écartelé après sa mort (c'est-à-dire dépecé en quatre morceaux), et « ses membres exposés aux quatre coins de la ville [12] ».

Tocqueville, frappé de ce qu'elle parle de cela aussi légèrement qu'elle parle du temps qu'il fait, attribue l'adoucissement des mœurs constaté depuis à la montée de l'égalité. La démocratie brise les murs qui avaient naguère séparé les classes sociales, murs qui empêchaient les gens sensibles et cultivés comme Mme de Sévigné de reconnaître dans le supplicié un être humain comme eux. Aujourd'hui, notre compassion s'étend non seulement aux basses classes sociales, mais aussi bien aux animaux supérieurs [13].

Avec la diffusion de l'égalité sociale vinrent aussi d'importants changements dans l'économie de guerre. Avant la révolution industrielle, la richesse nationale devait être extraite des maigres surplus économisés par des masses de paysans qui vivaient au niveau du seuil de subsistance (ou juste au-dessus de ce niveau), dans des sociétés presque universellement agricoles. Un prince ambitieux ne pouvait accroître sa richesse qu'en s'emparant de la terre et des paysans d'un autre potentat, ou en mettant la main sur des ressources de valeur, comme l'or et l'argent du Nouveau Monde pour la monarchie espagnole. Après la révolution industrielle, toutefois, l'importance de la terre, de la population et des ressources naturelles déclina fortement comme sources de richesse, au bénéfice de la technique et de l'organisation rationnelle du travail. L'accroissement extraordinaire de la productivité du travail que permirent ces facteurs fut beaucoup plus significatif et assuré que n'importe quel gain économique réalisé par une conquête territoriale. Des pays comme le Japon, Singapour et Hong Kong, avec peu de terres, des populations limitées et aucune ressource naturelle, se sont trouvés dans une position économiquement enviable, sans avoir besoin de recourir à l'impérialisme pour accroître leur richesse. La tentative de mainmise de l'Irak sur le Koweit a récemment montré qu'il existe naturellement certaines ressources naturelles, comme le pétrole, dont le contrôle confère potentiellement d'énormes bénéfices économiques. L'issue de l'invasion irakienne paraît toutefois garantir que l'on ne sera plus guère tenté à l'avenir par ce genre de méthodes d'acquisition des ressources nouvelles. Etant donné que l'accès à ces mêmes ressources peut être obtenu pacifiquement par le jeu économique du marché libre, la guerre a perdu la signification économique qu'elle avait encore voici deux ou trois cents ans [14].

Dans le même temps, le coût économique de la guerre, si déploré par Kant, s'est accru de manière exponentielle du fait des progrès technologiques. Dès le temps de la Première Guerre mondiale, la technique conventionnelle avait rendu la guerre si coûteuse que des sociétés entières pouvaient être ruinées par leur participation à un conflit, même si elles étaient dans le camp finalement victorieux. Inutile de souligner que les armes nucléaires ont accru le coût potentiel de la guerre dans des proportions incommensurables. Le rôle de ces mêmes armes nucléaires dans le maintien de la paix durant la guerre froide a été unanimement reconnu [15]. Il est très difficile de démêler l'effet des armes nucléaires de facteurs comme la bipolarité pour rendre compte de l'absence de guerre en Europe depuis 1945. Rétrospectivement, toutefois, il paraît raisonnable de penser que l'une ou l'autre des grandes crises du temps de guerre froide – à propos de Berlin, de Cuba ou du Moyen-Orient – aurait pu aller jusqu'à une guerre réelle, si les deux superpuissances n'avaient pas été conscientes de l'épouvantable coût potentiel d'un tel conflit [16].

Le caractère fondamentalement non belliqueux des sociétés libérales est manifeste dans les relations extraordinairement pacifiques qu'elles entretiennent entre elles. Il existe désormais un grand nombre de livres pour analyser le fait qu'il y a eu très peu de cas, voire aucun, de démocratie libérale entrant en guerre contre une autre [17]. Michael Doyle, spécialiste des sciences politiques, soutient par exemple qu'au cours des deux siècles environ de leur existence, les démocraties libérales ne se sont jamais combattues [18]. Elles peuvent bien sûr lutter contre des Etats qui n'appartiennent pas à ce type de régime, à l'image des Etats-Unis ou de la France lors des deux guerres mondiales, au Viêt-nam ou récemment dans le golfe Persique. L'enthousiasme qu'elles manifestent à entreprendre ce genre de guerre peut même dépasser celui des monarchies traditionnelles ou des despotismes. Mais entre elles, les démocraties libérales manifestent peu d'hostilité ou d'intérêt pour une domination mutuelle. Elles partagent les principes de l'égalité universelle des droits, et n'ont donc aucune raison de se contester réciproquement leur légitimité. Dans ces Etats, la *mégalothymia* a trouvé d'autres exutoires en dehors de la guerre, ou s'est atrophiée au point de laisser peu d'occasion de provoquer quelque version moderne de la bataille sanglante. L'argument n'est donc pas tant que la démocratie libérale freine les instincts naturels de l'homme pour l'agression et la violence, mais plutôt qu'elle a fondamentalement transformé les instincts eux-mêmes, et éliminé du même coup les motifs d'impérialisme.

L'influence pacifique des idées libérales sur la politique étrangère peut être vue dans les changements qui se sont produits en Union soviétique et en Europe de l'Est depuis le milieu des années 1980. Selon la théorie réaliste, la démocratisation de l'U.R.S.S. n'aurait pas dû modifier sa position stratégique; en fait, de nombreux observateurs formés à l'école réaliste prédisaient tout uniment que Gorbatchev ne permettrait jamais la destruction du mur de Berlin ou la perte du « glacis » défensif que constituait l'Europe de l'Est pour l'Union soviétique. Et pourtant, tous ces bouleversements sont intervenus entre 1985 et 1989, non pas comme résultats de changements matériels dans la position internationale de l'U.R.S.S., mais en raison de ce que Gorbatchev a lui-même appelé la « nouvelle pensée ». L'« intérêt national » soviétique n'était pas une donnée immuable, puisqu'il a été réinterprété en termes radicalement minimaux par le président de l'Union soviétique et par son ancien ministre des Affaires étrangères, Chevardnadze [19]. La « nouvelle pensée » a commencé par un réexamen des menaces extérieures auxquelles l'U.R.S.S. devait faire face. La démocratisation conduisit directement à la dépréciation des anciens credo de la politique étrangère soviétique : peur de l'« l'encerclement capitaliste », ou de l'O.T.A.N. comme organisation « agressive et revancharde ». A l'inverse, le journal des théoriciens du parti communiste, *Kommunist*, expliqua au début de 1988 qu'il n'y avait « aucune force politiquement influente en Europe de l'Ouest ou aux Etats-Unis » qui envisageât « une agression militaire contre le socialisme », et que la « démocratie bourgeoise servait de rempart contre le déclenchement d'une telle guerre [20] ». La perception de la menace étrangère, semble-t-il, n'est pas déterminée « objectivement » par la position de l'Etat dans le système des Etats, mais est fortement influencée par l'idéologie. Les changements dans la perception de ces menaces ouvrirent donc la voie à des réductions unilatérales massives dans les forces conventionnelles soviétiques. Le renversement du communisme en Europe de l'Est entraîna d'autres réductions unilatérales des forces en Tchécoslovaquie, en Hongrie, en Pologne et dans les autres Etats en cours de démocratisation. Tous ces changements ont pu avoir lieu parce que les nouvelles forces démocratiques à l'œuvre en Union soviétique et en Europe de l'Est avaient compris – mieux que les « réalistes » occidentaux – que des démocraties ne se menacent pas mutuellement [21].

Certains réalistes ont essayé d'expliquer l'évidence empirique – l'absence remarquable de guerres entre démocraties libérales – en arguant que ces démocraties n'étaient pas situées les unes à côté des autres (elles étaient donc hors d'état de se combattre), ou qu'elles ont été contraintes de coopérer en raison d'un fort sentiment de menace de la part des démocraties non libérales. Les relations pacifiques depuis 1945 entre des antagonistes aussi traditionnels que la France, l'Angleterre et l'Allemagne ne seraient pas à attribuer à leur commun engagement dans le système de la démocratie libérale, mais plutôt à leur peur commune de l'Union soviétique, qui les aurait poussés dans l'alliance de l'O.T.A.N. et dans la Communauté européenne [22].

Ce type de conclusion n'est possible que si l'on persiste à considérer les pays comme des boules de billard et à détourner obstinément son regard de ce qui se passe à l'intérieur. Il existe de fait des pays dont les relations paisibles peuvent s'expliquer principalement comme le résultat d'une menace mutuelle plus générale, et qui reviendront assurément à l'hostilité dès que cette menace aura disparu. La Syrie et l'Irak, par exemple, ont adopté les mêmes positions durant les périodes de conflit avec Israël, mais se sont combattus vigoureusement le reste du temps. Même en temps de « paix », toutefois, l'hostilité mutuelle de ce genre d'alliés est évidente pour tout observateur. Aucune hostilité de ce genre n'a existé entre les démocraties unies contre l'U.R.S.S. durant la guerre froide. Dans la France et l'Allemagne d'aujourd'hui, qui donc guette l'occasion de franchir le Rhin et de s'emparer de nouveaux territoires ou de venger d'anciens méfaits [23]? Pour reprendre l'expression de John Müller, la guerre entre des démocraties contemporaines comme la Hollande et le Danemark n'est pas même « pensable subliminalement ». Les Etats-Unis et le Canada ont maintenu une frontière commune non défendue, aux dimensions d'un continent, pendant presque un siècle, malgré l'absence de puissance que représentait alors le Canada. Pour être cohérent avec sa position théorique, un réaliste – américain, évidemment – aurait pu défendre une prise de contrôle du Canada par l'Amérique, étant donné l'occasion fournie par la fin de la guerre froide. Penser que l'ordre européen qui émerge de la guerre froide puisse revenir au comportement de rivalité des grandes puissances du siècle passé est se montrer tout à fait inconscient du caractère profondément bourgeois de la vie dans l'Europe actuelle. Le système d'Etats anarchique de l'Europe libérale n'engendre pas la méfiance et l'insécurité, parce que la plupart des Etats européens s'entendent parfaitement entre eux. Ils savent mutuellement que leurs voisins sont trop douillets et trop engagés dans la consommation pour risquer la mort; tous ces pays sont remplis d'entrepreneurs et de capitaines d'industrie, mais manquent de princes ou de démagogues dont les ambitions seules suffiraient à déclencher les guerres.

Et pourtant, cette même Europe bourgeoise a été bouleversée par la guerre du vivant même de beaucoup de ses habitants actuels.

L'impérialisme et la guerre n'ont pas disparu avec l'avènement de la société bourgeoise ; les guerres les plus destructrices de l'histoire ont eu lieu *depuis* la révolution bourgeoise. Comment expliquer ce fait ? Selon l'explication de Schumpeter, l'impérialisme est une sorte d'atavisme, un héritage d'une époque ancienne dans l'évolution de la société humaine : « C'est un élément qui vient des conditions de vie non du présent, mais du passé – ou, en termes d'interprétation économique de l'histoire, des relations de production passées plutôt que présentes [24]. » Alors que l'Europe avait subi une série de révolutions bourgeoises, ses classes dirigeantes jusqu'à la fin de la Première Guerre mondiale ont continué de sortir des rangs de l'aristocratie, pour qui les notions de grandeur et de gloire nationales n'avaient pas été remplacées par le commerce. L'éthique guerrière des sociétés aristocratiques put être transmise à leurs descendantes démocratiques, et revenir à la surface dans les temps de crise ou d'exaltation nationales.

A cette explication de Schumpeter pour la persistance de l'impérialisme et de la guerre en tant qu'héritage atavique des sociétés aristocratiques, nous devrions en ajouter une autre tirée directement de l'histoire du *thymos*. Entre les anciennes formes de reconnaissance représentées par les ambitions dynastiques et religieuses, et la solution totalement moderne qu'elle trouve dans l'Etat universel et homogène, le *thymos* peut prendre la forme du nationalisme. Le nationalisme a joué un grand rôle dans les guerres de ce siècle, et sa réapparition en Europe de l'Est et en U.R.S.S. est bien ce qui menace la paix de l'Europe non communiste. Cette question va maintenant nous occuper.

25

INTÉRÊTS NATIONAUX

Le nationalisme est un phénomène spécifiquement moderne, parce qu'il remplace la relation maître-esclave par une reconnaissance mutuelle et égale. Mais il n'est pas totalement rationnel, parce qu'il étend la reconnaissance aux seuls membres d'un groupe national ou ethnique donné. C'est une forme plus démocratique et plus égalitaire de légitimité que la monarchie héréditaire, par exemple, dans laquelle des peuples entiers peuvent être considérés comme faisant partie d'un héritage patrimonial. Depuis la Révolution française, les mouvements nationalistes ont donc été étroitement associés aux mouvements démocratiques et il ne faut pas s'en étonner. Mais la dignité dont les nationalistes exigent la reconnaissance n'est pas la dignité humaine universelle c'est la dignité pour leur groupe. La revendication de ce genre de reconnaissance conduit potentiellement au conflit avec les autres groupes qui recherchent le même genre de reconnaissance. Le nationalisme est ainsi parfaitement capable de remplacer les ambitions dynastiques et religieuses comme fondement de l'impérialisme, et c'est précisément ce qu'il a fait dans le cas de l'Allemagne.

La persistance de l'impérialisme et de la guerre après les grandes révolutions bourgeoises des XVIIIe et XIXe siècles est donc due non seulement à la survivance d'une éthique guerrière atavique, mais aussi au fait que la *mégalothymia* du maître n'a pas été entièrement sublimée dans l'activité économique. Le système des Etats au cours des derniers siècles a été constitué d'un mélange de sociétés libérales et non libérales. Dans ces dernières, les formes irrationnelles du *thymos* comme le nationalisme avaient libre jeu, et tous les Etats ont été affectés par ce phénomène à un degré ou à un autre. Les nationalités de l'Europe étaient étroitement imbriquées les unes dans les autres, particulièrement en Europe de l'Est et du Sud-Est, et leur désenclavement pour former des Etats-nations a été une grande source de conflits; ces conflits continuent du reste et ont trouvé récemment avec la guerre civile yougoslave de 1991 une confirmation cruelle. Les sociétés libérales entrèrent en guerre pour se défendre contre les attaques des Etats non libéraux; elles attaquèrent aussi et conquirent des sociétés non européennes. De nombreuses sociétés ostensiblement libérales ont été ternies par l'immixtion d'un nationalisme intolérant, et elles ont échoué dans l'universalisation de leurs concepts des droits en fondant effectivement leur citoyenneté sur la race ou l'origine ethnique. L'Angleterre et la France « libérales », dans les dernières décennies du XIXe siècle, ont pu acquérir des empires coloniaux étendus en Afrique et en Asie, en les dominant par la force plutôt que par le consentement de leurs populations, parce qu'ils estimaient la dignité des Indiens, des Algériens et des Vietnamiens, etc., inférieure à la leur. Selon les mots de l'historien William Langer, l'impérialisme « fut également une projection du nationalisme au-delà des frontières de l'Europe, une projection à l'échelle mondiale de la lutte pour la puissance et pour un équilibre des pouvoirs tel qu'il avait existé sur le continent pendant des siècles [1] ».

L'essor de l'Etat-nation moderne après la Révolution française a eu plusieurs conséquences importantes qui ont modifié la nature de la politique internationale de manière fondamentale [2]. Les guerres dynastiques, dans lesquelles un prince envoyait allégrement à la bataille des troupes de paysans de diverses nationalités pour la conquête d'une ville ou d'une province, devinrent impossibles. Les Pays-Bas ne pouvaient plus « appartenir » à l'Espagne, ni le Piémont à l'Autriche, du seul fait d'un mariage ou d'une conquête survenus à plusieurs générations de là. Sous l'influence du nationalisme, les empires multinationaux des Habsbourg et des Ottomans commencèrent à crouler. Les forces militaires modernes, comme la politique, devinrent beaucoup plus démocratiques, puisqu'elles reposaient sur la « levée en masse » des populations civiles. Avec la participation de ces populations, les objectifs des guerres durent convenir à la nation dans son entier, et non plus simplement à l'ambition voire au caprice d'un seul individu, fût-il le souverain. Les alliances et les traités devinrent aussi beaucoup plus rigides et formels, parce que nations et peuples ne pouvaient plus être maniés comme les pièces d'un jeu d'échecs. Cela ne fut pas vrai uniquement pour les démocraties formelles, mais aussi pour les Etats-nations comme l'Allemagne de Bismarck, qui dut répondre aux pressions de l'identité nationale, même en l'absence de souveraineté populaire [3]. De plus, les populations naguère motivées pour la guerre par le nationalisme atteignirent des sommets de fureur « thymotique » tels qu'on en avait rarement connus dans les conflits dynastiques, empêchant ainsi leurs dirigeants de traiter modérément et souplement avec leurs ennemis. Le principal exemple ici le traité de Versailles qui mit fin à la Première Guerre mondiale. A la différence du congrès de Vienne, le traité de Versailles ne put restaurer en Europe un équilibre convenable des pouvoirs en raison de deux exigences : d'une part, respecter le principe de la souveraineté nationale en traçant les nouvelles frontières à l'intérieur des empires allemand et austro-hongrois démantelés, d'autre part satisfaire la demande des Français qui exigeaient une compensation de la part de l'Allemagne (« L'Allemagne paiera ! »).

Tout en reconnaissant le poids immense du nationalisme durant les derniers siècles, il est nécessaire de replacer ce phénomène dans sa juste perspective. Il est très courant pour les journalistes, les hommes d'Etat et même les universitaires de traiter le nationalisme comme s'il reflétait une aspiration fondamentale et profonde de la nature humaine, et comme si les « nations » sur lequel ce nationalisme est fondé étaient des entités sociales intemporelles aussi vieilles que l'Etat ou la famille. La sagesse des nations pense qu'une fois éveillé, le nationalisme représente une telle force élémentaire dans l'histoire que l'on ne peut pas l'arrêter par d'autres formes d'attachement comme la religion ou l'idéologie, et qu'il finira par balayer les roseaux faiblissants du communisme et même du libéralisme [4]. Récemment, ce point de vue a paru recevoir une confirmation empirique dans la réapparition des sentiments nationalistes à travers l'Europe de l'Est et l'Union soviétique, à un point tel que certains observateurs prédisent depuis que la période de l'après-guerre froide sera celle du renouveau nationaliste, assez semblable à ce qui s'est passé au XIXe siècle [5]. Le communisme soviétique soutenait par principe que le problème des nationalités n'était qu'une ramification du problème plus fondamental des classes, et prétendait l'avoir réglé une fois pour toutes en inaugurant l'évolution vers une société sans classes. Les nationalistes chassant actuellement les communistes du pouvoir dans toutes les républiques associées de l'ex-U.R.S.S., ainsi qu'à travers toute l'Europe de l'Est anciennement communiste, l'inanité manifeste de cette prétention a ruiné pour beaucoup la crédibilité des prétentions de toutes les idéologies universalistes à avoir supplanté définitivement le nationalisme.

Sans nier la puissance du nationalisme dans de grands secteurs du monde de l'après-guerre froide, la perception de ce phénomène comme permanent et conquérant est à la fois inexacte et de très courte vue. En premier lieu, cette vision des choses méconnaît à quel point le nationalisme est un phénomène récent et contingent. Selon Ernest Gellner, le nationalisme n'a « aucune racine profonde dans la *psychè* de l'homme [6] ». Les hommes ont éprouvé des sentiments patriotiques pour de grands groupes sociaux aussi longtemps que ces groupes ont existé, mais il a fallu attendre la révolution industrielle pour que ces groupes fussent définis comme des entités linguistiquement et culturellement homogènes. Dans les sociétés préindustrielles, les différences de classe parmi les personnes de même nationalité avaient pénétré toutes les relations, et se dressaient comme des obstacles infranchissables contre des rapports mutuels. Un noble russe avait certainement beaucoup plus de points communs avec un noble français qu'avec un *moujik* vivant sur ses propres terres : non seulement sa condition sociale devait être assez semblable à celle du Français, mais il devait également parler le même langage, alors qu'il lui était sans doute pratiquement impossible de communiquer avec ses paysans [7]. Les entités politiques ne tenaient aucun compte des nationalités : l'empereur Habsbourg Charles Quint pouvait gouverner simultanément des parties de l'Allemagne, l'Espagne, les Pays-Bas et le Nouveau Monde, dans le même temps que les Turcs ottomans régissaient depuis Istanbul des Turcs, des Arabes, des Berbères et des chrétiens d'Europe.

La logique économique induite par la physique moderne – telle que nous l'avons exposée ci-dessus dans la deuxième partie de l'ouvrage – a contraint de manière radicale toutes les sociétés qui en ont fait l'expérience à devenir plus égalitaires, plus homogènes et mieux éduquées. Gouvernants et gouvernés ont dû parler le même langage, puisque les deux parties étaient impliquées dans la même économie nationale; il a fallu former à ce langage les paysans qui quittaient les campagnes et leur donner l'éducation nécessaire à leur permettre de travailler dans les usines modernes et même dans les bureaux. Les anciens clivages sociaux de classe, de parenté, de tribu et de secte se sont effacés devant les exigences de la mobilité du travail, ne laissant aux individus qu'une langue et une culture linguistique communes comme forme principale d'attachement social. Le nationalisme fut donc essentiellement le résultat de l'industrialisation et des idéologies démocratiques et égalitaires qui l'accompagnaient [8].

Les nations qui furent créées par suite de ce nationalisme moderne furent largement fondées sur les divisions linguistiques « naturelles » préexistantes. Mais elles furent aussi « fabriquées » sciemment par les nationalistes, qui usèrent d'une grande liberté pour définir ceux qui constituaient une entité linguistique et ce qui faisait d'eux une nation [9]. Par exemple, le « réveil » actuel des nationalités dans l'Asie centrale soviétique est un effet de la domination bolchevique : des entités linguistiques conscientes d'elles-mêmes n'avaient jamais existé dans cette zone, et les Ouzbeks, Turkmènes et autres Kazakhs doivent aujourd'hui faire des recherches en bibliothèque pour « redécouvrir » – s'ils le peuvent – des langages et des cultures « historiques » qui sont en fait pour eux des acquisitions entièrement nouvelles. Ernest Gellner fait remarquer qu'il y a plus de huit mille langues « naturelles » sur la terre, dont sept cents principales, mais moins de deux cents nations. Plusieurs des anciens Etats-nations qui englobent deux (ou plus) de ces groupes – comme l'Espagne avec ses fortes minorités basque et catalane, ou la France avec ses Bretons et ses Corses – subissent aujourd'hui des pressions (parfois armées) pour reconnaître l'identité séparée de ces groupes. Cela indique bien que les nations ne sont pas des sources « naturelles » permanentes d'attachement pour les peuples à travers les siècles. L'assimilation ou la redéfinition sont toujours possibles et même assez courants [10].

Il semble toutefois que les nationalismes ont une certaine histoire. A certains moments du développement historique, comme dans les sociétés à base agricole, ils n'existent absolument pas dans la conscience des gens. Ils grandissent surtout au moment de la transition vers la société industrielle, et s'exacerbent particulièrement lorsqu'on refuse à la fois l'identité nationale et la liberté politique à un peuple qui a réalisé sa modernisation économique. Il n'est donc pas surprenant que les deux pays occidentaux qui ont inventé l'ultranationalisme fasciste – l'Italie et l'Allemagne – aient été les derniers en Europe à s'industrialiser et à s'unifier politiquement, ou que les nationalismes les plus virulents, immédiatement après la Seconde Guerre mondiale, aient été ceux des anciennes colonies européennes dans le tiers monde. Etant donné le passé récent, on ne doit pas être étonné non plus que les plus forts nationalismes se trouvent actuellement en Union soviétique ou en Europe de l'Est, où l'industrialisation a été relativement tardive et – surtout – où les identités nationales ont été longtemps réprimées, voire écrasées, par le communisme.

Toutefois, pour les groupes nationaux dont l'identité est mieux établie et depuis longtemps, la nation comme source d'identification « thymotique » semble décliner. Ce phénomène de déclin semble toucher surtout les régions qui ont été naguère ravagées par les passions nationalistes – l'Europe, en un mot. Sur ce continent, les deux guerres mondiales agissent comme un puissant stimulant pour redéfinir le nationalisme d'une manière plus tolérante. Ayant fait l'expérience terrifiante de l'épouvantable irrationalité latente dans la forme nationaliste de la reconnaissance, les populations de l'Europe en sont venues à accepter la reconnaissance universelle et égalitaire comme une alternative viable et souhaitable. Il en est résulté un effort délibéré de la part des survivants de ces guerres pour démanteler les frontières nationales et pour détourner les passions populaires de l'affirmation nationaliste de soi vers les activités économiques. La Communauté économique européenne en est sortie, projet qui a pris du poids ces dernières années sous l'effet de la compétition économique avec les Etats-Unis et l'Extrême-Orient. La C.E.E. n'a pas aboli les différences nationales, à l'évidence, et l'organisation rencontre toujours des difficultés pour définir les attributions de la souveraineté supranationale que ses fondateurs avaient espérée. Mais le genre de nationalisme qui se déploie dans la C.E.E. à propos de questions comme la politique agricole commune et l'union monétaire constitue d'ores et déjà une version fortement apaisée et un écho très pâle des forces qui ont déclenché les deux guerres mondiales.

Ceux qui prétendent que le nationalisme est une force trop primordiale et trop puissante pour être balayée par une combinaison de libéralisme et d'intérêt économique égoïste devraient considérer avec attention le destin des religions organisées, vecteur de reconnaissance qui précéda immédiatement le nationalisme. Il fut un temps où la religion jouait un rôle tout-puissant dans la politique européenne : les catholiques et les protestants s'organisaient alors en véritables factions politiques et dilapidaient la richesse de l'Europe en guerres sectaires. Le libéralisme anglais, on l'a vu, fut une réaction directe contre le fanatisme religieux de la guerre civile qui ravagea le pays. Contrairement à ceux qui pensaient à l'époque que la religion était un élément permanent et nécessaire du paysage politique, *le libéralisme a vaincu la religion.* Après des siècles de confrontation avec le libéralisme, la religion a appris à être tolérante. Au XVIe siècle, il aurait pu paraître étrange à la plupart des Européens de ne pas user du pouvoir politique pour imposer la croyance dans leur foi sectaire. Aujourd'hui, l'idée que la pratique de religions autres que la vôtre puisse faire offense à votre foi paraît extravagante, même à l'homme d'Eglise le plus pieux. La religion a été confinée ainsi à la sphère de la vie privée – exilée, semble-t-il, de façon plus ou moins permanente et définitive de la vie politique en Europe [11].

Dans la mesure où le nationalisme peut être revu et modernisé comme la religion, là où les nationalismes individuels acceptent un statut séparé mais égal à celui de leurs voisins, le fondement nationaliste de l'impérialisme et de la guerre est destiné à s'affaiblir [12]. Beaucoup de gens croient que la tendance européenne actuelle à l'intégration est une aberration momentanée induite par l'expérience de la

Seconde Guerre mondiale et de la guerre froide qui a suivi, mais que la tendance générale de l'histoire moderne de l'Europe est vers le nationalisme. Il pourrait se faire au contraire que les deux guerres mondiales aient joué un rôle similaire aux guerres de religion pour la religion au XVIe siècle, en n'affectant pas simplement la conscience de la génération qui suit immédiatement, mais celle de toutes les générations suivantes.

Si le nationalisme est destiné à disparaître comme force politique, il doit être rendu tolérant comme la religion avant lui. Les groupes nationaux peuvent garder leur langue et leur sens de l'identité séparés, mais cette identité devra s'exprimer d'abord dans le domaine de la culture plutôt que dans celui de la politique. Le Français pourra continuer d'apprécier ses vins et l'Allemand ses saucisses, mais tout cela restera strictement dans la sphère de la vie privée. Ce type d'évolution a eu lieu dans les démocraties libérales les plus avancées d'Europe au cours des deux dernières générations. Bien que le nationalisme des sociétés de l'Europe contemporaine soit toujours très prononcé, il reste très différent du type de nationalisme qui existait au siècle dernier, lorsque les concepts de « peuples » et d'identités nationales étaient relativement nouveaux. Depuis la chute de Hitler, aucun nationalisme d'Europe de l'Ouest n'a vu dans la domination sur d'autres nationalités la clef de son identité. Tout au contraire : les nationalismes les plus modernes ont suivi la voie tracée par Atatürk, en considérant que leur mission était de consolider et de purifier leur identité nationale à l'intérieur de la patrie traditionnelle. On pourrait même dire que tous les nationalismes parvenus à maturité passent par un processus de « turquification ». Ces nationalismes ne semblent pas capables de créer de nouveaux empires, ils ne peuvent que morceler les empires existants. Les nationalistes les plus radicaux du moment – Parti républicain de Schönhuber en Allemagne, Front national de Le Pen en France – sont attachés non pas à dominer les étrangers, mais bien à les expulser, pour profiter ensuite des joies de l'existence à l'abri de tout trouble, comme le bourgeois gourmand du proverbe. Le fait le plus surprenant et le plus révélateur est que le nationalisme russe, habituellement considéré comme le plus rétrograde d'Europe, a rapidement connu ce processus de « turquification », renonçant à son expansionnisme premier en faveur du concept d'une « petite Russie [13] ». L'Europe moderne a été amenée rapidement à remiser sa souveraineté et à jouir de son identité nationale dans la douce tiédeur de la vie privée. Comme la religion, le nationalisme n'est pas menacé de disparaître, mais, comme la religion, il paraît avoir perdu beaucoup de sa capacité à pousser les Européens à risquer leurs vies confortables dans de grandes actions impérialistes [14].

Cela ne signifie pas, naturellement, que l'Europe sera libre à l'avenir de tout conflit nationaliste. Ce sera particulièrement vrai de ces nationalismes nouvellement libérés en Europe de l'Est et en Union soviétique, qui étaient restés en sommeil et comme paralysés sous le sortilège maléfique du communisme. On peut même s'attendre à de violents conflits nationalistes en Europe avec la fin de la guerre froide, les griefs longuement contenus venant à s'exprimer par revendication impatiente des droits réels ou supposés. L'éclatement menaçant d'Etats multinationaux comme l'Union soviétique et la Yougoslavie promet une série d'événements cataclysmiques et sanglants. Dans ce dernier pays, le décor de la guerre civile a été planté en 1990, avec les élections libres qui ont eu lieu en Slovénie, en Croatie et en Serbie, et qui ont installé au pouvoir des gouvernements indépendantistes et anticommunistes dans les deux premières républiques. Ici comme en Russie, la séparation simplement physique des différents groupes nationaux sera extrêmement difficile : on compte par exemple quelque soixante millions de Russes vivant en dehors de la Fédération de Russie. De plus, étant donné leur niveau général de développement socio-économique, beaucoup de ces nationalismes seront vraisemblablement très primitifs, intolérants , chauvins, et contenant en germe les éléments de nouveaux impérialismes [15].

En outre, les Etats-nations qui existent depuis longtemps seront vraisemblablement aux prises avec les attaques et les revendications des groupes linguistiques minoritaires exigeant une reconnaissance séparée. Les Slovaques veulent aujourd'hui la reconnaissance de leur identité séparée par les Tchèques. La paix et la prospérité du Canada libéral ne suffisent pas à de nombreux Canadiens français du Québec, qui exigent en outre de préserver intacts leurs caractères culturels distinctifs. Le nombre potentiel d'Etats-nations dans lesquels les Kurdes, les Arméniens, les Estoniens, les Ossètes, les Tibétains, les Slovènes, les Kirghizes – et les autres – pourraient réaliser leur identité nationale est véritablement infini.

Mais ces nouvelles manifestations de nationalisme doivent aussi être replacées dans leur juste perspective. Tout d'abord, les plus fortes interviendront surtout dans les parties de l'Europe les plus récemment modernisées, particulièrement dans les Balkans ou dans leur voisinage et dans les parties méridionales de l'ancien Empire russe. Elles sont vraisemblablement destinées à s'embraser sans affecter toutefois l'évolution à long terme des anciens nationalismes européens dans la direction de la tolérance suggérée plus haut. Alors que les peuples du Caucase soviétique se sont d'ores et déjà rendus coupables d'actes d'une brutalité indicible, il est peu probable à ce jour que les nationalismes de la moitié nord de l'Europe de l'Est – Tchécoslovaquie, Hongrie, Pologne et Etats baltes – puissent s'orienter vers une agressivité incompatible avec le libéralisme. Ce n'est pas à dire que les Etats comme la Yougoslavie ou la Tchécoslovaquie ne puissent pas se disloquer, ni que la Pologne et la Lituanie ne risquent pas des conflits frontaliers. Mais cette fatalité n'entraînera certainement pas le tourbillon de violences politiques et ethniques que nous voyons dans d'autres régions, et elle sera certainement contrebalancée par les pressions pour l'intégration économique.

En second lieu, l'impact de ces nouveaux conflits nationalistes sur la paix et la sécurité générales de l'Europe et du monde sera infiniment plus réduit qu'en 1914, lorsqu'un nationaliste serbe déclencha la Première Guerre mondiale en assassinant l'héritier du trône des Habsbourg. Même si les Hongrois et les Roumains récemment libérés se querellent sans fin sur le statut de la minorité hongroise en Transylvanie, aucune grande puissance européenne n'aura d'intérêt à exploiter un tel conflit pour améliorer sa position stratégique. Au contraire, les Etats européens les plus avancés chercheront vraisemblablement à éviter l'enlisement dans ce genre de contestations et n'interviendront qu'en cas de violations caractéristiques des droits de l'homme ou de menaces sur leurs propres ressortissants. La Yougoslavie, sur le territoire de laquelle la « Grande Guerre » a commencé, se désintègre quotidiennement en tant qu'entité nationale : cette évolution, loin de déclencher une guerre européenne d'envergure, reste largement ignorée par le monde considéré dans son ensemble. Le reste de l'Europe, d'un commun accord, a décidé de rester à l'écart du problème et d'isoler la Yougoslavie des problèmes de la sécurité européenne [16].

Le principe de légitimité fondé sur l'identité nationale s'est largement installé dans le tiers monde après la Seconde Guerre mondiale. Il y est arrivé plus tard qu'en Europe, parce que l'industrialisation avait fait de même, mais il a eu le même effet lorsqu'il est arrivé. Alors que relativement peu de pays du tiers monde étaient des démocraties dans les années immédiatement postérieures à 1945, la plupart d'entre eux ont abandonné depuis les titres dynastiques ou religieux à la légitimité, en faveur du principe de l'autodétermination nationale. Le caractère récent de ces nationalismes a entraîné des affirmations de soi beaucoup plus brutales et péremptoires que pour les nationalismes plus anciens, mieux établis et plus confiants de l'Europe. Le nationalisme arabe, par exemple, a été fondé sur les mêmes aspirations à l'unification nationale que les nationalismes exacerbés d'Italie et d'Allemagne au siècle dernier, mais il ne s'est jamais réalisé par la création d'un Etat arabe unique et politiquement intégré.

L'essor du nationalisme dans le tiers monde a également infléchi d'une certaine manière les conflits internationaux. L'acceptation générale du principe de l'autodétermination nationale – pas nécessairement sous la forme d'élections libres, mais comme le droit de groupes nationaux à vivre indépendants dans leur patrie traditionnelle – a rendu très difficile toute intervention militaire ou toute tentative d'agrandissement territorial. La puissance du nationalisme du tiers monde a presque universellement triomphé, quels que fussent apparemment les niveaux comparés de technologie et de développement : les Français ont été chassés du Viêt-nam et de l'Algérie, les Etats-Unis du Viêt-nam, les Soviétiques d'Afghanistan, les Libyens du Tchad, les Vietnamiens du Cambodge, et ainsi de suite [17]. Les principaux changements qui ont eu lieu dans les frontières internationales depuis 1945 ont presque toujours été des subdivisions de territoires à l'intérieur des frontières nationales, plutôt que des additions de territoire par le biais de conquêtes impérialistes : par exemple, la séparation du Pakistan et du Bangladesh en 1971. Un bon nombre de facteurs qui avaient rendu les conquêtes territoriales inutiles pour les pays développés – escalade exponentielle des coûts de la guerre, possibilité de développement économique interne comme source de richesse plus rapide, etc. – se sont appliqués de la même façon aux conflits entre pays du tiers monde [18].

Le nationalisme continue d'être plus fort dans le tiers monde, en Europe de l'Est et en Union soviétique, et il le restera plus longtemps qu'en Europe occidentale ou en Amérique. La vigueur de ces nouveaux nationalismes semble avoir convaincu beaucoup d'esprits, dans les démocraties libérales développées, que le nationalisme est la marque de notre époque, sans que l'on remarque son déclin à l'intérieur même de ces démocraties avancées. Il est curieux de voir pourquoi les gens pensent qu'un phénomène d'origine historique aussi récente que le nationalisme puisse être désormais un trait permanent du paysage social humain. Les forces économiques ont favorisé jadis le nationalisme en remplaçant les classes par des barrières nationales, et ont créé chemin faisant des entités centralisées et linguistiquement homogènes. Ces mêmes forces économiques favorisent maintenant l'abolition des barrières nationales par la création d'un marché mondial unique et intégré. Le fait que la neutralisation politique finale du nationalisme ne puisse intervenir ni à notre génération ni même à la suivante n'affecte pas la perspective bien réelle de la fin de celui-ci.

26

VERS UNE UNION PACIFIQUE

La politique de puissance continue de prévaloir parmi les Etats qui ne sont pas des démocraties libérales. L'arrivée relativement tardive de l'industrialisation et du nationalisme dans le tiers monde entraînera une nette différence de comportement entre ce dernier et les démocraties industrielles. Pour ce qui est du futur prévisible, le monde sera divisé entre une partie « posthistorique » et une partie toujours engagée dans l'histoire [1]. A l'intérieur du monde « posthistorique », l'axe principal d'interaction entre les Etats devrait être économique et les anciennes règles de la politique de puissance devraient perdre de leur importance. C'est dire que l'on peut imaginer une Europe démocratique qui serait multipolaire et dominée par la puissance économique de l'Allemagne, mais dans laquelle les voisins de ce pays auraient néanmoins relativement peu le sentiment d'une menace militaire et ne feraient donc aucun effort spécial pour accroître leur niveau de préparation armée. La compétition économique serait intense, la compétition militaire infime. Le monde « posthistorique » continuerait d'être divisé en Etats-nations, mais les nationalismes séparés qui le constituent devraient avoir fait la paix avec le libéralisme et réserver de manière croissante leur expression à la sphère de la vie privée. La rationalité économique, pendant ce temps, rognera de nombreux éléments traditionnels de la souveraineté, en unifiant les marchés et la production.

En revanche, le monde resté dans l'histoire devrait continuer d'être divisé par une grande variété de conflits religieux, nationaux et idéologiques, en fonction du stade de développement des pays concernés, dans lesquels les anciennes règles de la politique de puissance continueront de s'appliquer. Des pays comme l'Irak et la Libye continueront d'envahir leurs voisins et de mener de sanglants combats. Dans le monde historique, l'Etat-nation continuera d'être le lieu central de l'identification politique.

La ligne de démarcation entre le monde posthistorique et le monde historique change rapidement et se révèle ainsi difficile à tracer. L'Union soviétique s'est apparemment déplacée rapidement d'un camp dans l'autre ; son éclatement impliquera probablement une division entre des Etats successeurs qui réussiront leur passage à la démocratie libérale, et d'autres qui ne le pourront pas. La Chine d'après Tien An Men est loin d'avoir réalisé la démocratie, mais depuis le commencement de la réforme économique, sa politique étrangère est devenue, pour ainsi dire, *bourgeoise,* et de manière croissante. Les dirigeants actuels de la Chine semblent comprendre qu'ils ne peuvent pas faire tourner à l'envers la pendule des réformes économiques, et que leur pays devra rester ouvert à l'économie internationale. Cela a interdit tout retour à une politique extérieure de type maoïste, malgré les tentatives pour faire revivre à l'intérieur certains aspects du maoïsme. Les Etats les plus importants d'Amérique latine – Mexique, Brésil et Argentine – sont passés au cours de la dernière génération d'un monde à l'autre, et bien que les rechutes soient toujours possibles pour chacun d'eux, ils paraissent maintenant fermement rattachés aux autres démocraties industrielles par le jeu de l'interdépendance économique.

A plus d'un titre, les mondes historique et posthistorique garderont des existences parallèles mais séparées, avec peu d'interaction entre elles. Il y aura toutefois plusieurs axes au long desquels ces deux mondes se heurteront. Le premier est le pétrole, cause véritable de la crise internationale qui a suivi l'invasion irakienne du Koweit. La production pétrolière reste en effet concentrée dans le monde historique et elle est vitale pour le bon fonctionnement du monde posthistorique. Quoi qu'on ait dit au cours des crises pétrolières des années 1970 de l'interdépendance croissante du monde entier pour une grande variété de produits, le pétrole reste la seule ressource dont la production est suffisamment concentrée pour que le marché en soit soumis aux manipulations et aux ruptures pour des raisons politiques; la rupture peut déclencher presque immédiatement des conséquences économiques dévastatrices pour le monde posthistorique.

Le second axe d'interaction est moins visible actuellement que le pétrole, mais il est peut-être le plus riche de problèmes à long terme : c'est l'immigration. On constate aujourd'hui un flux constant de peuples provenant de pays pauvres et instables vers les pays riches et sûrs; ce phénomème a affecté presque tous les Etats du monde développé. Ce flux, constamment croissant ces dernières années, pourrait être soudainement accéléré par des bouleversements politiques dans le monde historique. Des événements comme la dislocation de l'Union soviétique ou l'éclatement de violences interethniques en Europe de l'Est, ou encore l'annexion de Hong Kong par une Chine communiste restée orthodoxe, pourront être autant d'occasions de transferts massifs de population du monde historique au monde posthistorique. Ce flux de population garantira que les Etats posthistoriques continueront de s'intéresser au monde historique, soit pour endiguer le flot, soit parce que ces nouveaux immigrants seront entrés dans le système politique et forceront leurs nouveaux hôtes à s'impliquer davantage.

Il s'est révélé très difficile pour des pays posthistoriques de faire obstacle à l'imigration pour au moins deux raisons. La première est que la plupart des pays posthistoriques ont eu des difficultés à formuler un principe juste d'exclusion des étrangers qui ne paraisse point violer les principes du droit universel envers lesquels les démocraties libérales sont engagées, et qui ne soient ni ne semblent racistes ou nationalistes. Toutes les démocraties développées ont imposé des limites à l'immigration, à un moment ou à un autre, mais elles l'ont toujours fait, pour ainsi dire, avec mauvaise conscience.

La seconde raison pour l'accroissement de l'immigration est économique, depuis que presque tous les pays développés ont connu des pénuries de main-d'œuvre non qualifiée ou peu qualifiée, dont le tiers monde regorge. Tous les travaux peu payés ne peuvent pas être exportés. La compétition économique dans un marché mondial unique doit favoriser la poursuite de l'intégration des marchés régionaux du travail, tout comme le premier capitalisme a engendré la croissance des Etats-nations unifiés avec de hauts niveaux de mobilité intérieure de la main-d'œuvre.

L'axe final d'interaction entre les deux mondes sera constitué par certains problèmes sur l'« ordre du monde ». En raison de la menace particulière que certains pays historiques posent à leurs voisins, de nombreux pays posthistoriques s'y intéresseront abstraitement en empêchant la diffusion de certaines technologies vers un monde historique jugé trop enclin au conflit et à la violence. Actuellement, ces technologies incluent des armes nucléaires, des missiles balistiques, des armes chimiques et biologiques, etc. ; mais dans le futur, les problèmes concernant l'ordre du monde pourront s'étendre à certains types d'intérêts écologiques menacés par une prolifération anarchique de la technologie. Si le monde posthistorique se comporte aussi différemment du monde historique qu'on le suppose ici, alors les démocraties posthistoriques auront un intérêt commun à se protéger elles-mêmes contre ces menaces extérieures et à promouvoir la cause de la démocratie dans des pays où elle n'existe pas à présent.

En tant que doctrine *prescriptive,* la perspective réaliste des relations internationales continue d'être parfaitement adéquate malgré les avancées de la démocratie dans les années 1970 et 1980. La moitié historique du monde persiste à fonctionner selon les principes réalistes, et la moitié posthistorique doit utiliser des méthodes réalistes en traitant avec la partie qui est restée dans l'histoire. La relation entre démocraties et « non-démocraties » restera caractérisée par des méfiances et des peurs réciproques, et malgré un degré croissant d'interdépendance économique, la force continuera d'être l'*ultima ratio* dans leurs relations mutuelles.

En revanche, en tant que modèle *descriptif* du mode de fonctionnement du monde, le réalisme laisse beaucoup à désirer. L'insécurité et le comportement de « maximisation du pouvoir » que les réalistes attribuent à tous les Etats à tous les moments de l'histoire ne résistent pas à une analyse plus attentive. Le développement historique de l'humanité a engendré une série de concepts de légitimité – dynastique, religieuse, nationaliste et idéologique – qui constituent autant de bases possibles pour l'impérialisme et la guerre. Chacune de ces formes de légitimité antérieure au libéralisme moderne a été fondée sur une forme de relation maître-esclave, de sorte que l'impérialisme a été dicté en un sens par le système social. Les relations internationales, tout comme les concepts de légitimité, ont changé au cours de l'histoire; même si la guerre et l'impérialisme peuvent paraître constants à travers l'histoire, les guerres on toujours été livrées pour des raisons très différentes à chaque période. On ne relève aucun intérêt national « objectif » comme trait commun aux comportements des Etats aux époques différentes, mais une pluralité d'intérêts nationaux définis par le principe de légitimité mis en jeu et par les individus qui les interprètent. Et il paraîtrait naturel que la démocratic libérale, qui cherche à abolir la distinction entre maîtres et esclaves en transformant les hommes en maîtres d'eux-mêmes, dût avoir du même coup des objectifs de politique étrangère différents.

Les différences entre Etats démocratiques et non démocratiques, et la possibilité d'un processus historique plus général conduisant à la démocratie libérale dans le monde entier, suggèrent que le moralisme traditionnel de la politique étrangère américaine – avec son souci des droits de l'homme et des « valeurs démocratiques » – n'est pas entièrement déplacé [2]. Henry Kissinger soutenait dans les années 1970 que les défis révolutionnaires aux Etats communistes comme l'Union soviétique et la Chine étaient moralement satisfaisants, mais imprudents dans la pratique, parce qu'ils barraient le chemin à l'arrangement « réaliste » sur des problèmes comme le contrôle des armements ou le règlement des conflits régionaux. L'ancien président Reagan a été violemment critiqué pour son appel de 1987 demandant aux Russes d'abattre le mur de Berlin, et l'Allemagne ne fut pas la dernière à faire des critiques : elle s'était accommodée depuis longtemps de la « réalité » de la puissance soviétique. Pourtant, dans un monde évoluant vers la démocratie, il s'est révélé que ces défis révolutionnaires à la légitimité de l'Union soviétique étaient à la fois moralement satisfaisants *et* politiquement prudents, dans la mesure où ils s'accordaient avec les aspirations qui allaient bientôt s'exprimer chez de nombreux peuples vivant sous le régime communiste à cette époque.

Personne ne soutiendrait naturellement une politique de défis militaires à des Etats non démocratiques équipés d'armes puissantes, spécialement d'armes nucléaires. Les révolutions de ce type qui se sont déroulées en Europe de l'Est en 1989 sont des événements rares, sans précédent même, et une démocratie ne saurait déterminer sa politique étrangère en supputant l'effondrement imminent de chaque dictature à laquelle elle se trouve confrontée. En faisant leurs calculs de puissance, les démocraties doivent garder à l'esprit que la légitimité est une forme de puissance comme une autre, et que les Etats forts cachent fréquemment de graves faiblesses intérieures. Cela veut dire que les démocraties qui ont choisi leurs amis et leurs ennemis en fonction de considérations idéologiques – selon qu'ils sont démocratiques ou non – auront vraisemblablement des alliés plus forts et plus durables *à long terme.* Et en traitant avec leurs ennemis, elles ne devraient pas oublier les différences permanentes entre leurs sociétés, ni mettre de côté les problèmes des droits de l'homme dans leur recherche de puissance [3].

Le comportement pacifique des démocraties suggère par ailleurs que les Etats-Unis et autres pays démocratiques ont un intérêt à long terme à préserver la sphère de la démocratie dans le monde, et à l'étendre là où cela est possible et prudent. En effet, si les démocraties ne se combattent pas entre elles, un monde posthistorique en expansion constante sera plus paisible et plus prospère. Le fait que le communisme se soit effondré en Europe de l'Est et en Union soviétique et que la menace militaire du pacte de Varsovie se soit littéralement évanouie ne doit pas nous laisser indifférents à ce qui va lui succéder. A long terme, la principale garantie de l'Occident contre un renouveau de la menace venant de cette partie du monde, ou d'une Allemagne réunifiée, ou d'un Japon économiquement dominant, sera l'épanouissement de la démocratie libérale dans ces pays.

La nécessité pour les Etats démocratiques de travailler ensemble afin de promouvoir la démocratie et la paix internationale est une idée presque aussi vieille que le libéralisme lui-même. L'idée d'une ligue internationale des démocraties régie par un système de lois a été proposée par Emmanuel Kant dans son célèbre essai sur une *Paix perpétuelle,* ainsi que dans son *Idée d'une Histoire universelle.* Kant avançait que les gains réalisés lorsque l'homme passait de l'état de nature à la société civile étaient largement annulés par l'état de guerre qui prévalait entre les nations : « Par le gaspillage de la puissance des peuples en armements destinés aux guerres mutuelles, par les ravages provoqués par les guerres, et plus encore peut-être par la nécessité de se tenir constamment prêts à la guerre, [les Etats] bloquent le plein développement de la nature humaine [4]. » Les écrits de Kant sur les relations internationales sont devenus, depuis, les fondements intellectuels de l'internationalisme libéral contemporain. La « ligue » kantienne inspira les efforts américains pour établir d'abord la Société des Nations, puis les Nations unies. Comme on l'a relevé plus haut, le réalisme de l'après-guerre fut présenté à plus d'un titre comme un « antidote » à cet enchaînement d'internationalisme libéral, en suggérant que le remède réel à l'insécurité internationale était moins une loi internationale que l'équilibre des puissances.

L'échec manifeste de la Société des Nations, puis des Nations unies, à assurer la sécurité collective contre les défis de Mussolini, des Japonais et de Hitler, puis de l'expansionnisme soviétique, a jeté un discrédit général sur l'internationalisme kantien et sur toute possibilité de règlement international. Beaucoup de gens n'ont cependant pas compris que les incarnations réelles de l'idée kantienne ont été sérieusement dénaturées dès le départ, faute de suivre les préceptes mêmes de Kant [5]. Le « premier article définitif » du philosophe pour une paix perpétuelle établit que la Constitution des Etats dans le système d'ensemble doit être républicaine, c'est-à-dire que ces Etats doivent être des démocraties libérales [6]. Le « second article définitif » institue que « la loi des nations doit être fondée sur une fédération d'Etats *libres* [7] », c'est-à-dire d'Etats partageant des constitutions républicaines similaires. Les raisons de Kant sont très simples : les Etats fondés sur les principes républicains sont moins appelés à se combattre mutuellement, parce que les peuples qui se gouvernent eux-mêmes hésitent davantage à accepter le coût d'une guerre que les despotismes; pour fonctionner, une fédération internationale doit partager les mêmes principes libéraux du droit. La loi internationale est simplement une amplification de la loi qui régit chaque nation à l'intérieur de ses frontières.

Les Nations unies n'ont pas vécu sur ces principes depuis le départ. La Charte de fondation a ôté toute référence à une ligue de « nations libres », au bénéfice du principe plus faible de « l'égalité souveraine de tous ses membres [8] ». L'accession au statut de membre a été ouverte à tout Etat possédant un minimum de critères formels de souveraineté, qu'ils fussent fondés ou non sur la souveraineté populaire. Ainsi, l'Union soviétique de Staline a été dès l'origine un membre fondateur de l'Organisation, avec un siège et un droit de veto permanents au Conseil de sécurité. Après la décolonisation, l'Assemblée générale s'est remplie d'une foule d'Etats du tiers monde qui partagent peu les principes libéraux de Kant et qui ont trouvé en fait dans les Nations unies un instrument commode pour mettre en avant des agissements politiques non libéraux. Sans consensus préalable sur des principes justes en matière d'ordre politique, il n'est pas surprenant que cette organisation n'ait pas été capable d'accomplir quoi que ce fût de véritablement important depuis sa fondation dans le domaine crucial de la sécurité collective. Il n'est pas surprenant non plus que les Nations unies aient toujours été regardées avec une grande suspicion par le peuple américain. L'organisation précédente – la Société des nations – était un peu plus homogène dans le caractère politique de ses membres, quoiqu'elle ait inclu l'Union soviétique à partir de 1933. Mais sa capacité à imposer les principes de sécurité collective fut définitivement affaiblie par le fait que des membres importants du système – Allemagne et Japon – n'étaient pas des démocraties et n'avaient nullement l'intention de jouer le jeu des règles de l'organisation.

Si l'on voulait créer, selon les indications précises de Kant, une véritable ligue des nations qui ne souffrît point des faiblesses fatales des premières organisations internationales, il est clair qu'elle devrait ressembler beaucoup plus à l'O.T.A.N. qu'aux Nations unies, c'est-à-dire constituer un regroupement d'Etats véritablement libres, réunis par leur engagement commun envers des principes libéraux. Une telle ligue serait alors beaucoup plus capable d'actions vigoureuses pour protéger sa sécurité collective contre les menaces venant des parties non démocratiques du monde. Les Etats qui la constitueraient pourraient vivre selon les prescriptions de la loi internationale dans leurs rapports mutuels. En fait, ce genre d'ordre international d'esprit kantien s'est établi bon gré mal gré durant la guerre froide sous le bouclier protecteur d'organisations comme l'O.T.A.N., la C.E.E., l'O.C.D.E., le « groupe des Sept [9] », le G.A.T.T. [10], et d'autres encore, qui faisaient du libéralisme une condition préalable d'adhésion. Les démocraties industrielles sont aujourd'hui effectivement reliées par un tissu d'accords mutuels et contraignants, qui règlent leurs rapports économiques. Bien qu'elles puissent connaître des luttes politiques à propos du quota des bovins, de la nature de l'union monétaire, ou de l'attitude à adopter envers la Libye ou le conflit israélo-arabe, l'usage de la force pour régler ce genre de contestations entre les démocraties elles-mêmes est absolument impensable.

Les Etats-Unis et les autres démocraties libérales vont devoir affronter maintenant le fait qu'avec l'effondrement du communisme, le monde dans lequel ils vivent est de moins en moins celui de l'ancienne géopolitique, et que les règles et les méthodes du monde historique ne sont pas appropriées à la vie dans le monde posthistorique. Pour ce dernier, les principaux problèmes sont d'ordre économique : encourager la compétitivité et les innovations, moduler les déficits intérieurs et extérieurs, maintenir le plein emploi, traiter collectivement les graves problèmes d'environnement, etc. Ces pays doivent, en d'autres termes, s'accommoder du fait qu'ils sont les héritiers de la révolution bourgeoise commencée il y a plus de quatre siècles. Le monde posthistorique est celui dans lequel le désir d'une préservation confortable de soi a pris le pas sur le désir de risquer sa vie dans une bataille de pur prestige, et dans lequel la reconnaissance universelle et rationnelle a remplacé la lutte pour la domination.

Les peuples contemporains peuvent débattre *ad infinitum* : ont-ils atteint ou non le monde posthistorique? La vie internationale va-t-elle connaître de nouveaux empires, de nouveaux dictateurs, des nationalismes inassouvis cherchant la reconnaissance, ou de nouvelles religions se déchaînant comme les tempêtes du désert? Mais à un certain moment, ils auront aussi à affronter la question de savoir si la « maison posthistorique » qu'ils ont bâtie pour eux-mêmes, et qui leur a servi d'abri indispensable contre les tempêtes du XXe siècle, est bien celle dans laquelle ils se contenteront de vivre à long terme. Il est manifeste pour presque tout le monde aujourd'hui que la démocratie libérale est largement préférable à ses principaux concurrents, le fascisme et le communisme. Mais est-elle en elle-même digne d'être choisie? Cette démocratie libérale ne continue-t-elle pas de nous laisser fondamentalement insatisfaits? Subsistera-t-il des contradictions au cœur de notre système libéral même après que le dernier dictateur fasciste, le dernier colonel matamore ou le dernier dirigeant communiste auront été chassés de la surface de la terre? La dernière partie de cet ouvrage abordera cette question.

CINQUIÈME PARTIE :

LE « DERNIER HOMME »

27

AU ROYAUME DE LA LIBERTÉ

> L'histoire proprement dite, dans laquelle les hommes (les « classes ») combattent entre eux pour la reconnaissance et luttent avec la Nature par le travail, est appelée par Marx le « royaume de la nécessité » (*Reich der Notwendigkeit*) ; « au-delà » (*jenseits*) se trouve le « royaume de la liberté » (*Reich der Freiheit*), dans lequel les hommes (qui se reconnaissent mutuellement sans réserve) ne combattent plus et travaillent aussi peu que possible.
>
> Alexandre Kojève, *Introduction à la lecture de Hegel* [1].

En examinant précédemment s'il était possible d'écrire une histoire universelle, nous avons dit que nous laisserions provisoirement de côté la question de savoir si le mouvement historique constituait un *progrès*. Si l'histoire nous conduit d'une manière ou d'une autre à la démocratie libérale, la question devient celle de la bonté de ce système, et des principes de liberté et d'égalité sur lesquels elle se fonde. Le sens commun indiquerait plutôt que la démocratie libérale a de nombreux avantages sur ses principaux rivaux du XXe siècle, le fascisme et le communisme ; l'attachement à notre héritage de valeurs et de traditions imposerait de la même façon une fidélité inconditionnelle à la démocratie. Pourtant, la cause de la démocratie libérale n'est pas nécessairement servie au mieux par un attachement aveugle, ni par le refus de s'attaquer franchement aux défauts de ce régime. Il est manifestement impossible de répondre à la question de la fin de l'Histoire sans examiner plus profondément le problème de la démocratie et de ses malaises.

Nous avons pris l'habitude de penser le problème de la survie de la démocratie en termes de politique étrangère. Aux yeux de gens comme Jean-François Revel, la plus grande faiblesse de la démocratie a été son incapacité à se défendre contre les tyrannies brutales et déterminées. Savoir si ces tyrannies ne nous menacent plus, et pour combien de temps, est un problème qui continuera vraisemblablement de nous occuper dans un monde toujours riche en régimes autoritaires, théocraties, nationalismes intolérants, etc. Considérons comme acquis pour le moment que la démocratie libérale a vaincu ses rivaux étrangers et qu'aucune menace sérieuse ne pèse sur sa survie dans un futur prévisible. Laissées à elles-mêmes, ces démocraties libérales d'Europe et d'Amérique, stables et de longue date, peuvent-elles indéfiniment se soutenir, ou bien s'effondreront-elles un jour sous l'effet de quelque pourriture intérieure, comme cela est arrivé au communisme? Les démocraties libérales sont indiscutablement accablées d'une foule de problèmes comme le chômage, la pollution, la drogue, la criminalité, etc., mais, au-delà de ces sujets de préoccupation immédiats, la question est de savoir s'il existe d'autres sources plus profondes de mécontentement à l'intérieur de la démocratie libérale, et si la vie y est véritablement *satisfaisante.* Si l'examen ne révèle pas de telles contradictions, alors nous serons en mesure de dire, avec Hegel et Kojève, que nous avons atteint la fin de l'Histoire. Par contre, s'il en existait, il nous faudrait conclure que cette même Histoire, au sens le plus profond du terme, est appelée à continuer.

Pour répondre à cette question, nous avons dit plus haut qu'il ne serait pas suffisant de regarder le monde alentour pour trouver des témoignages empiriques de défis à la démocratie, puisque ce genre de témoignage serait nécessairement toujours ambigu et potentiellement décevant. On ne peut certainement pas considérer l'effondrement du communisme comme une preuve qu'aucun défi à la démocratie ne sera désormais possible, ou que la démocratie elle-même ne subira pas un jour le même sort. Nous avons plutôt besoin d'un critère transhistorique pour mesurer à son aune le caractère démocratique d'une société; il nous faut un concept de l'« homme *en tant qu'Homme* », qui puisse nous permettre de voir ses défauts potentiels. C'est pour cette raison que nous nous sommes tournés vers le « premier homme » tel que le concevaient Hobbes, Locke, Rousseau et Hegel.

L'affirmation de Kojève selon laquelle l'humanité aurait déjà atteint en substance la fin de l'Histoire repose sur l'idée que le désir de reconnaissance constitue l'aspiration humaine la plus fondamentale. Pour lui, la lutte pour la reconnaissance a dirigé l'histoire depuis la première bataille sanglante; cette histoire s'est terminée parce que l'Etat universel et homogène incarnant la reconnaissance réciproque *satisfait pleinement* cette aspiration. L'insistance de Kojève sur le désir de reconnaissance pourrait paraître constituer un cadre approprié pour comprendre les perspectives futures du libéralisme, puisque les phénomènes historiques majeurs des siècles passés – religion, nationalisme et démocratie – peuvent être compris dans leur essence comme différentes manifestations du désir de reconnaissance. Une analyse des modes de satisfaction et d'insatisfaction du *thymos* dans la société contemporaine nous donnera vraisemblablement une meilleure vision de l'adéquation de la démocratie libérale que ne le ferait une analyse similaire du désir. Dans les pays capitalistes avancés, l'économie moderne a aboli – au moins en principe – le problème du besoin naturel. Certes, de nombreux citoyens manquent encore de nourriture, d'abri et d'autres nécessités naturelles, mais ces sociétés sont assez riches pour prendre en charge ces problèmes pour peu qu'elles soient déterminées à le faire. Toutefois, pour les démocraties avancées, le problème de la pauvreté est devenu largement un problème de la reconnaissance, plutôt qu'une simple affaire d'économie. L'injustice réelle qui est faite aux pauvres ou aux sans-abri dans les pays développés s'adresse moins à leur bien-être physique qu'à leur dignité. Comme ils n'ont ni richesses ni propriétés, ils ne sont pas pris au sérieux par le reste de la société : ils ne sont pas courtisés par les politiciens et leurs droits ne sont pas imposés avec toute la vigueur requise par la police ou le système judiciaire; ils ne peuvent guère trouver de travail dans une société qui continue d'apprécier pardessus tout l'autonomie; ils considèrent comme dégradants les emplois qu'ils peuvent obtenir, et ils doivent souvent mendier pour vivre. Aussi longtemps que subsistera la distinction entre riches et pauvres, aussi longtemps que certaines occupations seront regardées comme prestigieuses et d'autres comme dégradantes, aucun niveau absolu de prospérité matérielle ne compensera l'injure quotidienne faire à la dignité de ces déshérités.

La question de la fin de l'Histoire revient donc à une question sur l'avenir du *thymos* : la démocratie libérale satisfait-elle le désir de reconnaissance de manière adéquate, comme le prétend Kojève, ou bien ce désir est-il appelé à rester radicalement insatisfait, donc capable de se manifester sous une forme entièrement différente? Notre première tentative pour construire une histoire universelle a produit deux processus historiques parallèles, l'un guidé par la physique moderne et la logique du désir, l'autre par la lutte pour la reconnaissance. Les deux ont fini par se rejoindre sans inconvénient au même aboutissement, la démocratie libérale capitaliste. Mais le désir et le *thymos* peuvent-ils être si nettement satisfaits par le même genre d'institutions sociales et politiques? N'est-il pas possible que ce qui satisfait l'un ne satisfasse pas l'autre, et vice versa, de sorte qu'aucune société humaine ne puisse être vraiment satisfaisante pour l'« homme *en tant qu'Homme* »?

Que la société libérale ne puisse pas représenter l'accomplissement simultané du désir et du *thymos,* mais ouvre au contraire un fossé profond entre eux, c'est ce qu'énoncent les critiques du libéralisme, de gauche comme de droite. L'attaque venue de la gauche soutient que la promesse d'une reconnaissance universelle et réciproque reste essentiellement inachevée dans les sociétés libérales pour les raisons que nous venons d'indiquer : l'inégalité économique entraînée *ipso facto* par le capitalisme implique une reconnaissance inégale. L'attaque venue de la droite prétend que le problème de la société libérale n'est pas l'inadéquation de l'universalité de la reconnaissance, mais l'objectif même de l'égalité de la reconnaissance. Cette dernière est problématique parce que les êtres humains sont par essence *inégaux;* les traiter en égaux n'est donc pas affirmer mais refuser leur humanité. Voyons successivement chacun de ces deux points de vue.

Les critiques de gauche des sociétés libérales ont été de loin les plus communes dans le siècle dernier. Conséquence partielle de la croissance économique dans le monde développé, le vieux problème de « classe » – c'est-à-dire les droits des travailleurs vis-à-vis de leurs patrons – a cédé le pas à de nouveaux problèmes, tels que l'inégalité économique fondée sur le sexe et la race. Ces questions continueront de préoccuper les sociétés libérales pour les générations à venir, parce que, d'une certaine manière, elles ne peuvent être résolues dans le cadre du libéralisme. Même ainsi, ces problèmes semblent être des « contradictions » moins fondamentales pour notre ordre actuel que les mécontentements relevés par la droite à propos du caractère plus ou moins souhaitable de la reconnaissance en elle-même.

L'inégalité sociale est divisée en deux catégories : la première est imputable aux conventions humaines, la seconde à la nature et à la nécessité naturelle. De la première catégorie relèvent les obstacles légaux à l'égalité : division de la société en professions cloisonnées, *apartheid,* lois restrictives, droit de vote censitaire, etc. En outre, il existe des inégalités conventionnelles dues à la culture, comme ces attitudes des divers groupes ethniques et religieux face à la vie économique que nous avons exposées plus haut. Ces dernières ne viennent ni des lois positives ni de la politique suivie; elles ne sont pas davantage attribuables à la nature.

Les obstacles naturels à l'égalité commencent avec la distribution inégale des capacités ou des attributs naturels à l'intérieur d'une population. Tout le monde ne peut pas être pianiste de concert, tous les gens – comme le relevait Madison – n'ont pas les mêmes facilités pour acquérir des biens. Les beaux garçons et les jolies filles seront plus avantagés pour faire des mariages intéressants que des personnes d'aspect plus ordinaire. On relève également des formes d'inégalité directement attribuables aux effets du marché capitaliste : la division du travail et le fonctionnement brutal des marchés eux-mêmes. Ces formes d'inégalité ne sont pas moins « naturelles » que le capitalisme lui-même, mais elles sont nécessairement impliquées dans le choix du système économique capitaliste. La productivité d'une économie moderne ne saurait exister sans la division rationnelle du travail. En outre, des marchés efficaces engendrent des gagnants et des perdants lorsque le capital passe d'une industrie, d'une région ou d'un pays à l'autre. Des ouvriers qui ont travaillé avec zèle et durement pendant toute leur vie se voient soudain privés de travail parce que la firme pour laquelle ils travaillaient a été supplantée par un producteur à bas prix à l'autre bout du monde; d'autres, par un hasard du lieu ou de l'emploi, ne seront pas soumis à la même catastrophe. Cette division du travail s'accompagne de différences dans la dignité des différents métiers : les éboueurs et les conducteurs d'autobus seront toujours traités avec moins de respect que les chirurgiens du cerveau et les stars du football, et les chômeurs seront toujours à un niveau inférieur de dignité.

Toutes les sociétés libérales se consacrent plus ou moins à l'élimination des sources conventionnelles d'inégalité. En outre, le dynamisme des économies capitalistes tend à renverser de nombreux obstacles conventionnels et culturels à l'égalité, par suite du changement continuel de l'offre de travail. Un siècle de pensée marxiste nous a accoutumés à concevoir les sociétés capitalistes comme fortement inégalitaires, mais la vérité est qu'elles sont beaucoup plus égalitaires dans leurs effets sociaux que les sociétés agricoles qu'elles ont remplacées [2]. Le capitalisme est une force dynamique qui attaque constamment les relations sociales purement conventionnelles, en remplaçant les privilèges hérités par de nouvelles stratifications fondées sur l'habileté et l'éducation. Sans l'alphabétisation et l'éducation universelles, sans un degré élevé de mobilité sociale et de métiers ouverts aux talents plutôt qu'aux privilèges, les sociétés capitalistes ne fonctionneraient pas, ou pas aussi efficacement qu'elles le peuvent. En outre, presque toutes les démocraties modernes orientent le marché du travail, redistribuent les revenus des riches entre les pauvres, et ont accepté un certain degré de responsabilité dans la prévention sociale, depuis la Sécurité sociale française et la *Medicaid* américaine jusqu'aux systèmes élaborés d'Allemagne ou de Suède. Si les Etats-Unis restent les moins enclins, parmi les démocraties occidentales, à assumer ce rôle paternaliste, la législation sociale de base imposée par le New Deal a été acceptée par les milieux conservateurs et a fort bien résisté à la baisse des prix.

Tous ces processus égalisateurs ont engendré ce qu'on a appelé « une société de classe moyenne ». L'expression est malencontreuse, puisque la structure sociale des démocraties modernes continue de ressembler à la pyramide classique. Le milieu de celle-ci peut toutefois accueillir beaucoup de monde, et un fort degré de mobilité sociale permet à presque tous de s'identifier aux aspirations de la classe moyenne et de s'imaginer qu'ils en font partie, au moins potentiellement. Les sociétés de classe moyenne sont destinées à rester fortement inégalitaires à certains égards, mais les raisons en seront de plus en plus imputables à la différence naturelle des talents et à la division économiquement nécessaire du travail. On peut interpréter en ces termes la remarque de Kojève selon laquelle l'Amérique de l'après-guerre a effectivement réalisé la « société sans classes » de Marx : non que toute inégalité sociale ait été éliminée, mais les barrières qui demeurent sont d'une certaine manière « nécessaires et inamovibles », parce que dues à la nature des choses plus qu'à la volonté des hommes. A l'intérieur de ces limites, on pourrait effectivement dire qu'une telle société a réalisé le « royaume de la liberté » selon Marx, en abolissant effectivement le besoin naturel, et en permettant aux gens de s'approprier ce qu'ils veulent, en échange d'une quantité minimale (selon n'importe lequel des critères historiques) de travail.

Même avec ce critère relativement souple d'égalité, la plupart des démocraties existantes n'arrivent pas complètement à ce niveau. Parmi les inégalités dues à la convention plutôt qu'à la nature ou à la nécessité, les plus difficiles à éradiquer sont celles qui viennent de la culture. Telle est la situation de l'*underclass* noire dans l'Amérique d'aujourd'hui. Les obstacles qu'affronte un jeune Noir de Detroit ou du sud du Bronx ne font que commencer avec les écoles de bas niveau, problème qui pourrait être traité en théorie comme un élément de politique publique. Dans une société où le statut est déterminé presque entièrement par l'instruction, un tel individu est probablement déjà handicapé avant d'atteindre l'âge scolaire. Sans environnement familial capable de transmettre les valeurs culturelles nécessaires pour tirer parti de toute occasion, un tel jeune éprouvera constamment l'attrait de la « rue » qui lui offre une vie plus familière et plus séduisante que celle de la classe moyenne américaine. Avec l'arrivée du crack, succédané de la cocaïne, la dégradation des enfants de mères toxicomanes peut être physique et mentale plutôt que simplement culturelle. Dans ces circonstances, la réalisation de la pleine égalité légale pour les Noirs et les occasions offertes par l'économie américaine ne constitueraient pas une différence très marquée pour la vie de ces enfants. En outre, la solution à de tels problèmes d'inégalité culturelle n'est guère évidente, puisque l'on a vu le cas où les politiques entreprises pour aider l'*underclass* noire ont coupé les liens familiaux et accru la dépendance vis-à-vis de l'Etat. Personne n'a résolu le problème de la « création de culture » – c'est-à-dire de la régénération de valeurs intégrées – en tant qu'élément de politique publique. Ainsi, le principe de l'égalité peut bien avoir été établi en Amérique en 1776 : il reste entièrement à réaliser pour beaucoup d'Américains dans les années 1990.

Le fait que des inégalités sociales majeures soient destinées à persister même dans les plus parfaites des sociétés libérales signifie que la tension continuera entre les principes jumeaux de liberté et d'égalité qui sont à la base de ces sociétés. Cette tension, clairement remarquée par Tocqueville [3], sera aussi « nécessaire et inamovible » que l'inégalité qui lui a donné naissance. Tout effort pour donner une « dignité égale » aux défavorisés signifiera l'amoindrissement de la liberté ou des droits des autres catégories, d'autant plus que l'origine de cette situation réside dans les profondeurs de la structure sociale. Toute place accordée à un représentant d'une minorité pour un travail ou une formation universitaire, en vertu d'un programme d'action, signifie une place de moins pour d'autres, qui seraient peut-être mieux qualifiés; chaque dollar versé par le gouvernement pour l'assurance maladie ou la prévention sociale signifie un dollar de moins pour l'économie privée; toute tentative pour protéger les travailleurs du chômage ou les firmes de la banqueroute signifiera de la même façon moins de liberté économique. Il n'existe aucun point fixé ou naturel d'équilibre entre la liberté et l'égalité, ni aucune façon de les optimiser simultanément.

Le projet marxiste a cherché à promouvoir une forme extrême d'égalité sociale aux dépens de la liberté, en éliminant les inégalités naturelles par la rétribution des besoins et non des talents, et en tentant d'abolir la division du travail [4]. Tous les efforts futurs pour faire avancer l'égalité sociale au-delà d'une « société de classe moyenne » devront se mesurer à l'échec du projet marxiste. Pour parvenir à abolir ces différences apparemment « nécessaires et inamovibles », il a fallu créer en effet un Etat monstrueusement puissant. Les communistes chinois ou les Khmers rouges du Cambodge ont pu essayer d'éliminer la division entre la ville et la campagne, ou entre le travail physique et le travail intellectuel, mais uniquement en dépouillant les gens de tous leurs droits, jusqu'aux plus infimes. Les Soviétiques ont pu essayer de rétribuer les besoins plutôt que le talent ou le travail, mais seulement au prix d'une société qui a perdu tout intérêt dans le travail. Ces sociétés communistes ont du reste fini par accepter un degré substantiel d'inégalité sociale, que Milovan Djilas appelait la « nouvelle classe » des officiels du Parti [5].

L'effondrement de l'univers communiste nous place aujourd'hui dans une situation remarquable : les critiques de gauche des sociétés libérales manquent singulièrement de solutions *radicales* pour dépasser les formes les plus rebelles d'inégalité. Pour le moment, le désir « thymotique » de reconnaissance individuelle a préservé ses positions contre le désir « thymotique » d'égalité. On connaît aujourd'hui peu de critiques des sociétés libérales qui seraient enclins à préconiser l'abandon des principes libéraux – dans le domaine de la politique comme dans celui de l'économie – pour supprimer l'inégalité économique existante [6]. Les principaux arguments concernent non pas les principes de la société libérale, mais le point précis auquel l'échange proprement dit entre liberté et égalité doit intervenir. Une certaine forme de social-démocratie demeure pour beaucoup un pôle d'attraction beaucoup plus séduisant que le libéralisme du monde anglo-saxon. Chaque société équilibre à sa manière la liberté et l'égalité, depuis le sec individualisme de l'Amérique de Reagan ou de l'Angleterre de Thatcher jusqu'à la social-démocratie scandinave, en passant par les diverses formes de démocratie chrétienne du continent européen. Ces pays sont très différents les uns des autres dans leurs pratiques sociales et la qualité de la vie qu'ils proposent, mais les échanges spécifiques qu'ils font peuvent être regroupés sous la définition générale de démocratie libérale, sans faire injure aux principes sous-jacents. Le désir d'un plus haut degré de démocratie sociale n'a pas besoin de se réaliser aux dépens de la démocratie formelle ; il ne réfute donc pas par lui-même la possibilité d'une fin de l'Histoire.

Malgré le recul actuel de l'ancienne problématique économique de classe de la part de la gauche, il n'est pas évident qu'il n'y aura plus de défi nouveau et potentiellement plus radical lancé à la démocratie libérale, défi qui serait fondé sur d'autres formes d'inégalité. D'ores et déjà, certaines de ces formes (racisme, sexisme et « homophobie ») ont remplacé pour la gauche l'ancien problème des classes sur les campus universitaires américains. Une fois établi le principe de reconnaissance égale de la dignité humaine de toute personne (*isothymia*), rien ne garantit que les gens continueront d'accepter l'existence de formes naturelles ou nécessairement résiduelles d'inégalité.

Le fait que la nature distribue les capacités de manière inégale, et que certains soient nés Mozart tandis que d'autres ne peuvent pas produire un son juste, n'est pas particulièrement équitable. Nous acceptons aujourd'hui ce genre d'inégalités comme naturel ou nécessaire, mais cela ne signifie pas qu'il en sera toujours ainsi à l'avenir. Un mouvement politique pourrait reprendre à son compte le plan d'Aristophane dans *Lysistrata* pour forcer les jolis garçons à épouser les femmes laides [7] et vice versa; l'avenir peut aussi élaborer de nouvelles techniques pour maîtriser cette injustice originelle de la part de la nature et redistribuer les bons éléments comme la beauté ou l'intelligence de manière plus « satisfaisante [8] ».

Considérons, par exemple, l'évolution de notre façon de percevoir les handicapés. Il était courant de penser que ceux-ci avaient été maltraités par la nature, et qu'ils devaient simplement vivre avec leur disgrâce. Mais la société américaine ou européenne d'aujourd'hui a cherché à remédier non seulement au handicap physique, mais aussi à l'injure faite à la dignité de ces individus. Les moyens pour aider des handicapés dans les administrations et les universités ont été économiquement plus coûteux qu'il auraient pu l'être. Au lieu de doter les malheureux de moyens de transport spécifiques, on a changé par exemple *tous* les autobus de manière à les rendre accessibles aux handicapés. Au lieu de doter les bâtiments publics d'entrées discrètes pour les chaises roulantes, on a installé des rampes d'accès aux portes principales. Tous ces frais et ces efforts ont été entrepris non pas tant pour soulager l'inconfort physique des handicapés, puisqu'il y avait des moyens moins coûteux pour ce faire, mais pour leur épargner les affronts à leur dignité. C'est leur *thymos* qui devait être protégé, en dépassant les obstacles naturels et en montrant qu'une personne handicapée pouvait entrer dans un bâtiment officiel par la grande porte, comme tout un chacun.

La passion pour la reconnaissance de l'égalité *(isothymia)* ne diminue pas nécessairement avec la réalisation d'une égalité et d'une abondance matérielle *de facto* plus grandes, mais elle peut être stimulée par celles-ci.

Tocqueville expliquait que, lorsque les différences entre classes ou groupes sociaux sont importantes et soutenues par une longue tradition, les gens finissent par se résigner et par les accepter. Mais lorsque la société est mobile et que les groupes sont assez proches les uns des autres, les gens deviennent plus conscients et plus aigris des différences persistantes. Dans les pays démocratiques, l'amour de l'égalité a été une passion plus profonde et plus prenante que l'amour de la liberté. La liberté pouvait être obtenue sans la démocratie, mais l'égalité était la caractéristique exclusive de l'ère démocratique et le peuple y tenait d'autant plus pour cette raison. Les excès de la liberté – l'arrogance d'une Leona Helmsley ou d'un Donald Trump, les crimes d'un Ivan Boesky ou d'un Michael Milken, les ravages provoqués par l'*Exxon Valdez*, etc. – sont beaucoup plus visibles que les méfaits de l'égalitarisme extrême, comme la médiocrité rampante ou la tyrannie de la majorité. Tandis que la liberté politique confère des plaisirs élevés à un petit nombre de citoyens, l'égalité fournit de petits plaisirs à la grande masse du peuple [9].

Ainsi, alors que le projet libéral a largement réussi pendant les quatre derniers siècles à exclure les formes les plus visibles de *mégalothymia* de la vie politique, notre société reste préoccupée par des questions d'égalisation de la dignité. Aujourd'hui, dans l'Amérique démocratique, une foule de gens consacrent leur vie à l'élimination complète de tous les vestiges d'inégalité qui viennent à leur connaissance : pour s'assurer qu'aucune petite fille n'aura à payer plus qu'un petit garçon pour faire couper ses cheveux; qu'aucune escouade de scouts ne sera interdite à des chefs de patrouille homosexuels; qu'aucun bâtiment ne sera construit sans une rampe de béton pour les chaises roulantes donnant accès à la porte principale. Ces passions existent dans la société américaine en raison de la petitesse des inégalités qui y subsistent actuellement, et non malgré celles-ci.

Depuis que Tocqueville a publié son œuvre, les partisans de la liberté ont mené de continuelles actions d'arrière-garde, souvent heureuses, contre les exigences de l'égalité. Mais la passion pour l'égalité pourrait prendre un avantage important si l'économie capitaliste tombait dans une dépression grave et prolongée. Quand la croissance économique est longue et persistante, les gens tendent à se comparer non pas tant à leurs voisins qu'à eux-mêmes dans les époques antérieures, tout en gardant l'espoir qu'ils feront encore mieux dans l'avenir. De plus, l'abondance matérielle tend à étouffer le *thymos* en fournissant beaucoup d'objets pour occuper le désir. Mais lorsque la croissance ralentit ou s'inverse, aucune comparaison ne tient plus et l'argument selon lequel le capitalisme fonctionne selon certaines lois « nécessaires » quoique injustes paraît beaucoup moins convaincant.

Il peut se faire aussi qu'une forme plus radicale d'égalitarisme apparaisse, résultant non pas d'un échec économique, mais bien d'un succès. Les inégalités résiduelles sont beaucoup plus mal supportées lorsque la question de la dignité est entièrement séparée de celle des besoins naturels dans l'esprit des gens. Pour le moment, la passion pour l'égalité est un peu tempérée par la croyance persistante que le problème principal est la satisfaction de certains besoins de base – ou

« naturels » – des plus défavorisés. Les partisans de l'égalité sont aujourd'hui satisfaits lorsque la politique sociale réussit à mettre un « plancher » sous la pauvreté. Mais dans une époque future, même si elle est plus riche, l'afflux des pauvres risque de devenir évident pour tout le monde, lorsque davantage de gens comprendront enfin que la pauvreté, dans les sociétés modernes, est quelque chose d'entièrement relatif. Si aucun élément de richesse matérielle ne vient soigner l'insulte faite à la dignité et au respect de soi de ces nécessiteux, *tout* degré de différence dans la situation sociale pourrait apparaître comme intolérable.

La forme que peut prendre un futur défi de gauche à notre libéralisme actuel pourrait donc être considérablement différente de celles avec lesquelles nous sommes familiarisés dans notre siècle. Beaucoup croient encore que le marxisme-léninisme traditionnel n'est pas mort, et que le communisme sous sa forme classique pourrait même effectuer un retour en force [10]. Cela peut bien être. Mais la menace exercée par le communisme contre la liberté a été si directe et si évidente, et la doctrine si discréditée, qu'il est bien difficile de percevoir aujourd'hui le système autrement que vidé de substance dans le monde développé. Une future menace de gauche contre la démocratie libérale empruntera beaucoup plus vraisemblablement les dehors du libéralisme en changeant sa signification de l'intérieur, au lieu de mener une attaque frontale contre les institutions et les principes démocratiques de base.

Par exemple, presque toutes les démocraties libérales ont connu une prolifération massive de « droits » nouveaux durant la dernière génération. Non contentes de protéger simplement la vie, la liberté et la propriété, de nombreuses démocraties ont défini des droits à la vie privée, au voyage, à l'emploi, au loisir, aux particularismes sexuels, à l'avortement, à l'enfance, etc. Inutile de dire que bon nombre de ces « droits » sont ambigus dans leur contenu social et mutuellement contradictoires. Il est aisé de prévoir des situations dans lesquelles les droits fondamentaux définis par la Déclaration d'indépendance et la Constitution seraient sérieusement réduits par des droits de fraîche date, dont le but serait une égalisation plus complète de la société. Les milieux conservateurs américains se sont longtemps plaints, par exemple, que le droit général à la vie et à la liberté soit entamé par une protection excessive des droits des criminels, plainte aujourd'hui rejointe par de nombreuses féministes qui cherchent une meilleure protection contre le viol [9]. Les groupes qui défendent les droits des malades atteints du sida. se sont fortement opposés au test obligatoire, à la notification des partenaires sexuels et autres mesures destinées à protéger les droits de la communauté dans son ensemble à être prémunie contre une maladie contagieuse mortelle. Sur les campus des universités américaines, la liberté d'expression est réduite à l'occasion par des « codes de parole », qui interdisent de dire certaines choses estimées offensantes pour certains groupes minoritaires. Cette évolution dans le mélange des droits se déroule entièrement dans le cadre d'une démocratie libérale. A la différence du défi ouvertement lancé aux droits libéraux par le communisme, cette modification est beaucoup plus insidieuse parce qu'elle prétend être entreprise au nom de la « modernisation » de la démocratie libérale, tout en utilisant le même langage juridique.

L'incohérence dans notre discours habituel sur la nature des droits vient en fait d'une crise philosophique plus profonde qui a trait à la possibilité d'une compréhension rationnelle de l'homme. Les droits découlent en effet directement de la compréhension de la nature de l'homme, mais s'il n'y a pas d'accord sur cette nature, ou si l'on croit qu'une telle compréhension est par principe impossible, alors toute tentative pour les définir ou pour prévenir la création de droits nouveaux (et peut-être fallacieux) est impossible. A l'heure actuelle, notre conception est tiraillée entre deux directions opposées : d'un côté vers une série de droits particularistes qui ne tiennent pas à l'« homme *en tant qu'Homme* », mais à des groupes sociaux concrets; de l'autre, vers une universalisation intégrale, où se perd la distinction entre humain et non humain.

La particularisation des droits est largement une conséquence des efforts pour compléter les droits libéraux universels et classiques. Les « droits universels de l'homme » des révolutions américaine et française ont toujours naturellement participé d'un mythe : alors que la loi reconnaissait tous les hommes universellement, la société continuait de distinguer entre Blancs et Noirs, hommes et femmes, riches et pauvres. Les programmes d'action cherchant à remédier à ces ségrégations sociales abusives ont eu pour résultat un envahissement croissant des droits des groupes spécifiques à la place des droits individuels et universels dans la législation américaine. Certains cercles en sont arrivés à regarder d'un mauvais œil l'usage de l'expression « droits individuels », parce qu'ils prétendent qu'elle porte préjudice aux droits de certains groupes pris globalement comme victimes.

D'un côté, un certain degré de reconnaissance légale des droits des groupes est inoffensif et peut-être même bénéfique dans les sociétés libérales, puisqu'il n'y a peut-être pas d'autres moyens pour corriger certaines injustices et certains abus sociaux. D'un autre côté, reconnaître des groupes auxquels on n'appartient pas par choix mais par accident de naissance crée un précédent qui ne s'accorde pas avec certains principes de base de la démocratie libérale, et détruit en dernier ressort la possibilité de communautés véritablement libérales. L'accent traditionnel mis par le libéralisme sur les droits de l'individu naît au moins autant de son engagement envers l'égalité que de son engagement envers la liberté. En disant que l'Etat reconnaît seulement les droits individuels, on affirme du même coup qu'aucun groupe significatif n'existe en dehors du groupe le plus large possible, celui de tous les êtres humains en tant que tel, ou, compe tenu des limites de la juridiction des Etats, le groupe de tous les citoyens. En reconnaissant les droits des divers groupes plutôt que celui des individus, l'Etat admet qu'il existe des distinctions significatives entre les êtres humains, qui surpassent leur humanité ou leur citoyenneté communes. Il n'y a plus de communauté nationale unique, ou de bien comun, mais seulement une rivalité constante entre des groupes sociaux préexistants dont les objectifs spécifiques n'ont que peu de rapports entre eux. Les droits universels de l'individu commencent à se dissoudre dans un fatras de droits particuliers et particularistes. Par exemple, certaines des pressions les plus efficaces pour une meilleure protection policière ont été ces dernières années le fait de groupes pour les « droits des victimes ». Le concept même de « droits des victimes » est une absurdité : le droit de protection contre les crimes n'appartient en propre à aucune minorité particulière, puisqu'il est de l'intérêt général de tous les citoyens. Mais l'attrait des droits particuliers est si puissant dans l'Amérique contemporaine que l'on ne peut y obtenir l'attention pour les droits universels que s'ils sont drapés dans les oripeaux des droits de quelque minorité persécutée.

La tendance opposée à la particularisation des droits est leur universalisation intégrale. Si cette tendance est moins apparente aujourd'hui, on peut néanmoins prévoir aisément son arrivée dans un avenir pas trop lointain. La philosophie politique classique prétendait que la dignité propre de l'homme le situait quelque part entre les bêtes et les dieux; la nature de l'homme était partiellement animale, mais cet animal était doué de raison, donc d'une vertu spécifiquement humaine qu'il ne partageait avec aucune autre espèce vivante. Pour Kant comme pour Hegel, et pour la tradition chrétienne à partir de laquelle ils avaient édifié leurs systèmes, la distinction entre humain et non humain était absolument cruciale. Les êtres humains avaient une dignité supérieure à tout dans la nature, puisque eux seuls étaient *libres* : ils étaient des causes sans cause, non déterminées par l'instinct naturel et capables de choix moral autonome.

Aujourd'hui, tout le monde *parle* de dignité humaine, mais on ne s'accorde nullement sur ce qui fonde cette dignité chez l'homme. Peu de gens sans doute pensent que l'homme est digne parce qu'il est capable de choix moral. Toute l'énergie de la physique et de la philosophie modernes, depuis Kant et Hegel, s'est appliquée à nier la possibilité de tout choix moral autonome et à concevoir entièrement le comportement humain en termes de pulsions infrahumaines et infrarationnelles. Ce qui apparaissait jadis à Kant comme un choix libre et rationnel a été considéré par Marx comme le produit de forces matérielles, ou par Freud comme celui de pulsions sexuelles profondément cachées. Selon Darwin, l'homme est littéralement sorti de l'infrahumain : une part croissante de sa nature peut être conçue en termes de biologie et de biochimie. Les sciences sociales de notre siècle nous ont dit de leur côté que l'homme est le produit de son environnement social et écologique, et que le comportement humain – comme le comportement animal – fonctionne selon certaines lois déterministes. Les études faites sur le comportement des animaux montrent qu'ils peuvent eux aussi affronter des batailles de pur prestige et – qui sait? – ressentir de la fierté ou éprouver le désir d'être reconnu. L'homme moderne a vu qu'il existait une continuité depuis le « limon vivant », comme dit Nietzsche, jusqu'à lui-même; il est différent quantitativement, mais non qualitativement, de la vie animale dont il est issu. L'homme autonome, rationnellement capable de suivre les lois qu'il s'est fixées, se trouve réduit à un mythe autogratifiant.

La dignité supérieure de l'homme lui donne un titre à conquérir la nature, c'est-à-dire à la manipulation et à l'appropriation de celle-ci pour ses propres fins, rendues possibles par la science physique moderne. Mais cette même science semble démontrer aussi qu'il n'existe pas de différence essentielle entre l'homme et la nature et que l'homme est simplement une forme plus organisée et plus rationnelle de limon. Pourtant, s'il n'existe aucune base pour dire que l'homme a une dignité supérieure à celle de la nature, alors toute justification de sa domination sur celle-ci tombe d'elle-même. La passion égalitaire qui nie l'existence de différences significatives entre les êtres humains peut être étendue à un refus de telles différences entre l'homme et les animaux supérieurs. Le mouvement pour les droits des animaux prétend que les singes, les rats ou les martres peuvent souffrir tout autant qu'un être humain, tandis que les dauphins paraissent doués d'une forme supérieure d'intelligence; pourquoi est-il illégal de tuer des hommes, mais non ces créatures?

L'argumentation peut du reste continuer en ce sens. Pourquoi distinguer en effet entre animaux supérieurs et inférieurs? Qui peut déterminer ce qui souffre dans la nature? De fait, pourquoi la capacité d'éprouver de la douleur ou la possession d'une intelligence plus élaborée deviendrait-elle un titre à une dignité supérieure? Au bout du compte, pourquoi l'homme aurait-il plus de dignité que n'importe quelle partie du monde de la nature, du plus humble rocher à l'étoile la plus lointaine? Pourquoi les insectes, les bactéries, les parasites intestinaux et les virus filtrants n'auraient-ils pas des droits égaux? La plupart des écologistes contemporains ne pensent pas refléter par leur position qu'ils continuent de croire à quelque concept de la dignité supérieure de l'homme. Ils désirent en fait protéger les bébés phoques parce que *nous autres humains* aimons les voir vivre. Mais cela est pure hypocrisie de leur part. Il existe bien une frange extrémiste du mouvement écologiste qui pense que la nature en tant que telle – et non simplement les animaux doués de « sentiment » et d' « intelligence » – a des droits égaux à ceux de l'homme. Les conséquences de cette croyance sont une indifférence aux famines massives dans des pays comme l'Ethiopie – ce n'est au fond, pour eux, qu'un simple exemple de la revanche de la nature sur l'outrecuidance humaine – et la conviction que l'humanité devrait revenir à une population « naturelle » mondiale de quelque cent millions d'habitants (au lieu des cinq milliards actuels), pour ne pas « déranger » plus longtemps l'équilibre écologique comme elle l'a fait depuis la révolution industrielle.

L'extension du principe d'égalité, des êtres humains aux créatures non humaines, peut sembler étrange de nos jours, mais elle est impliquée dans notre impasse intellectuelle à propos de la question : qu'est-ce que l'homme? Si nous pensons véritablement qu'il n'est pas capable de choix moral ou de l'usage autonome de la raison, s'il peut être entièrement conçu en termes d'infrahumanité, alors il n'est pas seulement possible mais *inévitable* que les droits soient progressivement étendus aux animaux et aux autres êtres naturels aussi bien qu'aux hommes. La conception libérale d'une humanité égale et universelle, douée d'une dignité spécifique, sera attaquée par en haut et par en bas : par ceux qui affirment que certaines identités de groupe sont plus importantes que la qualité d'être humain, et par ceux qui pensent que l'être humain n'a aucune distinction particulière par rapport au non-humain. L'impasse intellectuelle dans laquelle le relativisme nous a laissés ne nous permet de répondre définitivement à aucune de ces deux attaques, et ne permet donc pas de défendre les droits libéraux tels qu'on les entend traditionnellement.

La reconnaissance réciproque telle que la donne l'Etat universel et homogène échoue à satisfaire complètement beaucoup de gens, puisque, selon les paroles d'Adam Smith, l'homme riche continuera de tirer gloire de sa richesse, tandis que l'homme pauvre continuera d'avoir honte de sa pauvreté et de sentir qu'il est « invisible » pour les hommes qui l'entourent. Malgré l'effondrement actuel du communisme, la réciprocité imparfaite de la reconnaissance sera probablement la source des futures tentatives de la gauche pour trouver des alternatives à la démocratie libérale et au capitalisme.

Pourtant, si la reconnaissance inégale de gens égaux en principe est l'accusation la plus couramment portée contre la démocratie libérale, on peut raisonnablement penser que la menace la plus importante et la plus sérieuse viendra de la droite, c'est-à-dire de la tendance de la démocratie libérale à accorder une reconnaissance égale à des gens inégaux. C'est ce que nous allons analyser à présent.

28

DES HOMMES SANS COURAGE

> Voici le signe le plus universel de l'époque moderne : l'homme a perdu sa *dignité* à ses propres yeux à un degré incroyable. Pendant longtemps centre et héros tragique de l'existence en général; puis au moins attentif à se montrer étroitement lié au côté décisif et essentiellement digne de l'existence – comme tous les métaphysiciens qui veulent s'accrocher à la *dignité de l'homme,* avec la conviction que les valeurs morales sont les valeurs cardinales. Ceux qui ont abandonné Dieu s'accrochent d'autant plus fermement à leur foi en la moralité.
>
> F. Nietzsche, *La Volonté de puissance* [1].

Il est impossible de compléter notre présent exposé sans nous référer à la créature qui apparaît, dit-on, à la fin de l'Histoire : le « dernier homme ».

Selon « Hegel-Kojève », l'Etat universel et homogène résout pleinement la contradiction qui existait dans la relation maître-esclave en faisant des anciens esclaves leurs propres maîtres. Le maître cesse d'être reconnu uniquement par des êtres qui sont un peu moins que des hommes, et les esclaves ne se voient plus refuser la reconnaissance de leur humanité. Au contraire, chaque individu, libre et connaissant sa propre dignité, reconnaît tous les autres individus pour ces mêmes qualités. Dans l'abolition de la contradiction maître-esclave, quelque chose de chacun des deux partis a été préservé : la liberté du maître et le travail de l'esclave.

Karl Marx a mené une très violente critique de Hegel, en niant que la reconnaissance fût universelle; l'existence de classes socio-économiques lui interdisait de devenir telle. Mais l'autre grande critique – plus profonde – de Hegel a été faite par Nietzsche. En effet, bien que la pensée de Nietzsche ne se soit jamais incarnée dans des mouvements de masse ou des partis politiques comme l'a fait celle de Marx, les questions qu'il soulevait sur la direction du développement historique de l'homme restent non résolues et le resteront sans doute, même après la disparition du dernier régime marxiste de la surface de la terre.

Pour Nietzsche, il y avait au fond peu de différence entre Hegel et Marx, puisque leur objectif était le même : une société incarnant la reconnaissance universelle. Il a soulevé en fait le problème essentiel : la reconnaissance qui peut être universalisée mérite-t-elle d'occuper la première place? La *qualité* de la reconnaissance n'est-elle pas plus importante que son universalité? Et le projet d'universaliser la reconnaissance ne dévalue-t-il pas inévitablement celle-ci en la banalisant?

Le « dernier homme » de Nietzsche était, par essence, l'esclave victorieux. L'auteur du *Zarathoustra* était pleinement d'accord avec Hegel : le christianisme était une idéologie d'esclave, et la démocratie représentait une forme laïcisée de christianisme. L'égalité de tous les hommes devant la loi était la réalisation sur la terre de l'idéal chrétien de l'égalité de tous les croyants au royaume des cieux. Mais la croyance chrétienne en l'égalité des hommes devant Dieu n'était rien de plus qu'un préjugé, né du ressentiment des faibles contre ceux qui étaient plus forts qu'eux. La religion chrétienne s'enracinait dans la prise de conscience de ce que les faibles pouvaient circonvenir les forts en les enfermant dans un troupeau, grâce aux armes du péché et de la conscience. Dans les Temps modernes, ce préjugé s'était répandu de manière irrésistible, non parce que sa vérité était manifeste, mais par suite du nombre croissant des faibles [2].

L'Etat démocratique libéral ne constituait donc pas une synthèse de la moralité du maître et de celle de l'esclave, comme Hegel l'avait soutenu. Pour Nietzsche, il représentait une victoire sans condition de l'esclave [3]. La liberté et la satisfaction du maître n'étaient nulle part préservées, puisque personne ne *gouvernait* réellement dans une société démocratique. Le citoyen typique d'une démocratie libérale était cet individu, formé à l'école de Hobbes et de Locke, qui renonçait à croire à la supériorité de sa valeur pour s'assurer une confortable préservation de soi. Pour Nietzsche, l'homme démocratique était entièrement composé de désir et de raison, habile à trouver de nouvelles ruses pour satisfaire une foule de petits désirs grâce aux calculs d'un égoïsme à long terme. Mais il manquait complètement de toute *mégalothymia,* se satisfaisant de son bonheur mesquin et hors d'état de ressentir la moindre honte pour être incapable de s'élever au-dessus de ces désirs.

Hegel, naturellement, soutenait que l'homme moderne luttait pour la reconnaissance aussi bien que pour la satisfaction du désir, et obtenait tout cela lorsque les droits lui étaient accordés par l'Etat universel et homogène. Il est certainement vrai que les hommes privés de droits luttent pour les obtenir, comme ils l'ont fait récemment en Europe de l'Est, en Chine et en Union soviétique. Mais c'est une autre question, de nouveau, que de savoir s'ils sont humainement *satisfaits* par le simple fait de se voir accorder des droits. On se rappelle la plaisanterie de Groucho Marx, refusant de faire partie d'un club qui l'admettrait en son sein; quelle est la valeur d'une reconnaissance qui est accordée à tout un chacun simplement parce qu'il est un être humain? Après la réussite d'une révolution libérale, telle que celle de l'Allemagne de l'Est en 1989, chacun devient le bénéficiaire du nouveau système de droits, qu'il ait lutté ou non pour la liberté, même s'il se contentait de son existence d'esclave sous l'ancien régime, et même s'il avait collaboré avec la police politique de ce régime. Une société qui accorde une reconnaissance de ce type peut être le point de départ de la satisfaction du *thymos*; elle est manifestement meilleure que celle qui refuse l'humanité à tout le monde. Mais l'octroi de droits libéraux constitue-t-il par lui-même la réalisation de ce grand désir qui conduit le maître aristocratique à risquer la mort? Même si de nombreuses personnes étaient satisfaites par cette variété humble de reconnaissance, celle-ci serait-elle véritablement satisfaisante pour le petit nombre de ceux qui ont des natures infiniment plus ambitieuses? Si tout le monde était *pleinement satisfait* par le simple fait d'avoir des droits dans une société démocratique, sans aspirer à rien d'autre que la citoyenneté, n'aurions-nous pas tendance à les trouver dignes de mépris? D'un autre côté, si le *thymos* restait fondamentalement insatisfait par la reconnaissance universelle et réciproque, les sociétés démocratiques n'auraient-elles pas montré une faiblesse critique [4]?

On peut voir les contradictions inhérentes au concept de reconnaissance universelle en observant le « mouvement d'autoestimation » qui s'est développé aux Etats-Unis ces dernières années, illustré par le Comité pour l'autoestimation créé dans l'Etat de Californie en 1987 [5]. Ce mouvement a pour fondement l'observation psychologique correcte que toute action réussie dans la vie procède d'un sens de sa propre valeur, et que si les gens en sont privés, la croyance en leur nullité deviendra fatalement une prophétie qui se réalisera d'elle-même. Le point de départ – qui est à la fois kantien et chrétien, même si ses promoteurs ne sont pas conscients de leurs propres racines intellectuelles – est que toute personne est un être humain et possède à ce titre une certaine dignité. Kant, dans la tradition chrétienne, aurait pu dire que tous les êtres humains sont également à même de décider de vivre ou non selon la loi morale. Mais cette dignité universelle dépend de la capacité de l'homme à dire que certains actes sont contraires à la loi morale, donc mauvais. S'estimer correctement soi-même implique d'être capable de ressentir la honte ou le dégoût de soi si l'on ne vit pas à la hauteur d'une certaine exigence de qualité morale.

Le problème avec le mouvement actuel d'autoestimation est que ses membres, vivant comme ils le font dans une société démocratique et égalitaire, sont rarement volontaires pour faire des choix concernant ce qui doit être estimé. Ils veulent aller vers les gens et accueillir tout le monde, en leur disant que peu importe la dégradation et la disgrâce de leur vie, puisqu'ils continuent d'avoir une valeur personnelle et qu'ils sont *quelqu'un.* Ils ne veulent exclure rien ni personne comme indigne. Il est vrai que, par tactique, il peut se faire qu'une personne complètement déprimée et malchanceuse puisse être épaulée à un moment critique par quelqu'un qui lui exprimerait son soutien en parlant de sa dignité ou de son état de « personne ». Mais en fin de compte, la mère saura bien si elle a négligé son enfant, le père saura bien s'il est retombé dans la boisson, la fille saura si elle a menti, car « les ruses qui marchent pour les autres ne valent rien dans cette arrière-salle bien connue où l'on se donne rendez-vous à soi-même ». Le respect de soi-même doit se rattacher à quelque degré d'accomplissement, si humble et modeste qu'il puisse être. Plus difficile est l'accomplissement, plus grand sera le sentiment de l'estime de soi : on peut retirer une fierté plus grande d'avoir subi la formation spéciale des *marines* que d'avoir fait la queue pour la soupe populaire. Mais dans une démocratie, nous sommes radicalement opposés à dire que telle personne, tel mode de vie ou telle activité sont meilleurs et plus dignes que d'autres [6].

Un problème supplémentaire se pose avec la reconnaissance universelle, qui peut se résumer par la question : « Qui fait l'estimation ? » En effet, la satisfaction que chacun tire de la reconnaissance ne dépend-elle pas, dans une large mesure, de la qualité de la personne qui fait l'estimation ? N'est-il pas plus satisfaisant d'être reconnu par une seule personne dont on respecte le jugement, que par beaucoup de gens sans discernement ? Et les formes les plus hautes – donc les plus satisfaisantes – de reconnaissance ne doivent-elles pas venir de groupes toujours plus restreints de gens, puisque les plus hauts degrés d'accomplissement ne peuvent être appréciés que par ceux qui sont parvenus au même point ? Par exemple, si l'on est spécialiste de la physique théorique, il sera probablement beaucoup plus satisfaisant d'être reconnu par le meilleur de ses collègues physiciens que par le magazine *Time.* Même si l'on n'est pas à la hauteur de ces sommets intellectuels, la question de la qualité de la reconnaissance reste critique. Par exemple, la reconnaissance que l'on reçoit en vertu de sa citoyenneté dans une grande démocratie contemporaine est-elle nécessairement plus satisfaisante que la reconnaissance que les gens avaient coutume de recevoir en tant que membres des petites communautés agricoles préindustrielles étroitement unies? En effet, quoique ces derniers n'eussent aucun « droit » politique au sens moderne du terme, ils étaient membres de petits groupes sociaux stables, soudés par les liens de la parenté, du travail et de la religion, qui se « reconnaissaient » et se respectaient mutuellement, même s'ils étaient soumis à l'exploitation et aux abus de leurs maîtres féodaux. Par contraste, les résidents des cités modernes qui vivent dans d'immenses blocs d'appartements peuvent bien être reconnus par l'Etat : ce sont des étrangers pour les gens réels avec lequel ils vivent et travaillent.

Nietzsche croyait qu'aucune excellence, aucune grandeur ou aucune noblesse humaine n'étaient possibles en dehors des sociétés aristocratiques [7]. En d'autres termes, la véritable liberté ou créativité ne peut naître que de la *mégalothymia,* c'est-à-dire du désir d'être reconnu comme meilleur que les autres. Même si les gens étaient nés égaux, ils n'iraient pas jusqu'à leurs propres limites s'ils voulaient simplement être comme tout le monde : le désir d'être reconnu comme supérieur aux autres est indispensable si l'on veut se surpasser. Ce désir n'est pas simplement la base de la conquête et de l'impérialisme, c'est aussi la condition préalable pour créer quelque chose de valeur dans tous les domaines : symphonies, tableaux, romans, codes éthiques ou systèmes politiques. Nietzsche relevait que toute forme d'excellence réelle doit initialement naître du mécontentement, de la division de soi contre soi, et finalement d'une guerre contre soi-même avec toutes les souffrances que cela comporte : « On doit toujours avoir en soi le chaos pour donner naissance à une étoile qui danse. » La bonne santé et l'autosatisfaction sont des *poids morts.* Le *thymos* est le côté de l'homme qui cherche délibérément la lutte et le sacrifice, qui essaye de prouver que le moi est quelque chose de meilleur et de plus élevé que le pauvre animal craintif, nécessiteux, réduit à ses instincts et physiquement limité. Tous les hommes ne ressentent pas cet aiguillon, mais pour ceux qui le ressentent, le *thymos* ne saurait être satisfait par la connaissance qu'ils sont simplement égaux en dignité avec tous les autres êtres humains.

Les efforts pour être *inégaux* se révèlent dans tous les aspects de la vie, même lors d'événements comme la révolution bolchevique, qui a cherché à créer une société fondée sur l'égalité complète des hommes. Des hommes comme Lénine, Trotski et Staline n'étaient pas des individus qui cherchaient pour eux-mêmes à être simplement les égaux des autres gens : si tel avait été le cas, Lénine n'aurait jamais quitté Samara et Staline aurait pu rester étudiant au séminaire de Tiflis. Faire une révolution et créer une société entièrement nouvelle requiert des individualités remarquables, douées d'une dureté, d'une vision, d'une brutalité et d'une intelligence plus grandes que la moyenne, caractéristiques que tous les bolcheviques de la première heure possédaient au plus haut point. Pourtant, le type de société qu'ils s'efforçaient de construire a cherché à abolir les ambitions et les caractéristiques qu'eux-mêmes possédaient. C'est peut-être pourquoi tous les mouvements de gauche, depuis les bolcheviques et les communistes chinois jusqu'aux « Verts » allemands, finissent par être confrontés au « culte de la personnalité » de leurs dirigeants, puisqu'il existe une tension inévitable entre leurs idéaux « isothymiques » d'une société égalitaire et les types humains « mégalothymiques » que requiert la création d'une telle société.

Il est donc plus vraisemblable que les individus, comme Lénine ou Trotski, qui luttent pour quelque chose de plus pur et de plus élevé naissent dans des sociétés vouées à la théorie que tous les hommes n'ont *pas* été créés égaux. Les sociétés démocratiques, vouées à la théorie opposée, tendent à promouvoir la croyance en l'égalité de tous les styles de vie et de toutes les valeurs. Elles ne disent pas à leurs citoyens comment ils devraient vivre, ce qui les rendra heureux, vertueux ou grands [8]. Au contraire, elles cultivent la vertu de tolérance, qui deviendra la vertu *principale* dans les sociétés démocratiques. Et si les hommes sont incapables d'affirmer qu'un genre de vie particulier est supérieur à un autre, alors ils se rabattront sur l'affirmation de la vie elle-même, c'est-à-dire le corps, ses peurs et ses besoins. Alors même que toutes les âmes ne peuvent pas être également vertueuses ou talentueuses, tous les corps peuvent souffrir; de là vient que les sociétés démocratiques tendent à être miséricordieuses et à élever au premier rang des préoccupations la prévention de la souffrance physique. Ce n'est pas un accident si les habitants des sociétés démocratiques sont préoccupés de vie matérielle et de gain dans un monde économique voué à la satisfaction des multiples petits besoins du corps. Selon Nietzsche, le dernier homme a « quitté les régions où il était difficile de vivre, parce qu'on a besoin de chaleur ».

On continue de travailler, parce que le travail est une forme de divertissement. Mais on a soin de faire en sorte que ce divertissement ne soit pas trop absorbant. On ne devient plus pauvre ou riche : les deux requièrent trop d'efforts. Qui veut encore diriger? Qui obéir? Les deux requièrent trop d'efforts.

Un troupeau et pas de berger! Tout le monde veut la même chose, tout le monde est pareil : quiconque se sent différent rentre volontairement à l'asile [9].

Il devient particulièrement difficile pour les habitants des sociétés démocratiques de prendre sérieusement en compte des problèmes dotés d'un contenu moral réel dans la vie publique. La moralité implique une distinction entre le pire et le meilleur, le bon et le mauvais, qui semble violer le principe démocratique de tolérance. C'est pour cette raison que le dernier homme s'intéresse surtout à sa santé et à sa sécurité personnelles, parce qu'elles sont – au moins – des faits indiscutables. Dans l'Amérique d'aujourd'hui, il serait tout à fait inconvenant qu'une personne, voyant un ami marié en compagnie de sa petite amie dans un restaurant, aille lui faire un affront public parce qu'il trompe sa femme. Les gens qui font ce genre de choses sont considérés comme des moralistes mesquins, qui n'ont aucun titre à prescrire aux autres gens la façon dont ils doivent vivre. Mais le même genre de personne pourra fort bien se lever et ordonner à l'autre d'arrêter de fumer. En d'autres termes, nous nous sentons fondés à faire la leçon aux autres à propos de leur santé physique, mais non à propos de leur santé morale. Pour les Américains, la santé de leur corps – leur nourriture et leur boisson, l'exercice qu'ils prennent, la forme qu'ils ont – est devenue une obsession bien plus grande que les questions morales qui tourmentaient leurs prédécesseurs. En fait, le commandement « restez en bonne santé » a pris le statut d'impératif moral, le seul dont nous ayons à remplir le grand vide de notre esprit.

En faisant de la préservation de soi le premier de tous les impératifs, le dernier homme ressemble à l'esclave de Hegel dans la bataille sanglante, au début de l'Histoire. Mais la situation du dernier homme est pire encore parce qu'elle résulte du processus historique tout entier qui s'est ensuivi depuis ce temps, évolution cumulative complexe de la société humaine vers la démocratie. Selon Nietzsche, en effet, un organisme vivant ne saurait être sain, fort ou productif que s'il vit les yeux fixés sur certains objectifs, c'est-à-dire sur un ensemble de valeurs et de croyances qui sont acceptées absolument et sans discussion. « Aucun artiste ne peindra son tableau, aucun général ne gagnera sa victoire, aucune nation ne gagnera sa liberté » sans cet horizon, sans aimer le travail qu'ils font « infiniment plus qu'il ne mérite d'être aimé [10] ».

Mais c'est précisément notre connaissance de l'histoire qui rend cet amour impossible. L'histoire nous enseigne en effet qu'il y a eu des horizons sans nombre par le passé : civilisations, religions, codes éthiques, « systèmes de valeurs ». Les peuples qu'ils régissaient, qui n'avaient pas notre connaissance moderne de l'histoire, croyaient que leur horizon était le seul possible. Mais ceux qui sont venus les derniers dans cette évolution – ceux qui vivent dans l'ancien âge de l'humanité – ne peuvent pas manquer à ce point d'esprit critique. L'éducation moderne – cette éducation universelle qui est absolument vitale pour préparer les sociétés en vue du monde économique moderne – libère les hommes de leur attachement à la tradition et à l'autorité. Ils comprennent que leur horizon n'est rien d'autre qu'un horizon; non pas une terre ferme, mais un mirage qui disparaît lorsqu'on s'approche, pour laisser place lui-même à un autre horizon. C'est pourquoi l'homme moderne est le *dernier* homme : l'expérience de l'histoire l'a blasé, il est désabusé quant à la possibilité d'une expérience directe des valeurs.

L'éducation moderne encourage une certaine tendance au relativisme, doctrine selon laquelle tous les horizons et toutes les valeurs sont relatifs à leur époque et à leur région. Le relativisme enseigne qu'il ne peut rien y avoir de bon, de juste ou de beau : ces concepts sont des illusions qui reflètent les préjugés ou les intérêts de ceux qui les soutiennent. Cette idée, que Nietzsche lui-même a contribué à répandre, existe dans notre environnement domestique. Le *Time,* par exemple, dans sa compilation du « Meilleur de l'année » pour 1990, nous informe au passage que « l'idée du meilleur [...] est une illusion. Il n'y a pas de " meilleur ". C'est simplement une manière de faire en sorte que le subjectif apparaisse objectif. Les compilations de ce genre recueillent les préjugés, ou au moins les intérêts de ceux qui les font ». Mais si le « meilleur » n'est qu'une illusion, non seulement ni « la femme la mieux habillée de l'année », ni « le meilleur film de l'année » n'existent, mais il n'y a pas davantage de raison pour penser qu'un système politique garantissant les droits fondamentaux de l'homme est meilleur qu'un autre qui ne le fait pas. Avec cette théorie, notre préférence pour la démocratie libérale n'est rien d'autre qu'un « préjugé » ou un « intérêt ». Le relativisme renforce le préjugé des démocrates en faveur de l'égalité essentielle de tous les modes de vie, et encourage du même coup une sorte de médiocrité égoïste. La doctrine selon laquelle il n'existe aucune perspective privilégiée, aucune vérité absole, coïncide aimablement avec le désir de l'homme démocratique de croire que son mode de vie est tout aussi bon que n'importe quel autre. Dans ce contexte, le relativisme ne mène pas à la libération des grands et des forts, mais à celle des médiocres, à qui l'on vient dire qu'ils n'ont à rougir de rien [11]. L'esclave, au début de l'histoire, refusait de risquer sa vie dans la bataille sanglante parce qu'il était instinctivement craintif. Le dernier homme, à la fin de l'histoire, *sait* qu'il a mieux à faire que de risquer sa vie pour une cause, parce qu'il sait que l'histoire a été pleine de batailles inutiles dans lesquelles les hommes ont combattu pour décider s'ils devaient être chrétiens ou musulmans, protestants ou catholiques, allemands ou français. La suite de l'histoire a souvent révélé que la loyauté qui conduisait les hommes à des actes désespérés de courage et de sacrifice n'était que préjugé mesquin. Les hommes issus de l'éducation moderne se contentent de rester assis chez eux et de se féliciter de leur largeur d'esprit et de leur absence de fanatisme. Comme leur dit le Zarathoustra de Nietzsche : « Car vous parlez ainsi : “ Réalistes, nous le sommes totalement, et dépourvus de toute croyance ou superstition. ” Et vous bombez vos poitrines – mais hélas, elles sont vides [12] ! »

Dans les sociétés démocratiques contemporaines, de nombreuses personnes, particulièrement chez les jeunes, ne se contentent pas de se féliciter de leur largeur d'esprit; elles aimeraient « vivre avec un but fixé ». Elles désirent en fait choisir leur croyance et leur engagement pour des « valeurs » plus profondes que le libéralisme lui-même, telles que celles offertes par les religions traditionnelles. Mais elles sont confrontées à un problème insurmontable. Elles ont plus de liberté pour choisir leur croyance que dans n'importe quelle autre société historique et peuvent devenir, à leur gré, musulmans, bouddhistes, théosophes, « Hare Krishna », ou sectateurs de Lyndon La Rouche, sans parler des choix plus traditionnels comme catholiques ou baptistes. Mais la variété même du choix est déroutante et ceux qui se décident pour tel ou tel chemin le font en restant conscients de la multitude des autres qu'ils n'ont pas pris. Ils ressemblent à ce personnage de Woody Allen – Mickey Sachs – qui, apprenant qu'il est atteint d'un cancer incurable, se lance dans un *shopping* désespéré au supermarché des religions mondiales. Ce qui finit par le réconcilier avec la vie n'est pas moins arbitraire : il entend *Potato Head Blues* de Louis Armstrong et décide qu'après tout, il reste quelques valeurs sûres.

Lorsque les communautés étaient soudées par une croyance unique héritée de leurs ancêtres lointains, l'autorité de cette croyance était tenue pour garantie et devenait l'élément constitutif du caractère moral de chacun. La croyance soudait entre eux les membres de la famille, ainsi que les autres membres de la société dans son ensemble. Faire ce genre de choix aujourd'hui dans une société démocratique implique peu de frais et peu de conséquences, mais procure peu de satisfactions. La croyance tend à séparer plutôt qu'à réunir les gens, puisqu'il existe tant de choix possibles. On peut évidemment se joindre à de petites communautés de croyants, mais il est peu vraisemblable qu'elles recouvrent également les communautés de travail et de voisinage. Lorsque la croyance devient gênante (si l'on est privé d'héritage par un parent, ou si l'on apprend que son gourou a été pris en flagrant délit d'escroquerie), elle s'estompe rapidement tout comme n'importe quelle phase de l'adolescence.

Nietzsche fut un partisan radical de l'inégalité entre les hommes, avec une politique violemment antidémocratique. Mais sa théorie du dernier homme a trouvé des échos chez bon nombre d'autres penseurs modernes, qui ont examiné en profondeur le caractère des sociétés démocratiques [13]. Tocqueville, entre autres, partageait le souci de Nietzsche de ce que le mode de vie du maître ne s'efface pas de la terre avec l'avènement de la démocratie. Le maître, qui fixait la loi pour lui-même et pour les autres au lieu de lui obéir passivement, était à la fois plus noble et plus satisfait que l'esclave. Tocqueville considérait donc le caractère fortement privé de la vie dans l'Amérique démocratique comme un problème critique, susceptible d'entraîner l'atrophie des liens moraux qui liaient les hommes entre eux dans les communautés prédémocratiques. Comme Nietzsche après lui, il craignait que l'abolition de la relation formelle entre maîtres et esclaves ne fît point de ces derniers leurs propres maîtres, mais qu'elle ne les attirât dans une nouvelle sorte d'esclavage :

> Je cherche à repérer les traits nouveaux sous lesquels le despotisme peut apparaître dans le monde. Le premier détail qui frappe l'observateur est une multitude innombrable d'hommes, tous égaux et semblables, qui s'efforcent sans relâche de se procurer les plaisirs mesquins et dérisoires dont ils surchargent leur existence. Chacun d'eux, vivant à part, est comme étranger au destin de tout le reste; ses enfants et ses amis intimes constituent pour lui la totalité de l'humanité. Quant au reste de ses concitoyens, il les côtoie, mais il ne les voit pas; il est en contact avec eux, mais il ne les sent pas; il n'existe qu'en lui-même et pour lui-même; et si sa parenté lui reste, on peut bien dire de lui que, de toute façon, il a perdu son pays.
>
> Au-dessus de cette race d'hommes se tient un pouvoir immense et tutélaire, qui assume à lui seul la tâche d'assurer leurs gratifications et de veiller sur leur destin. Ce pouvoir est absolu, minutieux, régulier, attentif et doux. Ce serait comme l'autorité d'un parent si, à l'image de cette autorité, son objet était de préparer les hommes à l'état d'adulte; mais il cherche au contraire à les maintenir dans une perpétuelle enfance; il est parfaitement

content que les gens puissent se réjouir, pourvu qu'ils ne pensent à rien d'autre qu'à se réjouir [14].

Dans un grand pays comme l'Amérique, les devoirs liés à la citoyenneté sont minimes, et la petitesse de l'individu comparée à l'immensité du pays a fait que cet individu ne se sent pas son propre maître, mais faible et impuissant face à des événements qu'il ne peut pas contrôler. Excepté au niveau le plus abstrait et le plus théorique, quelle importance réelle y a-t-il à dire que les gens sont devenus leurs propres maîtres?

Tocqueville anticipait Nietzsche en étant parfaitement conscient de ce qui avait été perdu lorsque les sociétés étaient passées de l'aristocratie à la démocratie. Cette dernière, notait-il, produisait moins de ces choses belles mais inutiles qui sont l'apanage des sociétés aristocratiques, depuis les poèmes et les théories métaphysiques jusqu'aux œufs de Fabergé; en revanche, elle produit maintenant une quantité beaucoup plus importante de ces choses qui sont utiles mais hideuses : machines-outils, autoroutes, véhicules tout-terrain et maisons préfabriquées. (L'Amérique moderne a réussi à s'arranger pour que sa jeunesse la plus brillante et la plus privilégiée produise des choses qui ne sont ni belles ni utiles, comme ces montagnes de procédures que les avocats produisent chaque année.) Mais la perte de l'artisanat d'art est banale, comparée à celle de certaines possibilités humaines dans l'univers moral et théorique, possibilités qui étaient nourries par l'éthique de loisir et volontairement anti-utilitaire des sociétés aristocratiques. Dans un passage fameux qui se réfère au mathématicien et penseur religieux Pascal, Tocqueville écrit :

> Si Pascal n'avait visé rien d'autre que quelque gain substantiel, ou même s'il avait été poussé par le seul amour de la gloire, je ne pense pas qu'il aurait été capable de rassembler toutes les forces de son esprit, comme il l'a fait, pour mieux explorer les secrets les plus cachés du Créateur. Lorsque je le vois tel qu'il fut, retirant son âme de tous les soins de la vie pour la consacrer entièrement à ces recherches, et brisant les liens qui attachent le corps à l'existence pour mourir à moins de quarante ans, je reste stupéfait et conçois qu'aucune cause ordinaire n'est ici au travail pour produire des efforts si extraordinaires [15].

Pascal, qui avait redécouvert dans son enfance les propositions d'Euclide, entra dans un monastère à l'âge de trente et un ans. Il avait une ceinture cloutée attachée à la chaise sur laquelle il s'asseyait quand on venait parler avec lui pour lui demander son avis; lorsqu'il sentait qu'il commençait à prendre du plaisir à la conversation, il s'enfonçait dans son siège pour mortifier sa chair [16]. Pascal, comme Nietzsche, fut toute sa vie d'adulte en proie à la maladie; au cours des quatre dernières années de son existence, il perdit toute possibilité de communiquer avec autrui. Il ne faisait pas de jogging et ne se souciait guère des effets de la tabagie secondaire sur sa santé, mais il fut capable de produire, dans les années qui précédèrent sa mort, quelques-unes des méditations spirituelles les plus profondes de toute la tradition occidentale. Le fait qu'une carrière si prometteuse, dans un domaine aussi utile que les mathématiques, ait pu être sacrifiée à la contemplation religieuse rendait furieux un biographe américain, qui suggérait que, puisque Pascal s'était permis de « larguer les amarres [...], il aurait pu donner auparavant naissance à tout ce qu'il avait en lui, au lieu de perdre la meilleure moitié de sa vie étouffé sous un fatras de mysticisme sans signification et d'observations plates sur la misère et la dignité de l'homme [17] ».

« Jadis, tout le monde était fou », dit le plus subtil des « derniers hommes ».

La plus grande peur de Nietzsche était que l'*American way of life* dût triompher, mais Tocqueville était résigné au caractère inéluctable de sa diffusion générale et s'en satisfaisait jusqu'à un certain point. A la différence de Nietzsche, il était sensible aux petites améliorations qu'une démocratie apportait dans la vie de la masse des petites gens. En tout état de cause, il sentait que la marche en avant de la démocratie était si inexorable que toute résistance était à la fois sans espoir et contreproductive : ce qu'on pouvait espérer de mieux était d'instruire les fervents partisans de la démocratie qu'il existait de sérieuses alternatives à leur régime favori, lequel ne pouvait être préservé qu'en modérant la démocratie elle-même.

Alexandre Kojève partageait la croyance de Tocqueville dans le caractère inéluctable de la démocratie moderne, et concevait lui aussi son prix en termes similaires. Si l'homme est en effet défini par son désir de lutte pour la reconnaissance et par son travail pour dominer la nature, et s'il obtient à la fin de l'Histoire aussi bien la reconnaissance de son humanité que l'abondance matérielle, alors l'« Homme proprement dit » cessera d'exister parce qu'il aura cessé de travailler et de lutter.

La disparition de l'Homme à la fin de l'Histoire n'est donc pas une catastrophe cosmique : le monde de la Nature reste ce qu'il a été de toute éternité. Ce n'est pas davantage une catastrophe biologique : l'Homme reste vivant en tant qu'animal *en harmonie* avec la Nature, ou Etre donné. Ce qui disparaît est l'Homme proprement dit – c'est-à-dire l'Action niant le donné, et l'Erreur, ou en général le Sujet *opposé* à l'Objet [18] [...].

La fin de l'Histoire signifierait la fin des guerres et des révolutions sanglantes. S'entendant sur les finalités, les hommes n'auraient plus de grandes causes au nom desquelles combattre [19]. Ils pourraient satisfaire leurs besoins grâce à l'activité économique, mais ils n'auraient plus à risquer leur vie dans la bataille. En d'autres termes, ils pourraient redevenir des animaux, à l'image de ce qu'ils étaient avant la bataille sanglante qui ouvrit l'Histoire. Un chien est heureux de dormir au soleil toute la journée, pourvu qu'il soit nourri, parce qu'il n'est pas insatisfait de ce qu'il est. Il ne se soucie pas que d'autres chiens fassent mieux que lui, ou que sa carrière de chien soit restée stagnante. Si l'homme atteint une société dans laquelle il aura réussi à abolir l'injustice, sa vie finira par ressembler à celle du chien [20]. La vie humaine renferme donc un curieux paradoxe : elle semble requérir l'injustice, puisque la lutte contre cette injustice est ce qui fait appel aux plus hautes vertus et qualités de l'homme.

A la différence de Nietzsche, Kojève n'était pas furieux de ce retour à l'animalité; il se contenta même de passer le reste de sa vie à travailler dans cette bureaucratie qui était censée superviser la construction de la demeure finale du « dernier homme » : la Commission européenne. Dans une série de notes ironiques à ses « lectures de Hegel », il indiquait que la fin de l'Histoire impliquait également la fin de l'art et de la philosophie, et, du même coup, de l'activité de sa vie. Il ne serait plus possible de créer le grand art dont le but est de saisir les plus hautes aspirations d'une époque, comme l'*Iliade* d'Homère, les *Madones* de Vinci ou de Michel-Ange, ou le Bouddha géant de Kamakura, parce que, pour les artistes, il n'y aurait plus de nouvelles époques ni de réalisations éminentes de l'esprit humain à représenter. On pourrait continuer à écrire d'interminables poèmes sur les beautés du printemps ou sur la grâce émouvante des seins d'une jeune fille, mais on ne pourrait rien dire de fondamentalement nouveau à propos de la situation de l'homme. La philosophie aussi deviendrait impossible, puisqu'elle aurait acquis le statut de vérité avec le système de Hegel. Les « philosophes » de l'avenir, s'ils devaient trouver quelque chose de différent de Hegel, ne pourraient rien dire de nouveau, mais simplement répéter d'anciennes formes d'ignorance [21]. Davantage, « ce qui disparaîtrait [...] n'est pas seulement la philosophie ou la recherche de la sagesse discursive, mais bien cette sagesse elle-même ». Pour ces animaux posthistoriques, il n'y aurait plus de « *conception* discursive du Monde et du moi [22] ».

Les révolutionnaires qui se sont battus avec la *Securitate* de Ceausescu, les courageux étudiants chinois qui ont fait face aux tanks sur la place Tien An Men, les Lituaniens qui ont combattu Moscou pour leur indépendance nationale, les Russes qui ont défendu leur Parlement et leurs conquêtes démocratiques étaient les plus libres, donc les plus humains, des êtres. C'étaient d'anciens esclaves qui se montraient prêts à risquer leur vie dans une bataille sanglante pour se libérer. Mais quand ils auront réussi, comme ils finiront bien par le faire, ils créeront pour eux-mêmes une société démocratique stable dans laquelle la lutte et le travail au vieux sens du terme auront perdu leur caractère de nécessité, et où il ne leur sera plus possible d'être toujours aussi humains et libres que dans leur lutte révolutionnaire [23]. Aujourd'hui, ils imaginent qu'ils seraient *heureux* s'ils atteignaient cette terre promise, parce que beaucoup de besoins qui existent dans la Roumanie ou la Chine actuelle seraient *satisfaits.* Un jour, ils auront tous des lave-vaisselle, des magnétoscopes et des voitures particulières. Mais seront-ils aussi *satisfaits* d'eux-mêmes? Ou bien se révélera-t-il que la satisfaction de l'homme, à l'opposé de son bonheur, ne naît pas du but en lui-même, mais de la lutte et du travail accomplis pour y parvenir?

Lorsque le Zarathoustra de Nietzsche parla à la foule du dernier homme, une clameur jaillit : « Donne-nous ce dernier homme, ô Zarathoustra ! »; « Fais de nous ces derniers hommes et nous te tiendrons quitte du reste ! », criaient-ils. La vie du dernier homme est celle de la sécurité physique et de l'abondance matérielle, précisément ce que les politiciens occidentaux ont coutume de promettre à leurs électeurs. Est-ce bien là le but suprême de l'histoire humaine de ces derniers millénaires? Devrions-nous craindre de devenir en même temps heureux *et* satisfaits de notre situation, et de ne plus être des êtres humains mais des animaux de l'espèce *homo sapiens*? Ou bien le danger est-il que nous soyons heureux à un niveau de notre existence, mais toujours *insatisfaits* de nous-mêmes à un autre niveau, donc prêts à ramener le monde dans l'histoire avec toutes ses guerres, ses injustices et ses révolutions?

29

LIBRES ET INÉGAUX

Il est très difficile pour ceux d'entre nous qui croient en la démocratie libérale de suivre Nietzsche très loin sur la route qu'il emprunte. Nietzsche s'opposait ouvertement à la démocratie et à la rationalité sur laquelle elle reposait. Il appelait de ses vœux la naissance d'une nouvelle morale qui favoriserait le fort aux dépens du faible, qui accroîtrait l'inégalité sociale et encouragerait même une certaine forme de cruauté. Pour être de bons nietzschéens, nous devrions nous endurcir le corps et l'esprit. Nietzsche – dont les doigts bleuissaient de froid en hiver parce qu'il refusait de chauffer sa chambre, et qui passait rarement plus d'un jour sur dix sans d'épouvantables migraines, même avant le déclenchement de sa folie – prônait un genre de vie qui ne serait adouci ni par le confort ni par la paix.

En revanche, nous pouvons accepter d'emblée un bon nombre de ses fines observations psychologiques, même si nous rejetons sa morale. La façon dont le désir de justice et de punition est trop fréquemment ancré dans le ressentiment du faible contre le fort; les effets spirituels potentiellement débilitants de la compassion et de l'égalité; le fait que certains individus, de propos délibéré, *ne recherchent pas* le confort et la sécurité, et ne se satisfont pas du bonheur tel qu'il est conçu par la tradition utilitariste anglo-saxonne; la façon dont la lutte et le risque sont des éléments constitutifs de l'âme humaine; la relation entre le désir d'être plus grand que les autres et la possibilité d'excellence et de dépassement personnels : tous ces aperçus peuvent être considérés comme des réflexions très incisives sur la condition humaine, que l'on peut accepter sans avoir à rompre avec les traditions chrétiennes et libérales dans lesquelles nous vivons.

En fait, les aperçus psychologiques de Nietzsche nous sont familiers, puisqu'il parle du désir de reconnaissance. On pourrait dire que son centre d'intérêt essentiel est l'avenir du *thymos* – la capacité de l'homme à attribuer une valeur aux choses et à lui-même – qu'il voit menacé par le sens historique de l'homme et par la diffusion de la démocratie. Tout comme la philosophie de Nietzsche peut être considérée en gros comme une radicalisation de l'historicisme hégélien, de même sa psychologie peut être perçue comme une radicalisation de l'accent mis par Hegel sur le désir de reconnaissance.

Sans avoir à partager pour autant la haine de Nietzsche pour la démocratie libérale, on peut utiliser ses points de vue sur les rapports difficiles qu'entretiennent la démocratie et le désir de reconnaissance. Dans la mesure où la démocratie libérale réussit à purger la vie de toute *mégalothymia* et à substituer à celle-ci la consommation rationnelle, nous allons devenir les derniers hommes. Mais les êtres humains se révolteront à cette pensée, à l'idée d'être les membres indifférenciés d'un Etat universel et homogène, chacun étant le même que l'autre, quel que soit l'endroit du globe où l'on aille. Ils voudront être des citoyens plutôt que des *bourgeois,* trouvant la vie d'esclave sans maître – la vie de consommation rationnelle – en fin de compte *lassante.* Ils voudront avoir des idéaux au nom de quoi vivre et mourir, même si les plus importants ont été réalisés *hic et nunc,* et ils voudront aussi risquer leur vie, même si le système international des Etats a réussi à abolir toute possibilité de guerre. Là est la « contradiction » que la démocratie libérale n'a pas encore résolue.

A long terme, cette même démocratie libérale pourrait être subvertie de l'intérieur soit par un excès de *mégalothymia,* soit par un excès d'*isothymia* – désir fanatique d'une reconnaissance égale. Selon nous, c'est le premier qui constituera en fin de compte la plus grande menace pour la démocratie. Une civilisation qui favorise une *isothymia* sans frein, et qui recherche fanatiquement à éliminer toute manifestation de reconnaissance inégale, touchera rapidement les limites imposées par la nature elle-même. Nous sommes à la fin d'une période au cours de laquelle le communisme a cherché à utiliser le pouvoir de l'Etat pour éliminer l'inégalité économique, et ce faisant a ruiné le fondement de la vie économique moderne. Si les passions « isothymiques » de demain essayent de mettre hors la loi les différences entre le laid et le beau, ou de prétendre qu'un cul-de-jatte est spirituellement *mais aussi* physiquement l'égal d'une personne pourvue de tous ses membres, la thèse se réfutera d'elle-même avec le temps, à l'instar du communisme. Ce n'est pas une raison pour nous rassurer ou nous réjouir particulièrement, puisque la réfutation des promesses « isothymiques » du marxisme-léninisme a mis un siècle et demi à se réaliser. Mais la nature est ici un allié, et même si l'on essaye de la chasser à coups de fourche, *tamen usque recurrit.*

En revanche, elle conspirera à préserver un degré substantiel de *mégalothymia* même dans notre monde démocratique et égalitaire. Nietzsche avait en effet absolument raison de dire qu'un certain degré de cette *mégalothymia* était une condition nécessaire à la vie elle-même. Une civilisation dépourvue de tout individu désireux d'être reconnu comme meilleur que les autres, et qui n'affirme pas d'une manière ou d'une autre le caractère sain et normal d'un tel désir, aurait sans doute bien peu d'art ou de littérature, de musique ou de vie intellectuelle en général. Elle serait gouvernée par des incompétents, car quel homme de qualité voudrait servir dans l'administration publique? Elle n'aurait pas grand-chose à proposer en matière de dynamisme économique : son artisanat et son industrie seraient prosaïques et routiniers, et sa technologie du second rayon. Plus grave, peut-être : elle serait incapable de se défendre des civilisations sous-tendues par un esprit plus fort de *mégalothymia,* dont les citoyens seraient prêts à sacrifier leur confort et leur sécurité, et qui n'auraient pas peur de risquer leur vie pour la domination. La *mégalothymia* est – et a toujours été – un phénomène moralement ambigu : les bonnes et les mauvaises « choses de la vie » en découlent aussi bien, simultanément et inéluctablement. Si la démocratie libérale est subvertie quelque jour par la *mégalothymia,* ce sera parce qu'elle a besoin de celle-ci et qu'elle ne saurait survivre sur le seul fondement de la reconnaissance universelle et égalitaire.

Il n'est donc pas surprenant qu'une démocratie contemporaine comme les Etats-Unis laisse une carrière considérable à ceux qui désirent être reconnus plus grands que les autres. L'effort de la démocratie pour bannir la *mégalothymia* ou la convertir en *isothymia* a été – au mieux – incomplet. En fait, on peut considérer que la santé et la stabilité à long terme de la démocratie reposent sur la qualité et le nombre des exutoires laissés aux citoyens pour leur éventuelle *mégalothymia.* Non seulement ces exutoires canalisent l'énergie latente dans le *thymos* et la détournent vers des usages productifs, mais ils servent aussi à purger l'excès même de cette énergie qui pourrait autrement entraîner la communauté sur des chemins de traverse.

Dans une société libérale, le premier et le plus important de ces exutoires est l'esprit d'entreprise (ainsi que les autres formes d'activité économique). Le travail est entrepris avant tout pour satisfaire le « système des besoins » – donc le désir plutôt que le *thymos.* Mais, comme on l'a vu plus haut, cela devient rapidement une arène pour les luttes « thymotiques » : le comportement des entrepreneurs et des industriels est difficile à interpréter simplement comme une affaire de satisfaction égoïste des besoins. Plus qu'il ne la permet, le capitalisme requiert positivement une forme de *mégalothymia* réglée et sublimée dans les efforts des hommes d'affaires pour être meilleurs que leurs rivaux. Au niveau où opèrent des entrepreneurs de la classe d'un Henry Ford, d'un Andrew Carnegie ou d'un Ted Turner, la consommation n'est pas un motif important. De tels personnages sont évidemment « avides » de masses d'argent toujours plus importantes, mais l'argent est beaucoup plus un gage ou un symbole de leurs capacités qu'un moyen d'acquérir des biens sans nombre – maisons, voitures ou femmes – pour leur consommation personnelle. Ils ne risquent pas leur vie, mais ils mettent en jeu leur fortune, leur statut et leur réputation pour l'amour d'un certain type de gloire; ils travaillent extrêmement dur et négligent les petits plaisirs en faveur de plus grands et de plus intangibles; leur activité débouche fréquemment sur des produits et des machines qui démontrent une époustouflante domination sur le plus dur des maîtres, la nature; et s'ils ne sont pas doués de civisme au sens classique du mot, ils participent nécessairement au monde social constitué par la société civile qui les entoure. L'entrepreneur capitaliste classique décrit par Joseph Schumpeter n'est donc pas le dernier homme de Nietzsche.

La nature même des démocraties capitalistes comme les Etats-Unis pousse les natures les plus ambitieuses et les plus talentueuses à se diriger vers les affaires plutôt que vers la politique, l'armée, l'université ou l'Eglise. Et il est n'est pas mauvais pour la stabilité à long terme des politiques démocratiques que l'activité économique puisse occuper ce genre de natures ambitieuses pour la durée entière d'une vie : ce n'est pas simplement parce que ces gens créent de la richesse qui irrigue ensuite l'économie dans son ensemble, mais parce qu'ils sont ainsi tenus à l'écart de la politique et de l'armée. Dans ces dernières carrières, leur fébrilité les conduirait immanquablement à proposer des innovations permanentes à l'intérieur, ou des aventures à l'extérieur du pays, avec des conséquences potentiellement désastreuses pour l'Etat. Ce fut naturellement l'exutoire expressément prévu par les premiers fondateurs du libéralisme. Les républiques anciennes comme Athènes, Sparte ou Rome ont été universellement admirées pour le patriotisme et le civisme qu'elles suscitaient : elles produisaient des citoyens plutôt que des bourgeois. Mais avant la révolution industrielle, les citoyens n'avaient guère le choix : la vie d'un commerçant n'impliquait ni gloire, ni dynamisme, ni innovation, ni maîtrise; on n'avait qu'à adopter les mêmes marchés traditionnels et les mêmes procédés artisanaux que son père et son grand-père. Il n'est pas étonnant que l'ambitieux Alcibiade se soit jeté dans la politique et que, rejetant l'avis du prudent Nicias, il ait envahi la Sicile et entraîné la destruction de l'Etat athénien. Les fondateurs du libéralisme ont compris, en fait, que le désir de reconnaissance d'un Alcibiade aurait pu être mieux dirigé et utilisé dans la fabrication du premier moteur à vapeur ou du premier microprocesseur.

Les possibilités « thymotiques » de la vie économique n'ont pas à être conçues étroitement. Le projet de conquérir la nature grâce à la science physique moderne, intimement lié à la vie économique capitaliste, est, par lui-même, une activité hautement « thymotique ». Il englobe le désir de maîtrise sur les « matériaux presque sans valeur de la nature » et la lutte pour être reconnu comme plus grand que les autres scientifiques et ingénieurs avec lesquels on rivalise. L'activité scientifique est rarement sans risques, pour le savant isolé comme pour la société, puisque la nature reste pleinement capable de prendre une revanche terrible sous la forme de contamination radioactive ou de virus foudroyants.

La politique démocratique fournit un autre exutoire pour les natures ambitieuses. La politique électorale est une activité « thymotique », puisque l'on rivalise avec d'autres pour la reconnaissance publique, sur la base de points de vue contradictoires à propos du juste et de l'injuste, du vrai et du faux. Mais les rédacteurs des constitutions démocratiques modernes comme Hamilton et Madison ont compris les dangers potentiels de la *mégalothymia* en politique et la manière dont l'ambition tyrannique avait détruit les démocraties anciennes. Ils ont donc enfermé les dirigeants des démocraties modernes dans de nombreuses barrières institutionnelles qui représentent autant d'obstacles à leur pouvoir personnel. La première et la plus importante est naturellement la souveraineté populaire : un dirigeant moderne se pense comme « Premier ministre », c'est-à-dire le premier parmi les serviteurs du peuple, plutôt que comme le maître de celui-ci [1]. Les candidats au pouvoir doivent attirer la faveur des gens, qu'ils soient rustres ou nobles, ignorants ou cultivés, et faire toute sorte de choses dégradantes pour être élus et pour le rester. Il en résulte que la plupart des « dirigeants » modernes dirigent rarement : ils réagissent, infléchissent et pilotent à vue, mais ils sont institutionnellement limités dans leur champ d'action, de sorte qu'il leur est difficile de laisser leur empreinte personnelle sur le peuple qu'ils « gouvernent ». En outre, dans la plupart des démocraties avancées, les grandes échéances sur le gouvernement de la communauté ont été établies et se reflètent dans le rétrécissement constant des différences de politique déjà étroites entre les partis politiques, aussi bien aux Etats-Unis qu'ailleurs. Il n'est donc pas évident que ces natures ambitieuses qui auraient souhaité naguère être des *maîtres* ou des hommes d'Etat soient aussi promptes aujourd'hui à sentir l'attrait de la politique démocratique.

C'est d'abord dans le domaine de la politique étrangère que les politiciens des démocraties peuvent encore acquérir un certain degré de reconnaissance virtuellement inaccessible dans toute autre carrière. La politique étrangère a toujours été traditionnellement le lieu privilégié des décisions importantes et du choc des grandes idées, même si les perspectives de confrontation sont aujourd'hui réduites par la victoire des idées démocratiques. Winston Churchill, en guidant son pays à travers la Seconde Guerre mondiale, a montré un degré de maîtrise en tous points aussi grand que n'importe quel autre homme d'Etat de la période prédémocratique; il a obtenu en retour une reconnaissance proprement internationale. La guerre américaine de 1991 au Koweit montre bien qu'un politicien comme George Bush, inconsistant et limité dans les problèmes intérieurs, peut néanmoins créer de nouvelles réalités sur la scène mondiale par l'exercice de ses pouvoirs constitutionnels comme chef de l'Etat et chef suprême des armées. Même si le nombre des échecs de la présidence au cours des dernières décennies a terni le prestige de la fonction de manière assez considérable, un succès présidentiel telle qu'une victoire militaire débouche sur un niveau de reconnaissance publique complètement inaccessible à l'industriel ou à l'entrepreneur le plus heureux. La politique démocratique continuera ainsi d'attirer ceux dont l'ambition est d'être reconnus comme les plus grands.

La coexistence d'un vaste monde historique et du monde posthistorique signifie que le premier continuera d'attirer certains individus précisément parce qu'il est encore le domaine des luttes, de la guerre, de l'injustice et de la pauvreté. Orde Wingate se jugeait insatisfait et marginalisé dans l'Angleterre de l'entre-deux-guerres, mais il se réalisa pleinement en aidant les juifs de Palestine à organiser une armée, et en assistant les Ethiopiens dans leur lutte pour l'indépendance contre les Italiens; il devait mourir en 1943 d'une manière digne de lui, dans un accident d'avion, au cœur de la jungle birmane, en luttant contre les Japonais. Un Régis Debray a pu trouver un exutoire à ses pulsions « thymotiques » en allant combattre dans la jungle de Bolivie aux côtés de « Che » Guevara, solution totalement impensable dans la France prospère et douillette des classes moyennes. Il est probablement sain pour les démocraties libérales que le tiers monde existe, pour absorber les énergies et les ambitions de ce genre de personnage; que cela soit bon pour le tiers monde est, en revanche, une autre affaire.

Outre les domaines économique et politique, la *mégalothymia* trouve des exutoires de plus en plus nombreux dans des activités purement formelles comme le sport, l'alpinisme, la course automobile, etc. Une compétition athlétique n'a pas d'autre but ou objet que de faire de certains les vainqueurs, et des autres les perdants – en d'autres termes, de satisfaire le désir d'être reconnus comme supérieurs. Le niveau ou le type de compétition est complètement arbitraire, comme le sont les règles de toutes les activités sportives. Considérons l'exemple de l'alpinisme, dont les adeptes appartiennent presque invariablement aux pays posthistoriques prospères. Pour être en forme physique, ils doivent s'entraîner constamment : le torse des spécialistes de l'escalade en solo est si développé que s'ils n'y prennent pas garde, leurs muscles peuvent arracher les tendons des os auxquels ils sont attachés. Au cours de leurs expéditions, les himalayistes doivent affronter, dans le piémont népalais, les attaques de la dysenterie et des blizzards, à peine protégés par de petites tentes. Le nombre des morts par accident au-dessus de quatre mille mètres n'est pas négligeable : chaque année, une quinzaine de personnes se tuent sur le mont Blanc ou le mont Cervin. En bref, l'alpiniste a recréé pour lui-même toutes les conditions de la lutte historique : danger, maladie, labeur acharné et finalement risque de mort violente. Mais l'*objet* a cessé d'être historique pour devenir purement formel : il s'agit d'être le premier Européen à gravir un plus de huit mille mètres, ou le premier Américain à gravir le « K-2 », ou le premier Allemand à triompher du Nanga Parbat; quand cela aura été accompli, il faudra être le premier à le faire sans l'aide de l'oxygène, etc.

Pour la majeure partie de l'Europe posthistorique, la Coupe du monde a remplacé la rivalité militaire comme exutoire principal des passions nationalistes pour la première place. Comme Kojève l'a dit un jour, son but était de restaurer l'Empire romain, mais cette fois sous la forme d'une équipe multinationale de football. Ce n'est peut-être pas un hasard si c'est dans la région la plus « posthistorique » des Etats-Unis (la Californie) que l'on relève la recherche la plus obsessionnelle des activités de loisir à haut risque; elles n'ont d'autre but que de tirer leurs passionnés du confort de leur existence bourgeoise : escalade acrobatique, saut à l'élastique, vol libre, marathon géant, etc. Là où les formes traditionnelles d'affrontement comme la guerre ne sont plus possibles et où la prospérité matérielle rend inutile la lutte économique, les individualités « thymotiques » commencent à rechercher systématiquement d'autres genres d'activités qui peuvent leur faire acquérir la reconnaissance du public.

Dans une autre de ses notes ironiques à ses cours sur Hegel, Kojève relève qu'il a été contraint de réviser sa conception première selon laquelle l'homme cesserait d'être humain et reviendrait à l'état d'animalité, à la suite d'un voyage au Japon et d'une aventure amoureuse sur place en 1958. Il prétend qu'après l'accession au trône du shogun Hideyoshi au xve siècle, le Japon a connu un état de paix intérieure et extérieure pour une période de plusieurs siècles, qui ressemblait beaucoup à la fin de l'Histoire postulée par Hegel. Les classes ne luttaient pas entre elles et n'avaient apparemment pas à travailler très dur. Mais au lieu de faire l'amour ou de jouer instinctivement comme de jeunes animaux, c'est-à-dire au lieu de devenir une société de « derniers hommes », les Japonais avaient alors montré qu'il était possible de continuer à être humains grâce à l'invention d'une série d'arts parfaitement futiles : théâtre nô, cérémonie du thé, disposition de bouquets, etc [2]. Une cérémonie pour le thé ne sert aucun but explicitement politique ou économique; même sa signification symbolique s'est perdue avec le temps. Pourtant, c'est un champ clos de la *mégalothymia* sous la forme du snobisme pur : il existe des écoles rivales pour former à la cérémonie du thé ou à l'art des bouquets, avec leurs maîtres, leurs novices, leurs traditions, leurs canons du beau et du laid. C'est le côté proprement formaliste de cette activité – création de valeurs et de règles nouvelles séparées de toute fin utilitaire, comme pour les sports – qui suggéra à Kojève la possibilité d'une activité spécifiquement *humaine,* même après la fin de l'Histoire.

Kojève suggérait en plaisantant qu'au lieu de voir le Japon s'occidentaliser, on allait voir l'Occident (y compris la Russie) se *japoniser* (processus commencé, du reste, mais dans un sens que Kojève n'avait pas prévu). En d'autres termes, dans un monde où la lutte pour toutes les grandes questions avait été largement réglée, un *snobisme* purement formel deviendrait la principale forme d'expression de la *mégalothymia* [3]. Aux Etats-Unis, les traditions d'utilitarisme interdisent même aux beaux-arts de devenir purement formels : les artistes aiment à se convaincre qu'ils sont responsables envers la société comme ils sont engagés moralement envers les valeurs esthétiques. Mais la fin de l'Histoire signifiera aussi, entre autres, la fin de tout art qui pourrait être considéré comme socialement utile; d'où la chute de l'activité artistique dans le formalisme vide des arts traditionnels japonais.

Tels sont les exutoires de la *mégalothymia* dans les démocraties libérales contemporaines. Les efforts pour être reconnu supérieur n'ont pas disparu de la vie humaine, mais leur manifestation et leur portée ont changé. Au lieu de chercher la reconnaissance pour avoir conquis des peuples et des pays étrangers, on essaye de conquérir l'Annapurna, de trouver le virus du sida, ou de maîtriser la lithographie aux rayons X. En fait, les seules formes de *mégalothymia* qui ne sont pas permises dans les démocraties contemporaines sont celles qui conduisent à la tyrannie politique. La différence entre ces sociétés et les sociétés aristocratiques qui les ont précédées n'est pas que la *mégalothymia* a été bannie, mais qu'elle a été rabaissée, pour ainsi dire. Les sociétés démocratiques sont vouées à la thèse selon laquelle tous les hommes ont été créés égaux et leur éthique prédominante est celle de l'égalité. On n'interdit à personne de vouloir être reconnu comme supérieur, mais personne n'est encouragé à le faire. Ainsi, ces manifestations de *mégalothymia* qui ont survécu dans les démocraties modernes existent au prix d'une certaine tension avec les idéaux publiquement formulés de la société. Comme Tocqueville l'avait prévu, les hauteurs où l'esprit peut s'élever, les actes quotidiens de dépassement et de sacrifice de soi qui marquaient les sociétés aristocratiques sont aujourd'hui plus humbles et plus communs. Ces vertus existent bien sûr dans les sociétés démocratiques : chacun connaît, directement ou par ouï-dire, des individus généreux et altruistes qui accomplissent d'innombrables actes d'héroïsme. Mais à une époque qui met l'accent sur les droits égaux de tous à une consommation illimitée, ce genre de personnes est vraisemblablement destiné à se faire plus rare.

30

DROITS PARFAITS ET DEVOIRS INCOMPLETS

Briguer la présidence de la République ou gravir l'Everest peut séduire certaines natures ambitieuses, mais il est un autre grand secteur de la vie contemporaine qui procure une satisfaction plus ordinaire du désir de reconnaissance. Ce secteur est la communauté, c'est-à-dire la vie associative, à un plan inférieur à celui de la nation.

Tocqueville et Hegel ont tous les deux souligné l'importance de la vie associative comme foyer de civisme dans l'Etat moderne. Dans les grands Etats-nations modernes, la citoyenneté se limite pour la plupart des gens à voter de temps en temps pour élire leurs représentants. Le gouvernement est lointain et impersonnel, dans un système où la participation directe au processus politique est limitée aux candidats, ainsi peut-être qu'aux membres de leurs états-majors, et à ces journalistes et éditorialistes qui font de la politique leur profession. Cela constitue un fort contraste avec les petites républiques de l'Antiquité, qui exigeaient la participation active de presque tous les citoyens à la vie de la communauté, depuis la prise de décisions politiques jusqu'au service militaire.

Dans les temps modernes, la citoyenneté s'exerce au mieux à travers les « institutions intermédiaires », telles que partis politiques, corporations privées, syndicats, associations civiques, organisations professionnelles, églises, associations de parents d'élèves, conseils d'établissement, sociétés littéraires, etc. C'est par le biais de ce genre d'associations civiques que les gens sont tirés d'eux-mêmes et de leurs intérêts privés étroitement égoïstes. On pense généralement que Tocqueville a jugé utile la vie associative dans la société civile parce qu'elle servait d'école et de laboratoire pour la politique démocratique à un plus haut niveau. Mais il a également senti que c'était une bonne chose en elle-même, parce qu'elle préservait l'homme démocratique de n'être qu'un simple *bourgeois*. Une association privée, si petite soit-elle, constitue une communauté; en tant que telle, elle sert d'*idéal* pour un projet plus vaste, pour l'accomplissement duquel un individu peut travailler et sacrifier ses propres désirs égoïstes. La vie associative en Amérique est loin de rappeler les grands actes de vertu et de sacrifice de soi célébrés par Plutarque, mais elle aboutit à de « petits actes quotidiens d'abnégation » qui sont accessibles à un bien plus grand nombre de gens [1].

Dans une grande démocratie, la vie associative privée est beaucoup plus immédiatement satisfaisante que la simple citoyenneté. La reconnaissance par l'Etat est nécessairement impersonnelle; la vie d'une communauté, par contraste, implique un type de reconnaissance beaucoup plus personnel de la part de gens qui partagent vos intérêts et souvent vos valeurs, votre religion, votre appartenance ethnique, etc. Un membre d'une communauté est reconnu non pas simplement sur la base de sa qualité de « personne », mais pour une foule de qualités particulières qui, toutes ensemble, constituent son être individuel. On peut s'enorgueillir quotidiennement d'être membre d'un syndicat militant, d'une communauté ecclésiale, d'une ligue de tempérance, d'une organisation pour les droits des femmes ou d'une association de lutte contre le cancer : chacune de ces communautés « reconnaît » ses membres de manière personnelle [2].

Mais si une forte vie communautaire reste pour une démocratie, comme le suppose Tocqueville, la meilleure garantie que ses citoyens ne deviendront pas des « derniers hommes », elle est constamment menacée dans les sociétés contemporaines. La menace ne réside pas dans une force extérieure à la communauté, mais dans les *principes* mêmes de liberté et d'égalité sur lesquels les sociétés sont fondées et qui deviennent à présent si universellement répandus dans le monde.

Selon la version anglo-saxonne de la théorie libérale, référence pour la fondation des Etats-Unis, les hommes ont des droits parfaits, mais non des devoirs parfaits envers leurs communautés. Leurs devoirs sont incomplets parce qu'ils découlent de leurs droits : la communauté n'existe que pour protéger ceux-ci. L'obligation morale est donc entièrement contractuelle. Elle n'est point contresignée par Dieu ou par la crainte d'une vie éternelle ou par l'ordre naturel du cosmos, mais plutôt par l'intérêt personnel du contractant à ce que le contrat soit rempli par les autres.

La possibilité de communauté est également compromise, à long terme, par le principe démocratique de l'égalité. Si les plus fortes communautés sont liées entre elles par certaines lois morales qui ne se contentent pas seulement de définir le bon et le mauvais pour leurs membres, ces mêmes lois morales définissent aussi les aspects intérieurs et extérieurs de la communauté; et si ces lois morales doivent avoir quelque signification, ceux qui sont exclus de la communauté en vertu de leur refus de les accepter doivent avoir une valeur ou un statut moral différents de ceux des membres de la communauté. Mais les sociétés démocratiques tendent constamment à passer de la simple tolérance pour tous les modes de vie possibles à l'affirmation de leur égalité essentielle. Elles résistent aux moralismes qui contestent la dignité ou la validité de certaines alternatives, et s'opposent par conséquent au genre d'exclusivisme engendré par des communautés fortes et cohérentes.

Il est clair que les communautés qui ne tiennent que par l'intérêt éclairé de leurs membres sont relativement faibles composées à celles que lient des obligations absolues. La famille constitue le niveau élémentaire de la vie associative, mais c'est le plus important à plus d'un titre. Tocqueville ne semble pas avoir considéré la famille comme un obstacle partiel à la tendance des sociétés démocratiques vers l'atomisation sociale, peut-être parce qu'il la regardait comme une extension du moi, naturelle à toutes les sociétés. Pourtant, pour beaucoup d'Américains, la famille – qui n'est plus étendue aujourd'hui, mais nucléaire – est virtuellement la seule forme de vie associative ou de communauté qu'ils connaissent. La famille américaine de banlieue des années 1950, si décriée, était en fait le lieu d'une certaine vie morale. Car si les Américains ne connaissaient ni luttes, ni sacrifices, ni difficultés pour leur pays ou leurs communautés locales, ils les vivaient souvent pour l'amour de leurs enfants.

Pourtant, les familles ne fonctionnent pas vraiment si elles sont fondées sur les principes libéraux, c'est-à-dire si leurs membres les considèrent comme ils le feraient d'une société anonyme créée pour leur utilité, plutôt que fondée sur des liens de devoir et d'amour. Elever des enfants ou faire durer un mariage toute une vie exige des sacrifices personnels qui sont irrationnels, si on les examine sous l'angle de la rentabilité. Les véritables bénéfices d'une vie de famille solide ne reviennent pas à ceux qui supportent les obligations les plus lourdes, mais se transmettent aux générations suivantes. Nombre de problèmes de la famille américaine actuelle – forte proportion des divorces, absence d'autorité parentale, aliénation des enfants, etc. – viennent précisément du fait que la famille est vécue par ses membres selon des principes strictement libéraux : lorsque les obligations de famille dépassent les termes du contrat négocié implicitement, le contractant gêné cherche à abroger ces derniers.

Si la famille est affaiblie par le souci de la liberté et des droits individuels, elle est aussi minée par le principe de l'égalité démocratique.

Dans l'Amérique contemporaine, les exigences de la tolérance démocratique rendent presque impossible l'énoncé de propos significatifs sur l'importance des familles. Affirmer ce point implique en effet que ceux qui n'en ont pas ne sont pas des membres à part entière de la société. Encourager les mères à rester à la maison pour élever les enfants offense les féministes, qui pensent que les femmes doivent pouvoir travailler. Dire que les familles où les deux parents sont présents sont vitales pour la santé affective d'un enfant offense les parents isolés qui élèvent seuls leurs enfants, en suggérant que ceux-ci n'auront pas été élevés de manière adéquate. Cela prend en outre une connotation vaguement raciste, parce qu'un grand nombre de familles « monoparentales » sont des familles noires. Dire enfin que les enfants sont plus à leur aise avec des parents de sexes différents offense les homosexuels, qui estiment qu'ils ont droit eux aussi de se marier et d'élever des enfants. On finit ainsi par élargir la notion de famille jusqu'à y inclure les familles monoparentales et les couples d'homosexuels. Les efforts de l'administration Carter pour créer une commission sur la famille – dirigée initialement par une mère célibataire – ont achoppé sur son incapacité à donner une définition de la famille qui n'offensât point l'un ou l'autre des divers groupes de pression.

Au niveau de la plus grande association, la nation elle-même, les principes libéraux peuvent être destructeurs des plus hautes formes de patriotisme, lesquelles sont nécessaires pour la véritable survie de la communauté. Un défaut largement reconnu de la théorie libérale anglo-saxonne est que les hommes ne mourront jamais pour un pays fondé uniquement sur le principe de la préservation de soi. L'argument selon lequel ces hommes accepteraient de risquer leur vie pour protéger leurs propriétés ou leurs familles tombe de lui-même en dernière analyse, puisque la propriété n'existe dans la théorie libérale qu'en fonction de la préservation de soi, et pour rien d'autre. Il serait toujours possible de quitter le pays avec sa famille et son argent, ou d'échapper à la conscription. Le fait que les citoyens des pays libéraux ne cherchent pas tous à éviter le service militaire signifie qu'ils sont motivés par des facteurs tels que l'honneur et la fierté. Cette fierté, nous le savons, était précisément l'élément caractéristique de la personnalité qui devait être dompté par le puissant « Léviathan » de l'Etat libéral.

La possibilité d'une vie communautaire solide est aussi attaquée par les pressions du marché capitaliste. Les principes économiques du libéralisme n'apportent aucun soutien aux communautés traditionnelles; tout au contraire, ils tendent à atomiser et à séparer les gens. Les exigences de l'éducation et de la mobilité du travail impliquent que les habitants des sociétés modernes vivent de moins en moins dans les communautés où ils ont grandi, où leurs familles ont vécu avant eux [3]. La vie et les relations sociales sont plus instables, parce que le dynamisme des économies capitalistes implique des changements constants dans la localisation et dans la nature de la production, donc de l'emploi. Dans ces conditions, il devient plus difficile pour les gens de s'enraciner dans des communautés ou d'établir des liens permanents et durables avec les collègues de travail ou les voisins de résidence. Les individus doivent constamment prospecter de nouvelles carrières dans de nouvelles cités. Le sens de l'identité fourni par le régionalisme local diminue et les gens se retrouvent confinés dans le monde microscopique de leurs familles, qu'ils emportent avec eux de place en place, tout comme leur déménagement.

Par contraste avec les sociétés libérales, les communautés qui partagent les mêmes « langages du bien et du mal » sont vraisemblablement soudées d'un ciment plus solide que celles qui ne sont fondées que sur le partage d'un intérêt égoïste. Les groupes et communautés des pays asiatiques, qui paraissent si importants pour leur discipline interne et pour leurs succès économiques, ne sont pas fondés sur des contrats entre parties égoïstement intéressées. Cette propension des cultures asiatiques à la communauté a plutôt ses origines dans la religion, ou dans des doctrines comme le confucianisme qui ont acquis le statut de religion par des siècles de transmission rituelle. De la même façon, les plus puissantes formes de la vie communautaire aux Etats-Unis ont eu leurs origines dans le partage de valeurs religieuses, et non dans celui d'intérêts égoïstement rationnels. Les « pères pèlerins » et autres communautés puritaines qui colonisèrent la Nouvelle-Angleterre étaient tous liés par un intérêt commun, non pour leur bien-être personnel mais pour la glorification du Seigneur. Les Américains aiment à faire remonter leur amour de la liberté à ces sectes non conformistes qui ont fui les persécutions religieuses de l'Europe au XVIIe siècle. Mais si ces communautés religieuses étaient farouchement indépendantes de tempérament, elles n'étaient absolument pas « libérales » au sens où la génération qui fit la Révolution entendait ce terme. Elles recherchaient la liberté de pratiquer *leur* religion, et non la liberté de religion pour elle-même. Nous pourrions les considérer aujourd'hui – et nous sommes souvent amenés à le faire – comme des groupes d'intolérants et de fanatiques à l'esprit étriqué [4]. A l'époque où Tocqueville visita l'Amérique, dans les années 1830, le libéralisme de Locke avait conquis la vie intellectuelle du pays, mais une grande majorité des associations civiques qu'il observa restaient religieuses par leurs origines, ou poursuivaient des objectifs religieux.

Les libéraux dans la tradition de Locke qui ont fait la révolution américaine, comme Jefferson ou Franklin, ou un amoureux passionné de la liberté et de l'égalité comme Abraham Lincoln, n'ont pas hésité à affirmer que la liberté supposait et requérait la croyance en Dieu. En d'autres termes, le contrat social entre des individus rationnellement intéressés ne tenait pas par sa propre force; il exigeait une croyance supplémentaire dans les récompenses et les châtiments divins. A l'heure actuelle, nous avons fait notre chemin vers ce qui est considéré à juste titre comme une forme plus pure de libéralisme : la Cour suprême a décidé que même la mention « croyance en Dieu » pourrait offenser les athées, et qu'elle n'était pas permise dans les écoles publiques. Dans une situation où tous les moralismes et tous les fanatismes religieux sont désapprouvés dans l'intérêt de la tolérance, dans un climat intellectuel qui affaiblit la possibilité de croire en *une* doctrine à cause de l'engagement supérieur de rester ouvert à *toutes* les croyances et à tous les « systèmes de valeur » du monde, il ne faut pas s'étonner que la force de la vie en communauté ait décliné en Amérique : ce déclin ne s'est pas produit *malgré* les principes libéraux, mais *à cause* d'eux. Cela suggère qu'aucun renforcement fondamental de la vie communautaire ne sera possible si les individus n'abandonnent pas certains droits à leur communauté et n'acceptent pas le retour de certaines formes historiques d'intolérance [5].

En d'autres termes, les démocraties libérales ne se suffisent pas à elles-mêmes : la vie communautaire dont elles dépendent doit venir en dernière analyse d'une source autre que le libéralisme lui-même [6]. Les hommes et les femmes qui ont fait la société américaine au moment de la fondation des Etats-Unis n'étaient pas des individus rationnels isolés calculant leur intérêt. Ils étaient, dans leur grande majorité, membres de communautés religieuses soudées par un code de morale commun et par la croyance en Dieu. Le libéralisme rationnel qu'ils finirent par adopter ne fut pas une projection de cette culture préexistante, mais coexista avec elle dans une certaine tension. L'« intérêt personnel bien compris » devint ainsi un principe largement intelligible, qui constitua un socle bas mais solide pour la vertu publique aux Etats-Unis, plus ferme en bien des cas qu'il n'eût été possible de le réaliser par le seul appel aux valeurs religieuses ou prémodernes. Mais les principes libéraux eurent à long terme un effet corrosif sur ces valeurs antérieures au libéralisme et nécessaires pour soutenir de fortes communautés, et par conséquent sur leur propre capacité à se soutenir elles-mêmes.

31

« LES IMMENSES GUERRES DE L'ESPRIT »

Le déclin de la vie communautaire suggère que dans le futur, nous risquons de devenir des « derniers hommes » tranquillement préoccupés de nous-mêmes et dépourvus de toute aspiration « thymotique » pour des buts plus élevés, dans notre recherche obstinée du confort privé. Mais le danger opposé existe tout aussi bien : nous risquons potentiellement de redevenir des « premiers hommes » engagés dans des batailles aussi sanglantes qu'inutiles – mais cette fois avec des armes modernes. En fait, les deux problèmes sont liés, car l'absence d'exutoires réguliers et constructifs pour la *mégalothymia* peut tout simplement conduire à sa résurgence tardive sous une forme extrême et pathologique.

Il est raisonnable de se demander si tout le monde se laissera convaincre que les luttes paisibles et les menus sacrifices possibles dans une démocratie libérale prospère et satisfaite d'elle-même sont suffisants pour exalter ce qui est le plus noble dans l'homme. N'y a-t-il pas en effet des réserves d'idéalisme inépuisables – et même insoupçonnées – lorsqu'on devient un promoteur comme Donald Trump, un alpiniste comme Reinhold Messner ou un politicien comme George Bush? Si difficile qu'il puisse être, à plus d'un titre, de devenir ces personnalités, et malgré toute la reconnaissance qu'ils obtiennent, leur vie n'est pas particulièrement ardue, et les causes qu'ils servent ne sont ni les plus sérieuses ni les plus justes. Aussi longtemps qu'elles ne le seront pas, l'horizon des possibilités humaines qu'elles délimitent ne sera pas suprêmement satisfaisant pour les natures les plus « thymotiques ».

En particulier, les vertus et les ambitions exaltées par la guerre ne peuvent apparemment pas trouver leur expression dans les démocraties libérales. On verra bien sûr se multiplier les guerres métaphoriques : des avocats associés, spécialisés dans les reprises agressives, se verront en requins ou en gangsters de grande classe; des faiseurs de contrat s'imagineront, comme dans le roman *Le Bûcher des vanités* de Tom Wolfe, qu'ils sont les « maîtres de l'univers ». Mais en s'enfonçant dans le cuir moelleux de leur B.M.W., ils sauront bien au fond de leur esprit qu'il y a eu de véritables bandits et des maîtres du monde, qui auraient méprisé les petits talents requis pour devenir riche ou célèbre dans l'Amérique moderne. Combien de temps la *mégalothymia* se satisfera-t-elle de guerres métaphoriques et de victoires symboliques? La question est pendante. On soupçonne bien que certains hommes ne seront pas satisfaits jusqu'à ce qu'ils se prouvent eux-mêmes par l'acte même qui a constitué leur humanité au début de l'Histoire : ils risqueront alors volontairement leur vie dans une bataille violente et prouveront alors à eux-mêmes et à leur entourage, sans l'ombre d'un doute, qu'ils sont libres. Ils chercheront délibérément l'inconfort et le sacrifice, parce que la souffrance sera la seule façon disponible pour prouver définitivement qu'ils peuvent *avoir bonne opinion d'eux-mêmes,* et qu'ils restent des *êtres humains.*

Hegel – opposé ici à son interprète Kojève – concevait que le besoin de tirer fierté de son humanité ne serait pas nécessairement satisfait par la « paix et la prospérité » de la fin de l'Histoire [1]. Les hommes seraient constamment en danger de dégénérer de l'état de citoyens à celui de simples *bourgeois* et de se mépriser au cours de cette évolution. Le dernier creuset de la citoyenneté était donc – et resterait – l'acceptation volontaire de la mort pour son pays : l'Etat devrait exiger le service militaire et continuer à mener des guerres.

Cet aspect de la pensée hégélienne a entraîné le reproche de militarisme. Mais le philosophe n'a jamais glorifié la guerre pour l'amour d'elle-même, pas plus qu'il ne l'a considérée comme le but principal de l'homme : la guerre était importante pour ses effets secondaires sur le caractère et sur la communauté. Hegel croyait que sans la possibilité de la guerre et des sacrifices qu'elle exige, l'homme végéterait dans l'égoïsme mesquin; la société dégénérerait en un marécage d'hédonisme égoïste et la communauté finirait par se dissoudre. La peur du « Trépas, seigneur et maître » de l'homme, était une force comparable à nulle autre, capable de tirer les hommes hors d'eux-mêmes et de leur rappeler qu'ils n'étaient pas des atomes isolés, mais les membres de communautés bâties autour d'idéaux communs. Une démocratie libérale qui pourrait mener une guerre courte et décisive, chaque génération ou presque, pour défendre sa liberté, serait bien plus saine et bien plus satisfaite qu'une société qui ne connaîtrait rien d'autre qu'une paix continuelle.

La conception de la guerre selon Hegel reflète une expérience commune du combat : alors même que les hommes soufrrent horriblement et sont rarement aussi terrorisés et misérables, leur expérience – s'ils y survivent – a tendance à placer toutes choses dans une certaine perspective. Ce qui est communément appelé héroïsme et sacrifice dans la vie civile semble positivement mesquin ; l'amitié et la valeur prennent des significations nouvelles et beaucoup plus vivantes ; enfin, la vie est transformée par le souvenir d'avoir participé à quelque chose de beaucoup plus grand que soi-même. Un écrivain notait à la fin de la guerre de Sécession (sûrement l'un des conflits les plus terribles et les plus sanglants des Temps modernes) : « L'un des vétérans de Sherman, revenant chez lui avec les survivants, trouvait que l'adaptation était un peu difficile quand les armées s'étaient dissoutes. Les soldats avaient été partout et avaient vu toutes sortes de choses, la plus grande expérience de leur vie s'était terminée alors que la majeure partie de l'existence restait à vivre ; il serait difficile de trouver un but commun dans les jours tranquilles de la paix [2]... »

Supposons toutefois que le monde se soit « rempli », pour ainsi dire, de démocraties libérales, de sorte qu'il n'y ait plus ni tyrannie ni oppression dignes de ce nom et contre lesquelles combattre. L'expérience suggère que si les hommes ne peuvent plus lutter pour une juste cause parce que celle-ci a été victorieuse au cours d'une génération antérieure, ils lutteront alors *contre* cette juste cause. Ils lutteront pour le plaisir de la lutte. En d'autres termes, ils se battront en raison d'un certain ennui : ils ne peuvent pas s'imaginer vivre dans un monde sans luttes. Si la plus grande partie du monde dans lequel ils vivent est caractérisée par des démocraties libérales prospères et pacifiques, alors ils se battront *contre* cette paix et cette prospérité, et contre la démocratie.

On peut discerner ce genre de réaction psychologique derrière des éruptions comme les « événements » français de 1968. Les étudiants qui occupèrent temporairement le centre de Paris et ébranlèrent le régime du général de Gaulle n'avaient pas de raisons « rationnelles » de se révolter, parce qu'ils étaient pour la plupart les rejetons choyés de l'une des sociétés les plus libres et les plus prospères de la terre. Mais ce fut précisément l'*absence* de lutte et de sacrifice dans leur vie de classe moyenne qui les conduisit à descendre dans la rue et à se battre avec la police. Même si certains se gargarisaient de fragments impraticables tirés de systèmes comme le « maoïsme » ou le « trotskisme », ils n'avaient dans l'ensemble aucune vision cohérente d'une société meilleure. La substance de leur protestation était toutefois une affaire d'indifférence; ce qu'ils rejetaient était la vie dans une société où les idéaux étaient devenus pratiquement impossibles.

L'ennui naissant de la paix et de la prospérité a eu de bien plus graves conséquences par le passé. Prenons, par exemple, la Première Guerre mondiale. Les origines de ce conflit restent à ce jour complexes, aussi étudiées que controversées. Les interprétations des causes de la guerre comprennent en effet : le militarisme et le nationalisme allemands ; l'effondrement progressif de l'équilibre des pouvoirs en Europe; la rigidité croissante du système des alliances ; enfin, la stupidité et l'imprudence des dirigeants pris individuellement. Chacune de ces interprétations a sa part de vérité. Mais il faut y ajouter aussi un autre facteur impalpable, mais crucial : beaucoup d'Européens souhaitaient la guerre parce qu'ils étaient las de l'ennui et du manque d'esprit communautaire dans la vie civile. La plupart des explications des décisions qui conduisirent à la guerre concentrent leurs analyses sur les calculs stratégiques logiques et oublient de prendre en compte l'énorme enthousiasme populaire qui contribua puissamment à pousser tous les pays vers la mobilisation. L'ultimatum brutal adressé à la Serbie par l'Autriche après l'assassinat de l'archiduc François-Ferdinand à Sarajevo fut accueilli à Berlin par des manifestations frénétiques de soutien à l'Autriche, bien que l'Allemagne n'eût aucun enjeu direct dans l'affaire. Durant sept jours critiques, à la fin de juillet et au début d'août 1914, on vit des démonstrations nationalistes énormes devant le ministère des Affaires étrangères et la résidence du Kaiser; lorsque ce dernier revint de Potsdam à Berlin le 31 juillet, le cortège des automobiles fut littéralement assiégé par une foule hystérique qui réclamait à grands cris la guerre. C'est dans cette atmosphère que furent prises les décisions fatidiques qui déclenchèrent le conflit [3]. Des scènes semblables se répétèrent dans la semaine à Paris, Saint-Pétersbourg, Londres et Vienne. Une bonne partie de l'exubérance de ces foules reflétait le sentiment que la guerre signifiait l'unité nationale de tous les citoyens – enfin ! – et le dépassement de toutes les divisions entre capitalistes et prolétaires, protestants et catholiques, paysans et ouvriers, qui caractérisaient la société civile de cette époque. Selon les mots d'un témoin des scènes de Berlin : « Personne ne connaît son voisin. Mais tous sont empoignés par une émotion très profonde : la guerre, la guerre, et le sentiment d'être ensemble [4] ».

En 1914, l'Europe venait de connaître une centaine d'années de paix depuis que le dernier grand conflit à l'échelle du continent avait été réglé par le congrès de Vienne. Ce siècle avait vu l'épanouissement de la civilisation technique et de l'industrialisation de l'Europe, qui avaient entraîné une prospérité matérielle extraordinaire et l'apparition d'une société de classes moyennes. Les manifestations en faveur de la guerre qui eurent lieu dans les différentes capitales européennes en août 1914 peuvent être interprétées, dans une certaine mesure, comme des révoltes contre la civilisation de ces classes moyennes, avec sa sécurité, sa prospérité et son manque de défis. L'*isothymia* croissante de la vie quotidienne ne suffisait plus; la *mégalothymia* réapparut à une grande échelle : non pas celle de princes isolés, mais celle de nations entières qui cherchaient la reconnaissance de leur valeur et de leur dignité.

En Allemagne surtout, la guerre fut perçue par beaucoup comme une révolte contre le matérialisme du monde commercial créé par la France et par l'Angleterre, archétype des sociétés bourgeoises. L'Allemagne avait aussi de nombreux griefs spécifiques contre l'ordre existant en Europe, depuis la politique navale et coloniale jusqu'à la menace de l'expansion économique de la Russie. Mais en lisant les justifications allemandes de l'entrée en guerre, on est frappé par l'accent constant mis sur le besoin d'une sorte de bataille sans objectifs précis, une bataille qui aurait des effets moraux purificateurs, indépendamment du gain éventuel de colonies ou de la liberté sur les mers. Les commentaires d'un jeune étudiant en droit allemand en route pour le front, en septembre 1914, sont typiques : tout en dénonçant la guerre comme « terrifiante, indigne d'êtres humains, stupide, démodée et destructrice à tous les sens du terme », il n'en arrivait pas moins à la conclusion nietzschéenne que « le problème décisif, assurément, est toujours d'être prêt au sacrifice, et non l'objet même du sacrifice [5] ». Le *Pflicht,* ou « devoir », n'était pas conçu comme une affaire d'intérêt personnel ou d'obligation contractuelle; c'était une valeur morale absolue qui montrait la force intérieure et la supériorité spirituelle sur le matérialisme et la détermination naturelle. C'était le début – paradoxal – de la liberté et de la créativité.

La pensée moderne n'oppose aucun obstacle à une future guerre nihiliste contre la démocratie libérale, de la part de ceux qui ont été élevés en son sein. Le relativisme – doctrine qui soutient que toutes les valeurs sont simplement relatives et qui attaque indifféremment toutes les « perspectives privilégiées » – finira par miner aussi les valeurs de la démocratie et de la tolérance. Le relativisme n'est pas une arme que l'on peut employer sélectivement contre les seuls ennemis que l'on aurait choisis : elle tire sans discrimination, brisant les jambes non seulement des « absolutismes », des dogmes et des certitudes de la tradition occidentale, mais aussi de la tolérance, de la diversité et de la liberté de penser que cette tradition met en valeur. Si rien ne peut être absolument vrai, si toutes les valeurs sont culturellement déterminées, alors les principes favoris comme celui de l'égalité des hommes doivent être eux aussi passés « à la trappe ».

Il n'est pas de meilleur exemple sur ce point que la pensée de Nietzsche lui-même. Selon lui, l'homme avait conscience que rien n'est vrai et cette conscience était à la fois une menace et une opportunité. C'était une menace parce que, comme on l'a relevé plus haut, cela ruinait la possibilité de vivre « avec un horizon ». Mais c'était aussi une opportunité, parce que cela permettait à l'homme de se libérer totalement des anciennes contraintes morales. La forme ultime de créativité pour Nietzsche n'était pas l'art, mais la création de ce qui était le plus haut – des valeurs nouvelles. Son projet, une fois libéré des entraves de la philosophie primitive qui croyait à la possibilité d'une vérité ou d'un droit absolus, était la « réévaluation de toutes les valeurs », à commencer par celles du christianisme. Il chercha à ruiner délibérément la croyance en l'égalité humaine, soutenant que c'était simplement un préjugé installé en nous par le christianisme. Nietzsche espérait que le principe d'égalité ferait place un jour à une morale justifiant la domination du fort par le faible, et finissait par célébrer ce qui revenait à une doctrine de la cruauté. Il haïssait les sociétés multiples et tolérantes, préférant celles qui étaient intolérantes, instinctives et sans remords, comme la caste des Indiens tchandalas, qui essayait d'élever des races d'hommes distinctes, ou encore les « blondes bêtes de proie » qui « sans hésiter referment [leurs] terribles griffes sur la populace [6] ». La relation de Nietzsche au fascisme allemand a été très largement discutée; s'il peut être lavé du soupçon trivial d'avoir été le précurseur des doctrines simplistes du national-socialisme, le rapport entre sa pensée et le nazisme n'est pas l'effet du hasard. Tout comme dans le cas de son successeur, Martin Heidegger, le relativisme de Nietzsche fit sauter tous les étais qui soutenaient la démocratie libérale à l'occidentale, et remplaça celle-ci par une doctrine de force et de domination [7]. Nietzsche pensait que l'ère du nihilisme européen, qu'il contribuait à inaugurer, conduirait aux « immenses guerres de l'esprit », guerres sans objet dont le seul but était d'affirmer la guerre par elle-même.

Le projet libéral moderne tenta de faire passer le fondement des sociétés du *thymos* sur le terrain plus solide du désir. La démocratie libérale « résolut » le problème de la *mégalothymia* en la restreignant et en la sublimant grâce à une série complexe de dispositions institutionnelles : principe de souveraineté populaire, établissement de droits, règne de la loi, séparation des pouvoirs, etc. Le libéralisme rendait également possible le monde économique moderne en libérant le désir de toutes les contraintes sur l'esprit d'acquisition, et en l'alliant à la raison sous la forme de la physique moderne. Un champ d'activité nouveau, dynamique et infiniment riche, s'ouvrit soudain à l'homme. Selon les théoriciens anglo-saxons du libéralisme, les maîtres paresseux devaient être persuadés de quitter leur sotte vanité et de s'installer au contraire dans le monde de l'économie. Le *thymos* devait être subordonné au désir et à la raison, c'est-à-dire au désir guidé par la raison.

Hegel aussi avait saisi que le passage fondamental survenu dans la vie moderne avait été la « domestication » du maître et sa métamorphose en *homo economicus.* Mais il comprit également que cela ne signifiait pas tant l'abolition du *thymos* que sa transformation en une forme nouvelle et – selon lui – plus élevée. La *mégalothymia* de quelques-uns devait céder le terrain à l'*isothymia* de beaucoup. Les hommes ne cesseraient pas d'avoir des poitrines, mais celles-ci ne se gonfleraient plus d'un orgueil si exagéré. Ceux que l'ancien monde, prédémocratique, échouait à satisfaire constituaient la grande majorité de l'humanité ; ceux que le monde moderne de la reconnaissance universelle laisse insatisfaits sont beaucoup moins nombreux. D'où la remarquable stabilité et la force de la démocratie dans le monde contemporain.

L'œuvre de la vie de Nietzsche peut être vue, en un sens, comme un effort pour faire pencher la balance définitivement du côté de la *mégalothymia.* La colère des gardiens de l'Etat selon Platon n'avait plus à être freinée par quelque concept du bien commun : il n'y avait pas de bien commun ; tous les efforts pour le définir reflétaient simplement le pouvoir de ceux qui faisaient la définition. Un bien commun qui aurait protégé l'autosatisfaction du dernier homme ne pouvait être assurément qu'une pauvre chose. Il n'y avait plus de gardiens bien ou mal formés, mais seulement des gardiens plus ou moins furieux. On les distinguerait donc les uns des autres d'abord par la force de leur colère – c'est-à-dire par leur capacité à imposer leurs « valeurs » aux autres. Au lieu d'être l'une des trois parties de l'être, comme il l'avait été pour Platon, le *thymos* devenait pour Nietzsche la totalité de l'homme.

Si nous regardons en arrière, nous qui vivons encore dans l'ancien âge de l'humanité, nous pourrions aboutir à la conclusion suivante. Aucun régime – aucun « système socio-économique » – n'est en mesure de satisfaire tous les hommes en tous lieux. Cela inclut la démocratie libérale. Ce n'est pas une affaire d'inachèvement de la révolution démocratique, et ce n'est pas que les bénédictions de la liberté et de l'égalité n'auraient pas été répandues sur l'ensemble du peuple. L'insatisfaction naît très précisément là où la démocratie a triomphé le plus complètement du régime antérieur : on est insatisfait *de* la liberté et de l'égalité. Ainsi, ceux qui restent insatisfaits auront toujours la possibilité de recommencer l'histoire.

En outre, il semble que la reconnaissance rationnelle ne puisse pas se soutenir par elle-même, mais qu'elle ait besoin de s'appuyer sur des formes prémodernes et non universelles de reconnaissance pour fonctionner correctement. Une démocratie stable requiert une culture démocratique parfois irrationnelle, et une société civile croissant spontanément à partir des traditions prélibérales. La prospérité capitaliste est favorisée par une forte éthique du travail, laquelle dépend à son tour des fantômes des défuntes croyances religieuses, sinon de ces croyances elles-mêmes, ou de quelque engagement irrationnel pour la nation ou la race. La reconnaissance d'un groupe plutôt que la reconnaissance universelle peut être un meilleur soutien aussi bien pour la croissance économique que pour la vie commnautaire; même si elle est irrationnelle en dernière analyse, cette irrationalité peut prendre un très long temps avant de ruiner la société qui la pratique. Ainsi, non seulement la reconnaissance universelle n'est pas universellement satisfaisante, mais la capacité des sociétés démocratiques libérales à s'établir et à se maintenir sur une base rationnelle à long terme est quelque peu sujette à caution.

Aristote croyait de son côté que l'histoire était cyclique plutôt que linéaire, parce que tous les régimes étaient imparfaits d'une certaine manière, et que ces imperfections devaient constamment conduire les gens à souhaiter changer le régime dans lequel ils vivaient pour essayer quelque chose d'autre. Pour toutes les raisons que nous venons d'énumérer, ne pourrait-on dire la même chose d'une démocratie moderne? En suivant Aristote, nous pourrions poser en postulat qu'une société formée de « derniers hommes » entièrement pétris de désir et de raison céderait tôt ou tard la place à une autre constituée de « premiers hommes » bestiaux, ne cherchant que la reconnaissance, et vice versa, dans un mouvement infini de pendule.

Pourtant, les deux éléments de ce binôme sont loin d'être égaux. L'alternative nietzschéenne nous force à rompre complètement avec la partie désirante de l'âme. Notre siècle nous a enseigné les effroyables conséquences des efforts pour ranimer une *mégalothymia* sans frein, puisque nous y avons fait, en un sens, l'expérience de ces « immenses guerres » annoncées par Nietzsche. Les foules belliqueuses d'août 1914 eurent les sacrifices et les dangers qu'elles réclamaient, et même bien au-delà de leurs espérances. La Grande Guerre démontra que, si bénéfiques que fussent les effets secondaires d'une guerre pour renforcer le caractère ou l'esprit de communauté, ils avaient été complètement dépassés par les effets destructeurs de ses conséquences immédiates. Au xxe siècle, le risque de mort dans une bataille sanglante s'est considérablement démocratisé. Au lieu d'être la marque d'un caractère exceptionnel, le risque de mort est devenu une expérience forcée pour des masses d'hommes, et finalement aussi de femmes et d'enfants. Et cela conduit non pas à la reconnaissance, mais à une mort anonyme et inutile. Loin de renforcer la vertu ou la créativité, la guerre contemporaine a ruiné la foi populaire en la signification de certains concepts comme le courage et l'héroïsme, et engendré un sens profond de l'aliénation et de l'*anomie* parmi ceux qui en ont fait l'expérience. Si les hommes de l'avenir viennent à s'ennuyer de la paix et de la prospérité, et cherchent de nouvelles luttes « thymotiques », les conséquences menacent d'être encore plus effroyables. Nous avons en effet à présent des armes nucléaires et d'autres armes de destruction massive, qui permettront de tuer d'un coup, dans l'anonymat, des millions de personnes, sans héroïsme, sans sacrifice et sans valeur.

Le mécanisme imposant de la physique moderne, tel que nous l'avons décrit dans la deuxième partie de ce livre, se dresse comme un rempart contre le renouveau de l'Histoire et le retour du premier homme. Ce mécanisme est poussé par un désir illimité et guidé par la raison. Un renouveau de la *mégalothymia* dans le monde moderne impliquerait donc une rupture avec ce monde économique puissant et dynamique, et une tentative pour briser la logique du développement technologique. Ce genre de ruptures s'est révélé possible à certaines époques et en certains lieux – ainsi quand l'Allemagne ou le Japon se sont immolés pour l'amour de la reconnaissance nationale – mais l'on peut se demander si le monde dans son ensemble peut accomplir une telle rupture pendant une durée significative. L'Allemagne et le Japon ont été conduits par le désir de reconnaissance de leur supériorité durant les guerres de la première moitié de notre siècle, mais ils croyaient aussi bien qu'ils assuraient leur avenir économique en conquérant pour eux un

Lebensraum ou des « sphères de coprospérité » néomercantilistes. L'expérience de l'après-guerre démontra à ces deux pays que la sécurité économique était plus facilement accessible par le marché libre que par la guerre, et que la voie de la conquête militaire était épouvantablement destructrice des valeurs économiques.

Lorsque nous considérons l'Amérique contemporaine, ce n'est pas l'excès de *mégalothymia* qui nous frappe. Ces jeunes gens sérieux qui se pressent en foule vers les écoles de droit et de commerce, et qui remplissent anxieusement leurs C.V. dans l'espoir de maintenir les styles de vie auxquels ils estiment avoir droit, semblent beaucoup plus en danger de devenir des derniers hommes, plutôt que de revivre les passions du premier homme. Pour eux, le projet libéral de remplir sa vie d'acquisitions matérielles et d'ambitions sûres et diplômées semble n'avoir fonctionné que trop bien. Il est difficile de détecter les grandes aspirations irréalisées, ou les grandes passions irrationnelles, chez l'avocat moyen installé depuis un an en Amérique.

La remarque est valable pour d'autres parties du monde post-historique. Durant les années 1980, les dirigeants de la plupart des pays d'Europe occidentale n'ont pas déployé un zèle exceptionnel pour les grands combats ou les grands sacrifices lorsqu'ils étaient confrontés à des problèmes comme les conflits avec Moscou, la faim dans le tiers monde ou l'action armée contre le terrorisme. On vit dans la jeunesse des fanatiques rallier les rangs de la Fraction armée rouge allemande, ou des Brigades rouges italiennes ou d'Action directe en France, mais ils ne représentaient qu'une petite frange d'excentriques, maintenue en vie grâce aux subsides du bloc soviétique. Après les grands bouleversement de 1989 en Europe de l'Est, un nombre non négligeable d'Allemands conçurent des doutes sur la sagesse de la réunification *parce que cela allait coûter trop cher.* Ce ne sont pas là les marques d'une civilisation tendue à l'extrême et prête à s'immoler sur l'autel de fanatismes nouveaux et imprévus, mais plutôt d'une civilisation assez satisfaite de ce qu'elle est et de ce qu'elle deviendra.

Platon prétendait que, si le *thymos* était le fondement des vertus, il n'était en lui-même ni bon ni mauvais, mais devait être formé et entraîné de sorte qu'il pût servir au bien commun. En d'autres termes, le *thymos* devait être gouverné par la raison, et tranformé en allié du désir. La cité juste était une cité dans laquelle les trois parties de l'âme étaient également satisfaites et mises en équilibre sous la direction de la raison [8]. Le régime idéal était extrêmement difficile à réaliser, parce qu'il devait satisfaire l'ensemble de l'homme en même temps – raison, désir et *thymos*. Même s'il n'était pas possible aux régimes existants de satisfaire complètement les hommes, le régime idéal fournissait une référence et un critère à l'aune desquels on pouvait mesurer les régimes existants. Le meilleur des régimes était celui qui satisfaisait le mieux les trois parties de l'âme simultanément.

Selon ce critère, si on la compare aux alternatives historiques qui nous sont accessibles, il semblerait que ce soit la démocratie libérale qui offre les meilleurs perspectives aux trois parties. Si elle ne peut se qualifier comme le plus juste des régimes « en théorie », elle pourrait être dite le meilleur « en pratique ». En effet, comme Hegel nous l'enseigne, le libéralisme moderne n'est pas tant fondé sur l'abolition du désir de reconnaissance que sur sa transformation en une forme plus rationnelle. Si le *thymos* n'est pas entièrement préservé dans ses manifestations premières, il n'est pas non plus entièrement nié. En outre, aucune société libérale existante n'est fondée exclusivement sur l'*isothymia* ; toutes doivent autoriser un certain degré de *mégalothymia* sûre et domestiquée, même si cela va à l'encontre des principes en lesquels ils proclament leur croyance.

S'il est vrai que le processus historique repose sur les piliers jumeaux de la reconnaissance et du désir rationnels, et que la démocratie libérale moderne soit le système qui satisfasse le mieux les deux dans une sorte d'équilibre, il semblerait que la principale menace sur la démocratie vienne de notre propre confusion au sujet des véritables enjeux. En effet, tandis que les sociétés modernes ont évolué vers la démocratie, la pensée moderne est arrivée à une impasse, dans son incapacité à parvenir à un accord sur ce qui constitue l'homme et sa dignité spécifique, donc à définir les droits de l'homme. Cela ouvre la voie à une exigence hypertrophiée pour la reconnaissance de l'égalité des droits, d'un côté, et à la libération nouvelle de la *mégalothymia*, de l'autre [9]. Cette confusion de pensée peut survenir en dépit du fait que l'histoire est orientée dans une direction cohérente par la reconnaissance et le désir rationnels, et bien que la démocratie libérale constitue en réalité la meilleure solution possible pour le problème de l'humanité.

Il est possible que les événements continuent de se dérouler comme ils l'ont fait durant les dernières décennies, que l'idée d'une histoire universelle et orientée conduisant à la démocratie libérale devienne plus plausible pour tous, et que l'impasse relativiste de la pensée moderne se résolve d'elle-même d'une certaine manière. Le relativisme culturel (une invention européenne) a paru plausible à notre siècle parce que l'Europe, pour la première fois, se trouvait forcée de se confronter à des cultures non européennes de manière sérieuse. Nombre de développements du siècle passé – déclin de la confiance morale en soi de la civilisation européenne, essor du tiers monde, apparition de nouvelles idéologies – ont tendu à renforcer la croyance dans le relativisme. Mais si, avec le temps, de plus en plus de sociétés (dotées de cultures et d'histoires différentes) révèlent des schémas comparables de développement à long terme; s'il existe une convergence de plus en plus marquée dans les types d'institutions régissant les sociétés les plus avancées; si enfin le développement économique continue d'entraîner l'homogénéisation de l'humanité : alors l'idée du relativisme pourra paraître beaucoup plus étrange qu'elle ne l'est à présent. En effet, les différences apparentes entre les « langages du bien et du mal » des divers peuples apparaîtront simplement comme des éléments artificiels propres à leur stade particulier de développement.

Au lieu de ressembler à un millier de boutures s'épanouissant en autant de fleurs différentes, l'humanité pourrait ressembler à un immense convoi de chariots étiré le long d'une route. Certains chariots seront tirés irrésistiblement vers la ville, tandis que d'autres seront au bivouac dans le désert; d'autres encore seront enlisés dans les ornières du dernier col, au passage des montagnes. Plusieurs chariots, attaqués par les Indiens, auront été laissés en flammes, abandonnés le long de la route. On verra quelques convoyeurs, étourdis par la bataille, perdre leur sens de l'orientation et se diriger un moment dans la mauvaise direction, tandis qu'un ou deux chariots, fatigués du voyage, décideront d'établir des campements permanents à certaines étapes du chemin. D'autres encore auront trouvé des routes alternatives, mais ils découvriront que pour franchir la dernière chaîne de montagnes, tout le monde doit passer par le même col. Mais la grande majorité des chariots accomplira le lent voyage vers la ville, et la plupart d'entre eux finiront par y arriver. Les chariots se ressemblent tous : même s'ils sont peints de diverses couleurs et construits avec des matériaux variés, chacun d'eux a quatre roues et est tiré par des chevaux; à l'intérieur, une famille est assise, espérant et priant que le voyage soit sans histoires. Les différences apparentes dans la situation des chariots ne seront pas perçues comme reflétant des différences permanentes et inéluctables entre les gens qui les occupent, mais simplement comme une conséquence de leur position relative sur la route.

Alexandre Kojève croyait que l'Histoire elle-même finirait par gagner sa propre rationalité ; suffisamment de chariots auraient été attirés vers la ville pour que toute personne raisonnable examinant la situation soit forcée de reconnaître qu'il n'y a eu qu'un seul voyage et une seule destination. Il est douteux que nous en soyons à ce point maintenant : malgré la récente révolution libérale qui a secoué le monde entier, les témoignages que nous pouvons recueillir sur la direction de la migration des chariots ne permettent pas – provisoirement – de conclure. Nous ne pouvons pas non plus savoir, en dernière analyse, pour peu qu'une majorité de chariots aient atteint la même ville, si leurs occupants, après avoir regardé un peu autour d'eux, ne trouveront pas l'endroit inadapté et n'envisageront pas de repartir pour un nouveau et plus long voyage.

NOTES

En guise d'introduction

1. « La fin de l'histoire? », in *The National Interest*, n° 16 (été 1989), pp. 3-18. Traduction française dans la revue *Commentaires,* n° 47.
2. Pour un premier essai de réponse à certaines de ces critiques, voir ma « Réponse à mes critiques », in *The National Interest*, n° 18 (hiver 1989-1990), pp. 21-28. traduction française *in Commentaires*, n° 50.
3. Locke et Madison ont compris que l'une des finalités du gouvernement républicain était de protéger l'orgueil autoritaire de ses citoyens. Voir ci-dessous, pp. 219 et suivantes.

Chapitre 1 : Notre pessimisme

1. Emile Fackenheim, *God's Presence in History : Jewish Affirmations and Philosophical Reflections*, New York, New York University Press, 1970, pp. 5-6.
2. Robert Mackenzie, *The Nineteenth Century – A History*, cité dans R.G. Collingwood, *The Idea of History*, Oxford, Oxford University Press, 1956, p. 146.
3. *Encyclopaedia Britannica*, 11e édition, Londres, 1911, vol. 27, p. 72.
4. Norman Angell, *The Great Illusion : A Study of the Relation of Military Power to National Advantage,* Londres, Heinemann, 1914.
5. Paul Fussell, *The Great War and Modern Memory*, Londres, Oxford University Press, 1975.
6. Cette remarque est faite par Modris Eksteins, *Rites of Springs : The Great War and the Birth of the Modern Age*, Boston (Mass.), Houghton Mifflin, 1989, pp. 176-191; voir aussi Fussell, *op. cit.,* pp. 18-27.
7. Erich Maria Remarque, *A l'Ouest, rien de nouveau* (trad. A. Hella et O. Bournac), Paris, Stock, 1956, p. 24.
8. Cité dans Eksteins, *op. cit.,* p. 291.
9. Jean-François Revel, « But We Follow the Worse... », in *The National Interest*, n° 18 (hiver 1989-1990), pp. 99-103.
10. Voir la réponse de Gertrude Himmelfarb à l'article original « The End of History », in *The National Interest*, n° 16 (été 1989), pp. 25-26. Voir

aussi Leszek Kolakowsky, « Uncertainties of a Democratic Age », in *Journal of Democracy*, 1, n° 1 (1990), pp. 47-50.

11. Les italiques sont de nous. Henry Kissinger, « The Permanent Challenge of Peace : US Policy toward the Soviet Union », in *American Foreign Policy*, 3e édition, New York, Norton, 1977, p. 302.

12. L'auteur de ces lignes est du nombre, puisqu'il écrivait en 1984 : « Il y a eu un schéma remarquablement constant chez les observateurs américains de l'Union soviétique, d'exagérer les problèmes du système soviétique et de sous-estimer son efficacité et son dynamisme », recension de Robert Byrnes (ed.), « After Brezhnev », in *The American Spectator*, 17 : 4 (avril 1984), pp. 35-37.

13. Jean-François Revel, *Comment les démocraties finissent*, Paris, Grasset, 1983.

14. Jeanne Kirkpatrick, « Dictatorships and Double Standards », in *Commentary*, 68 (novembre 1979), pp. 34-45.

15. Pour une bonne critique de Revel, écrite avant la *perestroïka* et la *glasnost*, voir Stephen Sestanovich, « Anxiety and Ideology », in *University of Chicago Law Review*, 52 (printemps 1985), pp. 536-549.

16. Revel, *op. cit.*, 1983, p. 17. Le degré de conviction des formulations les plus extrêmes de Revel sur la force et la faiblesse de la démocratie et du totalitarisme n'est guère facile à déterminer. Une bonne partie de sa dérision à l'égard des manquements de la démocratie peut être attribuée au besoin rhétorique de réveiller ses amis démocrates de leur évidente torpeur et de les rendre sensibles à la menace de la puissance soviétique. A l'évidence, s'il pensait vraiment que les démocraties étaient aussi incapables qu'il le décrit parfois, il n'y aurait aucun sens à écrire *Comment les démocraties finissent.*

17. Jerry Hough, *The Soviet Union and Social Science Theory*, Cambridge (Mass.), Harvard University Press, 1977, p. 8. Hough va jusqu'à écrire : « Il y a bien sûr des universitaires pour suggérer que la participation politique en Union soviétique est quelque chose qui n'existe pas [...], que le mot de " pluralisme " ne peut pas être utilisé en son véritable sens pour décrire l'Union soviétique [...]. De telles assertions ne me semblent pas mériter une discussion sérieuse et prolongée. »

18. Hough, *op. cit.*, p. 5. Le remaniement apporté par Jerry Hough à l'ouvrage classique de Merle Fainsod sur le communisme soviétique, *How the Soviet Union is Governed*, consacre une longue section à l'ancien Soviet suprême du temps de Brejnev, qu'il défend comme un forum dans lequel les intérêts sociaux sont énoncés et défendus. Ce livre devient intéressant à lire à la lumière des travaux du Congrès des députés du peuple et du nouveau Soviet suprême mis en place par Gorbatchev, après le XIXe congrès du Parti en 1988. Voir *How the Soviet Union is Governed*, Cambridge (Mass.), Harvard University Press, 1979, pp. 363-380.

19. A. James McAdams, « Crisis in the Soviet Empire : Three Ambiguities in Search of a Prediction », in *Comparative Politics*, 20 : 1 (octobre 1987), pp. 107-118.

20. Voir, par exemple, la thèse de T.H. Rigby selon laquelle les pays communistes ont gagné leur légitimité au nom de la « rationalité de l'objectif », dans « Introduction : Political Legitimacy, Weber and Communist Mono-organisational Systems », in T.H. Rigby et Ferenc Feher, *Political Legitimation in Communist States*, Londres, Macmillan, 1982.

21. Samuel Huntington, *Political Order in Changing Societies*, New Haven, Yale University Press, 1968, p. 1. Voir aussi les conclusions dans Timothy J. Colton, *The Dilemma of Reform in the Soviet Union*, édition revue et augmentée, New York, Council of Foreign Relations, 1986, pp. 119-122.

22. Pour une description générale, voir Dankwart A. Rustow, « Democracy : A Global Revolution? », in *Foreign Affairs*, 69 : 4 (automne 1990), pp. 75-90.

Chapitre 2 : La faiblesse des Etats forts – I

1. Le concept de légitimation a été longuement développé par Max Weber, qui imagina la fameuse division tripartite des diverses formes de l'autorité (traditionnelle, rationnelle et charismatique). Un grand débat s'est élevé pour savoir laquelle de ces catégories wébériennes caractérisait le mieux l'autorité dans les Etats totalitaires comme l'Allemagne de Hitler ou l'U.R.S.S. de Staline. Voir, par exemple, les divers essais dans Rigby et Feher, *op. cit.*, 1982. L'exposé original des différents types d'autorité par Weber se trouve dans *The Theory of Social and Economic Organization*, ed. par Talcott Parsons, New York, Oxford University Press, 1947, pp. 324-423. La difficulté à faire rentrer les Etats totalitaires dans les catégories de Weber suggère les limites de son système passablement formel et artificiel des types idéaux.

2. Cette remarque est faite dans la réponse de Kojève à Strauss, « Tyranny and Wisdom », in Leo Strauss, *On Tyranny*, Ithaca (N.Y.), Cornell University Press, 1963, pp. 152-153.

3. La rébellion intérieure contre Hitler éclata en juillet 1944 avec le complot contre sa vie; elle se serait peut-être étendue, comme elle l'a fait en Union soviétique, si le régime avait survécu pendant quelques décennies supplémentaires.

4. Sur ce point, voir l' « Introduction » à Guillermo O'Donnell et Philippe Schmitter, *Transitions from Authoritarian Rule : Tentative Conclusions about Uncertain Democracies*, Baltimore (Md.), John Hopkins University Press, 1986, p. 15.

5. L'étude classique sur le sujet a été publiée sous la direction de Juan Linz, *The Breakdown of Democratic Regimes : Crisis, Breakdown and Reequilibration*, Baltimore (Md.), John Hopkins University Press, 1978.

6. Repris d'un journaliste suisse cité dans Philippe C. Schmitter, « Revolution by *Golpe* : Retrospective Thoughts on the Demise of Authoritarianism in Portugal », in *Armed Forces and Society*, 2 : 1 (novembre 1975), pp. 5-33.

7. Voir *ibid.*, et Thomas C. Bruneau, « Continuity and Change in Portuguese Politics : Ten Years after the Revolution of 25 April 1974 », in Geoffrey Pridham (ed.), *The New Mediterranean Democracies : Regime Transition in Spain, Greece and Portugal*, Londres, Frank Cass, 1984.

8. Kenneth Maxwell, « Regime Overthrow and the Prospects for Democratic Transition in Portugal », in Guillermo O'Donnell, Laurence Whitehead et Philippe Schmitter, *op. cit.*, 1986, p. 136.

9. Voir Kenneth Medhurst, « Spain's Evolutionary Pathway from Dictatorship to Democracy », in Pridham, *op. cit.*, 1984, pp. 31-32; voir aussi Jose

Canova, « Modernization and Democratization : Reflections on Spain's Transition to Democracy », in *Social Research*, 50 (hiver 1983), pp. 929-973.

10. José Maria Maravall et Julian Santamaria, « Political Change in Spain and the Prospects for Democracy », in Guillermo O'Donnell et Philippe Schmitter, *op. cit.*, 1986, p. 81. Un sondage réalisé en décembre 1975 révélait que 42,2 % des gens interrogés et 51,7 % de ceux qui exprimaient une opinion étaient favorables aux changements nécessaires pour aligner l'Espagne sur les pays démocratiques d'Europe occidentale. Voir John F. Coverdale, *The Political Transformation of Spain after Franco*, New York, Praeger, 1979, p. 17.

11. Malgré l'opposition des franquistes purs et durs, 77,7 % des votants potentiels remplirent leur devoir électoral pour le référendum de décembre 1976 et 94,2 % votèrent « oui ». John F. Coverdale, *op. cit.*, 1979, p. 53.

12. P. Nikiforos Diamandouros, « Regime Change and the Prospects for Democracy in Greece : 1974-1983 », in Guillermo O'Donnell, Laurence Whitehead et Philippe Schmitter, *op. cit.*, 1986, p. 148.

13. Le manque de confiance en soi de l'armée fut indiqué par la réaffirmation brutale de la hiérarchie traditionnelle du commandement, qui coupa de sa base l'homme fort du régime, le général de brigade Démétrios Ioannidès, avec le soutien d'une menace de putsch par la 3e armée. P. Nikiforos Diamandouros, « Transition to, and Consolidation of, Democratic Politics in Greece, 1974-1983 : A Tentative Assessment », in Pridham, *op. cit.*, 1984, pp. 53-54.

14. Voir Carlos Waisman, « Argentina : Autarcic Industrialization and Illegitimacy », in Larry Diamond, Juan Linz et Seymour Martin Lipset, *Democracy in Developing Countries*, vol. 4, *LatinAmerica*, Boulder (Conn.), Lynne Renner, 1988, p. 85.

15. Cynthia McClintock, « Peru : Precarious Regimes, Authoritarian and Democratic », in Larry Diamond *et al.*, *op. cit.*, 1988, p. 350. En outre, la forte polarisation entre l'oligarchie traditionnelle du Pérou et le parti réformiste (A.P.R.A.) s'est suffisamment calmée pour permettre l'élection d'un président *aprista* en 1985.

16. Sur cette période de l'histoire brésilienne, voir Thomas E. Skidmore, *The Politics of Military Rule in Brazil*, 1964-1985, New York, Oxford University Press, 1988, pp. 210-255.

17. Charles Guy Gillespie et Luis Eduardo Gonzalez, « Uruguay : The Survival of Old and Autonomous Institutions », in Larry Diamond *et al.*, *op. cit.*, 1988, pp. 223-226.

18. Verwoerd, ministres des Affaires indigènes après 1950 et Premier ministre de 1961 à 1966, avait fait ses études en Allemagne dans les années 1920; il était revenu en Afrique du Sud avec une théorie « néo-fichtéenne » du *Volk*. Voir T.R.H. Davenport, *South Africa : A Modern History*, Johannesburg, MacMillan South Africa, 1987, p. 318.

19. Rapporté dans John Kane-Berman, *South Africa's Silent Revolution*, Johannesburg, South African Institute of Race Relations, 1990, p. 60. Cette déclaration fut faite au cours de la campagne électorale de 1987.

20. On peut ajouter à ces exemples celui de l'Irak de Saddam Hussein. Comme beaucoup d'Etats policiers du XXe siècle, l'Irak ba'assiste semblait redoutable jusqu'à ce que son appareil militaire s'effondrât sous l'impact des bombes de la coalition internationale. Ses imposantes structures mili-

taires – les plus importantes de tout le Proche-Orient, grâce à des réserves de pétrole qui sont les secondes du monde après celles de l'Arabie Saoudite – se révélèrent sans force, parce que la population irakienne n'avait guère le cœur de combattre pour ce régime. Cet Etat fort montra sa faiblesse alarmante en se lançant dans deux guerres destructrices et inutiles en moins de dix ans, guerres qu'un Irak démocratique, respectueux de la volonté de sa population, n'aurait certainement jamais engagées.

21. Grèves et mouvements de protestations jouèrent un rôle certain pour persuader les dirigeants militaires de passer la main en Grèce, au Pérou, au Brésil, etc.; dans d'autres cas, la chute du régime fut précipitée, comme nous l'avons vu, par une crise extérieure. Mais on ne saurait pourtant dire que ces facteurs ont *contraint* les régimes autoritaires à quitter le pouvoir, pour peu que ceux-ci eussent été résolument déterminés à s'y maintenir.

Chapitre 3 : La faiblesse des Etats forts – II, ou manger des pamplemousses sur la lune

1. Andreï Nouykine, « The Bee and the Communist Ideal », extrait de Youri Afanassiev (ed.), *Inogo ne dano*, Moscou, Progress, 1989, p. 510.

2. La définition standard du totalitarisme a été donnée dans Carl J. Friedrich et Zbigniew Brzezinski, *Totalitarian Dictatorship and Autocracy*, 2e édition, Cambridge (Mass.), Harvard University Press, 1965.

3. Mikhaïl Heller, *Cogs in the Wheel : The Formation of Soviet Man*, New York, Knopf, 1988, p. 30.

4. Marquis de Custine, *Journey for Our Time*, New York, Pelegrini and Cudahy, 1951, p. 323.

5. Tous ces pays européens du Sud-Est ont connu des évolutions similaires depuis 1989. Une partie des anciens régimes communistes ont réussi à se recaser comme « socialistes » et ont obtenu la majorité au cours d'élections à peu près libres; mais ils ont rapidement été en butte aux attaques de leur population, qui s'est radicalisée dans ses exigences de démocratie. Ces pressions populaires ont eu raison du régime bulgare et ont sérieusement affaibli tous les autres, à l'exception du Serbe Milosevic.

6. Ed Hewett, *Reforming the Soviet Economy : Equality versus Efficiency*, Washington D.C., Brookings Institution, 1988, p. 38.

7. Anders Aslund, citant les chiffres de Sélyounine et Khanine, et d'Abel Aganbédjian, in *Gorbachev's Struggle for Economic Reform*, Ithaca (N.Y.), Cornell University Press, 1989, p. 15. Aslund a fait observer que le pourcentage des dépenses militaires dans le P.N.B., estimé par la C.I.A. à 15 % à 17 % du P.N.N. pour l'essentiel de la période d'après-guerre, s'élevait plus probablement à 25 % à 30 %. A partir de 1990, les hommes politiques comme Edouard Chevardnadze commencèrent à utiliser couramment le chiffre de 25 % du P.N.B. dans l'ensemble de l'économie soviétique.

8. *Ibid.*

9. Pour une vue d'ensemble de ces différentes écoles d'économistes soviétiques, voir Aslund, *op. cit.*, 1990, pp. 3-8, et Hewett, *op. cit.*, 1988, pp. 274-302. Pour un exemple significatif de critique soviétique à l'encontre de la planification centralisée, voir l'article de Gavril Popov, « Restructuring of the Economy's Management », in Afanassiev, *op. cit.*, 1989, pp. 621-633.

10. Il est parfaitement clair qu'Andropov aussi bien que Gorbatchev étaient tous les deux conscients de l'amplitude du déclin économique

lorsqu'ils arrivèrent au pouvoir, et que les premiers efforts de réforme des deux dirigeants furent motivés par le sentiment qu'ils devaient agir pour éviter une crise économique ouverte. Voir Marshall I. Gordman, *Economic Reforms in the Age of High Technology*, New York, Norton, 1987, p. 71.

11. La plupart des dysfonctionnements et des maladies de la direction économique centralisée qui se sont révélés au cours de la *perestroïka* étaient déjà attestés dans les années 1950, dans des livres comme celui de Joseph Berliner, *Factory and Manager in the USSR*, Cambridge (Mass.), Harvard University Press, 1957, fondé sur des témoignages d'émigrés. On peut présumer que le K.G.B. était tout à fait capable d'élaborer des analyses semblables pour des dirigeants comme Andropov et Gorbatchev lorsqu'ils arrivèrent au pouvoir.

12. Gorbatchev appréciait encore l'ensemble de l'œuvre de Staline en 1985; à la fin de 1987, tout comme Khrouchtchev, il continuait d'approuver les actes du « petit père des peuples » dans le domaine de la collectivisation des années 1930. Ce fut seulement en 1988 qu'il se montra prêt à approuver la libération limitée soutenue par Boukharine et Lénine durant la période de la N.E.P. des années 1920. Voir la référence à Boukharine dans le discours de Gorbatchev pour le soixante-dixième anniversaire de la Grande Révolution socialiste d'octobre (7 novembre 1987).

13. Il existe en fait des nationalistes russes de droite, comme Alexandre Prokhanov, partisans d'une idéologie systématiquement anticapitaliste et antidémocratique, qui n'est pourtant pas non marxiste. Alexandre Soljenitsyne a été accusé de telles inclinations, mais sa position finale sur la démocratie n'est pas claire.

14. J'adopte entièrement la perspective de Jeremy Azraël selon laquelle le peuple russe devrait recevoir les excuses de ses nombreux détracteurs occidentaux, qui le croyaient incapable de soutenir un régime démocratique, ainsi que celle de sa propre *intelligentsia* russophobe.

15. Les soviétologues officiels ont longtemps débattu à propos du succès final du projet totalitaire, et pour déterminer si le terme de « totalitaire » pouvait être précisément employé pour caractériser l'U.R.S.S. post-stalinienne ou l'un des régimes satellites de l'Europe de l'Est. La donnée actuelle de la fin de la période totalitaire en U.R.S.S. est soutenue par Andranik Migranian dans « The Long Road to the European Home », in *Novyi Mir*, nº 7 (juillet 1989), pp. 166-184.

16. Vaclav Havel *et al.*, *The Power of the Powerless*, Londres, Hutchinson, 1985, p. 27. Ce terme a été aussi employé par Juan Linz pour décrire les régimes communistes de l'ère Brejnev. Il est incorrect de dire que l'Union soviétique sous Khrouchtchev et Brejnev est descendue au rang d'Etat autoritaire comme les autres. Certains soviétologues comme Jerry Hough pensaient avoir assisté à l'apparition de « groupes d'intérêts » ou de « pluralisme institutionnel » en Union soviétique durant les décennies 1960 et 1970. Mais tandis qu'un certain degré de marchandage et de compromis a été possible entre les différents ministères économiques soviétiques, ou encore entre Moscou et les organisations provinciales du Parti, l'interaction ne s'est produite que selon un ensemble très restreint de règles définies par l'Etat lui-même. Voir H. Gordon Skilling et Franklyn Griffiths (ed.), *Interests Groups in Soviet Politics*, Princeton, Princeton University Press, 1971, et Hough, *op. cit.*, 1979, pp. 518-529.

17. Hu Yaobang, ancien associé de Deng, fut considéré par les étudiants comme un partisan des réformes à l'intérieur du parti communiste. Pour une

chronologie de ces événements, voir Lucian W. Pye, « Tienanmen and Chinese Political Culture », in *Asian Survey*, 30 : 4 (avril 1990), pp. 331-347.

18. Ceci a été suggéré par Henry Kissinger dans « The Caricature of Deng as Tyrant is Unfair », in *Washington Post*, 1er août 1989, p. 121.

19. Ian Wilson et You Ji, « Leadership by 'Lines' : China's Unresolved Succession », in *Problems of Communism*, 39 : 1 (janvier-février 1990), pp. 28-44.

20. En fait, ces sociétés étaient considérées comme si différentes qu'elles faisaient l'objet de disciplines séparées comme la « sinologie », la « soviétologie » ou la « kremlinologie », qui consacraient leur attention non pas à l'essentiel de la société civile, mais seulement à la politique, supposée souveraine, et souvent réduite aux agissement d'une douzaine d'hommes en vue.

Chapitre 4 : La révolution libérale mondiale

1. *Dokumente zu Hegels Entwicklung*, éd. J. Hoffmeister, Stuttgart, 1936, p. 352.

2. Une vue d'ensemble de ce changement est donnée, entre autres, dans Sylvia Nasar, « Third World Embracing Reforms to Encourage Economic Growth », in *The New York Times*, 8 juillet 1991, p. A1.

3. Pour un aperçu d'ensemble sur le réexamen de la légitimité des dictatures révolutionnaires en Amérique latine pendant la dernière décennie, voir Robert Barros, « The Left and Democracy : Recent Debates in Latin America », in *Telos* 68 (1986), pp. 49-70. Pour un exemple de la confusion dans laquelle les événements de l'Europe de l'Est ont jeté la gauche dans son ensemble, voir André Gunder Frank, « Revolution in Eastern Europe : Lessons for Democratic Social Movements (and Socialists?) », in *Third World Quarterly*, 12, n° 2 (avril 1990), pp. 36-52.

4. James Bryce, *Modern Democracies*, New York, Macmillan, 1931, pp. 53-54.

5. Si l'on adopte les critères des définitions de la démocratie au XVIIIe siècle retenus par Schumpeter, on peut dire avec lui que la démocratie est « la libre compétition des candidats au pouvoir pour le vote de l'électorat » (Joseph Schumpeter, *Capitalism, Socialism, and Democracy*, New York, Harper Brothers, 1950, p. 284). Voir aussi la discussion des définitions de la démocratie dans Samuel Huntington, « Will More Countries Become Democratic? », in *Political Science Quarterly*, 99 (été 1984), pp. 193-218.

6. L'extension du droit de vote fut un processus graduel dans la plupart des démocraties, y compris en Angleterre et aux Etats-Unis. De nombreuses démocraties contemporaines n'ont connu le suffrage universel des adultes que fort tard dans notre siècle, et pouvaient être toutefois considérées comme des démocraties dès avant cette date. Voir Bryce, *op. cit.*, 1931, pp. 20-23.

7. On a relevé des pressions pour une plus grande démocratie dans différents pays du Moyen-Orient comme l'Egypte et la Jordanie, à la suite des révolutions de 1989 en Europe de l'Est. Mais dans cette partie du monde, l'islam a été la principale barrière à la démocratisation. Comme les élections municipales algériennes de 1990 – ou comme l'Iran une décennie aupara-

vant – l'ont montré, une plus grande démocratie peut ne pas conduire à une plus grande libéralisation, parce qu'elle amène au pouvoir des fondamentalistes islamiques qui espèrent parvenir à établir une sorte de théocratie populaire – aux antipodes de la démocratie libérale.

8. Bien que l'Irak soit un pays islamique, le parti Ba'as de Saddam Hussein est une organisation nationaliste arabe très explicitement laïque. Les tentatives du président irakien pour se draper dans le manteau de l'islam après son invasion du Koweït parurent assez étranges, alors qu'il s'était proclamé auparavant le défenseur des valeurs occidentales et de la laïcité contre le fanatisme de l'islam iranien durant sa guerre avec ce pays.

9. Ils peuvent évidemment continuer à défier la démocratie libérale par le terrorisme des bombes et des balles : le défi est grave, mais il n'est pas mortel.

10. La suggestion que j'avais faite dans mon article originel « The End of History? » selon laquelle il n'y avait pas d'alternatives viables à la démocratie libérale a suscité un grand nombre de réponses indignées indiquant le fondamentalisme, le nationalisme, le fascisme, etc., comme autres possibilités. Aucune de ces critiques n'exprimait cependant la croyance que ces alternatives sont *supérieures* à la démocratie libérale, et je n'ai rencontré aucune conviction de ce type durant toute la polémique.

11. Différentes distinctions de cette sorte se trouvent dans Robert M. Fishman, « Rethinking State and Regime : Southern Europe's Transition to Democracy », in *World Politics*, 42 (avril 1990), pp. 422-440.

12. Ce tableau est largement inspiré de celui de Michael Doyle, « Kant, Liberal Legacies, and Foreign Affairs », in *Philosophy and Public Affairs*, 12 : 4 (été 1983), pp. 204-235. Les critères posés à la démocratie libérale par Doyle comportent : (1) l'indépendance; (2) au moins trois ans d'existence; (3) une population supérieure à un million d'habitants.

L'inclusion d'un certain nombre de ces Etats dans la liste des démocraties libérales peut poser problème. Par exemple, la Bulgarie, la Colombie, le Salvador, le Nicaragua, le Mexique, le Pérou, les Philippines, Singapour, le Sri Lanka et la Turquie sont classés par la Freedom House dans la catégorie des « partiellement libres », soit parce que la légitimité des récentes élections a été contestée, soit à cause de l'échec de l'Etat à protéger les droits de l'homme. On a vu également quelques rechutes : la Thaïlande a cessé d'être démocratique depuis 1990. Par contre, un grand nombre d'Etats ne se trouvent pas sur cette liste bien qu'ils soient devenus des démocraties depuis 1990, ou qu'ils se soient engagés à organiser des élections libres dans un avenir proche. Voir Freedom House Survey, *Freedom at Issue* (janvier-février 1990).

13. Ainsi la démocratie athénienne fut-elle capable d'exécuter le plus célèbre de ses citoyens, Socrate, pour avoir exercé librement son droit d'expression et « corrompu la jeunesse » selon les termes de l'acte d'accusation.

14. Howard Wiarda, « Toward a Framework for the Study of Political Change in the Iberian Latin Tradition », in *World Politics*, 25 (janvier 1973), pp. 106-135.

15. Howard Wiarda, « The Ethnocentrism of the Social Sciences : Implications for Research and Policy », in *Review of Politics*, 43 : 2 (avril 1981), pp. 163-197.

Chapitre 5 : « Idée d'une Histoire universelle »

1. Nietzsche, *Bon et Mauvais Usage de l'Histoire*, Indianapolis, Bobbs-Merrill, 1957, p. 55.

2. Hérodote, le « père de l'Histoire », écrivit en fait un compte rendu de ce type à propos des sociétés grecques et barbares, mais avec un fil conducteur bien ténu.

3. Voir *République*, livre VII, 543c-569c, et *Politique*, livre VIII, 1301a-1316b.

4. Sur ce point, voir Leo Strauss, *Thoughts on Machiavelli*, Glencoe (Ill.), Free Press, 1958, p. 299.

5. Pour deux points de vue différents sur les tentatives d'écrire des histoires universelles, voir J.B. Bury, *The Idea of Progress*, New York, Macmillan, 1932, et Robert Nisbet, *Social Change and History*, Londres, Oxford University Press, 1969.

6. La pratique courante de dénombrer les années avant et après Jésus-Christ, adoptée maintenant par la majeure partie du monde non chrétien, date de l'œuvre d'un historien chrétien du VIIe siècle, Isidore de Séville. Voir Collingwood, *op. cit.,* 1956, pp. 49, 51.

7. Parmi les autres tentatives pour écrire des histoires universelles, mentionnons celles de Jean Bodin, de Louis Le Roy *(De la vicissitude ou variété des choses en l'Univers),* et, un siècle plus tard, le *Discours sur l'histoire universelle* de Bossuet. Voir sur ce point Bury, *op. cit.*, pp. 37-47.

8. Cité dans Nisbet, 1969, p. 104. Voir aussi Bury, 1932, pp. 104-111.

9. Voir Nisbet, 1969, pp. 120-121.

10. Pour une discussion sur l'essai de Kant, voir R.G. Collingwood, 1956, pp. 98-103 ; et William Galston, *Kant and the Problem of History*, Chicago, University of Chicago Press, 1975, spécialement pp. 205-268.

11. *Idée d'une Histoire universelle d'un point de vue cosmopolitique*, voir dans l'édition américaine de Kant, *On History*, Indianapolis, Bobbs-Merrill, 1956, pp. 11-13.

12. *Ibid.*, p. 16.

13. Kant, *Idée*, 1954, pp. 23-26.

14. On relève un nombre considérable de mauvaises lectures superficielles de Hegel dans la tradition empiriste ou positiviste, par exemple :

> « En ce qui concerne Hegel, je ne pense même pas qu'il ait eu du talent. C'est un auteur indigeste. Même ses apologistes les plus ardents doivent admettre que son style est " indubitablement scandaleux ". Pour ce qui est par ailleurs du contenu même de ses écrits, il n'est suprême que par son manque extraordinaire d'originalité [...]. Il a consacré ses pensées et ses méthodes empruntées de manière singulière, mais sans aucune trace de brio, à un seul but : combattre la société ouverte et servir ainsi son employeur, Frédéric-Guillaume de Prusse [...]. Et toute l'histoire de Hegel ne mériterait même pas une attention, n'étaient ses conséquences plus sinistres, qui montrent avec quelle facilité un bouffon peut être un « faiseur de l'histoire » (Karl Popper, *The Open Society and Its Enemies*, Princeton, Princeton University Press, 1950, p. 227).

> « Il découle de sa métaphysique que la véritable liberté consiste en l'obéissance à une autorité arbitraire, que la liberté de parole est une calamité, que la monarchie

absolue est une bonne chose, que l'Etat prussien était le meilleur qui pût exister à l'époque où il écrivait, que la guerre était aussi une bonne chose, et qu'une organisation internationale pour le traitement pacifique des conflits serait un désastre » (Bertrand Russell, *Unpopular Essays*, Londres, 1950, p. 22).

La tradition de critique des idées libérales de Hegel se poursuit avec Paul Hirst :

« Aucun lecteur attentif de la *Philosophie du droit* de Hegel ne saurait prendre l'auteur pour un libéral. La théorie politique de Hegel est le point de vuc d'un Prussien conservateur qui pensait que les réformes consécutives à la défaite d'Iéna en 1806 étaient allées suffisamment loin » (in « Endism », *London Review of Books*, novembre 23, 1989).

15. Cette remarque est faite dans Galston 1975, p. 261.

16. Cette citation est empruntée à la transcription des cours de Hegel sur l'histoire qui nous est parvenue sous le nom de *Philosophie de l'Histoire* (traduction américaine de Sibree, New York, Dover Publications, 1956, pp. 17-18).

17. *Philosophie de l'Histoire*, éd. américaine, p. 19.

18. Pour une bonne correction des vues conventionnelles sur l' « autoritarisme » de Hegel, voir Shlomo Avineri, *Hegel's Theory of the Modern State*, Cambridge, Cambridge University Press, 1972. Pour prendre quelques exemples de la mauvaise interprétation de Hegel, alors même qu'il est exact que le philosophe a soutenu le principe de la monarchie, sa conception de celle-ci dans les §§ 275-286 de la *Philosophie du Droit* est fort proche de celle d'un chef d'Etat actuel, et parfaitement compatible avec les monarchies constitutionnelles existantes; loin de justifier la monarchie prussienne de son temps, on peut même la lire comme une critique cachée de la pratique prussienne. Il est exact que Hegel était opposé au suffrage direct et penchait en faveur d'une organisation de la société en « états ». Mais cela ne venait pas d'une opposition au principe de la souveraineté populaire en elle-même. Le « corporatisme » de Hegel peut être conçu comme comparable à l' « art de l'association » de Tocqueville : dans un grand Etat moderne, la participation politique doit être relayée par une série d'organisations et d'associations de petite taille pour être efficace et significative. L'appartenance à un « état » est fondée non pas sur la naissance mais sur le métier, et elle est ouverte à tous. Pour la prétendue glorification de la guerre par Hegel, voir la cinquième partie ci-dessous.

19. Pour une lecture de Hegel soulignant les aspects non déterministes de son système, voir Terry Pinkard, *Hegel's Dialectic : The Explanation of Possibility*, Philadelphie, Temple University Press, 1988.

20. *Philosophie de l'Histoire*, pp. 318-323.

21. L' « historicisme » en ce sens doit être distingué de l'emploi de ce mot par Karl Popper dans *The Poverty of Historicism* et autres œuvres. Avec son manque de perspicacité habituel, Popper identifie l'historicisme avec la prétention d'être capable de prédire l'avenir d'après le passé historique, moyennant quoi un philosophe du droit naturel comme Platon est naturellement aussi « historiciste » que Hegel.

22. Cette exception fut Rousseau, dont le second *Discours* présente une évolution historique de l'homme dans laquelle celui-ci change radicalement de désir avec le temps.

23. Cela signifiait, entre autres, que les êtres humains ne sont pas entièrement soumis aux lois physiques qui gouvernent le reste de la nature. Une

bonne part des sciences sociales modernes est fondée sur le postulat que l'étude de l'homme peut être assimilée à l'étude de la nature parce que l'essence de l'homme n'est pas différente de celle de la nature. C'est peut-être ce postulat qui est à l'origine de l'incapacité des sciences sociales à se constituer elles-mêmes comme « science » universellement reconnue.

24. Voir la discussion de Hegel sur la nature changeante du désir dans les §§ 190-195 de la *Philosophie du Droit*.

25. Hegel à propos du consumérisme : « Ce que les Anglais appellent « comfort » est quelque chose de proprement inépuisable et indéfinissable. Certains pourront vous faire découvrir régulièrement que ce que vous prenez pour le « comfort » est en fait le « discomfort », et ces découvertes n'auront pas de fin. De là vient que le besoin d'un plus grand « comfort » ne naît pas directement en vous; *il vous est suggéré par ceux qui espèrent tirer profit de sa création* » (les italiques sont de nous), in *Philosophie du Droit*, addendum au § 191.

26. Cette interprétation de Marx a été mise à la mode à la suite du livre de Georg Lukacs *Histoire et Conscience de classe*.

27. Sur quelques-uns de ces points, voir Shlomo Avineri, *The Social and Political Thought of Karl Marx*, Cambridge, Cambridge University Press, 1971, *passim*.

28. Les conférences de Kojève à l'Ecole pratique des hautes études ont été reprises dans son *Introduction à la lecture de Hegel* (Paris, Gallimard, 1947). Parmi les étudiants de Kojève se trouvaient quelques-uns des intellectuels de la génération suivante qui allaient devenir célèbres : Raymond Queneau, Jacques Lacan, Georges Bataille, Raymond Aron, Georges Fessard et Maurice Merleau-Ponty. Pour la liste complète, voir Michael Roth, *Knowing and History*, Ithaca (NY), Cornell University Press, 1988, pp. 225-227. Sur Kojève, voir aussi Barry Cooper, *The End of History : An Essay on Modern Hegelianism*, Toronto, University of Toronto Press, 1984.

29. Raymond Aron, *Mémoires*, Paris, Gallimard.

30. Et tout particulièrement les propos suivants : « Depuis cette date [1806], que s'est-il passé? Rien d'autre que *l'alignement des provinces*. La révolution chinoise est seulement l'introduction du Code Napoléon en Chine. » Extrait d'une interview dans *La Quinzaine littéraire*, 1er-15 juin 1968, cité dans Roth, 1988, p. 83.

31. Kojève, 1947, p. 436.

32. Il y a certaines difficultés à considérer Kojève lui-même comme un libéral, dans la mesure où il professa parfois une admiration ardente pour Staline et affirma qu'il n'y avait pas de différences entre les Etats-Unis, l'Union soviétique et la Chine des années 1950 : « Si les Américains donnent l'impression de Sino-Soviétiques enrichis, c'est parce que les Russes et les Chinois ne sont que des Américains encore pauvres, mais qui s'enrichissent rapidement. » Le même Kojève n'en fut pas moins un fidèle fonctionnaire de la Communauté économique européenne et de la France bourgeoise et croyait que « les Etats-Unis ont déjà atteint le stade final du " communisme " marxiste, si l'on veut bien considérer que pratiquement tous les membres de cette " société sans classes " peuvent s'approprier tout ce qui leur semble bon pour eux, sans travailler pour cela plus qu'ils n'en ont envie ». L'Amérique et l'Europe de l'après-guerre méritaient sans doute davantage la « reconnaissance universelle » que la Russie stalinienne ne le fit jamais, ce qui rend le Kojève libéral plus crédible que le Kojève stalinien. Voir Kojève, 1947, p. 436.

33. Max Beloff, « Two Historians, Arnold Toynbee and Lewis Namier », in *Encounter*, 74, 1990, pp. 51-54.

34. Il n'existe pas un seul et unique texte pour donner une définition qui fasse autorité de la théorie de la modernisation, dont le « projet » initial a subi un grand nombre de variations au fur et à mesure des années. A côté du volume de Lerner cité ci-dessus, la théorie de la modernisation fut élaborée dans les diverses œuvres de Talcott Parsons, spécialement *The Structure of Social Action*, New York, McGraw-Hill, 1937 (avec Edward Shils), *Toward a General Theory of Action*, Cambridge (Mass.), Harvard University Press, 1951, et *The Social System*, Glencoe (Ill.), Free Press, 1951. Une version abrégée et relativement accessible des idées de Parson se trouve dans « Evolutionary Universals in Society », in *American Sociological Review*, 29 (juin 1964), pp. 339-357. On relève, dans cette tradition, la série des neuf volumes parrainés par l'American Social Science Research Council entre 1963 et 1975, qui commence avec Lucian Pye, *Communications and Political Development*, Princeton, Princeton University Press, 1963, et se termine par Raymond Grew, *Crises of Political Development in Europe and the United States*, Princeton, Princeton University Press, 1978. Pour deux vues d'ensemble de l'histoire de cette littérature, voir les essais de Samuel Huntington et de Gabriel Almond dans Myron Weiner et Samuel Huntington (ed.), *Understanding Political Development*, Boston, Little, Brown, 1987.

35. *Le Capital*, vol. I.

36. Voir par exemple Daniel Lerner, *The Passing of Traditional Society*, Glencoe (Ill.), Free Press, 1958, p. 46.

37. Alors que le concept de développement économique est passablement intuitif, celui de « développement politique » l'est beaucoup moins. Cette notion renferme implicitement une hiérarchie de formes historiques d'organisation politique qui culmine, pour la plupart des spécialistes américains des sciences sociales, avec la démocratie libérale.

38. Ainsi, un texte classique, utilisé en Amérique par les étudiants supérieurs en sciences sociales, affirme : « La littérature sur le développement politique reste lourdement grevée par les tendances à la stabilité du pluralisme démocratique et sa propension à limiter les changements [...]. Mal armée conceptuellement pour traiter les changements radicaux et le système fondamental de transformation, la science sociale américaine a été imprégnée d'une tendance fondamentale à l'ordre. » Tiré de James A. Bill et Robert L. Hardgrave Jr., *Comparative Politics : The Quest for Theory*, Lanham, University Press of America, 1973, p. 75.

39. Mark Kesselmann, « Order or Movement? The Literature of Political Development as Ideology », in *World Politics*, 26 (octobre 1973), pp. 139-154. Voir aussi Howard Wiarda, « The Ethnocentrism of the Social Sciences : Implications for Research and Policy », in *Review of Politics*, 43 (avril 1981), pp. 163-197.

40. Parmi les autres critiques de cette tendance, mentionnons Joel Migdal, « Studying the Politics of Development and Change : The State of the Art », in Ada Finifter (ed.), *Political Science : The State of the Discipline*, Washington D.C., American Political Science Association, 1983, pp. 309-321; également Robert Nisbet, 1969.

41. Gabriel Almond, dans une vue d'ensemble de la théorie de la modernisation où il répond aux accusations d'ethnocentrisme, cite ainsi Lucien Pye, *Communications and Political Development* : « Une génération formée

au relativisme culturel a exercé son influence, et les chercheurs en sciences sociales se sentent désormais mal à l'aise face à tout concept qui pourrait suggérer une croyance au « progrès » ou à des « degrés de civilisation ». Weiner et Huntington, 1978, p. 447.

Chapitre 6 : Le mécanisme du désir

1. Cette théorie cyclique a conservé certains partisans contemporains; voir la réponse d'Irving Kristol à mon article « End of History? », in *The National Interest*, n° 16 (été 1989), pp. 26-28.

2. La nature cumulative et progressive de la science physique moderne a été mise en question par Thomas Kuhn, qui a relevé le caractère discontinu et révolutionnaire de tout changement dans la science. Dans la plus radicale de ses affirmations, il a totalement refusé la possibilité d'une connaissance « scientifique » de la nature, puisque *tous* les « paradigmes » au moyen desquels les scientifiques comprennent la nature finissent par échouer. Cela revient à dire que la théorie de la relativité ne se contente pas d'ajouter un nouveau supplément de connaissance à la vérité déjà établie de la mécanique newtonienne, mais qu'elle rend l'ensemble de cette mécanique erroné au sens le plus fondamental.

Le scepticisme de Kuhn n'est pourtant pas approprié à notre sujet, puisqu'un paradigme scientifique n'a pas à être « vrai » à aucun sens épistémologique pour avoir des conséquences constantes et capitales. Il lui suffit d'être opératoire en prédisant les phénomènes naturels et en permettant à l'homme de les manipuler. Le fait que la mécanique newtonienne devient fausse pour des vitesses approchant celle de la lumière et qu'elle n'est pas une base adéquate pour développer la puissance atomique de la bombe à hydrogène ne signifie pas pour autant qu'elle était inadéquate pour maîtriser d'autres aspects de la nature, comme la navigation autour de la terre, la locomotion à vapeur et le canon à longue portée. Il existe de plus entre les paradigmes une hiérarchie qui est établie par la nature plutôt que par l'homme : la théorie de la relativité ne pouvait pas être découverte avant que l'on n'eût trouvé les lois newtoniennes du mouvement. C'est précisément cette hiérarchie de paradigmes qui assure cohérence et sens unique au progrès de la connaissance scientifique.

Voir Thomas S. Kuhn, *The Structure of Scientific Revolutions*, 2e édition, Chicago, University of Chicago Press, 1962 et 1970, particulièrement pp. 95-110, 139-143 et 170-173. Pour une appréciation du scepticisme de Kuhn, voir Terence Ball, « From Paradigms to Research Programs : Toward a Post-Khunian Political Science », in *American Journal of Political Science*, 20 : 1 (février 1976), pp. 151-177.

3. On connaît des cas de puissances peu avancées techniquement qui « battent » des puissances mieux placées : ainsi le Viêt-nam pour la France et les Etats-Unis, ou l'Afghanistan pour l'Union soviétique. Mais les raisons de ces « défaites » résident dans les structures politiques présentes de part et d'autre. Nul doute que la technologie seule fournissait dans tous ces cas la supériorité nécessaire à une victoire militaire.

4. Voir Samuel Huntington, *Political Order in Changing Societies*, New Haven, Yale University Press, 1967, pp. 154-156. Ce point est aussi souligné dans Walt Rostow, *The Stages of Economic Growth*, Cambridge (Mass.), Cambridge University Press, 1960, pp. 26-27 et 56.

5. *Ibid.*, pp. 122-123.

6. Pour une comparaison des processus de modernisation en Turquie et au Japon, voir Robert Ward et Dankwart Rustow (ed.), *Political Development in Japan and Turkey*, Princeton, Princeton University Press, 1964.

7. Sur les réformes en Prusse, voir Gordon A. Craig, *The Politics of the PrussianArmy, 1640-1945*, Londres, Oxford University Press, 1955, pp. 35-53; voir aussi Hajo Holborn, « Moltke and Schlieffen : The Prussian-German School », in Edward Earle (ed.), *The Makers of Modern Strategy*, Princeton, Princeton University Press, 1948, pp. 172-173.

8. Alexander Gerschenkron, *Economic Backwardness in Historical Perspective*, Harvard University Press, 1962, p. 17. Cette sorte de réforme centrée sur l'Etat et imposée « d'en haut » est évidemment une arme à double tranchant : tout en détruisant les institutions traditionnelles ou féodales, elle crée aussi une forme nouvelle et « moderne » de despotisme bureaucratique. Dans le cas de Pierre le Grand, Gerschenkron fait remarquer que la modernisation entraîna une mainmise plus stricte sur la paysannerie russe.

9. On relève de nombreux autres exemples de modernisations induites par la menace militaire, comme les « Cent Jours » de la Chine, après la défaite devant le Japon en 1895, ou les réformes de Réza Shah Pahlavi dans les années 1920, après les incursions russes et britanniques de 1917-1918.

10. Les plus anciens officiers soviétiques – tel le maréchal Ogarkov, chef d'état-major – n'ont jamais accepté les réformes économiques radicales et la démocratisation comme solutions aux problèmes des innovations militaires. La nécessité de rester militairement compétitif fut probablement plus une composante de la pensée personnelle de Gorbatchev en 1985-1986 que dans les années suivantes. Les objectifs de la *perestroïka* devenant plus radicaux, le cadre des rivalités internationales – qui exigeait un haut niveau de préparation militaire – fut mis en balance de manière plus pressante avec les difficultés intérieures. A la fin de la décennie, le processus des réformes lui-même avait affaibli l'économie soviétique et l'avait rendu militairement moins compétitive, au moins à court terme. Pour un exposé du point de vue des militaires sur la nécessité des réformes économiques, voir Jeremy Azrael, *The Soviet Civilian Leadership and the Military High Command, 1976-1986*, Santa Monica, The RAND Corporation, 1987, pp. 15-21.

11. Beaucoup de ces remarques sont faites dans V.S. Naipaul,*Among the Believers*, New York, Knopf, 1981.

12. Nathan Rosenberg et L.E. Birdzell Jr., « Science, Technology, and the Western Miracle », in *Scientific American*, 263 (novembre 1990), pp. 42-54. Sur les revenus *per capita* au XVIIIe siècle, voir David S. Landes, *The Unbound Prometheus : Technological Change and Industrial Development in Western Europe from 1750 to the Present*, New York, Cambridge University Press, 1969, p. 13.

13. La technologie et les lois de la nature sur lesquelles elle repose fournissent une régularité et une cohérence certaines au processus de changement, mais elles ne déterminent point le caractère du développement économique de manière mécanique comme Marx et Engels semblent le supposer. Par exemple, Michael Piore et Charles Sabel prétendent que la forme américaine d'organisation industrielle, qui a accentué depuis le XIXe siècle la production de masse de biens standardisés et la spécialisation étroite des tâches industrielles aux dépens du paradigme de la production artisanale, n'était pas inéluctable et n'a pas été adoptée à la même échelle par d'autres pays

aux traditions nationales différentes comme l'Allemagne et le Japon. Voir *The Second Industrial Divide*, New York, Basic Books, 1984, pp. 19-48 et 133-164.

14. Nous utiliserons le terme « organisation du travail » plutôt que l'expression – plus familière – de « division du travail », parce que cette dernière a fini par impliquer la division toujours plus grande des tâches manuelles en multiples opérations abrutissantes de simplicité. Cette « division » s'est produite dans le cours du processus d'industrialisation, alors que d'autres progrès récents de la technologie ont tendu à inverser le processus en remplaçant les tâches purement manuelles par des ensembles complexes qui impliquent une participation plus grande de l'intelligence conceptuelle. La vision qu'avait Marx d'un monde industriel dans lequel les ouvriers auraient été de simples prolongements de leurs machines ne s'est donc réalisée ni peu ni prou.

15. La prolifération de tâches nouvelles et de plus en plus spécialisées induit à son tour de nouvelles applications pour la technique dans le processus de production. Adam Smith souligne dans son *Wealth of Nations* comment la concentration sur une seule tâche simple suggère fréquemment de nouvelles possibilités pour la production mécanique, qui auraient échappé à l'attention d'un artisan, mobilisée par de multiples tâches ; de là vient que la division du travail conduit fréquemment à la création de nouvelles techniques, et réciproquement. Adam Smith, *An Inquiry into the Nature and Causes of the Wealth of Nations*, Londres, Oxford University Press, 1976, vol. I, pp. 19-20.

16. Charles Lindblom fait remarquer comment, vers la fin des années 1970, la moitié de la population américaine travaillait dans le secteur tertiaire privé, cependant que treize millions d'autres travaillaient pour le secteur public à l'échelon fédéral, national ou local. Voir son *Politics and Markets : The World's Political-Economic Systems*, New York, Basic Books, 1977, pp. 27-28.

17. Marx reconnaissait qu'Adam Smith avait raison de subordonner la production mécanisée à la division du travail, mais seulement pour la période qui va jusqu'à la fin du XVIIIe siècle, lorsque les machines n'étaient utilisées que sporadiquement. Voir *Le Capital*, ..., vol. I.

18. Il est difficile de croire que cette vision célèbre de *L'Idéologie allemande* ait été prise au sérieux. Sans tenir compte des conséquences économiques de la division du travail, il n'est pas prouvé qu'une vie d'un tel dilettantisme puisse même être satisfaisante.

19. A cet égard, les Soviétiques ont généralement été plus embarrassés. Voir Maurice Meisner, « Marx, Mao and Deng, on the Division of Labor in History », in Arif Dirlik et Maurice Meisner (ed.), *Marxism and the Chinese Experience*, Armonk, New York et Londres, M.E. Sharpe Inc., 1989, pp. 79-116.

20. Durkheim fait observer que le concept de division du travail a été employé de manière croissante dans les sciences biologiques pour des organismes non humains, mais que l'un des exemples fondamentaux du phénomène est la division biologique du travail entre hommes et femmes pour la procréation des enfants. Voir *The Division of Labor in Society*, New York, Free Press, 1964, pp. 39-41 et 56-61. Voir aussi la discussion par Karl Marx des origines de la division du travail dans *Le Capital*, ..., vol. I.

21. Les grandes bureaucraties centralisées ont été caractéristiques des empires prémodernes, comme ceux de la Chine ou des Ottomans. Ces orga-

nisations bureaucratiques n'étaient cependant pas calculées en vue d'optimiser l'efficacité économique, et restaient ainsi compatibles avec des sociétés traditionnelles et stagnantes.

22. Evidemment, ces révolutions bénéficient souvent d'une intervention politique consciente, sous la forme d'une réforme agraire.

23. Juan Linz, « Europe's Southern Frontier : Evolving Trends Toward What? », in *Daedalus*, 108 : 1 (hiver 1979), pp. 175-209.

Chapitre 7 : Les Barbares ne sont pas à nos portes

1. Rousseau avance, contrairement à Hobbes et Locke, que l'agressivité n'est pas naturelle à l'homme et ne fait pas partie de l'état originel de la nature. L'homme naturel de Rousseau ayant peu de désirs et ceux qui existent étant relativement faciles à satisfaire, il n'a aucune raison pour voler ou tuer son voisin, ni même de raison, en fait, pour vivre dans une société civile. Voir le *Discours sur l'origine et les fondements de l'inégalité parmi les hommes, in Œuvres complètes*, Paris, Seuil, 1964, vol. III, p. 136.

2. Pour une discussion sur la signification de cette intégrité naturelle et du « sentiment de l'existence », voir Arthur Melzer, *The Natural Goodness of Man*, Chicago, University of Chicago Press, 1990, particulièrement pp. 69-85.

3. Bill McKibben, dans *The End of Nature* (New York, Random House, 1989), avance que nous sommes pour la première fois de notre histoire sur le point d'éliminer un domaine naturel non touché ou non modifié par l'homme. Cette observation est juste, mais McKibben est dans l'erreur lorsqu'il date ce phénomène des quatre derniers siècles. Les sociétés tribales primitives modifiaient leurs habitats naturels; la différence entre elles et les sociétés techniciennes modernes n'est qu'une question d'ampleur du phénomène. Le projet de conquête de la nature et de sa modification pour le bien de l'humanité est au cœur même de toute révolution scientifique moderne; il est un peu tard pour venir se plaindre de cette manipulation et en faire une question de principe. Ce que nous considérons aujourd'hui comme « nature » – que ce soit un lac dans l'Angeles National Forest ou une piste des Adirondacks – est, à plus d'un titre, le résultat de l'intervention humaine aussi bien que l'Empire State Building ou la navette spatiale.

4. Nous n'avons pas à supposer pour l'instant la « bonté » des sciences modernes de la nature ou du développement économique qu'elles ont amené et devrions par conséquent suspendre notre jugement sur l'appréciation d'une possibilité de cataclysme à l'échelle mondiale. Si nos pessimistes historiques ont raison et si la technologie moderne n'a pas servi à rendre les hommes plus heureux, mais est devenue leur tyran et la cause de leur perte, alors la perspective d'un cataclysme qui ferait pour ainsi dire table rase et forcerait l'humanité à repartir sur de nouvelles bases serait une manifestation de la bienveillance de la nature plutôt que de sa cruauté. C'était le point de vue des philosophes politiques classiques comme Platon et Aristote, qui croyaient – sans l'ombre d'un sentiment ou d'un regret – que toutes les inventions humaines (y compris leurs propres œuvres) finiraient par être perdues lorsque l'humanité passerait d'un cycle à un autre. Sur ce point, voir Leo Strauss, *Thoughts on Machiavelli*, *op. cit.*, pp. 298-299.

5. Selon Strauss, « la difficulté à admettre que les inventions touchant à l'art de la guerre devaient être encouragées est la seule qui fournit un fonde-

ment à la critique machiavélienne de la philosophie politique classique » (Strauss, *op. cit.*, 1958, p. 299).

6. Une solution alternative serait de remplacer le système international des Etats par un gouvernement mondial qui renforcerait l'interdiction des technologies dangereuses, ou un accord véritablement mondial sur la limitation de la technologie. Outre les nombreuses raisons qui font qu'un tel arrangement serait difficile à aménager, même dans le monde qui suivrait un cataclysme généralisé, le problème de l'innovation technologique ne serait pas nécessairement résolu. La méthode scientifique resterait accessible aux groupes pourvus d'intentions criminelles, aux organisations de libération nationale et aux dissidents de tous bords, et conduirait immanquablement à une compétition technologique renouvelée, au moins aussi dangereuse.

Chapitre 8 : L'accumulation sans limite

1. Sur Deutscher et les autres auteurs qui pensaient qu'il y aurait convergence entre l'Est et l'Ouest sur la base du socialisme, voir Alfred Meyer, « Theories of Convergence », in Chalmers Johnson (ed.), *Change in Communist System*, Stanford, Stanford University Press, 1970, pp. 321 sqq.

2. Le terme « consommation de masse » a été inventé par Walt Rostow (dans *The Stages of Economic Growth*) ; « ère technétronique » par Zbigniew Brzezinski (dans *Between Two Ages : America's Role in the Technetronic Era*, New York, 1970) ; « société postindustrielle » par Daniel Bell. Voir, de ce dernier, « Notes on the Post-Industrial Society », in *The Public Interest*, n°s 6-7 (hiver et printemps 1967), pp. 24-35 et 102-118 ; voir aussi sa description de l'origine du concept de « société postindustrielle » dans *The Coming of Post-Industrial Society*, New York, Basic Books, 1973, pp. 33-40.

3. Bell, 1967, p. 25.

4. Chiffre cité dans Lucian W. Pye, « Political Science and the Crisis of Authoritarianism », in *American Political Science Review*, 84 : 1 (mars 1990), pp. 3-17.

5. Même dans le cas de ces industries plus anciennes, toutefois, les économies socialistes ont pris un retard énorme par rapport à leurs homologues capitalistes dans le processus de modernisation.

6. Chifres donnés dans Hewett, 1988, p. 192.

7. Aron, cité par Jeremy Azrael, *Managerial Power and Soviet Politics*, Cambridge (Mass.), Harvard University Press, 1966, p. 4. Azrael cite également Otto Bauer, Isaac Deutscher, Herbert Marcuse, Walt Rostow, Zbigniew Brzezinski, Adam Ulam. Voir aussi Allen Kassof, « The Future of Soviet Society », in Kassof (ed.), *Prospects for Soviet Society*, New York, Council of Foreign Relations, 1968, p. 501.

8. Pour un exposé des différentes méthodes d'adaptation du système soviétique aux exigences d'une maturité industrielle croissante, voir Richard Lowenthal, « The Ruling Party in a Mature Society », in Mark G. Field (ed.), *Social Consequences of Modernization in Communist Societies*, Baltimore, John Hopkins University Press, 1976.

9. Azrael, 1966, pp. 173-180.

10. Cette remarque est faite à propos de la Chine dans Edward Friedman, « Modernization and Democratization in Leninist States : The Case of

China », in *Studies in Comparative Communism*, 22 : 2-3 (été-automne 1989), pp. 251-264.

Chapitre 9 : La victoire du magnétoscope

1. Cité dans Lucian W. Pye, in *Asian Power and Politics : The Cultural Dimensions of Authority*, Cambridge (Mass.), Harvard University Press, 1985, p. 4.

2. V. I. Lénine, *L'Impérialisme, stade suprême du capitalisme.*

3. Pour une vue d'ensemble de cette littérature, voir Ronald Chilcote, *Theories of Comparative Politics : The Search for a Paradigm*, Boulder, Westview Press, 1981 ; James A. Caporaso, « Dependence, Dependency and Power in the Global System : A Structural and Behavioral Analysis », in *International Organization*, 32 (1978), pp. 13-43; id., « Dependency Theory : Continuities and Discontinuities in Development Studies », in *International Organization*, 34 (1980), pp. 605-628; enfin, J. Samuel et Arturo Valenzuela, « Modernization and Dependency : Alternative Perspectives in the Study of Latin American Underdevelopment », in *Comparative Politics*, 10 (juillet 1978), pp. 535-557.

4. Les travaux et découvertes de cette commission sont rapportés, entre autres, dans *El Segundo Decenio de las Naciones Unidas para el Desarrollo : Aspectos basicos de la Estrategia del Desarrollo de America Latina*, Lima, E.C.L.A., 14-23 avril 1969. L'œuvre de Prebisch a été diffusée par des économistes comme Osvaldo Sunkel et Celso Furtado, et popularisée en Amérique du Nord par André Gunder Frank. Voir Osvaldo Sunkel, « Big Business and Dependencia », in *Foreign Affairs*, 50 (avril 1972), pp. 517-531 ; Celso Furtado, *Economic Development of Latin America : A Survey from Colonial Time to the Cuban Revolution*, Cambridge, Cambridge University Press, 1970 ; André Gunder Frank, *Latin America : Underdevelopment or Revolution*, New York, Monthly Review Press, 1969. Voir aussi, dans le même genre, Theotonio Dos Santos, « The Structure of Dependency », in *American Economic Review*, 40 (mai 1980), pp. 231-236.

5. Voir la description de Prebisch dans Walt W. Rostow, *Theorists of Economic Growth from David Hume to the Present*, New York, Oxford University Press, 1990, pp. 403-407.

6. Osvaldo Sunkel et Pedro Paz, cité dans Valenzuela et Valenzuela, 1978, p. 544.

7. Cette remarque a été faite initialement à propos du développement allemand au XIXe siècle par Thorsten Veblen dans son *Imperial Germany and the Industrial Revolution*, New York, Viking Press, 1942. Voir aussi Alexander Gerschenkron, *Economic Backwardness in Historical Perspective*, Cambridge (Mass.), Harvard University Press, 1962, p. 8.

8. Certains théoriciens récents de la *dependencia*, reconnaissant que les industries *croissaient* effectivement en Amérique latine, ont fait une distinction entre un petit secteur « moderne » isolé, lié aux sociétés multinationales occidentales, et un secteur traditionnel dont les possibilités de développement étaient entravées par le premier. Voir Tony Smith, « The Underdevelopment of Development Literature : The Case of Dependency Theory », in *World Politics* 31 (1979), pp. 247-288, et « Requiem or New Agenda for

Third World Studies? », in *World Politics* 37 (juillet 1985), pp. 532-561; Peter Evans, *Dependent Development : TheAlliance of Multinational, State and Local Capital in Brazil*, Princeton, Princeton University Press, 1979; Fernando Henrique Cardoso et Enzo Faletto, *Dependency and Development in LatinAmerica*, Berkeley, University of California Press, 1979; enfin, Cardoso, « Dependent Capitalist Development in Latin America », in *New Left Review* 74 (juillet-août 1972).

9. Pas tous, cependant. Fernando Cardoso, par exemple, admettait que « les entrepreneurs semblent avoir été attirés par le " libéralisme démocratique " de la même manière que les autres acteurs de la société l'ont été », et qu' « il semble y avoir des éléments structurels, dérivés de la formation d'une société industrialisée de masse, pour conduire à la recherche d'un modèle social qui apprécie plus la société civile que l'Etat ». Voir « Entrepreneurs and the Transition Process : The Brazilian Case », in O'Donnel et Schmitter, 1978, p. 140.

10. Aux Etats-Unis, la théorie de la dépendance devint le fondement d'une attaque en règle contre la théorie de la modernisation et ses prétentions à se constituer comme science sociale empirique. Selon les propos de l'une de ces critiques, « les théories dominantes des sociologues américains ne sont pas du tout valables universellement comme leurs tenants voudraient qu'elles le fussent; elles sont très spécifiques de certains intérêts américains en Amérique latine, et doivent être caractérisées davantage comme l'expression d'une idéologie que comme des bases solides de connaissance scientifique ». L'idée que le libéralisme politique ou économique pourrait être le point final du développement historique a été attaquée comme une forme évidente d' « impérialisme culturel », qui « projette et impose les choix culturels américains, ou plus généralement occidentaux, sur les autres sociétés... ». Voir Susanne J. Bodenheimer, « The Ideology of Developmentalism : American Political Sciences Paradigm-Surrogate for Latin American Studies », in *Berkeley Journal of Sociology*, 15 (1970), pp. 95-137; Dean C. Tipps, « Modernization Theory and the Comparative Studies of Society : A Critical Perspective », in *Comparative Studies of Society and History*, 15 (mars 1973), pp. 199-226. Un petit fonds de commerce intellectuel s'est établi autour de la tentative de projeter la théorie de la dépendance dans le passé, grâce à une lecture hautement tendancieuse de l'histoire : le monde du XVIe siècle a été ainsi considéré avant la lettre comme un « système » capitaliste « à l'échelle mondiale », réparti en un « centre » et une « périphérie » exploitée. Cette idée est illustrée dans l'œuvre d'Immanuel Wallerstein, notamment dans *The Modern World-System : Capitalist Agriculture and the Origins of the European World-Economy in the Sixteenth Century*, New York, Academic Press, 1974. Pour une critique de sa lecture des témoignages historiques, qui est loin d'être totalement hostile, voir Theda Skocpol, « Wallerstein's World Capitalist System : A Theoretical and Historical Critique », in *American Journal of Sociology*, 82 (mars 1977), pp. 1075-1090; enfin, Aristide Zolberg, « Origins of the Modern World System : A Missing Link », in *World Politics*, 33 (janvier 1981), pp. 253-281.

11. Cette remarque est faite dans Pye, 1985, p. 4.

12. Cité *ibid.*, p. 5.

13. *Ibid.*

14. Chiffres empruntés à « Taiwan and Korea : Two Paths to Prosperity », in *Economist*, 316 : 7663 (14 juillet 1990), pp. 19-22.

15. La lecture régulière d'un journal est un bon indicateur de la croissance d'une classe moyenne de plus en plus vaste et mieux formée; selon Hegel, cet acte devrait remplacer la prière quotidienne pour ces classes moyennes à la « fin de l'histoire ». On lit autant le journal aujourd'hui à Taiwan et en Corée du Sud qu'aux Etats-Unis. Voir Pye, 1990, p. 9.

16. *Ibid.* Au début des années 1980, Taiwan avait le « coefficient Gini » (mesure de la distribution du revenu moyen) le plus faible de tous les pays en voie de développement. Voir Gary S. Fields, « Employment, Income Distribution and Economic Growth in Seven Small Open Economies », in *Economic Journal*, 94 (mars 1984), pp. 74-83.

17. Pour d'autres tentatives de défendre la théorie de la *dependencia* d'après l'expérience asiatique, voir Peter Evans, « Class, State, and Dependence in East Asia : Lessons for Latin Americanists », et Bruce Cumings, « The Origins and Development of the Northeast Asian Political Economy : Industrial Sectors, Product Cycles, and Political Consequences », les deux articles figurant dans Frederic C. Deyo (ed.), *The Political Economy of the New Asian Industrialism,* Ithaca, Cornell University Press, 1989, pp. 45-83 et 223-226.

18. Sur la nature compétitive des secteurs à succès de l'industrie japonaise, voir Michael Porter, *The Competitive Advantage of Nations,* New York, Free Press, 1990, pp. 117-122.

19. Cette remarque est faite par Lawrence Harrison dans *Underdevelopment Is a State of Mind : The Latin American Case,* New York, Madison Books, 1985.

20. Werner Baer, *The Brazilian Economy : Growth and Development,* 3e édition, New York, Praeger, 1989, pp. 238-239.

21. Chiffre cité d'après une étude de Baranson dans Werner Baer, « Import Substitution and Industrialization in Latin America : Experiences and Interpretations », in *Latin American Research Review,* 7 : 1 (printemps 1972), pp. 95-122. Beaucoup de pays initialement sous-développés d'Europe et d'Asie ont protégé leur industrie naissante, mais il n'est pas prouvé que cela fut l'origine de leur première croissance économique. Dans tous les cas, le « remplacement des importations » fut appliqué avec particulièrement peu de discernement en Amérique latine, et continué longtemps après qu'il eut cessé d'être justifié pour la protection des industries nouvelles.

22. Sur ce point, voir Albert O. Hirschman, « The Turn to Authoritarianism in Latin America and the Search for Its Economic Determinants », in David Collier (ed.), *The New Authoritarianism in Latin America,* Princeton, Princeton University Press, 1979, p. 85.

23. Sur le secteur public brésilien, voir Baer, 1989, pp. 238-273.

24. Hernando de Soto, *The Other Path : The Invisible Revolution in the Third World,* New York, Harper and Row, 1990, p. 134.

25. Dans la « Préface » du même, *ibid.*, p. XIV.

26. Cité dans Hirschman, 1979, p. 65.

27. Voir Sylvia Nasar, « Third World Embracing Reforms to Encourage Economic Growth », in *The New York Times,* 8 juillet 1990, pp. A1 et D3.

Chapitre 10 : Au pays de l'éducation

1. Nietzsche, *The Portable Nietzsche,* New York, Viking, 1954, p. 231.
2. Seymour Martin Lipset, « Some Social Requisites of Democracy : Economic Development and Political Legitimacy », in *American Political Science Review* 53 (1959), pp. 69-105. Voir aussi Phillips Cutright, « National Political Development : Its Measurements and Social Correlate », in *American Sociology Review* 28 (1963), pp. 253-264, et Deane E. Neubauer, « Some Conditions of Democracy », in *American Political Science Review* 61 (1967), pp. 1002-1009.
3. R. Hudson et J. R. Lewis, « Capital Accumulation : The Industrialization of Southern Europe? », in Allan Williams (ed.), *Southern Europe Transformed,* Londres, Harper and Row, 1984, p. 182. Voir aussi Linz, 1979, p. 176. Les taux de croissance furent plus élevés que ceux des Six ou des Neuf durant la même période.
4. John F. Coverdale, *The Political Transformation of Spain after Franco,* New York, Praeger, 1979, p. 3.
5. Linz, 1979, p. 176.
6. Coverdale, 1979, p. 1.
7. *Economist,* 1990, p. 19.
8. Pye, 1990, p. 8.
9. Selon une source, un cinquième de la population afrikaner du moment pourrait être qualifiée de « pauvres Blancs », définis comme des « personnes qui sont devenues à ce point dépendantes, pour des raisons morales, économiques ou physiques, qu'elles sont hors d'état, sans l'aide des autres, de trouver leurs propres moyens de vie pour elles-mêmes [...] » (Davenport, 1987, p. 319).
10. En 1936, 41 % des Afrikaners étaient des ruraux; ce chiffre est tombé à 8 % en 1977, tandis que l'on comptait 27 % d'ouvriers et 65 % de « cols blancs ». Les chiffres sont tirés de Hermann Giliomee et Laurence Schlemmer, *From Apartheid to Nation-Building,* Johannesburg, Oxford University Press, 1990, p. 120.
11. Au début des années 1960, Peter Wiles faisait remarquer que l'Union soviétique commençait à éduquer son élite technocratique selon des critères fonctionnels plutôt qu'idéologiques, et que cela finirait par leur faire prendre conscience de l'irrationalité des autres aspects de leur système économique. Voir *The Political Economy of Communism,* Cambridge, Harvard University Press, 1962, p. 329. Moshe Lewin a reconnu une forte proportion d'urbanisation et d'éducation à la base de la *perestroïka.* Voir *The Gorbachev Phenomenon : A Historical Interpretation,* Berkeley, University of California Press, 1987.
12. Comme on l'a dit plus haut dans la première partie, quelques pays africains – y compris le Botswana et la Namibie, sont devenus des démocraties dans les années 1980; d'autres, plus nombreux, ont prévu d'organiser des élections libres au cours de la décennie 1990.
13. Parsons, 1964, pp. 355-356.
14. Une variante de l'argument fonctionnel consiste à dire que la démocratie libérale est nécessaire pour assurer le fonctionnement correct du marché. Les régimes autoritaires qui surveillent des économies de marché se

contentent rarement de les laisser tranquilles, mais sont plutôt constamment tentés d'utiliser l'autorité de l'Etat pour les faire jouer dans l'intérêt de la croissance, de la justice ou de la puissance nationales, ou de l'un des nombreux objectifs politiques. Seule l'existence d'un « marché » politique, pourrait-on dire, peut prévenir une interférence abusive de l'Etat dans l'économie, en éveillant résistance et réactions à des politiques gouvernementales malhabiles. Cette remarque est faite par Mario Vargas Llosa dans de Soto, 1987, pp. XVIII-XIX.

15. Un phénomène similaire s'est produit en Union soviétique dans les années 1960-1970, lorsque le Parti est partiellement devenu moins un organe dirigeant le cours du développement économique d'en haut qu'une sorte d'arbitre équilibrant les intérêts des différents secteurs, ministères et autres entreprises. Le parti peut bien recommander, pour des motifs idéologiques, que l'agriculture soit collectivisée et que les ministères travaillent en fonction d'un plan central; mais l'idéologie donne peu d'indications pour résoudre – par exemple – un conflit entre deux branches de l'industrie chimique pour l'investissement des ressources. Dire que le parti-Etat soviétique jouait le rôle de médiateur entre des intérêts institutionnels n'implique pas que la véritable démocratie existait, ou qu'il ne *gouvernait* pas d'une main ferme d'autres secteurs de la société.

16. Pour une attribution réprobatrice des ravages écologiques au capitalisme, voir Marshall Goldman, *The Spoils of Progress : Environmental Pollution in the Soviet Union,* Cambridge (Mass.), MIT Press, 1972. Pour une vue d'ensemble des problèmes d'environnement en Union soviétique et en Europe de l'Est, voir Joan Debardleben, *The Environment and Marxism-Leninism : The Soviet and East German Experiences,* Boulder, Westview, 1985, et B. Komarov, *The Destruction of Nature in the USSR,* Londres, M.E. Sharpe, 1980.

17. Voir « Eastern Europe Faces Vast Environmental Blight », in *Washington Post,* 30 mars 1990, p. A1; « Czechoslovakia Tackles the Environment, Government Says a Third of the Country Is " Ecologically Devastated " », in *Christian Science Monitor,* 21 juin 1990, p. 5.

18. Sur cette ligne générale d'argumentation, voir Lowenthal, 1976, p. 107.

19. Ce point de vue est à la base de la plupart des analyses dans les contributions d'O'Donnell, Schmitter et Przeworski, in O'Donnell, Schmitter et Whitehead (ed.), *Transitions from Authoritarian Rule,* 1986 (plusieurs volumes).

20. L'essentiel de cette littérature expose toutefois la manière dont l'éducation qualifie les gens pour la démocratie et les aide à la consolider, plutôt qu'elle n'explique pourquoi l'éducation devrait prédisposer les gens à la démocratie. Voir par exemple Bryce, 1931, pp. 70-79.

21. Dans les pays développés, on trouve évidemment des titulaires de doctorat qui gagnent moins que des dirigeants économiques pourvus de diplômes moins élevés, mais, en règle générale, une corrélation s'établit entre les revenus et la formation.

22. Cette argumentation est présentée par David Apter dans *The Politics of Modernization,* Chicago, University of Chicago Press, 1965.

23. Cette remarque est faite par Samuel Huntington dans *Political Order in Changing Societies,* pp. 134-137. Sur les conséquences sociales de la « naissance égalitaire » des Américains, voir Louis Hartz, *The Liberal Tradition in America,* New York, Harcourt Brace, 1955.

24. Cette généralisation connaît une exception : l'apparition d'une vaste population hispanophone dans le sud-ouest des Etats-Unis, qui diffère des groupes ethniques plus anciens par sa taille et par son (relativement) faible degré d'assimilation linguistique.

25. Une situation analogue existe en Union soviétique; mais au lieu d'anciennes classes laissées par le féodalisme, il s'agit d'une « nouvelle classe » de bureaucrates du Parti et de membres de la *nomenklatura*, dont les privilèges et l'autorité étaient encore solidement assis jusqu'à une date récente. Comme les propriétaires de *latifundia* d'Amérique latine, ils peuvent utiliser leur autorité traditionnelle pour détourner les processus électoraux en leur faveur. Cette classe constitue un obstacle social tenace à l'apparition du capitalisme et de la démocratie et ses pouvoirs devront être brisés si celle-ci ou celui-là doivent apparaître un jour.

26. La dictature ne suffit évidemment pas par elle-même à entraîner une réforme sociale égalitaire. Ferdinand Marcos utilisait le pouvoir de l'Etat pour récompenser ses amis, exacerbant ainsi les inégalités sociales existantes. Mais une dictature d'esprit « moderniste », sérieusement adonnée à l'efficacité économique, pourrait réaliser en théorie une transformation complète de la société philippine en beaucoup moins de temps qu'une démocratie.

27. McClintock, dans Diamond *et al.*, 1988, pp. 353-358.

28. La raison partielle de ce phénomène fut la suivante : ce qui avait été pris aux anciens oligarques fut transféré au pouvoir d'un secteur étatisé inefficace, qui passa de 13 % à 23 % du revenu national absorbé pendant le temps où les militaires étaient au pouvoir.

29. Entretien avec Andranik Migranian et Igor Klyamkine dans la *Literatournaïa Gazeta* (16 août 1989), traduit dans *Detente*, novembre 1989; voir aussi « The Long Road to the European Home », in *Novyi Mir* n° 7 (juillet 1989), pp. 166-184.

30. Une remarque semblable est faite par Daniel H. Levine dans sa critique du volume d'O'Donnell, Schmitter et Whitehead sur les transformations des régimes autoritaires. Il est très difficile d'imaginer la démocratie apparaissant sous quelque forme que ce soit, et moins encore sa consolidation ou sa durabilité, là où personne ne croit en la légitimité de la démocratie pour lui-même. Voir « Paradigm Lost : Dependence to Democracy », in *World Politics*, 40 : 3 (avril 1988), pp. 377-394.

31. Gerschenkron (1962) donne une argumentation générale pour la supériorité des régimes autoritaires comme promoteurs des débuts de l'industrialisation. Le lien entre l'absolutisme politique et la croissance économique dans le Japon d'après 1868 est exposé par Koji Taira, « Japan's Modern Economic Growth : Capitalist Development under Absolutism », in Harry Wray et Hilary Conroy (ed.), *Japan Examined : Perspectives on Modern Japanese History*, Honolulu, University of Hawaii Press, 1983, pp. 34-41.

32. Les chiffres sont donnés par Samuel P. Huntington et Jorge I. Dominguez, « Political Development », in Fred Greestein et Nelson Polsby (ed.), *Handbook of Political Science*, Reading (Mass.), Addison-Wesley, 1975, vol. 3, p. 61.

Chapitre 11 : Réponse à la première question

1. La Syrie et l'Irak prétendent tous deux être « socialistes », mais cela reflète davantage la mode internationale à l'époque de la création de ces régimes que la réalité de leur gouvernement. Beaucoup s'opposeront à ce que l'on classe certains de ces pays comme « totalitaires », étant donné les limites du contrôle de l'Etat dans chacun d'eux; il vaudrait peut-être mieux les appeler des totalitarismes « incompétents » ou « maladroits », mais cela ne rendrait guère compte de leur brutalité.

2. On a communément relevé que le communisme avait connu sa première victoire non pas dans un pays développé doté d'un important prolétariat industriel comme l'Allemagne, ainsi que Marx l'avait prédit, mais dans la Russie à demi industrialisée à l'occidentale, puis dans une Chine qui était essentiellement paysanne et agricole. Pour un exposé des tentatives communistes de prendre en compte cette réalité, voir Stuart Schram et Hélène Carrère d'Encausse, *Marxism and Asia*, Londres, Allen Lane, 1969.

3. Voir Walt Rostow, *The Stages of Economic Growth*, Cambridge, Cambridge University Press, 1960, pp. 162-163.

4. Cette remarque est faite par Tzvetan Todorov dans sa recension de *Modernity and the Holocaust*, de Siegmund Bauman, in *The New Republic*, 19 mars 1990, pp. 30-33. Todorov relève avec justesse que l'Allemagne nazie ne saurait être prise comme exemple de modernité; qu'elle renfermait à cette époque des éléments modernes et antimodernes et que ces derniers expliquaient assez largement pourquoi l'Holocauste avait été possible.

5. Voir, par exemple, les ouvrages classiques comme Ralf Dahrendorf, *Society and Democracy in Germany*, Garden City, Doubleday, 1969, et Fritz Stern, *The Politics of Cultural Despair*, Berkeley, University of California Press, 1961. Ce dernier fait remonter un certain nombre de thèmes nazis à la nostalgie d'une société organique et préindustrielle, doublée d'un vaste mécontentement face au caractère éclaté et aliénant de la modernité économique. L'Iran de Khomeyni pourrait être considéré comme un cas parallèle : après la Seconde Guerre mondiale, l'Iran a connu une période de croissance économique extrêmement rapide qui a complètement bouleversé les relations sociales et les normes culturelles traditionnelles. Le chi'isme fondamentaliste, à l'instar du fascisme ou du nazisme, peut être vu comme un effort nostalgique pour retrouver une forme de société préindustrielle par la création d'un ordre social nouveau et radicalement différent – qui n'a du reste jamais existé auparavant en tant que tel.

6. Jean-François Revel, « But We Follow the Worse », in *National Interest*, n° 18 (hiver 1989-1990), pp. 99-103.

Chapitre 12 : Pas de démocratie sans démocrates

1. *Le Capital*, vol. III.

2. Les deux exceptions sont d'une part l'Etat autoritaire à économie de marché de type asiatique, d'autre part le fondamentalisme islamique.

3. D'un point de vue « historiciste », on ne saurait affirmer la supériorité d'une forme de « réfutation » sur une autre; en particulier, il n'existe aucune

raison de dire qu'une société qui survit grâce à sa plus grande compétitivité économique est d'une manière ou d'une autre plus « légitime » qu'une société qui se maintient grâce à sa supériorité militaire.

4. Cette remarque et la comparaison de l'histoire mondiale avec un dialogue sont présentées par Kojève dans Strauss, 1963, pp. 178-1790.

5. Sur ce point, voir Steven B. Smith, *Hegel's Critique of Liberalism: Rights in Context*, Chicago, University of Chicago Press, 1989, p. 225.

6. On a fait valoir que des sociétés matriarcales ont jadis existé dans le bassin méditerranéen, mais qu'elles ont été dominées et remplacées par des sociétés patriarcales à une certaine époque de l'histoire. Voir par exemple Maria Gimbutas, *Language of the Goddess*, New York, Harper and Row, 1989.

7. Une telle approche ne va cependant pas sans poser des problèmes. La première question – et la plus fondamentale – est celle de l'origine de la conception transhistorique de l'homme. Si nous ne sommes pas disposés à accepter la révélation religieuse comme un guide, le critère doit être fondé sur quelque forme de réflexion philosophique personnelle. Ce fut la méthode de Socrate, qui observait les autres hommes et engageait le dialogue avec eux. Nous autres, qui venons après Socrate, pouvons engager un dialogue similaire avec ceux des grands penseurs des époques passées qui eurent la compréhension la plus profonde des possibilités de la nature humaine. Nous pouvons également sonder les profondeurs de notre âme pour comprendre les véritables origines des motivations humaines, comme Rousseau et d'innombrables artistes et écrivains l'ont fait avant nous. Aujourd'hui, dans le domaine des mathématiques et à un moindre degré dans celui de la physique, la réflexion personnelle peut produire des accords entre les personnes sur la nature de la vérité, sous la forme des « idées claires et distinctes » de Descartes. Personne n'aurait l'idée d'aller chercher sur le marché la solution d'une équation différentielle particulièrement ardue; on irait chez un mathématicien, dont la solution correcte rencontrerait aussitôt l'accord des autres mathématiciens. Mais dans le domaine des réalités humaines, il n'existe ni « idées claires et distinctes », ni accord universel sur la nature de l'homme, ou sur les problèmes de justice, ou sur le bonheur de l'humanité, ou sur le meilleur régime politique. Les individus peuvent bien croire qu'ils ont des « idées claires et distinctes » sur ces sujets, mais cela vaut aussi pour les fantaisistes et les fous, et la distinction entre tous n'est pas très claire. Le fait qu'un philosophe pris individuellement ait pu persuader un cercle de disciples de l' « évidence » de ses conceptions garantit peut-être que ce philosophe n'est pas un fantaisiste, mais cela ne protège pas le groupe d'être victime d'une sorte de préjugé aristocratique. Voir Alexandre Kojève, « Tyranny and Wisdom », in Leo Strauss, *On Tyranny*, Cornell University Press, 1963, pp. 164-165.

8. Dans une lettre du 22 août 1948 à Kojève, Leo Strauss relève que même dans le système hégélien de celui-ci, une philosophie de la nature continue d'être « indispensable ». Il demande : « Comment rendre compte autrement [...] de l'unicité du développement historique? Il ne peut être nécessairement unique que s'il ne *peut* y avoir qu'*une seule* « terre » de durée finie dans l'infini du temps [...]. En outre, pourquoi cette terre finie dans le temps ne serait-elle pas soumise à ces cataclysmes périodiques (tous les 100 000 000 ans), avec une répétition totale ou partielle du processus his

torique? Seule une conception téléologique de la nature peut nous aider à nous en sortir. » Cité dans Gourevitch et Roth. Voir aussi Michael Roth, *Knowing and History : Appropriations of Hegel in Twentieth Century France*, Ithaca, Cornell University Press, 1988, pp. 126-127.

9. Kant décrit la Nature comme « un agent qui agit de son propre mouvement », situé en dehors des êtres humains; nous pouvons toutefois interpréter cela comme une métaphore pour un aspect de la nature humaine existant potentiellement chez tous les hommes, mais qui se réalise seulement au cours de leur interaction sociale et historique.

Chapitre 13 : Au début, lutte à mort pour le seul prestige

1. Hegel, *La Phénoménologie de l'esprit* (trad. J. Hippolyte), Paris, 1941.
2. Kojève, 1947, p. 14.
3. Sur le problème de la relation de Kojève avec le véritable Hegel, voir Michael S. Roth, « A Problem of Recognition : Alexandre Kojeve and the End of History », in *History and Theory*, 24 : 3 (1985), pp. 293-306.
4. Pour des comptes rendus de l'interprétation de Hegel par Kojève, voir Roth, 1988, pp. 98-99; Smith, 1989, p. 117.
5. Cette remarque est faite par Smith, 1989, p. 115.
6. Dans son ouvrage *The Lonely Crowd*, Riesman a utilisé le terme « tourné-vers-autrui » pour faire référence à ce qu'il considérait comme un conformisme rampant dans la société américaine d'après-guerre, et qu'il opposait à la « fermeture-sur-soi » des Américains au XIXe siècle. Pour Hegel, aucun être humain ne peut être véritablement « fermé-sur-soi »; l'homme ne saurait même devenir un être humain sans agir en réaction aux autres et sans être reconnu par eux. Ce que Riesman décrit comme « fermeture-sur-soi » serait en fait une forme d' « ouverture-vers-autrui » dissimulée. Par exemple, l'autosuffisance apparente des peuples fortement religieux est fondée en fait sur une « ouverture-vers-autrui » jadis effacée, puisque l'homme crée lui-même ses critères religieux et les objets de sa dévotion.
7. Voir aussi Frédéric Nietzsche, *La Généalogie de la morale*, 2 : 16 (trad. H. Albert), Paris, 1964.
8. Pour un exemple de manque de compréhension contemporain des pulsions humaines qui sous-tendent le duel, voir John Müller, *Retreat from Doomsday : The Obsolescence of Major War*, New York, Basic Books, 1988, pp. 9-11.
9. Hobbes, *Léviathan*, p. 170.
10. Cette formule est de Rousseau dans le *Contrat social*, où l'on peut lire : « L'impulsion du seul appétit est esclavage » (voir *Œuvres complètes*, Paris, Gallimard, 1964, vol. III, p. 365). Rousseau lui-même utilise le terme de liberté aussi bien dans le sens de Hobbes que dans celui de Hegel. D'un côté, dans son second *Discours*, il parle de l'homme à l'état de nature comme étant libre de suivre ses instincts naturels, tels que le besoin, une femelle, et le reste; d'un autre côté, le passage que l'on vient de citer révèle son sens propre : la liberté « métaphysique » requiert la libération des passions et des besoins. Son explication de la perfectibilité humaine est tout à fait similaire à la conception de Hegel du processus historique comme processus d'autocréation humaine libre.

11. De manière plus précise, Rousseau écrit dans la première version du *Contrat social* : « Dans la constitution de l'homme, l'action de l'âme sur le corps est l'abyme de la philosophie » (Rousseau, *op. cit.*, p. 296).

Chapitre 14 : Le premier homme

1. *Léviathan*, p. 106.
2. Par contraste avec l'état de nature selon Hobbes, la bataille sanglante était conçue pour être en un sens une caractérisation de la situation à un moment historique précis (ou, plus précisément, au moment où débute l'histoire).
3. C'est nous qui soulignons. *Cf.* Hobbes, 1958, p. 106.
4. Hobbes, *De cive*, « préface », pp. 100-101. Voir aussi Melzer, 1990, p. 121.
5. Voir la lettre de Kojève à Leo Strauss du 2 novembre 1936, dans laquelle il conclut : « Hobbes ne réussit pas à apprécier la valeur du travail et sous-estime ainsi la valeur de la lutte (“ vanité ”). Selon Hegel, l'esclave au travail réalise 1. l'*idée* de la liberté, 2. l'*actualisation* de cette idée dans la lutte. Ainsi : l' “ homme ” est toujours initialement maître *ou* esclave; l' “ être pleinement humain ”, à la “ fin ” de l'Histoire, est à la fois maître *et* esclave (c'est-à-dire l'un et l'autre et aucun des deux). Seul cet état peut *satisfaire* sa “ vanité ” ». Cité dans Leo Strauss, *On Tyranny*, édition revue, corrigée et augmentée par Victor Gourevitch et Michael Roth, New York, Free Press, 1991, p. 233.
6. La comparaison de Hobbes et de Hegel est faite dans Leo Strauss, *The Political Philosophy of Hobbes*, Chicago, University of Chicago Press, 1952, pp. 57-58. Dans une note, Strauss explique : « M. Alexandre Kojevnikoff et l'auteur comptent entreprendre une recherche détaillée sur la relation entre Hegel et Hobbes », projet qui ne fut malheureusement jamais réalisé.
7. Selon Hobbes, « la *joie* qui naît de l'imagination par un homme de son pouvoir et de sa capacité est cette exultation de l'esprit qui est appelée FIERTÉ. Celle-ci, si elle est fondée sur l'expérience de ses actions antérieures, se confond avec la *confiance en soi*; mais si elle est fondée sur la flatterie des autres, ou seulement supposée par soi-même pour le plaisir des conséquences imaginées, elle est appelée VANITÉ, nom qui lui est très proprement donné parce qu'une *confiance en soi* justement fondée comble l'attente, alors que la supposition d'un pouvoir illusoire ne le fait pas et est donc appelée *vaine* à très juste titre » (Hobbes, 1958, p. 57).
8. Voir Leo Strauss, *Natural Right and History*, Chicago, University of Chicago Press, 1953, pp. 187-188.
9. Hobbes a été l'un des premiers philosophes à postuler le principe de l'égalité universelle des hommes sur une base non chrétienne. Selon lui, les hommes étaient fondamentalement égaux dans leur capacité de se trucider mutuellement; si l'un d'eux était plus faible, il pouvait tout de même l'emporter sur son adversaire par la ruse ou en s'associant avec d'autres hommes. L'universalisme de l'Etat libéral moderne et des droits de l'homme avait donc été fondé d'abord sur l'universalité supposée de la crainte d'une mort violente.
10. Strauss relève que Hobbes a d'abord apprécié la vertu aristocratique et que le remplacement de la fierté aristocratique par la peur de la mort vio-

lente comme fait moral premier n'est intervenu que tard dans l'évolution de sa pensée. Voir Strauss, 1952, chap. 4.

11. Sur ce point, voir Strauss, 1952, p. 13.

12. Le concept d'accord tacite n'est pas aussi ridicule qu'il pourrait le paraître de prime abord. Les citoyens des anciennes démocraties libérales bien établies, par exemple, peuvent choisir leurs dirigeants par des élections, mais sont très rarement appelés à approuver les dispositions constitutionnelles de base du pays. Comment savoir ainsi qu'ils les approuvent? Evidemment par le fait qu'ils restent dans le pays de leur plein gré et participent au processus politique qui s'y déroule (ou au moins ne protestent pas contre lui).

13. Au droit de se préserver soi-même, Locke ajoute un autre droit fondamental de l'homme, le droit à la propriété. Celui-ci découle du précédent : si quelqu'un a le droit de vivre, il a le droit d'avoir les moyens de vivre, tels que nourriture, vêtements, maison, terre, etc. L'établissement de la société civile empêche les gens de se tuer mutuellement, mais il permet aussi aux hommes de protéger la propriété naturelle qu'ils avaient à l'état de nature, et de l'augmenter paisiblement.

La transformation de la propriété naturelle en propriété conventionnelle, c'est-à-dire en propriété sanctionnée par un contrat social entre les propriétaires, conduit à un changement fondamental dans la vie humaine. Avant la société civile, la capacité d'acquisition de l'homme était limitée, selon Locke, à ce qu'un homme pouvait accumuler par son propre travail et pour sa propre consommation, pourvu qu'il ne l'eût pas volé. Mais la société civile est la condition préalable à la libération de cette capacité d'acquisition de l'homme : l'homme peut alors accumuler non seulement ce dont il a besoin, mais tout ce qu'il veut, sans limite. Locke explique en effet que l'origine de toute valeur (nous dirions de toute valeur « économique ») est le travail humain qui multiplie plus de cent fois la valeur des « matériaux de peu de prix » de la nature. A la différence de l'état de nature, où l'accumulation de richesse pourrait se faire aux dépens d'autrui, la recherche de la richesse illimitée est possible et permise, parce que la productivité sans précédent du travail entraîne l'enrichissement de tous. Cela est possible et permis, pourvu toutefois que la société civile protège les intérêts des « industrieux et des rationnels » contre les « querelleurs et les insatisfaits ». Voir Locke, *Second Treatise on Government*, 1952, pp. 16-30. Voir Abram N. Shulsky, « The Concept of Property in the History of Political Economy », in James Nichols et Colin Wright (ed.), *From Political Economy to Economics... and Back?*, San Francisco, Institute for Contemporary Studies Press, 1990, pp. 15-34, et Strauss, 1953, pp. 235-246.

14. Pour une vue critique d'ensemble de la littérature sur le républicanisme classique et la fondation de l'Amérique, voir Thomas Pangle, *The Spirit of Modern Republicanism*, Chicago, University of Chicago Press, 1988, pp. 28-39.

15. Un certain nombre de chercheurs américains sérieux ont noté que Locke accorde beaucoup plus d'importance à la fierté et à l'enthousiasme qu'on ne le pense généralement. Il cherche assurément à dégonfler l'orgueil de la domination et de l'agressivité, et tâche de leur faire suivre leur intérêt rationnel. Mais Nathan Tarkov a relevé que dans *Some Thoughts Concerning Education*, Locke exhorte les gens à être fiers de leur liberté et à mépriser l'esclavage : la vie et la liberté deviennent des fins en elles-mêmes,

potentiellement dignes du sacrifice de la vie, plutôt que les moyens de protéger la propriété. Ainsi, le patriotisme d'un homme libre dans un pays libre peut coexister avec le désir d'une confortable préservation de soi, comme il semble que ce fut historiquement le cas de l'Amérique.

Alors qu'il existe clairement un côté de Locke fréquemment méconnu et qui exalte la « reconnaissance », côté qu'on trouve aussi chez Madison et Hamilton, il me semble que Locke reste tout de même de ce côté-ci de la grande division éthique, préférant l'instinct de conservation à la fierté aventureuse. Même si un Locke orgueilleux émerge d'une lecture soigneuse de son œuvre sur l'éducation, cela n'ôte rien à la primauté qu'il donne à l'instinct de conservation, dans son *Second Treatise.* Voir Nathan Tarkov, *Locke's Education for Liberty*, Chicago, University of Chicago Press, 1984, pp. 5-8 et 209-211 ; *id.*, « The Spirit of Liberty and Early American Foreign Policy », in Zuckert, 1988, pp. 136-148. Voir aussi Pangle, 1988, pp. 194 et 227 ; enfin, Harvey C. Mansfield, *Taming the Prince : The Ambivalence of Modern Executive Power*, New York : Free Press, 1989, pp. 204-211.

16. L'incompatibilité potentielle du capitalisme et de la vie de famille est développée dans Joseph Schumpeter, *Capitalism, Socialism, and Democracy*, New York, Harper Brothers, 1950, pp. 157-160.

Chapitre 15 : Des vacances en Bulgarie

1. *République*, 386c, avec une citation empruntée à Homère, *Odyssée*, XI, vers 489-491.
2. Il y a eu très peu d'études systématiques sur le phénomène du *thymos* ou de la « reconnaissance » dans la tradition philosophique occidentale, malgré l'importance de cette tradition. On verra une tentative intéressante dans Catherine Zuckert (ed.), *Understanding the Political Spirit : Philosophical Investigations from Socrates to Nietzsche*, New Haven, Yale University Press, 1988. Voir aussi la discussion du *thymos* par Allan Bloom dans le commentaire à sa traduction de *La République* de Platon (New York, Basic Books, 1968, pp. 355-357 et 375-379.
3. *Thymos* peut aussi être traduit par « cœur » ou « ardeur ». Voir Platon, *Œuvres complètes*, Paris, Gallimard, 1950, tome I, p. 1339, note 52.
4. Pour une plus ample discussion du rôle du *thymos* chez Platon, voir Catherine Zuckert, « On the Role of Spiritedness in Politics », et Mary P. Nicholas, « Spiritedness and Philosophy in Plato's *Republic* », in Zuckert, 1988.
5. L'exposé sur les trois parties de l'âme se trouve dans *La République*, 435c-441c. L'exposé initial sur le *thymos* est au livre II, 375a-375e et 376c. Voir aussi 411a-411e, 441e, 442e, 456a, 465a, 467e, 536c, 547e, 548c, 550b, 553c-553d, 572a, 580d, 581a, 586c-586d, 590b, 606d. Cette caractérisation de la division de l'âme humaine a connu une longue histoire après Platon ; elle a été sérieusement contestée pour la première fois par Rousseau. Voir Melzer, 1990, pp. 65-68 et 69.
6. *République*, 439e-440a.
7. La sous-évaluation relative du *thymos* – ou de la fierté – par Hobbes est évidente dans sa définition asez peu satisfaisante de la colère. La colère, dit-il, est un « *courage* soudain », cependant quc le courage est « la même chose avec l'espoir d'éviter cette blessure par résistance », ce qui renvoie à

son tour à la crainte, qui est une « *aversion* avec l'idée d'une BLESSURE venant de l'objet ». Contrairement à Hobbes, on penserait plutôt que le courage *découle* de la colère, et que cette colère elle-même est une passion complètement indépendante, qui n'a rien à faire avec le mécanisme de l'espoir et de la crainte.

8. La colère vis-à-vis de soi-même est l'équivalent de la honte, et Léontios aurait aussi bien pu être décrit comme éprouvant de la honte.

9. *République*, 440c-440d.

10. Les italiques sont de nous. Voir Havel *et al.*, 1985, pp. 27-28.

11. Havel *et al.*, 1985, p. 38.

12. Voir par exemple non seulement les fréquentes références à la dignité et à l'humiliation qui parsèment *Le Pouvoir des impuissants*, mais aussi le premier discours de Nouvel An adressé par le président Havel à la nation, dans lequel il est dit : « L'Etat, qui s'appelait lui-même un Etat des travailleurs, *humiliait* les travailleurs [...]. Le précédent régime, armé de son idéologie arrogante et intolérante, *rabaissait* l'homme à l'état de force de production et la nature à l'état d'outil de production [...]. A travers le monde, les nations ont été surprises que le peuple tchèque, consentant, *humilié*, désabusé, et qui ne croyait apparemment plus à rien, ait soudain réussi à trouver en l'espace de quelques semaines l'énorme force de mettre à bas le système totalitaire d'une manière parfaitement honorable et paisible. » (Les italiques sont de nous.) Cité dans *Foreign Broadcast Information Service*, FBIS-EEU-90-001, 2 janvier 1990, pp. 9-10.

13. Le célèbre journaliste de télévision soviétique Vladimir Posner a écrit une biographie-autojustification dans laquelle il essaye de justifier ses propres choix moraux lorsqu'il est arrivé au sommet de la profession sous Brejnev. Il est parfaitement malhonnête avec ses lecteurs (et, peut-être, avec lui-même) en expliquant le degré de compromission exigé de lui, puis en demandant de façon rhétorique qui pourrait le condamner d'avoir fait de tels choix, étant donné la nature pernicieuse du système soviétique. Cette acceptation routinière de la dégradation morale fait elle-même partie de la dégradation de la vie « thymotique » que Havel considère comme une conséquence inévitable du communisme post-totalitaire. Voir Posner, *Parting with Illusions*, New York, Atlantic Monthly Press, 1989.

Chapitre 16 : « La bête aux joues rouges »

1. Cité dans *The Life and Writings of Abraham Lincoln*, New York, Modern Library, 1940, p. 842.

2. *Stricto sensu*, le désir de reconnaissance peut être considéré comme une forme de désir à l'instar de la faim ou de la soif, à la seule différence que son objet n'est pas matériel mais idéal. La relation étroite entre le *thymos* et le désir est évidente dans le mot grec qui signifie « désir », c'est-à-dire *épithymia*.

3. Les italiques sont de nous. Adam Smith, *The Theory of Moral Sentiments*, Indianapolis, Liberty Classics, 1982, pp. 50-51. Je remercie Abram Shulsky et Charles Griswold Jr. pour cet aperçu – et quelques autres – sur Adam Smith. Voir aussi Albert O. Hirschman, *The Passions and the Interests*, Princeton, Princeton University Press, pp. 107-108.

4. Rousseau accorderait ici à Smith que les besoins naturels sont relativement peu nombreux, et que le désir de propriété privée naît entièrement de

l'amour-propre ou de la vanité de l'homme, c'est-à-dire de sa tendance à se comparer aux autres hommes. Là où ils diffèrent est naturellement dans leur appréciation de ce que Smith appelle l' « amélioration de la condition ».

5. Alexis de Tocqueville, *L'Ancien Régime et la Révolution française*, IIIᵉ partie, chap. 4 à 6, coll. G.F. Flammarion.

6. Pour une documentation sur ce phénomène, voir Samuel Huntington, 1968, pp. 40-47.

7. La référence de Lincoln à sa croyance en un Dieu juste soulève toutefois un problème : les plus grands actes du dépassement « thymotique » de soi-même sont-ils nécessairement soutenus par la croyance en Dieu?

8. Il existe un contexte économique ou sociologique au problème de l'avortement, dans la mesure où partisans et adversaires tendent à se regrouper selon leur niveau d'éducation, leurs revenus, leur lieu d'habitation, etc.; mais le fond du débat concerne le droit moral et non l'économie.

9. Le cas roumain est complexe, parce que l'on a découvert que les manifestations de Timisoara n'avaient pas été entièrement spontanées et que le soulèvement avait été programmé d'avance par les militaires; en outre, certaines images de la répression ont été assez honteusement manipulées, de même que certains chiffres.

10. Voir par exemple « East German VIPs Now under Attack for Living Off Party Privileges », in *Wall Street Journal*, 22 novembre 1989, p. A6.

Chapitre 17 : Grandeur et décadence du thymos

1. Nietzsche, *Crépuscule des idoles* (trad. H. Albert), coll. G.F. Flammarion.

2. Voir le bref mais brillant essai de Joan Didion sur le sujet, intitulé « On Self-Respect », in *Slouching Towards Bethlehem*, New York, Dell Publishing Co., 1968, pp. 142-148.

3. Aristote range le *thymos* sous la rubrique de la « grandeur d'âme » *(mégalopsychia)*, ou « magnanimité », qui est pour lui la vertu humaine fondamentale. L'homme doté d'une grande âme « prétend à beaucoup et mérite beaucoup » en matière d'honneur, le plus grand de tous les biens extérieurs, et ce faisant suit une voie moyenne entre la vanité d'un côté (qui réclame beaucoup et mérite peu) et la pusillanimité (qui réclame peu et mérite beaucoup). La grandeur d'âme subsume toutes les autres vertus (c'est-à-dire courage, tempérance, fidélité, etc.) et requiert *kalokagathia* (terme difficile à traduire, qui implique beauté physique et morale toute ensemble, mais que l'on rend habituellement par « noblesse d'âme »). En d'autres termes, l'homme doué d'une grande âme exige la plus grande reconnaissance parce qu'il possède la plus grande vertu. Il est intéressant de noter que, selon Aristote, l'homme doué d'une grande âme aime posséder des « choses belles mais inutiles », parce qu'il est « mieux d'être indépendant » *(autarkhous gar mallon)*. Le désir de choses inutiles de la part de l'âme « thymotique » naît de la même impulsion qui le conduit à risquer sa vie physique (Aristote, *Ethique à Nicomaque*, II, 7-9, et IV, 3). L'acceptabilité du désir de reconnaissance, ou honneur, est l'une des différences principales entre la morale grecque et la morale chrétienne.

4. Selon Socrate, le *thymos* n'est pas suffisant pour réaliser un Etat juste; il doit être complété par la troisième part de l'âme, « raison » ou « sagesse ». sous la forme du roi-philosophe.

5. Voir par exemple *République*, 375b-376b. Socrate induit Adimante en erreur lorsqu'il suggère que le *thymos* est le plus souvent l'allié de la raison, au lieu d'être son ennemi.

6. Comme témoignage des connotations éthiques très différentes de la *mégalothymia*, on lira le passage suivant de Clausewitz :

« De toutes les passions qui poussent l'homme à la bataille, il faut admettre que nulle n'est aussi puissante et aussi constante que le désir de l'honneur et de la renommée. La langue allemande ternit injustement ce phénomène en lui associant deux termes ignobles dans les expressions " avidité de l'honneur " *(Ehrgeiz)* et " envie de gloire " *(Ruhmsucht)*. L'abus de ces nobles ambitions a certainement infligé les plus révoltants outrages à la race humaine; il n'en reste pas moins que leurs origines leur donnent le droit d'être rangées auprès des plus élevées de la nature humaine. Dans la guerre, elles agissent comme le souffle essentiel de vie qui anime la masse inerte. D'autres émotions peuvent être plus communes et plus vénérées – patriotisme, idéalisme, vengeance, enthousiasme de toutes sortes – mais elles ne sauraient se substituer à la soif d'honneur et de renommée. »

Tiré de Carl Clausewitz, *Sur la guerre*. Je remercie Alvin Bernstein pour cette référence.

7. Le désir de gloire est naturellement incompatible avec la vertu chrétienne de l'humilité. Voir Hirschman, 1977, pp. 9-11.

8. Remarquons particulièrement le chapitre 15 du *Prince*. Sur cette interprétation générale de Machiavel, voir Strauss, 1953, pp. 177-179, ainsi que le chapitre du même sur Machiavel, dans Leo Strauss et Joseph Cropsey (ed.), *History of Political Philosophy*, Chicago, Rand McNally and Co., 1972, pp. 271-292.

9. Voir le chapitre 43 du livre I des *Discours*, intitulé « Seuls ceux qui combattent pour leur propre gloire sont de bons et loyaux soldats », dans Machiavel, *Œuvres complètes*, Paris, Gallimard, 1952, pp. 475-476. Voir aussi Michael Doyle, « Liberalism and World Politics », in *American Political Science Review*, 80 : 4 (décembre 1986), pp. 1151-1169; et pour finir Mansfield, 1989, pp. 137 et 239.

10. Mansfield, 1989, pp. 129 et 146.

11. Voir Harvey Mansfield, « Machiavelli and the Modern Executive », in Zuckert, 1988, p. 107.

12. C'est le sujet d'étude de Hirschman (1977), qui suit avec perspicacité le rabaissement systématique du *thymos* dans les débuts de la pensée moderne.

13. Le désir d'être reconnu a également occupé le centre de la pensée de Jean-Jacques Rousseau, dont l'œuvre constitua la première attaque en règle du libéralisme de Hobbes et de Locke. En désaccord profond avec leur vision de la société, Rousseau reconnaissait avec eux que le désir de reconnaissance était la cause fondamentale du mal dans la vie sociale de l'homme. Jean-Jacques utilisait pour désigner le désir de reconnaissance les termes d' « amour-propre » ou de « vanité », qu'il opposait à l' « amour de soi », pensant que ce dernier caractérisait l'homme à l'état de nature, avant qu'il ne fût corrompu par la civilisation. L' « amour de soi » était lié à l'assouvissement des besoins naturels de nourriture, de repos et de sexualité; c'était une passion égoïste, mais essentiellement inoffensive, parce que Rousseau croyait que l'homme à l'état de nature menait une vie solitaire et non agressive. L' « amour-propre », en revanche, naissait dans le courant du

développement historique de l'homme, lorsque les êtres humains formaient une société et commençaient de se comparer les uns aux autres. Ce processus de comparaison des valeurs personnelles était pour Rousseau la source fondamentale d'inégalité entre les hommes, et celle de la perversion et du malheur de l'homme civilisé; c'était l'origine de la propriété privée et de toutes les inégalités sociales qui en découlent.

La solution n'était pas de suivre Hobbes et Locke et de bannir totalement l'estime de soi des hommes. Suivant la leçon de Platon, Rousseau cherchait à faire du *thymos* la base d'une citoyenneté amoureuse du bien public, dans une république démocratique et égalitaire. Le but du gouvernement légitime tel qu'il est décrit dans le *Contrat social* n'est pas de protéger les droits de propriété et les intérêts économiques privés, mais la création d'un équivalent social à la liberté naturelle, que Rousseau appelle la « volonté générale ». L'homme retrouvait sa liberté naturelle non pas, comme Locke le voulait, en étant laissé libre par l'Etat de faire des affaires ou d'acquérir des propriétés, mais plutôt en participant activement à la vie publique d'une démocratie petite et homogène. La volonté générale, constituée des volontés individuelles des citoyens de la République, pouvait être considérée comme un seul et immense individu, qui trouvait satisfaction dans sa propre liberté à être déterminé et affirmé par lui-même. Voir dans Melzer (1990) l'exposé du déchirement de l'âme provoqué par l'entrée de l'homme dans la société et sa dépendance des autres hommes, pp. 70-71.

14. Le marché moral n'alla pas si aisément au Japon, où l'éthique aristocratique restait préservée chez les militaires. L'explosion de l'impérialisme japonais, qui finit par conduire à la guerre du Pacifique avec les Etats-Unis, peut être perçue comme le dernier éclat de la classe « thymotique » traditionnelle.

15. *The Federalist Papers*, New York, New American Library, 1961, p. 78.

16. *Ibid.*, pp. 78-79.

17. Cette interprétation du *Federalist* est présentée par David Epstein dans *The Political Theory of the Federalist*, Chicago, University of Chicago Press, 1984, pp. 6, 68-81, 136-141, 183-184 et 193-197. Je suis reconnaissantr à David Epstein d'avoir signalé l'importance du *thymos* non seulement dans le *Federalist*, mais chez un grand nombre de philosophes politiques fort différents.

18. *Federalist*, p. 437.

19. Voir le premier chapitre de C. S. Lewis, *The Abolition of Man, or, Reflections on Education with Special Reference to the Teaching of English in the Upper Forms of Schools*, Londres, Collins, 1978, pp. 7-20.

20. *Ainsi parlait Zarathoustra* (trad. Maurice Betz), Paris, Gallimard, 1947, Ire partie, « Des mille et un buts », pp. 72-73.

21. Voir aussi Nietzsche, *La Généalogie de la morale* (trad. H. Albert), Paris, Gallimard, 1964, 2 : 8.

Chapitre 18 : Le maître et l'esclave

1. Kojève, 1947, p. 26.

2. Le « long terme » est ici très long et se mesure en milliers d'années, depuis la première apparition des relations sociales de type maître-esclave

jusqu'à la Révolution française. Lorsque Kojève (ou Hegel) se réfère aux « esclaves », il ne parle pas au sens restreint des gens qui ont ce statut, mais de tous ceux dont la dignité n'est pas « reconnue », incluant par exemple la paysannerie légalement libre de la France prérévolutionnaire.

3. L'exposé assez sommaire du processus historique dans la *Phénoménologie* de Hegel suit de nouveau l'interprétation de Kojève, et devrait donc être vu comme le travail du philosophe « synthétique » Hegel-Kojève. Sur ce sujet, voir Roth, 1988, pp. 110-115; et Smith, 1989, pp. 119-121.

4. Les maîtres recherchent évidemment la reconnaissance des autres maîtres, processus au cours duquel ils cherchent à les transformer en esclaves dans une série de batailles pour le prestige. Avant d'être rationnelle, la reconnaissance réciproque ne peut être obtenue que chez les esclaves.

5. Kojève prétend que la peur de la mort est métaphysiquement nécessaire au développement consécutif de l'esclave, non point parce qu'il la fuit, mais parce qu'elle lui révèle son *néant* essentiel, le fait qu'il est un être dépourvu d'identité permanente, ou dont l'identité doit être niée avec le temps. Voir Kojève, 1947, p. 175.

6. Kojève distingue l'esclave du *bourgeois*, qui travaille pour lui-même.

7. Sur ce point, on pourrait relever une certaine convergence entre Hegel et Locke à propos du travail. Pour l'un comme pour l'autre, le travail a été la première source de valeur : c'est le travail humain, et non les « matériaux presque sans valeur » de la nature, qui a été la plus grande source de richesses. Pour Locke comme pour Hegel, aucune fin positive naturelle n'a été servie par le travail. Les besoins naturels des hommes étaient relativement peu nombreux et facilement satisfaits; le propriétaire selon Locke, qui a accumulé des quantités illimitées d'or et d'argent, n'a pas travaillé pour l'amour de ces choses, mais pour satisfaire un horizon de nouveaux besoins constamment changeants. Le travail de l'homme a été créateur en ce sens, puisqu'il a déterminé des objectifs toujours renouvelés et toujours plus ambitieux. Cette créativité de l'homme s'est aussi étendue à lui-même, puisqu'il s'est inventé de nouveaux besoins. Enfin, tout comme Hegel, Locke avait certaines dispositions antinaturelles, puisqu'il pensait que les êtres humains trouvaient leur satisfaction dans leur capacité à manipuler la nature et à la détourner à leur profit. Les deux doctrines peuvent donc servir de justifications au monde dynamique du capitalisme, ce monde économique créé par le développement progressif de la physique moderne.

Locke et Hegel différaient toutefois sur un point apparemment mineur, mais néanmoins important. Le but du travail, selon Locke, était de satisfaire les désirs. Ceux-ci n'étaient pas fixés, ils croissaient et changeaient constamment, mais leur caractéristique constante était leur exigence d'assouvissement. Pour Locke, le travail était fondamentalement une activité déplaisante, entreprise uniquement pour se procurer les objets de valeur qu'il créait. Alors que les objectifs spécifiques du travail ne pouvaient pas être définis par avance sur la base des principes naturels (la loi naturelle selon Locke ne dit pas si l'on doit travailler comme marchand de chaussures ou comme informaticien), il existait néanmoins une base naturelle pour le travail. Le travail et l'accumulation illimitée des biens étaient en fait des moyens d'échapper à la terreur de la mort. La peur de la mort restait un pôle négatif dont tout travail humain cherchait à s'éloigner. Même si un homme riche a beaucoup plus que ce qu'exigent ses besoins naturels, son accumulation maladive de richesse est motivée en fin de compte par le désir de se protéger contre les mauvais jours et le retour possible de la pauvreté qui était sa condition naturelle.

8. Sur ces points, voir Smith, 1989, p. 120; Avineri, 1972, pp. 88-89.
9. Voir Kojève dans Strauss, 1963, p. 183.

Chapitre 19 : L'Etat universel et homogène

1. Cette phrase a été traduite de manière variée : « La marche de Dieu dans le monde, voilà ce qu'est l'Etat », ou encore : « C'est le chemin de Dieu dans le monde qui devrait être l'Etat », etc. Tiré de l'addition au paragraphe 258 de la *Philosophie du Droit*.
2. Comparez avec cette définition du nationalisme par Ernest Gellner : « Le nationalisme comme sentiment ou comme mouvement peut être défini au mieux selon les termes de son principe [selon lequel l'unité politique et l'unité nationale doivent coïncider]. Le *sentiment* nationaliste est celui de la colère qui naît de la violation du principe, ou de la satisfaction qui naît de sa réalisation. Un *mouvement* nationaliste est celui qui est mû par un sentiment de cette espèce ». Tiré de *Nations and Nationalism*, Ithaca, Cornell University Press, 1983, p. 1.
3. Cette remarque est également faite par Gellner, 1983, p. 7.

Chapitre 20 : « Le plus froid de tous les monstres froids »

1. Nietzsche, *Ainsi parlait Zarathoustra* (trad. de Maurice Betz), Ire partie, « De la nouvelle idole », Gallimard, 1947, pp. 60-61.
2. Naturellement, comme Kojève le fait remarquer, il existe un certain élément de désir dans la croyance chrétienne à la vie éternelle. Le désir chrétien de la grâce peut ne pas avoir de motif plus élevé que l'instinct de conservation naturel. La vie éternelle est le dernier refuge de l'homme qui est mû par la peur d'une fin violente – ici ou dans l'au-delà.
3. Comme on l'a vu plus haut, une bonne partie du conflit sur des objets ostensiblement matériels – province ou trésor national – masque en fait une lutte pour la reconnaissance de la part du conquérant.
4. Tous ces termes viennent des sciences sociales modernes, qui cherchent à définir les « valeurs » qui rendent possibles les démocraties libérales modernes. Selon Daniel Lerner, par exemple, « une hypothèse majeure de cette étude est qu'une forte capacité empathique n'est le style personnel prédominant que dans la société moderne, qui est distinctement industrielle, urbaine, cultivée et *participante* » (Lerner, 1958, p. 50). Le terme de « culture civique », utilisé pour la première fois par Edward Shils, a été défini comme « une troisième culture, ni traditionnelle ni moderne, mais participant des deux : une culture pluraliste fondée sur la communication et la persuasion, une culture de consensus et de diversité, une culture qui a permis le changement en le tempérant ». Dans Gabriel Almond et Sidney Verba, *The Civic Culture*, Boston, Little, Brown, 1963, p. 8.
5. La position centrale de la vertu de tolérance dans l'Amérique moderne a été décrite par Allan Bloom dans *The Closing of the American Mind* (particulièrement le chapitre 1). Le vice correspondant – l'intolérance – est

considéré aujourd'hui comme beaucoup plus inacceptable que la plupart des vices traditionnels (ambition, luxure, gourmandise, etc.).

6. Voir l'exposé général des conditions préalables requises pour la démocratie, au début de chacun des volumes de la série Diamond-Linz intitulée *Democracy in Developing Countries*, Boulder, Lynne Riener, 1988; voir plus particulièrement l'exposé contenu dans le quatrième volume sur l'Amérique latine, pp. 2-52. Voir aussi l'exposé de ces mêmes conditions préalables dans Huntington, 1984, pp. 198-209.

7. L'unité nationale est la seule véritable condition préalable requise pour la démocratie par Dankwart Rustow dans « Transitions to Democracy », in *Comparative Politics*, 2 (avril 1970), pp. 337-363.

8. Samuel Huntington suggère que la participation d'un grand nombre de pays catholiques à l'actuelle « troisième vague » de démocratisation fait de cette dernière, en un certain sens, un phénomène catholique, lié à l'évolution de la doctrine dans une direction plus démocratique et plus égalitaire depuis les années 1960. Cette argumentation contient une part de vérité, mais elle soulève la question de savoir pourquoi le catholicisme a changé à ce moment-là. Rien dans la doctrine catholique ne la prédispose de manière inhérente en faveur d'une politique démocratique, ou n'est venu modifier la structure autoritaire et hiérarchique qui fait de cette Eglise un soutien naturel des politiques d'autorité. Les causes premières du changement pourraient être (1) la contamination de la légitimité des idées démocratiques, qui a affecté la pensée catholique (plutôt qu'elle n'en est sortie); (2) l'élévation du niveau de développement socio-économique qui est intervenue dans la plupart des pays catholiques vers les années 1960; (3) enfin, la « laïcisation » à long terme de l'Eglise catholique, qui suit avec quatre cents ans de retard la voie tracée par Martin Luther. Voir Samuel Huntington, « Religion and the Third Wawe », in *The National Interest*, n° 24 (été 1991), pp. 29-42.

9. Même la Turquie a eu des problèmes pour maintenir la démocratie depuis la laïcisation de l'Etat. Sur les trente-six pays à majorité musulmane, Freedom House en dénombrait en 1984 vingt et un « non libres », quinze « partiellement libres » et aucun vraiment « libre ». Tiré de Huntington, 1984, p. 208.

10. Voir l'exposé sur le Costa Rica dans Harrison, 1985, pp. 48-54.

11. Cette remarque a été faite notamment par Barrington More dans *Social Origins of Dictatorship and Democracy*, Boston, Beacon Press, 1966.

12. Cette thèse soulève de nombreux problèmes qui restreignent son pouvoir d'explication. Par exemple, un bon nombre de monarchies centralisées comme la Suède ont développé par la suite des démocraties libérales très stables. Certains auteurs considèrent le féodalisme comme un obstacle au développement postérieur de la démocratie au même titre que son contraire, qui constitue la principale différence dans les expériences des Amériques du Nord et du Sud. Voir Huntington, 1984, p. 203.

13. Les Français ont multiplié à travers le temps les efforts pour rompre eux-mêmes avec les habitudes du centralisme, y compris des tentatives pour accorder l'autorité dans certains domaines comme l'éducation à des instances localement élues, et encore récemment, aussi bien sous les gouvernements de droite que sous ceux de gauche. Le succès final de ces efforts de décentralisation reste à examiner.

14. Dahl (1971, p. 36) propose un développement comparable sur la succession chronologique, partant de l'identité nationale pour arriver aux institutions démocratiques effectives, puis de là à la participation étendue. Voir aussi Eric Nordlinger, « Political Development : Time Sequences and Rates of Change », *World Politics*, 20 (1968) : 494-530.

15. Le renversement de la démocratie chilienne en 1973, par exemple, aurait peut-être pu être évité, si le Chili avait possédé un système parlementaire au lieu d'un système présidentiel, ce qui aurait permis la déposition du gouvernement et le réajustement des coalitions sans saborder la structure institutionnelle tout entière. Sur l'opposition entre démocratie parlementaire et démocratie présidentielle, voir Juan Linz, « The Perils of Presidentialism », in *The Journal of Democracy*, 1 : 1 (hiver 1990), pp. 51-69.

16. C'est le sujet de Juan Linz dans *The Breakdown of Democratic Regimes : Crisis, Breakdown, and Reequilibration*, Baltimore, John Hopkins University Press, 1978.

17. Sur cette question générale, voir de nouveau Diamond *et al.*, 1988, pp. 19-27. L'étude universitaire des politiques comparées jusqu'à la fin de la Seconde Guerre mondiale s'est concentrée sur la loi constitutionnelle et sur les doctrines des légistes. Sous l'influence de la sociologie du continent, la « théorie de la modernisation » d'après-guerre ignora la loi et la politique et se concentra presque exclusivement sur les facteurs économiques, culturels et sociaux sous-jacents pour expliquer les origines et le succès de la démocratie. Pendant les dernières décennies, on a vu toutefois une sorte de retour aux perspectives anciennes, en association avec l'enseignement de Juan Linz à l'université de Yale. Sans récuser l'importance des facteurs culturels et économiques, Linz et ses associés ont très justement souligné l'autonomie et la dignité de la politique, et ont procédé à un rééquilibrage avec le domaine du subpolitique.

18. Dans l'exposé de Weber, la liberté occidentale existe parce que la cité en Occident était fondée sur une organisation d'autodéfense de guerriers indépendants, et parce que les religions occidentales (judaïsme, puis christianisme) ont purgé les relations de classe de la magie et de la superstition. De nombreuses innovations spécifiquement médiévales, comme le système des guildes, sont nécessaires pour expliquer l'apparition des relations sociales libres et relativement égalitaires de la cité médiévale. Voir la *Wirtschaftgeschichte* de Weber (trad. américaine), New Brunswick, Transaction Books, 1987, pp. 315-337.

19. Même s'il n'est nullement évident que des institutions démocratiques durables puissent être établies en U.R.S.S. à la suite des premières réformes gorbatchéviennes, il n'existe aucun obstacle culturel absolu à ce que ces institutions s'enracinent à la génération suivante. Dans le domaine de l'éducation, de l'urbanisation, du développement économique, etc., l'Union soviétique a plusieurs avantages par rapport aux pays du tiers monde comme l'Inde et le Costa-Rica, qui ont réussi leur démocratisation.

Chapitre 21 : Les origines « thymotiques » du travail

1. Cité dans Kojève, 1947, p. 9.
2. Voir plus haut deuxième partie, « La victoire du magnétoscope ».

3. Voir Thomas Sowell, *The Politics and Economics of Race : An International Perspective,* New York, Quill, 1983, et « Three Black Histories », in *Wilson Quarterly* (hiver 1979), pp. 96-106.

4. R. V. Jones, *The Wizard War : British Scientific Intelligence, 1939-1945,* New York, Coward, McCann & Geoghan, 1978, pp. 199 et 229-230.

5. L'idée que le travail est essentiellement désagréable a de profondes racines dans la tradition judéo-chrétienne. Dans la Genèse hébraïque, le travail est présenté sous l'image de Dieu qui crée le monde, mais aussi comme une malédiction qui frappe l'homme déchu de la grâce divine. La « vie éternelle » ne sera pas faite de travail, mais d'un « éternel repos ». Voir Jaroslav Pelikan, « Commandment or Curse : The Paradox of Work in the Judeo-Christian Tradition », in Pelikan *et al., Comparative Work Ethics : Judeo-Christian, Islamic, and Esatern,* Washington, D.C., Library of Congress, 1985, pp. 9 et 19.

6. Cette conception pourrait être également soutenue par Locke, qui considère le travail uniquement comme un moyen de produire des choses utiles pour la consommation.

7. Un économiste moderne essaierait d'expliquer le comportement d'un tel individu en utilisant une définition purement formelle de l' « utilité », qui par nature engloberait toute finalité réellement poursuivie par les êtres humains. On pourrait dire que le drogué de travail tire une « utilité psychique » de son travail, tout comme on pourrait dire que l'entrepreneur protestant ascétique selon Weber tire une « utilité psychique » de son espoir en un salut éternel. Le fait que les désirs d'argent, de loisir, de reconnaissance ou de salut éternel peuvent être regroupés sous une rubrique formelle d'utilité indique en fait l'inutilité de telles définitions formelles en économie pour expliquer tout fait intéressant sur le comportement humain. Tout en préservant la théorie, une telle définition globalisante de l'utilité lui ôte tout réel pouvoir d'explication.

Il pourrait être plus intelligent de renoncer à la définition économique conventionnelle de l' « utilité » et de restreindre son usage à une signification plus limitée mais plus commune : l'utilité est quelque chose qui satisfait le désir humain, principalement par l'acquisition de propriétés ou d'autres possessions matérielles. L'ascète qui mortifie quotidiennement sa chair pour une satisfaction purement « thymotique » peut donc difficilement être présenté comme « maximisant l'utilité » de cette pratique.

8. Parmi les auteurs mentionnés par Weber lui-même commc ayant remarqué la relation entre protestantisme et capitalisme se trouve l'écrivain belge Emile de Lavaleyc, auteur d'un manuel d'économie largement utilisé dans les années 1880, et le critique britannique Matthew Arnold. D'autres incluent l'auteur russe Nicolaï Melgounov, John Keats et H.T. Buckle. Sur les antécédents de la thèse de Weber, voir Reinhold Bendix, « The Protestant Ethic – Revisited », in *Comparative Studies in Society and History,* n° 3 (avril 1967), pp. 266-273.

9. Nombre de critiques de Weber ont fait remarquer l'apparition du capitalisme avant la Réforme, par exemple dans les communautés juives ou catholiques italiennes. D'autres ont noté que le puritanisme exposé par Weber était un puritanisme affaibli qui n'était apparu qu'*après* la diffusion du capitalisme, et qui pouvait donc servir de véhicule à celui-ci, mais certainement pas d'origine. Finalement, on a avancé l'argument que la performance relative des communautés protestantes et catholiques est mieux

expliquée par les obstacles au rationalisme économique créés par la Contre-Réforme, plutôt que par une contribution positive du protestantisme.

Une partie de la littérature critique sur la thèse de Weber comporte les ouvrages suivants : *Religion and the Rise of Capitalism,* New York, Harcourt, Brace and World, 1962; Kemper Fullerton, « Calvinism and Capitalism », in *Harvard Theological Review,* 21 (1929); Ernst Troeltsch, *The Social Teaching of the Christian Churches,* New York, Macmillan, 1950; Werner Sombart, *The Quintessence of Capitalism,* New York, Dutton & Co., 1915; et H.H. Robertson, *Aspects of the Rise of Economic Individualism,* Cambridge, 1933. Voir aussi la discussion de Weber dans Strauss, 1953, note 22, pp. 60-61. Strauss fait remarquer que la Réforme a été précédée par une révolution dans la pensée philosophique rationnelle qui a justifié aussi l'accumulation illimitée de la richesse matérielle; cette révolution partage la responsabilité dans la diffusion de la légitimité du capitalisme.

10. Voir aussi Emilio Willems, « Culture Change and the Rise of Protestantism in Brazil and Chile », in S.N. Eisenstadt (ed.), *The Protestant Ethic and Modernization : A Comparative View,* New York, Basic Books, 1968, pp. 184-208; Lawrence E. Harrison, *Development Is a State of Mind,* à paraître (dans le chapitre sur le Brésil); David Martin, *Tongues of Fire : The Explosion of Protestantism in Latin America,* Oxford, Basil Blackwell, 1990. La « théologie de la libération » contemporaine en Amérique latine est un digne héritier de la Contre-Réforme, en ce sens qu'elle a servi à ôter sa légitimité à l'accumulation capitaliste rationnelle et illimitée.

11. Weber lui-même a écrit des livres sur les religions de Chine et d'Inde pour expliquer pourquoi l'esprit du capitalisme n'est pas né dans ces cultures. Ce n'est pas exactement le même problème que de savoir pourquoi ces cultures ont favorisé ou freiné le capitalisme importé de l'extérieur. Sur ce dernier point, voir David Gellner, « Max Weber, Capitalism, and the Religion of India », in *Sociology,* 16 : 4 (novembre 1982), pp. 526-543.

12. Robert Bellah, *Tokugawa Religion,* Boston, Beacon Press, 1957, pp. 117-126.

13. *Ibid.,* pp. 133-161.

14. *India, A Wounded Civilization,* New York, Vintage Books, 1978, pp. 187-188.

15. Gunnar Myrdal, *Asian Drama : An Inquiry into the Poverty of Nations,* New York, Twentieth Century Fund, 1968, vol. I, pp. 89-91, 95-96 et 103.

16. Cette remarque est faite par Daniel Bell dans *The Cultural Contradictions of Capitalism,* New York, Basic Books, 1976, p. 21. Voir aussi Michael Rose, *Reworking the Work Ethic : Economic Values and Socio-Cultural Politics,* New York, Schocken Books, 1985, pp. 53-68.

17. Voir Rose, 1985, p. 66; voir aussi David Cherrington, *Working Values and Socio-Cultural Politics,* New York, Amacom, 1980, pp. 12-15 et 73.

18. Presque 24 % de la main-d'œuvre américaine employée à plein temps travaillaient quarante-neuf heures par semaine ou plus en 1989, chiffre à rapprocher des 18 % employés dix ans auparavant, selon le Bureau of Labor Statistics. Selon un sondage Louis Harris, le nombre moyen d'heures de loisir par semaine pour les Américains adultes est tombé de 26,2 en 1973 à 16,6 en 1987. Statistiques citées dans Peter T. Kilborn, « Takes from the Digital Treadmill », *New York Times,* 3 juin 1990, section 4, pp. 1 et 3. Voir

aussi Leslie Berkman, « 40-Hour Week is Part Time for Those on the Fast Track », *Los Angeles Times,* 22 mars 1990, partie T, p. 8. Je suis reconnaissant à Doyle McManus pour ces références.

19. Sur la différence entre ouvriers anglais et japonais, voir Rose, 1985, pp. 84-85.

Chapitre 22 : Empires du ressentiment, empires du respect

1. Pour une plus ample discussion de ce sujet, voir Roderick McFarquhar, « The Post-Confucian Challenge », in *Economist* (9 février 1980), pp. 67-72; Lucian Pye, « The New Asian Capitalism : A Political Portrait », in Peter Berger et Hsin-Huang Michael Hsiao (ed.), *In Search of an East Asian Development Model,* New Brunswick, Transaction Books, 1988, pp. 81-98; et finalement Pye, 1985, pp. 25-27, 33-34 et 325-326.

2. Au Japon, les principales relations sociales ne sont pas horizontales (à l'intérieur de la même tranche d'âge), mais verticales (entre *sempaï* et *kohaï,* « supérieur » et « inférieur »). Cela est vrai dans la famille comme à l'université ou dans une compagnie, où le premier lien est avec un patron plus âgé. Voir Chie Nakane, *Japanese Society,* Berkeley et Los Angeles, University of California Press, 1970, pp. 26 *sq*.

3. Par exemple, le premier traité de Locke sur le gouvernement commence par une attaque contre Robert Filmer, qui cherchait à justifier l'autorité politique patriarcale sur le modèle de la famille. Pour une discussion à ce sujet, voir Tarkov, 1984, pp. 9-22.

4. Ce n'est pas un hasard; Locke défend le droit des enfants contre certaines formes d'autorité parentale dans son *Second Traité.*

5. Pye (1985, p. 72) relève que la famille japonaise diffère de la famille chinoise en plaçant l'accent sur l'honneur personnel aussi bien que sur la loyauté à la famille, lui permettant ainsi d'être plus ouverte vers l'extérieur et plus adaptable.

6. La famille en elle-même ne paraît guère être un facteur particulier de rationalité économique. Au Pakistan et dans certaines régions du Moyen-Orient, les liens de famille sont en tous points aussi forts qu'en Extrême-Orient, et cela constitue fréquemment un obstacle à la rationalisation économique, parce que cela favorise le népotisme et les préférences de type tribal. En Extrême-Orient, la famille consiste non seulement dans les membres actuellement vivants de la parenté étendue, mais aussi dans une longue lignée d'ancêtres morts qui attendent certains niveaux de comportement de l'individu. Les familles fortes tendent ainsi à promouvoir un sens de la discipline intérieure et de la rectitude, plutôt que de susciter le népotisme.

7. Le *Recruit scandal* de 1989 et les autres scandales qui ont provoqué la démission de deux Premiers ministres L.D.P. en une année, ainsi que la perte de la majorité à la Chambre haute de la Diète, témoignent de l'acclimatation des usages occidentaux dans le système politique japonais. Néanmoins, le L.D.P. a réussi à limiter au mieux les dégâts et à garder son hégémonie sur le système politique, sans avoir à engager aucune réforme de structures ni de lui-même, ni de la façon dont les politiciens et les bureaucrates japonais font leurs affaires.

8. Les Coréens du Sud, par exemple, ont cherché à imiter non pas les partis américains (démocrate ou républicain), mais le L.D.P. japonais, en établissant leur parti gouvernemental.

9. Au cours des dernières années, certaines pratiques japonaises de direction d'entreprise (loyauté au groupe et cohésion de celui-ci) ont été exportées aux Etats-Unis et en Angleterre avec quelque succès, en même temps que des investissements japonais directs en usines et en équipement. Il paraît toutefois difficile que d'autres institutions sociales asiatiques, porteuses d'un contenu moral plus important (comme la famille ou le sens de la nation), puissent être « exportées » de la même façon, étant donné leur enracinement dans l'expérience culturelle particulière des pays dont elles sont originaires.

10. Il est difficile de savoir si Kojève pensait que la fin de l'Histoire exigeait la création d'un Etat universel et homogène *réel.* D'un côté, il parlait de la fin de l'Histoire en 1806, moment où le système d'Etat était encore manifestement intact; de l'autre, il est difficile de concevoir un Etat totalement rationnel avant l'élimination de toutes les différences moralement signifiantes. Son propre travail pour la Communauté européenne indique qu'il considérait l'effacement des frontières nationales existantes comme un objectif historiquement significatif.

Chapitre 23 : L'irréalité du « réalisme »

1. III, 105, 2. Voir par contraste I, 37 et 40-41.

2. Ainsi le livre de Kenneth Waltz *Theory of International Politics* (New York, Addison-Wesley, 1983, pp. 65-66) renferme-t-il le passage suivant :

> Bien que les changements abondent, les continuités sont impressionnantes ou plus encore, proposition qui peut être illustrée d'un bon nombre de manières. Celui qui lit le premier livre apocryphe des Macchabées en songeant aux événements qui ont précédé et suivi la Première Guerre mondiale y saisira un sens de la continuité qui caractérise la politique internationale. Au deuxième siècle avant J.-C. ou au XXe siècle de notre ère, les Arabes et les juifs ont lutté entre eux pour les résidus de l'Empire du Nord, tandis que les Etats situés hors du champ de bataille surveillaient hostilement ou intervenaient activement. Pour illustrer plus généralement ce sujet, on pourrait citer le cas célèbre de Hobbes expérimentant la contemporanéité des analyses de Thucydide. De manière moins célèbre, mais tout aussi frappante, Louis J. Halle a relevé la pertinence de celles-ci pour notre siècle d'armes nucléaires et de superpuissances.

3. Reinhold Niebuhr a formulé très succinctement ses idées sur les relations internationales dans *Moral Man in Immoral Society : A Study in Ethics and Politics,* New York, Scribner's, 1932. Le manuel de Morganthau est *Politics among Nations* (New York, Knopf, 1959); il a connu six éditions, la dernière ayant été réalisée par Kenneth Thompson après la mort de Morganthau.

4. Waltz distingue à l'origine entre les causes au niveau des Etats, et les causes au niveau du système des Etats. Voir *Man, the State, and War,* New York, Columbia University Press, 1959.

5. Les réalistes montrent leur parenté avec les « internationalistes libéraux » en soulignant le manque d'autorité et de loi internationales comme l'origine de la guerre. En fait, comme nous allons le voir, ce manque pourrait ne pas apparaître comme un facteur critique.

6. Voir, pour une variante de cette argumentation, la définition de la justice par Thrasymaque (« l'avantage du plus fort ») dans *La République* de Platon, livre I, 338c-347a.

7. Au contraire de beaucoup d'autres réalistes de la première heure après la guerre, George Kennan pensait que l'expansion n'était pas nécessairement inhérente à la Russie, mais résultait plutôt du nationalisme de la Russie combiné avec la militarisation du marxisme. Sa stratégie originale du *containment* était fondée sur l'effondrement éventuel d'un communisme soviétique renfermé sur lui-même.

8. Pour une version de cette argumentation, voir Samuel Huntington, « No Exit : The Errors of Endism », in *The National Interest,* n° 17 (fin 1989), pp. 3-11.

9. Kenneth Waltz a critiqué les réalistes comme Morganthau, Kissinger, Raymond Aron et Stanley Hoffmann parce qu'ils permettaient l'immixtion des impuretés de la politique domestique dans leurs théories du conflit, par exemple en faisant les distinctions entre les Etats « révolutionnaires » et ceux de *« statu quo ».* A l'inverse, lui-même cherche à expliquer la politique internationale uniquement sur la base de la structure du système, sans aucune considération, de quelque ordre qu'elle puisse être, du caractère domestique des nations qui le composent. Par un étonnant renversement des usages linguistiques habituels, il baptise « réductionnistes » les théories qui tiennent compte de la politique domestique, contrairement à sa théorie qui réduit l'entière complexité de la politique mondiale au « système » – dont on ne sait fondamentalement qu'une seule chose : qu'il est bipolaire ou multipolaire. Voir Waltz, 1983, pp. 18-78.

10. Sur ce point, voir Waltz, 1983, pp. 70-71 et 161-193. En théorie, un système multipolaire tel que le classique « concert des nations » en Europe devrait avoir quelques avantages sur un système bipolaire, puisqu'une mise en cause par un élément peut être rapidement contrebalancée par un changement d'alliés; en outre, la puissance étant plus généralement répartie, de petits changements marginaux dans l'équilibre atténuent les différences. Toutefois, cela fonctionne mieux dans un univers dynastique, dans lequel les Etats sont parfaitement libres de nouer et de briser des alliances entre eux, et peuvent équilibrer matériellement leurs puissances en ajoutant ou en retranchant des provinces. Dans un monde où le nationalisme et l'idéologie forcent la liberté d'un Etat à contracter des alliances, la multipolarité devient toutefois un désavantage. Il n'est pas évident de savoir si la Première Guerre mondiale a été le résultat de la multipolarité ou d'une multipolarité *corrompue* qui ressemblait de plus en plus à une bipolarité. L'Allemagne et l'Autriche-Hongrie, pour un ensemble combiné de raisons nationalistes et idéologiques, furent soudées dans une alliance plus ou moins permanente, forçant ansi le reste de l'Europe à une alliance également infrangible contre elles. La menace contre l'intégrité autrichienne représentée par le nationalisme serbe précipita ensuite le système devenu bipolaire et fragile dans la guerre.

11. Niebuhr, 1932, p. 110.

12. Henry A. Kissinger, *A World Restored : Metternich, Castlereagh, and the Problems of Peace*, 1812-1822, Boston, Houghton Mifflin, 1957, spécialement pp. 312-332.

13. Morganthau, 1959, p. 13.

14. *Ibid.*, pp. 1-3.

15. Niebuhr, 1932, p. 233.
16. La seule exception étant, naturellement, la réaction à l'attaque de la Corée du Nord en 1950, qui n'aboutit que parce que l'Union soviétique boycottait alors les Nations unies.
17. Sur le mémoire universitaire de Kissinger, voir Peter Dickson, *Kissinger and the Meaning of History*, Cambridge, Cambridge University Press, 1978.
18. John Gaddis, « One Germany – in Both Alliances », in *New York Times*, 21 mars 1990, p. A 27.
19. John J. Mearsheimer, « Back to the Future : Instability in Europe after the Cold War », in *International Security*, 15 : 1 (été 1990), pp. 5-56.

Chapitre 24 : Le pouvoir des impuissants

1. Voir par exemple Mearsheimer, 1990, p. 12.
2. La tentative de Waltz pour purger sa théorie de toute considération de politique intérieure vient de son désir de rendre cette théorie rigoureuse et scientifique, de maintenir distincts, selon ses propres termes, les niveaux « unitaires » et « structuraux » de l'analyse. Le vaste édifice intellectuel qu'il construit dans ses efforts pour trouver les lois régulières et universelles du comportement humain dans la politique internationale aboutit en fin de compte à une série d'observations assez banales sur le comportement de l'Etat, que l'on pourrait résumer par cette remarque : « Les équilibres de puissance sont importants. »
3. Voir la réponse des Athéniens qui fait suite à l'appel des Corinthiens aux Spartiates dans Thucydide, *Histoire de la guerre du Péloponnèse*, I, 76 ; ils font valoir l'équivalence d'Athènes et de Sparte malgré le soutien de cette dernière au *statu quo* ; voir aussi leurs arguments dans le célèbre « dialogue avec les Méliens » (V, 85 *sq.*).
4. Les problèmes naissent naturellement lorsque des voisins grandissent à des vitesses différentes, situation qui déclenche fréquemment le ressentiment. Face à une telle situation, toutefois, les Etats capitalistes modernes ne s'efforcent pas de ruiner le succès de leurs voisins, mais bien de le doubler.
5. Pour une vue de l'interrelation entre puissance et légitimité, et une critique des notions simplistes de « politique de puissance », voir Max Weber, 1946, « Politics as Vocation », pp. 78-79 ; et « The Prestige and Power of the " Great Powers " », pp. 159-160.
6. Une objection similaire à la perspective « anhistorique » de la théorie réaliste de Kenneth Waltz, mais dans une perspective marxiste, est présentée par Robert W. Cox, « Social Forces, States, and World Orders », in Robert Keohame (ed.), *Neorealism and Its Critics*, New York, Columbia University Press, 1986, pp. 213-216.
7. Joseph A. Schumpeter, *Imperialism and Social Classes*, New York, Meridian Books, 1955, p. 69.
8. *Ibid.*, p. 5.
9. Schumpeter n'a pas utilisé le concept de *thymos*, donnant au contraire une explication plutôt fonctionnelle ou économique de la lutte illimitée pour la conquête, comme une survivance d'un temps où elle constituait une pratique requise pour la survie.
10. Cela s'est avéré même en Union soviétique, où les morts dans la guerre d'Afghanistan ont eu beaucoup plus d'importance politique, même

sous le régime de Brejnev, que les observateurs extérieurs n'étaient enclins à le penser.

11. Aucune de ces tendances n'est contredite par le haut niveau de violence atteint aujourd'hui dans les villes américaines, ou par la présence de plus en plus commune de la violence dans la culture populaire. Pour l'essentiel des classes moyennes d'Amérique du Nord, d'Europe et d'Asie, l'expérience personnelle de la violence ou de la mort est beaucoup plus rare qu'il y a deux ou trois siècles, ne serait-ce que par les améliorations sanitaires, qui ont fait baisser la mortalité infantile et élevé l'espérance de vie. La représentation imagée de la violence dans les films est peut-être un reflet du caractère inhabituel de cet événement dans la vie des gens qui vont voir ces films.

12. Tocqueville, vol. II, G.F. Flammarion.

13. Certaines de ces remarques ont été faites par John Müller dans son livre *Retreat from Doomsday : The Obsolescence of Major War*, New York, Basic Books, 1989. Müller relève la disparition de l'esclavage et du duel comme exemples de pratiques longtemps persistantes qui ont été abolies dans le monde moderne, et suggère que la guerre principale entre les pays développés pourrait suivre la même direction. Müller a raison de noter ces changements mais, comme Carl Kaysen l'a fait remarquer, ils sont présentés comme des phénomènes isolés, prenant place en dehors du contexte général de l'évolution sociale de l'humanité durant les derniers siècles. L'abolition de l'esclavage et celle du duel ont une racine commune dans l'abolition de la relation maître-esclave apportée par la Révolution française, et la transformation du désir de reconnaissance du maître en reconnaissance rationnelle de l'Etat universel et homogène. Dans le monde moderne, le duel est un accessoire de la moralité du maître, qui démontre sa volonté de risquer sa vie dans une bataille sanglante. La cause fondamentale du déclin séculaire de l'esclavage, du duel et de la guerre est la même : c'est l'avènement de la reconnaissance rationnelle.

14. Nombre de ces remarques générales sont faites par Carl Kaysen dans son excellente recension de l'essai de John Müller, « Is War Obsolete? », in *International Security*, 14 : 4 (printemps 1990), pp. 42-64.

15. Voir par exemple John Gaddis, « The Long Peace : Elements of Stability in the Postwar International System », in *International Security*, 10 : 4 (printemps 1986), pp. 99-142.

16. Naturellement, les armes nucléaires ont été elles-mêmes responsables de la crise la plus sérieuse entre l'U.R.S.S. et les Etats-Unis durant la guerre froide (l'« affaire des fusées » à Cuba); mais ici aussi, la perspective de la guerre nucléaire empêcha le conflit de tourner à la confrontation armée réelle.

17. Voir, par exemple, Dean V. Babst, « A Force for Peace », in *Industrial Research*, 14 (avril 1972), pp. 55-58; Ze'ev Maoz et Nasrin Abdolali, « Regime Types and International Conflict, 1816-1976 », in *Journal of Conflict Resolution*, 33 (mars 1989), pp. 3-35; enfin, R. J. Jummel, « Libertarianism and International Violence », in *Journal of Conflict Resolution*, 27 (mars 1983), pp. 27-71.

18. Cette conclusion dépend, dans une certaine mesure, de la définition de la démocratie libérale par Doyle. L'Angleterre et les Etats-Unis entrèrent en guerre en 1812, à une époque où la Constitution britannique avait déjà acquis de nombreuses caractéristiques libérales. Doyle évite ce problème en datant la transformation de l'Angleterre en démocratie libérale du vote du

Reform Bill en 1831. Cette date est quelque peu arbitraire : la « franchise » resta très limitée en Grande-Bretagne jusqu'à une date avancée du xxe siècle, et ne s'étendit certainement pas aux colonies en 1831. Néanmoins, les conclusions de Doyle sont à la fois correctes et frappantes. Michael Doyle, « Kant, Liberal Legacies and Foreign Affairs », 1re et 2e parties, in *Philosophy and Public Affairs*, 12 (été, parution 1983), pp. 205-235 et 323-353. Voir aussi, du même, « Liberalism and World Politics », in *American Political Science Review*, 80 (décembre 1986), pp. 1151-1169.

19. Pour l'éclaircissement des changements de définition de l' « intérêt national » soviétique, voir Stephen Sestanovitch, « Inventing the Soviet National Interest », in *The National Interest*, n° 20 (été 1990), pp. 3-16.

20. V. Khourkine, S. Karaganov et A. Kortounov, « The Challenges of Security : Old and New », *Kommunist* (1er janvier 1988), p. 45.

21. Waltz a suggéré que les réformes intérieures en Union soviétique ont été induites par les changements dans l'environnement international, et que la *perestroïka* elle-même devait être considérée comme une confirmation de la théorie réaliste. Comme on l'a noté plus haut, il est à peu près certain que les pressions et la compétition internationales ont fait beaucoup pour favoriser les réformes en Union soviétique, et la théorie réaliste pourrait être justifiée si elle faisait un pas en arrière pour faire deux pas en avant à une date plus récente. Mais elle manque en fait totalement les changements fondamentaux dans les objectifs nationaux qui se sont produits en Union soviétique, et dans les bases mêmes de la puissance sociétique, depuis 1985. Voir ses commentaires dans le *United States Institutes of Peace Journal*, 3 : 2 (juin 1990), pp. 6-7.

22. Mearsheimer, 1990, p. 47. Dans un raccourci remarquable, Mearsheimer résume les deux cents années de paix entre les démocraties libérales à trois cas, Angleterre et Etats-Unis, Angleterre et France, et démocraties occidentales après 1945. A commencer par l'exemple américano-canadien, il existait, inutile de le dire, bien d'autres exemples que ceux-là. Voir aussi Huntington, 1989, pp. 6-7.

23. Il existe une minorité de gens, dans l'Allemagne d'aujourd'hui, pour demander le retour des anciens territoires allemands qui se trouvent actuellement en Pologne, en Tchécoslovaquie et en Union soviétique. Ce groupe est largement composé de ceux qui ont été expulsés de ces régions après la Seconde Guerre mondiale ou de leurs descendants. Les Parlements des deux Allemagnes, au temps de leur séparation, puis le nouveau Parlement de l'Allemagne réunifiée ont tous officiellement renoncé à ces prétentions. La réapparition d'un certain degré politiquement signifiant d'esprit de revanche dans une Allemagne démocratique contre une Pologne démocratique pourrait être un test important de la thèse selon laquelle les démocraties libérales ne se combattent pas entre elles.

24. Schumpeter, 1955, p. 65.

Chapitre 25 : Intérêts nationaux

1. William L. Langer, « A Critique of Imperialism », in Harrison M. Wrigth (ed.), *The "New Imperialism" : Analysis of Late Nineteenth-Century Expansion,* Lexington, D.C.Heath, 1976, 2e édition, p. 98.

2. Sur ce point, voir Kaysen, 1990, p. 52.

3. C'est cette rigidité même, et non un défaut inhérent à la multipolarité, qui explique l'effondrement du concert européen au XIXe siècle et l'éclatement final de la Première Guerre mondiale. Si les Etats avaient continué d'être organisés selon les principes dynastiques de légitimité, il aurait été beaucoup plus facile pour le concert des nations européennes de s'ajuster à la puissance croissante de l'Allemagne, grâce à une série de changements d'alliance. En fait, sans le principe national, l'Allemagne elle-même n'aurait jamais été unifiée.

4. Nombre de ces remarques sont faites par Ernest Gellner dans *Nations and Nationalism,* Ihaca, Cornell University Press, 1983.

5. Voir, par exemple, John Gray, « The End of History – or of Liberalism? », in *National Review,* 27 octobre 1989, pp. 33-35.

6. Gellner, 1983, p. 34.

7. La francophilie de l'aristocratie russe est peut-être un cas extrême, mais dans presque tous les pays, on relevait à l'époque des différences dialectales dans le langage parlé entre l'aristocratie et la paysannerie.

8. On devrait être prudent pour ne pas appliquer trop mécaniquement ce genre d'explication économique au nationalisme. Même si le nationalisme peut être largement considéré comme une excroissance de l'industrialisation, les idéologies nationalistes peuvent prendre une vie qui leur est propre indépendamment du niveau de développement économique d'un pays. Comment expliquer autrement les mouvements nationalistes dans des pays essentiellement préindustriels comme le Cambodge ou le Laos après la Seconde Guerre mondiale?

9. Ainsi, par exemple, Atatürk consacra beaucoup de temps à la fin de sa carrière à des « recherches » historiques et linguistiques, qui trouvèrent effectivement une base pour le genre de conscience nationale turque rénovée qu'il souhaitait.

10. Gellner, 1983, pp. 44-45.

11. Je suis naturellement conscient de l'existence de puissants partis démocrates-chrétiens dans toute l'Europe, mais le fait qu'ils soient « démocrates » avant d'être « chrétiens » et la nature laïque de leur interprétation du christianisme permettent de mesurer la victoire du libéralisme sur la religion. La religion sous sa forme intolérante et antidémocratique a disparu de la politique européenne avec la mort de Franco.

12. Cette future direction dans l'évolution du nationalisme est soutenue par Gellner, 1983, p. 113.

13. Il existe naturellement une aile du mouvement nationaliste russe qui reste chauvine et impérialiste; elle est largement représentée dans l'état-major actuel des forces armées soviétiques. Comme on peut s'y attendre, les nationalismes impérialistes d'ancien style se trouvent dans les parties les moins développées de l'Eurasie. Un bon exemple est le nationalisme chauvin du Serbe Slobodan Milosevic.

14. Mearsheimer relève soigneusement le nationalisme comme – virtuellement – le seul aspect de politique intérieure qu'il trouve important pour les perspectives de paix ou de guerre. Il identifie l'« hypernationalisme » comme source potentielle de conflit et suggère qu'il est lui-même provoqué par l'environnement extérieur ou, alternativement, par l'enseignement maladroit de l'histoire nationale dans les écoles. Mearsheimer ne semble pas reconnaître que nationalisme et « hypernationalisme » n'apparaissent pas par hasard, mais naissent d'un contexte historique,

économique et social qui est spécifique, et qu'ils sont sujets comme tous les phénomènes historiques aux lois internes de l'évolution. Mearsheimer, 1990, pp. 20-21, 25 et 55-56.

15. Lorsque l'Union pour l'indépendance organisée par Zviad Gamsakhourdia eut gagné les élections géorgiennes en 1991, l'une de ses premières mesures a été d'engager le combat avec la minorité ossète, en refusant à cette dernière tout droit à sa reconnaissance comme minorité nationale séparée. Cette attitude contraste avec celle de Boris Eltsine, qui a garanti l'existence des nationalités qui constituent la République de Russie en leur assurant que l'association avec celle-ci serait purement volontaire.

16. Il est intéressant de constater que de nombreux groupes nationaux nouveaux recherchent la souveraineté, bien que leur taille et leur position géographique les rendent militairement non viables, au moins selon les postulats du réalisme. Cela suggère que le système des Etats n'est pas perçu comme aussi menaçant qu'il l'a été, et que l'argument traditionnel pour le maintien de grands Etats – la défense nationale – n'est pas aussi décisif qu'il l'a été également.

17. Il y a, bien sûr, de nombreuses et importantes exceptions à cette règle, comme l'occupation du Tibet par la Chine, l'occupation par Israël de la rive gauche du Jourdain et de la bande de Gaza, l'annexion de Goa par l'Inde.

18. On a fréquemment relevé que, malgré l'irrationalité des frontières nationales existant en Afrique (qui recoupent des lignes de séparation tribales et ethniques), pas une seule frontière n'avait été changée avec succès depuis l'indépendance. Voir Yehosefat Harbaki, « Directions of Change in the World Strategic Order : Comment on Address by Professor Kaiser », in *The Changing Strategic Landscape : IISS Conference Papers, 1988,* Adelhi Papers n° 237, Londres, International Institute for Strategic Studies, 1989, IIe partie, pp. 21-25.

Chapitre 26 : Vers une union pacifique

1. Cette distinction correspond très largement à l'ancienne distinction entre Nord et Sud, ou entre pays développés et pays sous-développés. La correspondance n'est cependant pas complète, puisque certains Etats sous-développés comme le Costa-Rica ou l'Inde sont des démocraties libérales effectives, alors que certains Etats développés comme l'Allemagne nazie ont été des tyrannies.

2. Pour une description de politique étrangère non réaliste, voir Stanley Kober, « Idealpolitik », in *Foreign Policy,* n° 79 (été 1990), pp. 3-24.

3. L'une des armes principales pour mener la lutte idéologique fut l'activité d'organisations comme Radio Europe Libre, Radio Liberté et la Voix de l'Amérique, qui diffusèrent continuellement des émissions à destination du bloc soviétique durant la guerre froide. Fréquemment méprisées ou négligées par les réalistes qui pensaient que la guerre froide était uniquement une affaire de divisions blindées et d'ogives nucléaires, les radios patronnées par les Etats-Unis ont prouvé leur rôle essentiel pour maintenir vivante l'idée de la démocratie en Europe de l'Est.

4. Tiré de la septième thèse d'*Une idée d'Histoire universelle.* Kant était particulièrement attaché à l'idée selon laquelle l'amélioration de l'humanité

ne pouvait se faire avant que le problème des relations internationales n'eût été résolu, parce que cela requérait « un long travail intérieur de chaque corps politique pour l'éducation de ses citoyens » (*ibid.*).

5. Kant lui-même ne regardait peut-être pas la paix perpétuelle comme un projet pratique; voir sur ce point l'article de Kenneth Waltz, « Kant, Liberalism and War », in *American Political Science Review,* 56 (1962), pp. 331-340.

6. Kant définit une constitution républicaine comme établie « premièrement, par les principes de la liberté des membres d'une société (en tant qu'hommes); deuxièmement, par les principes de la dépendance de tous par rapport à une législation commune (en tant que sujets); et troisièmement, par la loi de leur égalité (en tant que citoyens) ». Tiré de la *Paix perpétuelle.*

7. *Ibid.,* p. 98.

8. Voir Carl J. Friedrich, *Inevitable Peace*, Cambridge, Harvard University Press, 1948, p. 45.

9. Avec la fin de la guerre froide et l'essor des mouvements réformateurs en Union soviétique et en Chine, les Nations unies ont perdu un peu de leur faiblesse congénitale. La décision de sanctions économiques sans précédent prise par le Conseil de sécurité contre l'Irak et l'autorisation de l'usage de la force armée après l'invasion du Koweit ont constitué une indication du type d'action internationale qui devenait possible. Ce Conseil de sécurité continue cependant d'être vulnérable aux rechutes de la part de puissances comme la Russie et la Chine, encore hésitantes sur le chemin des réformes, cependant que l'Assemblée générale reste dominée par des nations qui ne sont pas libres. Il est raisonnable de se demander si les Nations unies deviendront la base d'un « nouvel ordre mondial » pour la prochaine génération.

10. Le G.A.T.T. ne requiert pas de ses membres qu'ils soient des démocraties, mais il a des critères très stricts sur le libéralisme de leur politique économique.

Chapitre 27 : Au royaume de la liberté

1. Kojève, 1947, p. 435 (note en bas de page).

2. Sur ce point, voir Gellner, 1983, pp. 32-34 et 36.

3. L'utilisation que fait Kojève de l'expression « société sans classes » pour décrire l'Amérique de l'après-guerre, si fine qu'elle puisse être à plus d'un titre, n'est manifestement pas marxiste.

4. Tocqueville, *op. cit.*

5. Voir Milovan Djilas, *The New Class : An Analysis of the Communist System,* New York, Praeger, 1957.

6. Presque toutes les critiques de gauche de mon article originel « La fin de l'Histoire? » ont relevé les nombreux problèmes économiques et sociaux des sociétés libérales contemporaines, mais aucune de ces critiques n'a voulu proposer ouvertement l'abandon des principes libéraux pour résoudre ces problèmes, comme Marx et Lénine l'avaient fait à une autre époque. Voir par exemple Marion Donhoff, « Am Ende aller Geschichte? », in *Die Zeit,* 22 septembre 1989, p. 1; et André Fontaine, « Après l'Histoire, l'ennui? », in *Le Monde*, 27 septembre 1989, p. 1.

7. Pour ceux qui pensent que c'est là une perspective éloignée, qu'ils examinent par exemple la liste des « manifestations spécifiques d'oppression »

au Smith College; elle comporte quelque chose qui est baptisé *lookism*, qui est « la croyance que l'apparence est un bon indice de la valeur d'une personne ». Cité dans le *Wall Street Journal*, 26 novembre 1990, p. A 10.

8. Sur ce point, en rapport avec la théorie de la justice de John Rawls, voir Allan Bloom, « Justice : John Rawls versus the Tradition of Political Philosophy », in *Giants and Dwarfs*, New York, Simon & Schuster, 1990, p. 329.

9. Tocqueville, vol. II, G.F. Flammarion.

10. Voir par exemple Alain Besançon, « Le drame est encore devant nous », in *Commentaire*, n° 47 (automne 1989), pp. 476-477.

Chapitre 28 : Des hommes sans courage

1. Nietzsche, *La Volonté de puissance* (trad. G. Bianquis), Paris, Gallimard, 1950, I : 18.

2. Voir Nietzsche, *La Généalogie de la morale* (trad. H. Albert), Paris, Gallimard, 1964, 2 : 11, 2 : 20, 3 : 18; *Par-delà le bien et le mal* (trad. G. Bianquis), Paris, Gallimard, 1952, aphorismes 46, 50, 51, 199, 202, 203 et 229.

3. Voir Nietzsche, *Par-delà le bien et le mal, op. cit.*, aphorisme 260. Voir également l'aphorisme 260 sur la vanité et la reconnaissance de l' « homme du commun » dans les sociétés démocratiques.

4. Voir la discussion de la reconnaissance dans la réponse de Strauss à Kojève, in Strauss, *On Tyranny*, 1963, p. 222. Voir aussi la lettre de Kojève du 22 août 1948, où il suggère que Hegel lui-même pensait que la sagesse et non simplement la reconnaissance était nécessaire pour satisfaire l'homme, et que, par conséquent, « l'Etat de la fin doit sa situation privilégiée à la, sagesse, à la domination de la sagesse [...] et non à son universalité et à son homogénéité en tant que telles ». Cité dans Gourevitch et Roth.

5. La California Task Force to Promote Self-Esteem and Personal and Social Responsability est sortie du cerveau du parlementaire John Vasconcellos, et a publié son rapport final vers la mi-1990. Voir « Courts, Parents Called Too Soft on Delinquents », in *Los Angeles Times*, 1er décembre 1989, p. A 3.

6. La même California Task Force a défini l'autoestimation dans les termes suivants : « Apprécier ma valeur et mon importance propres et avoir la force de caractère de rendre compte de moi-même et d'agir en responsable envers les autres. » Beaucoup repose sur la seconde moitié de cette définition. Comme un critique l'a noté, « lorsque le " mouvement de l'autoestimation " prend le contrôle d'une école, les enseignants subissent des pressions pour accepter les enfants comme ils sont. Pour garder les enfants à l'aise, il faut éviter toute critique et toute rivalité potentiellement susceptible de se transformer en échec ». Voir Beth An Krier, « Caifornia's Newest Export », in *Los Angeles Times*, 5 juin 1990, p. E 1.

7. Voir, par exemple, *Par-delà le bien et le mal, op. cit.*, aphorismes 257 et 259.

8. Voir Platon, *La République*, livre VIII, 561c-d.

9. Nietzsche, *Ainsi parlait Zarathoustra, op. cit.*

10. Nietzsche, *Bon et Mauvais Usage de l'Histoire, op. cit.*

11. La manière dont le relativisme nietzschéen est devenu partie de notre culture générale, et dont le nihilisme – jadis terreur de Nietzsche – est

aujourd'hui arboré en Amérique, a été brillamment illustrée par Allan Bloom, *The Closing of the American Mind,* New York, Simon & Schuster, 1988, particulièrement pp. 141-240.

12. Nietzsche, *Ainsi parlait Zarathoustra, op. cit.*

13. Max Weber constitue un autre exemple : sa déploration du « désenchantement » du monde face à la bureaucratisation et à la rationalisation croissantes, et sa crainte que la spiritualité n'ouvre le chemin à « des spécialistes sans esprit et des sensualistes sans cœur », sont bien connues. Il rejette notre civilisation contemporaine dans le paragraphe suivant : « Après la critique dévastatrice de Nietzsche contre ces " derniers hommes " qui ont " inventé le bonheur ", j'aimerais laisser aussi de côté l'optimisme naïf avec lequel la science – c'est-à-dire la technique de maîtrise de la vie qui se fonde sur la science – a été célébrée comme le chemin du bonheur. Qui croit en cela – à part quelques grands enfants dans leurs chaires universitaires ou dans les bureaux des éditeurs? » Voir « Science as a Vocation », in *From Max Weber: Essays in Sociology,* New York, Oxford University Press, 1946, p. 143.

14. Tocqueville, *De la démocratie en Amérique,* Paris, vol. II, G.F. Flammarion.

15. Tocqueville, *op. cit.,* vol. II.

16. Voir Mme Périer, « La vie de M. Pascal », in Pascal, *Pensées,* Paris, Garnier, 1964, pp. 12-13.

17. Eric Temple Bell, *Men of Mathematics,* New York, Simon & Schuster, 1937, pp. 73 et 82.

18. Kojève, 1947, pp. 434-435 (note en bas de page).

19. Voir plus haut les chapitres sur les relations internationales, dans la quatrième partie.

20. Kojève affirmait : « Si l'Homme redevient un animal, ses arts, ses amours, ses jeux devront également redevenir " naturels ". On devrait donc tenir pour admis qu'après la fin de l'Histoire, les hommes feront leurs édifices et œuvres d'art comme les oiseaux construisent leurs nids et comme les araignées tissent leurs toiles, qu'ils exécuteront des concerts musicaux à la manière des grenouilles et des cigales, qu'ils joueront comme de jeunes animaux, et qu'ils s'abandonneront à leur amours comme des bêtes adultes. » Kojève, 1947, p. 436 (note en bas de page).

21. L'ultime projet de Kojève était d'écrire une œuvre intitulée *Essai d'une histoire raisonnée de la philosophie païenne* (Paris, Gallimard, 1972), dans laquelle il espérait faire entrer le cycle entier des discours humains rationnels. A l'intérieur de ce cycle, qui commençait avec les présocratiques et se terminait avec Hegel, devaient prendre place toutes les philosophies possibles du passé et toutes celles du futur. Voir Roth, 1985, pp. 300-301.

22. Kojève, 1947, p. 160.

23. Strauss (1963, p. 223) écrit : « L'Etat grâce auquel on prétend que l'homme puisse être justement satisfait est donc celui dans lequel le fondement de l'humanité de l'homme s'estompe, ou dans lequel l'homme perd son humanité. C'est l'Etat du " dernier homme " de Nietzsche. »

Chapitre 29 : Libres et inégaux

1. Cette remarque est faite par Harvey Mansfield dans *Taming the Prince,* 1989, pp. 1-20.

2. Kojève, 1947, p. 437 (note de bas de page).
3. Voir John Adams Wettergreen, « Is Snobbery a Formal Value? Considering Life at the End of Modernity », in *The Western Political Quarterly,* 26 : 1 (mars 1973), pp. 109-129.

Chapitre 30 : Droits parfaits et devoirs défectueux

1. Tocqueville, *De la démocratie en Amérique*, Paris, vol. II, G.F. Flammarion.
2. Si Tocqueville est le plus célèbre des partisans de la vie associative dans la société moderne, Hegel propose des arguments assez semblables en faveur de telles « institutions intermédiaires » dans sa *Philosophie du droit.* Il considérait de la même façon que l'Etat moderne était trop grand et trop impersonnel pour servir de source significative d'identité; il prétendait donc que la société aurait dû être organisée en *Stände* (« classes » ou « états ») comme paysannerie, classe moyenne et bureaucratie. Les « corporations » qu'il préconisait n'étaient ni des guildes médiévales fermées, ni des instruments de mobilisation de l'Etat fasciste, mais plutôt des associations organisées spontanément par la société civile, qui servaient de foyer pour la communauté et la vertu. A cet égard, Hegel lui-même différe tout à fait de l'interprétation qu'en donne Kojève. L'Etat « universel et homogène » de Kojève ne laisse aucune place aux corps « intermédiaires » tels que corporations ou *Stände*; le terme lui-même suggère une vision plus marxiste d'une société où il n'existe aucun échelon entre des individus libres, égaux et atomisés, et l'Etat. Sur ce point, voir aussi Smith, 1989, pp. 140-145.
3. Ces effets sont compensés dans une certaine mesure par des améliorations dans les communications, qui permettent à de nouveaux types d'association d'apparaître entre personnes physiquement disparates, mais liées par des intérêts et des objectifs communs.
4. Pour un exposé sur ce point, voir Thomas Pangle, « The Constitution's Human Vision », in *The Public Interest*, n° 86 (hiver 1987), pp. 77-90.
5. Comme on l'a noté plus haut, la force des communautés asiatiques est obtenue au détriment des droits individuels et de la tolérance : la vie de famille entraîne l'ostracisme social des gens qui n'ont pas d'enfants; le conformisme social dans des domaines comme l'habillement, l'éducation, les préférences sexuelles, l'emploi, etc., est très fortement accentué.

Le degré d'opposition entre la défense des droits individuels et la cohésion de la communauté est bien illustré par l'aventure de la communauté d'Inkster (Michigan). Elle a cherché à éloigner le commerce de la drogue en établissant un point de contrôle de la circulation. La constitutionnalité de cette action a été contestée en justice par l'A.C.L.U., sur la base du 4e amendement, et le point de contrôle a dû être aboli, en attendant la décision de la justice. Le commerce de la drogue, qui avait rendu le voisinage presque invivable, est naturellement revenu aussitôt. Cité dans Amitai Etzioni, « The New Rugged Communitarianism », in *Washington Post*, Outlook Section, 20 (janvier 1991), p. B1.
6. Pangle, 1987, pp. 88-90.

Chapitre 31 : « Les immenses guerres de l'esprit »

1. Dans la *Philosophie du droit*, Hegel établit très clairement qu'il y aura toujours des guerres à la fin de l'Histoire. En revanche, Kojève suggère que celle-ci signifiera la fin de tous les grands conflits, et par conséquent l'élimination du besoin de bataille. La raison pour laquelle Kojève a choisi de prendre cette position inverse à celle de Hegel n'est pas du tout claire. Voir Smith, 1989, p. 164.

2. Bruce Catton, *Grant Takes Command*, Boston, Little, Brown, 1968, pp. 491-492.

3. Sur la mentalité publique en Europe à la veille de la Grande Guerre, voir Modris Eksteins, *Rites of Spring*, Boston, Houghton Mufflin, 1989, pp. 55-64.

4. Eksteins, 1989, p. 57.

5. Eksteins, 1989, p. 196.

6. Voir *Crépuscule des idoles* (trad. H. Albert), Paris, Gallimard, 1941; *Par-delà le bien et le mal* (trad. G. Bianquis), Paris, Gallimard, 1952; *Ainsi parlait Zarathoustra* (trad. G. Bianquis), Paris, 1953.

7. Voir l'exposé sur les rapports entre Nietzsche et le nazisme dans le chapitre d'introduction de Werner Dannhauser, *Nietzsche's View of Socrates*, Ithaca, Cornell University Press, 1974.

8. Voir *La République*, livre IV, 440b et 440e.

9. Je suis reconnaissant à Henry Higuera de m'avoir fourni cette formulation du problème.

BIBLIOGRAPHIE

Afanaseyev, Yuriy, ed. 1989. *Inogo ne dano.* Progress, Moscow.

Almond, Gabriel A., et Sidney Verba. 1963. *The Civic Culture.* Little, Brown, Boston.

Angell, Norman. 1914. *The Great Illusion : A Study of the Relation of Military Power to National Advantage.* Heinemann, London.

Apter, David. 1965. *The Politics of Modernization.* University of Chicago Press, Chicago.

Aron, Raymond. *Mémoires : Cinquante ans de réflexion politique*, Julliard, 1983.

Aslund, Anders. 1989. *Gorbachev's Struggle for Economic Reform : The Soviet Reform Process, 1985-88.* Cornell University Press, Ithaca, N.Y.

Avineri, Shlomo. 1968. *The Social and Political Thought of Karl Marx.* Cambridge University Press, Cambridge.

Avineri, Shlomo. 1972. *Hegel's Theory of the Modern State.* Cambridge University Press, Cambridge.

Azrael, Jeremy. 1987. *The Soviet Civilian Leadership and the High Command; 1976-1986.* RAND Corporation, Santa Monica, Calif.

Azrael, Jeremy. 1966. *Managerial Power and Soviet Policy.* Harvard University Press, Cambridge, Mass.

Babst, Dean V. 1972. « A Force for Peace. » *Industrial Resaerch* 14 (April) : 55-58.

Baer, Werner. 1989. *The Brazilian Economy : Growth and Development*, 3e édition. Praeger, New York.

Baer, Werner. 1972. « Import Substitution and Industrialization in Latin America : Experiences and Interpretation. » *Latin American Research Review* 7, n° 1 (Spring) : 95-122.

Ball, Terence. 1976. « From Paradigms to Research Programs : Toward a Post-Kuhnian Political Science. » *American Journal of Political Science* 20, n° 1 (February) : 151-177.

Barros, Robert. 1986. « The Left and Democracy : Recent Debate in Latin America. » *Telos* 68 : 49-70.
Bell, Daniel. 1967 a. « Notes on the Post-Industrial Society I. » *The Public Interest* n° 6 : 24-35.
Bell, Daniel. 1967 b. « Notes on the Post-Industrial Society II. » *The Public Interest* n° 7 : 102-118.
Bell, Daniel. 1973. *The Coming of Post-Industrial Society : A Venture in Social Forecasting.* Basic Books, New York.
Bell, Daniel. 1976. *The Cultural Contradictions of Capitalism.* Basic Books, New York.
Bell, Eric Temple. 1937. *Men of Mathematics.* Simon & Schuster, New York.
Bellah, Robert N. 1957. *Tokugawa Religion.* Beacon Press, Boston.
Beloff, Max. 1990. « Two Historians, Arnold Toynbee and Lewis Namier. » *Encounter* 74 : 51-54.
Bendix, Reinhard. 1967. « The Protestant Ethic–Revisited. » *Comparative Studies in Society and History* 9, n° 3 (April) : 266-273.
Berger, Peter, et Hsin-Huang Michael Hsiao. 1988. *In Search of an East Asian Development Model.* Transaction Books, New Brunswick, N.J.
Berliner, Joseph S. 1957. *Factory and Manager in the USSR.* Harvard University Press, Cambridge, Mass.
Bill, James A., et Robert L. Hardgrave. 1973. *Comparative Politics : The Quest for a Theory.* University Press of America, Lanham, Maryland.
Binder, Leonard. 1986. « The Natural History of Development Theory. » *Comparative Studies in Society and History* 28.
Binder Leonard, *et al.* 1971. *Crises and Sequences in Political Development.* Princeton University Press, Princeton, N.J.
Bloom, Allan. 1987. *The Closing of the American Mind.* Simon & Schuster, New York.
Bloom, Allan. 1990. *Giants and Dwarfs. Essays 1960-1990.* Simon & Schuster, New York.
Bodenheimer, Susanne J. 1970. « The Ideology of Developmentalism. » *Berkeley Journal of Sociology :* 95-137.
Breslauer, George W. 1982. *Khruschchev and Brezhnev as Leaders : Building Authority in Soviet Politics.* Allen & Unwin, London.
Bryce, James. 1931. *Modern Democracies,* 2 volumes. Macmillan, New York.
Brzezinski, Zbigniew. 1970. *Between Two Ages : America's Role in the Technetronic Era.* Viking Press, New York.
Bury, J. B. 1932. *The Idea of Progress.* Macmillan, New York.
Caporaso, James. 1978. « Dependence, Dependency, and Power in the Global System : A Structural and Behavioral Analysis. » *International Organization* 32 : 13-43.
Cardoso, Fernando H., et Enzo Faletto. 1969. *Dependency and Development in Latin America.* University of California Press, Berkeley.
Cardoso, Fernando Henrique. 1972. « Dependent Capitalist Development in Latin America. » *New Left Review* 74 (July-August).

Casanova, Jose. 1983. « Modernization and Democratization : Reflections on Spain's Transition to Democracy. » *Social Research* 50 : 929-973.

Catton, Bruce. 1968. *Gant Takes Command.* Little, Brown, Boston.

Cherrington, David J. 1980. *The Work Ethic : Working Values and Values That Work.* Amacom, New York.

Chilcote, Ronald. 1981. *Theories of Comparative Politics : The Search for a Paradigm.* Westview Press, Boulder, Colo.

Clausewitz, Carl von. 1976. *On War*, edited and translated by Michael Howard and Peter Paret. Princeton University Press, Princeton.

Collier, David, ed. 1979. *The New Authoritarianism in Latin America.* Princeton University Press, Princeton, N.J.

Collingwood, R. G. 1956. *The Idea of History.* Oxford University Press, New York.

Colton, Timothy. 1986. *The Dilemma of Reform in the Soviet Union.* Council on Foreign Relations, New York.

Cooper, Barry. 1984. *The End of History : An Essay on Modern Hegelianism.* University of Toronto Press, Toronto.

Coverdale, John F. 1979. *The Political Transformation of Spain after Franco.* Praeger, New York.

Craig, Gordon A. 1964. *The Politics of the Prussian Army, 1640-1945.* Oxford University Press, Oxford.

Custine, Marquis de. 1951. *Journey for Our Time.* Pelegrini and Cudahy, New York.

Cutright, Phillips. 1963. « National Political Development : Its Measurements and Social Correlates. » *American Sociology Review* 28 : 253-264.

Dahl, Robert A. 1971. *Polyarchy : Participation and Opposition.* Yale University Press, New Haven, Conn.

Dahrendorf, Ralf. 1969. *Society and Democracy in Germany.* Doubleday, Garden City, N.Y..

Dannhauser, Werner J. 1974. *Nietzsche's View of Socrates.* Cornell University Press, Ithaca and London.

Davenport, T. R. H. 1987. *South Africa : A Modern History.* Macmillan South Africa, Johannesburg.

de Soto, Hernando. 1989. *The October Path : The Invisible Revolution in the Third World.* Harper and Row, New York.

Debardleben, Joan. 1985. *The Environment and Marxism-Leninism : The Soviet and East German Experience.* Westview, Boulder, Colo.

Deyo, Frederic C., ed. 1987. *The Political Economy of the New Asian Industrialism.* Cornell University Press, Ithaca, N.Y.

Diamond, Larry, J. Linz, et S. M. Lipset, eds. 1988 a. *Democracy in Developing Countries.* Lynne Rienner, Boulder, Colo.

Diamond, Larry, J. Linz, et S. M. Lipset, eds. 1988 b. *Democracy in Developing Countries.* vol. 4, *Latin America.* Lynne Rienner, Boulder, Colo.

Dickson, Peter. 1978. *Kissinger and the Meaning of History.* Cambridge University Press, Cambridge.

Didion, Joan. 1968. *Slouching Towards Bethlehem.* Dell, New York.

Dirlik, Arif, et Maurice Meisner, eds. 1989. *Marxism and the Chinese Experience : Issues in Contemporary Chinese Socialism.* Westview Press, Boulder, Colo.

Djilas, Milovan. 1957. *The New Class : An Analysis of the Communist System.* Praeger, New York.

Dos Santos, Theotonio. 1980. « The Structure of Dependency. » *American Economic Review* 40 (May) : 231-236.

Doyle, Michael. 1983a. « Kant, Liberal Legacies, and Foreign Affairs I. » *Philosophy and Public Affairs* 12 (Summer) : 205-235.

Doyle, Michael. 1983 b. « Kant, Liberal Legacies, and Foreign Affairs II. » *Philosophy and Public Affairs* 12 (Fall) : 323-353.

Doyle, Michael. 1986. « Liberalism and World Politics. » *American Political Science Review* 80, no. 4 (December) : 1151-1169.

Durkheim, Emile. 1986. *De la division du travail social*, P.U.F. 2e édition.

Earle, Edward Meade, ed. 1948. *Makers of Modern Strategy : Military Thought from Machiavelli to Hitler.* Princeton University Press, Princeton.

Eisenstadt, S. N., ed. 1968. *The Protestant Ethic and Modernization : A Comparative View.* Basic Books, New York.

Eksteins, Modris. 1989. *Rites of Spring : The Great War and the Birth of the Modern Age.* Houghton Mifflin, Boston.

Epstein, David F. 1984. *The Political Theory of the Federalist.* University of Chicago Press, Chicago.

Evans, Peter. 1979. *Dependent Development : The Alliance of Multinational, State, and Local Capital in Brazil.* Princeton University Press, Princeton, N.J.

Fackenheim, Emile. 1970. *God's Presence in History : Jewish Affirmations and Philosophical Reflections.* New York University Press, New York.

Field, Mark G., ed. 1976. *Social Consequences of Modernization in Communist Societies.* Johns Hopkins University Press, Baltimore.

Fields, Gary S. 1984. « Employment, Income Distribution and Economic Growth in Seven Small Open Economies. » *Economic Journal* 94 (March) : 74-83.

Finifter, Ada. 1983. *Political Science : The State of the Discipline.* American Political Science Association, Washington, D.C.

Fishman, Robert M. 1990. « Rethinking State and Regime : Southern Europe's Transition to Democracy. » *World Politics* 42, n° 3 (April) : 422-440.

Frank, André Gunder. 1969. *Latin America : Underdevelopment or Revolution?* Monthly Review Press, New York.

Frank, André Gunder. 1990. « Revolution in Eastern Europe : Lessons for Democratic Social Movements (and Socialists?). » *Third World Quarterly* 12, n° 2 (April) : 36-52.

Friedman, Edward. 1989. « Modernization and Democratization in Leninist States : The Case of China. » *Studies in Comparative Communism* 22, nos 2-3 (Summer-Autumn) : 251-264.

Friedrich, Carl J. 1948. *Inevitable Peace.* Harvard University Press, Cambridge, Mass.

Friedrich, Carl J., et Zbigniew Brzezinski. 1965. *Totalitarian Dictatorship and Autocracy*, 2e édition. Harvard University Press, Cambridge, Mass.

Fukuyama, Francis. 1989. « The End of History? » *The National Interest* n° 16 (Summer). Trad. fr. « La Fin de l'Histoire? », *Commentaire*, 1989.

Fukuyama, Francis. 1989. « A Reply to My Critics. » *The National Interest* n° 18 (Winter).

Fullerton, Kemper. 1924. « Calvinism and Capitalism. » *Harvard Theological Review* 21 : 163-191.

Furtado, Celso. 1970. *Economic Development of Latin America : A Survey from Colonial Times to the Cuban Revolution.* Cambridge University Press, Cambridge.

Fussell, Paul. 1975. *The Great War and Modern Memory.* Oxford University Press, New York.

Gaddis, John Lewis. 1986. « The Long Peace : Elements of Stability in the Postwar International Situation. » *International Security* 10, n° 4 (Spring) : 99-142.

Galston, William. 1975. *Kant and the Problem of History.* University of Chicago Press, Chicago.

Gellner, David. 1982. « Max Weber : Capitalism and the Religion of India. » *Sociology* 16, n° 4 (November) : 526-543.

Gellner, Ernest. 1983. *Nations and Nationalism.* Cornell University Press, Ithaca, N.Y. Trad. fr. *Nations et Nationalismes*, Payot, 1989.

Gerschenkron, Alexander. 1962. *Economic Backwardness in Historical Perspective.* Harvard University Press, Cambridge, Mass.

Giliomee, Hermann, et Laurence Schlemmer. 1990. *From Apartheid to Nation-Building.* Oxford University Press, Johannesburg.

Gimbutas, Maija. 1989. *Language of the Goddess.* Harper and Row, New York.

Goldman, Marshall I. 1972. *The Spoils of Progress : Environmental Pollution in the Soviet Union.* MIT Press, Cambridge, Mass.

Goldman, Marshall I. 1987. *Gorbachev's Challenge : Economic Reform in the Age of High Technology.* Norton, New York.

Gray, John. 1989. « The End of History – Or the End of Liberalism? » *National Review* (October) : 33-35.

Greenstein, Fred I., et Nelson Polsby. 1975. *Handbook of Political Science,* volume 3. Addison-Wesley, Reading, Mass.

Grew, Raymond, ed. 1978. *Crises of Political Development in Europe and the United States.* Princeton University Press, Princeton, N.J.

Hamilton, Alexander, J. Madison, et J. Jay. 1961. *The Federalist Papers.* New American Library, New York.

Harkabi, Yehoshafat. 1988. « Directions of Change in the World Strategic Order : Comments on an Address by Professor Kaiser », in *The Changing*

Strategic Landscape : IISS Conference Papers, 1988, Part II, Adelphi Paper n° 237. International Institute for Strategic Studies, London.

Harrison, Lawrence E. 1985. *Underdevelopment Is a State of Mind : The Latin American Case.* Madison Books, New York.

Hartz, Louis. 1955. *The Liberal Tradition in America.* Harcourt Brace, New York.

Hauslohner, Peter. 1987. « Gorbachev's Social Contract. » *Soviet Economy* 3, n° 1 : 54-89.

Havel, Vaclav, *et al.* 1985. *The Power of the Powerless.* Hutchinson, London.

Hegel, Georg W.F. 1936. *Dokumente zu Hegels Entwicklung.* Stuttgart.

Hegel, Georg W.F. 1956. *The Philosophy of History*, trad. J. Sibree. Dover Publications, Inc., New York.

Hegel, Georg W.F. 1967. *Hegel's Philosophy of Right*, trans. T. M. Knox. Oxford University Press, London.

Hegel, Georg W.F. 1991. *La Phénoménologie de l'Esprit*, trad. J.-P. Lefebvre, Aubier.

Heller, Mikhail. 1988. *Cogs in the Wheel : The Formation of Soviet Man.* Knopf, New York.

Hewett, Ed A. 1988. *Reforming the Soviet Economy : Equality versus Efficiency.* Brookings Institution, Washington, D. C.

Himmelfarb, Gertrude. 1989. « Response to Fukuyama. » *The National Interest* no. 16 (Summer) : 24-26.

Hirst, Paul. 1989. « Endism. » *London Review of Books* n° 23.

Hobbes, Thomas. 1958. *Leviathan Parts I and II.* Bobbs-Merrill, Indianapolis.

Hoffman, Stanley. 1965. *The State of War.* Praeger, New York.

Hough, Jerry. 1977. *The Soviet Union and Social Science Theory.* Harvard University Press, Cambridge, Mass.

Hough, Jerry, avec Merle Fainsod. 1979. *How the Soviet Union Is Governed.* Harvard University Press, Cambridge, Mass.

Huntington, Samuel P. 1968. *Political Order in Changing Societies.* Yale University Press, New Haven, Conn.

Huntington, Samuel P. 1984. « Will More Countries Become Democratic? » *Political Science Quarterly* 99, n° 2 (Summer) : 193-218.

Huntington, Samuel P. 1989. « No Exit : The Errors of Endism. » *The National Interest* n° 17 (Fall) : 3-11, 193-218.

Huntington, Samuel P. 1991. « Religion and the Third Wave. » *The National Interest* n° 24 (Summer) : 29-42.

Huntington, Samuel P., et Myron Weiner. 1987. *Understanding Political Development.* Little, Brown, Boston.

Johnson, Chalmers, ed. 1970. *Change in Communist Systems.* Stanford University Press, Stanford, Calif.

Kane-Berman, John. 1990. *South Africa's Silent Revolution.* Southern Book Publishers, Johannesburg.

Kant, Emmanuel. 1990. *Opuscules sur l'histoire*, G.F. Flammarion.

Kassof, Allen, ed. 1968. *Prospects for Soviet History*. Council on Foreign Relations, New York.

Marx, Karl. 1967. *Capital : A Critique of Political Economy*, 3 volumes, trad. S. Moore et E. Aveling. International Publishers, New York.

McAdams, A. James. 1987. « Crisis in the Soviet Empire : Three Ambiguities in Search of a Prediction. » *Comparative Politics* 20, n° 1 (October) : 107-118.

McFarquhar, Roderick. 1980. « The Post-Confucian Challenge. » *Economist* (February 9) : 67-72.

McKibben, Bill. 1989. *The End of Nature*. Random House, New York.

Mearsheimer, John J. 1990. « Back to the Future : Instability in Europe after the Cold War. » *International Security* 15, n° 1 (Summer) : 5-56.

Melzer, Arthur M. 1990. *The Natural Goodness of Man. On the System of Rousseau's Thought*. University of Chicago Press, Chicago.

Migranian, Andranik. 1989. « The Long Road to the European Home. » *Novyi Mir* n° 7 (July) : 166-184.

Modelski, George. 1990. « Is World Politics Evolutionary Learning? » *International Organization* 44, n° 1 (Winter) : 1-24.

Moore, Barrington Jr. 1966. *Social Origins of Dictatorship and Democracy*. Beacon Press, Boston.

Morgenthau, Hans J., et Kenneth Thompson. 1985. *Politics among Nations : The Struggle for Power and Peace*, 6e édition. Knopf, New York.

Mueller, John. 1989. *Retreat from Doomsday : The Obsolescence of Major War*. Basic Books, New York.

Myrdal, Gunnar. 1968. *Asian Drama. An Inquiry into the Poverty of Nations*, 3 vol. Twentieth Century Fund, New York.

Naipaul, V. S. 1978. *India : A Wounded Civilisation*. Vintage Books. New York.

Naipaul, V. S. 1981. *Among the Believers*, Knopf, New York.

Nakane, Chie. 1970. *Japanese Society*. University of California Press, Berkeley, Calif.

Neubauer, Deane E. 1967. « Some Conditions of Democracy. » *American Political Science Review* 61 : 1002-1009.

Nichols, James, et Colin Wright, eds. 1990. *From Political Economy to Economics... and Back?* Institute for Contemporary Studies, San Francisco, Calif.

Niebuhr, Reinhold. 1932. *Moral Man and Immoral Society : A Study in Ethics and Politics*. Scribner's, New York.

Nietzsche, Friedrich. 1954. *The Portable Nietzsche*, ed. Walter Kaufmann. Viking Press, New York.

Nietzsche, Friedrich. 1957. *The Use and Abuse of History*, trad. A. Collins. Bobbs Merrill, Indianopolis.

Nietzsche, Friedrich. 1966. *Beyond Good and Evil. Prelude to a Philosophy of the Future*, trad. W. Kaufman. Vintage Books, New York.

Nietzsche, Friedrich. 1967. *On the Genealogy of Morals and Ecce Homo*, trad. W. Kaufmann. Vintage Books, New York.

Nietzsche, Friedrich. 1968a. *Twilight of the Idols and The Anti-Christ*, trad. R. J. Hollindale. Penguin Books, London.

Nietzsche, Friedrich. 1968b. *The Will to Power*, trad. W. Kaufmann et R.J. Hollindale. Vintage Books, New York.

Nisbet, Robert. 1969. *Social Change and History*. Oxford University Press, Oxford.

Nordlinger, Eric A. 1968. « Political Development : Time Sequences and Rates of Change. » *World Politics* 20 : 494-530.

O'Donnell, Guillermo, Philippe Schmitter, et Laurence Whitehead, eds. 1986a. *Transitions from Authoritarian Rule : Comparative Perspectives*. Johns Hopkins University Press, Baltimore.

O'Donnell, Guillermo, Philippe Schmitter, et Laurence Whitehead, eds. 1986b. *Transitions from Authoritarian Rule : Latin America*. Johns Hopkins University Press, Baltimore.

O'Donnell, Guillermo, Philippe Schmitter, et Laurence Whitehead, eds. 1986c. *Transitions from Authoritarian Rule : Southern Europe*. Johns Hopkins University Press, Baltimore.

O'Donnell, Guillermo, et Philippe Schmitter, eds. 1986d. *Transitions from Authoritarian Rule : Tentative Conclusions about Uncertain Democracies*. Johns Hopkins University Press, Baltimore.

Pangle, Thomas. 1987. « The Constitution's Human Vision. » *The Public Interest* no. 86 (Winter) : 77-90.

Pangle, Thomas, 1988. *The Spirit of Modern Republicanism : The Moral Vision of the American Founding*. University of Chicago Press, Chicago.

Parsons, Talcott. 1937. *The Structure of Social Action*. McGraw-Hill, New York.

Parsons, Talcott. 1951. *The Social System*. Free Press, Glencoe, Ill.

Parsons, Talcott. 1964. « Evolutionary Universals in Society. » *American Sociological Review* 29 (June) : 339-357.

Parsons, Talcott. 1967. *Sociological Theory and Modern Society*. Free Press, New York. Trad. fr. *Le Système des sociétés modernes*, Dunod, 1974.

Parsons, Talcott, et Edward Shils, eds. 1951. *Toward a General Theory of Action*. Harvard University Press, Cambridge, Mass.

Pascal, Blaise. 1964. *Pensées*. Garnier, Paris.

Pelikan, Jaroslav, J. Kitagawa, et S. Nasr. 1985. *Comparative Work Ethics. Judeo-Christian, Islamic, and Eastern*. Library of Congress, Washington, D.C.

Pinkard, Terry. 1988. *Hegel's Dialectic : The Explanation of Possibility*. Temple University Press, Philadelphia.

Platon. *La République*, G.F. Flammarion.

Popper, Karl. 1950. *The Open Society and Its Enemies*. Princeton University Press, Princeton, N.J. Trad. fr. *La Société ouverte et ses ennemis*, Seuil, 1979.

Porter, Michael E. 1990. *The Competitive Advantage of Nations*. Free Press, New York.

Posner, Vladimir. 1989. *Parting with Illusions*. Atlantic Monthly Press, New York.

Pridham, Geoffrey, ed. 1984. *The New Mediterranean Democracies : Regime Transition in Spain, Greece, and Portugal*. Frank Cass, London.

Pye, Lucian W. 1985. *Asian Power and Politics : The Cultural Dimensions of Authority*. Harvard University Press, Cambridge, Mass.

Pye, Lucian W. 1990a. « Political Science and the Crisis of Authoritarianism. » *American Political Science Review* 84, n° 1 (March) : 3-17.

Pye, Lucian W. 1990b. « Tiananmen and Chinese Political Culture. The Escalation of Confrontation. » *Asian Survey* 30, n° 4 (April) : 331-347.

Pye, Lucian W., ed. 1963. *Communications and Political Development*. Princeton University Press, Princeton, N.J.

Remarque, Erich Maria. 1929. *All Quiet on the Western Front*. Putnam's, London.

Revel, Jean-François. 1983. *Comment les démocraties finissent*, Grasset.

Revel, Jean-François. 1989. « But We Follow the Worse... » *The National Interest* no. 18 (Winter) : 99-103.

Riesman, David, avec Reuel Denney et Nathan Glazer. 1950. *The Lonely Crowd : A Study of the Changing American Character*. Yale University Press, New Haven, Conn.

Rigby, T.H. et Ferenc Feher, eds. 1982. *Political Legitimation in Communist States*. St. Martin's Press, New York.

Riley, Patrick. « Introduction to the Reading of Alexandre Kojève. » *Political Theory* 9, n° 1 (1981).

Robertson, H.H. 1933. *Aspects of the Rise of Economic Individualism*. Cambridge University Press, Cambridge.

Rose, Michael. 1985. *Re-working the Work Ethic : Economic Values and Socio-Cultural Politics*. Schocken Books, New York.

Rosenberg, Nathan, et L. E. Birdzell Jr. 1990. « Science, Technology, and the Western Miracle. » *Scientific American* 263, n° 5 (November) : 42-54.

Rostow, Walt Whitman. 1960. *The Stages of Economic Growth ; A Non-Communist Manifesto*. Cambridge University Press, Cambridge.

Rostow, Walt Whitman. 1990. *Theorists of Economic Growth from David Hume to the Present*. Oxford University Press, New York.

Roth, Michael S. 1985. « A Problem of Recognition : Alexandre Kojève and the End of History. » *History and Theory* 24, n° 3 : 293-306.

Roth, Michael S. 1988. *Knowing and History : Appropriations of Hegel in Twentieth Century France*. Cornell University Press, Ithaca, N.Y.

Rousseau, Jean-Jacques. 1964. *Œuvres complètes*. 4 vol. Gallimard, Paris.

Rummel, R.J. 1983. « Libertarianism and International Violence. » *Journal of Conflict Resolution* 27 (March) : 27-71.

Russell, Bertrand. 1951. *Unpopular Essays*. Simon & Schuster, New York.

Rustow, Dankwart A. 1970. « Transitions to Democracy : Toward a Dynamic Model. » *Comparative Politics* 2 (April) : 337-363.

Rustow, Dankwart. 1990. « Democracry : A Global Revolution? » *Foreign Affairs* 69 n° 4 (Fall) : 75-91.

Sabel, Charles, et Michael J. Piore. 1984. *The Second Industrial Divide.* Basic Books, New York.

Schmitter, Philippe C. 1975. « Liberation by *Golpe* : Retrospective Thoughts on the Demise of Authoritarianism in Portugal. » *Armed Forces and Society* 2, n° 1 (November) : 5-33.

Schumpeter, Joseph A. 1950. *Capitalism, Socialism and Democracy.* Harper Brothers, New York.

Schumpeter, Joseph A. 1955. *Imperialism and Social Classes.* Meridian Books, New York.

Sestanovich, Stephen. 1985. « Anxiety and Ideology. » *University of Chicago Law Review* 52, n° 2 (Spring) : 3-16.

Sestanovich, Stephen. 1990. « Inventing the Soviet National Interest. » *The National Interest*, n° 20 (Summer) : 3-16.

Skidmore, Thomas E. 1988. *The Politics of Military Rule in Brazil, 1964-1985.* Oxford University Press, New York.

Skilling, H. Gordon, et Franklyn Griffiths. 1971. *Interest Groups in Soviet Politics.* Princeton University Press, Princeton, N.J.

Skocpol, Theda. 1977. « Wallerstein's World Capitalist System : A Theoretical and Historical Critique. » *American Journal of Sociology* 82 (March) : 1075-1090.

Smith, Adam, 1982. *The Theory of Moral Sentiments.* Liberty Classics, Indianapolis.

Smith, Adam. 1991. *La Richesse des nations,* 2 vol. G.F. Flammarion.

Smith, Steven B. 1983. « Hegel's Views on War, the State, and International Relations. » *American Political Science Review* 77, n° 3 (September) : 624-632.

Smith, Steven B. 1989a. *Hegel's Critique of Liberalism : Rights in Context.* University of Chicago Press, Chicago.

Smith, Steven B. 1989b. « What is " Right " in Hegel's Philosophy of Right? » *American Political Science Review* 83, n° 1 (March) : 4-17.

Smith, Tony. 1979. « The Underdevelopment of Development Literature : The Case of Dependency Theory. » *World Politics* 31, n° 2 (July) : 247-285.

Sombart, Werner. 1915. *The Quintessence of Capitalism.* Dutton, New York.

Sowell, Thomas. 1983. *The Economics and Politics of Race : An International Perspective.* Quill, New York.

Sowell, Thomas. 1979. « Three Black Histories. » *Wilson Quarterly* (Winter) : 96-106.

Stern, Fritz. 1974. *The Politics of Cultural Despair : A Study in the Rise of German Ideology.* University of California Press, Berkeley.

Strauss, Leo. 1952. *The Political Philosophy of Hobbes : Its Basis and Genesis*, trad. E. Sinclair. University of Chicago Press, Chicago.

Strauss, Leo. 1953. *Natural Right and History*. University of Chicago Press, Chicago. Trad. fr. *Droit naturel et Histoire*, Champs, Flammarion.

Strauss, Leo. 1958. *Thoughts on Machiavelli*. Free Press, Glencoe, Ill. Trad. fr. *Pensées sur Machiavel*, Payot, 1982.

Strauss, Leo. 1963. *On Tyranny*. Cornell University Press, Ithaca, N.Y. Trad. fr. *De la tyrannie*, Gallimard, 1983.

Strauss, Leo. 1991. *On Tyranny. Including the Strauss-Kojève Correspondence*, édition revue et augmentée, ed. V. Gourevitch et M. Roth. Free Press, New York.

Strauss, Leo, et Joseph Cropsey, eds. 1972. *History of Political Philosophy*, 2e édition, Rand McNally, Chicago.

Sunkel, Osvaldo. 1972. « Big Business and " Dependencia ". » *Foreign Affairs* 50 (April) : 517-531.

Tarcov, Nathan. 1984. *Locke's Education for Liberty*. University of Chicago Press, Chicago.

Tawney, R.H. 1962. *Religion and the Rise of Capitalism*. Harcourt, Brace and World, New York.

Tipps, Dean C. 1973. « Modernization Theory and the Comparative Study of Societies : A Critical Perspective. » *Comparative Studies in Society and History* 15 (March) : 199-226.

Tocqueville, Alexis de 1981. *De la Démocratie en Amérique*, préf. de F. Furet, G.F. Flammarion.

Tocqueville, Alexis de 1981. *L'Ancien Régime et la Révolution*, préf. de F. Mélonio, G.F. Flammarion.

Troeltsch, Ernst. 1950. *The Social Teaching of the Christian Churches*. Macmillan, New York.

Valenzuela, Samuel, et Arturo Valenzuela. 1978. « Modernization and Dependency : Alternative Perspectives in the Study of Latin American Underdevelopment. » *Comparative Politics* (July) : 535-557.

Veblen, Thorsten. 1942. *Imperial Germany and the Industrial Revolution*. Viking Press, New York.

Wallerstein, Immanuel. 1974. *The Modern World-System*, 3 vol. Academic Press, New York. Trad. fr. *Capitalisme et économie-monde*, Flammarion, 1980, et *Le Mercantilisme et la Consolidation de l'économie-monde européenne*, Flammarion, 1985.

Waltz, Kenneth. 1959. *Man, the State, and War : A Theoretical Analysis*. Columbia University Press, New York.

Waltz, Kenneth. 1962. « Kant, Liberalism, and War. » *American Political Science Review* 56 (June) : 331-340.

Waltz, Kenneth. 1979. *Theory of International Politics*. Random House, New York.

Ward, Robert, et Dankwart Rustow, eds. 1964. *Political Development in Japan and Turkey*. Princeton University Press, Princeton, N.J.

Weber, Max. 1930. *The Protestant Ethic and the Spirit of Capitalism*. Allen and Unwin, London. 1re édition 1904-1905. Trad. fr. *L'Éthique protestante et l'Esprit de capitalisme*, Agora, 1985.

Weber, Max. 1946. *From Max Weber : Essays in Sociology.* Oxford University Press, New York.

Weber, Max. 1947. *Max Weber : The Theory of Social and Economic Organization*, ed. Talcott Parsons. Oxford University Press, New York.

Weber, Max. 1981. *General Economic History.* Transaction Books, New Brunswick, N.J.

Wettergreen, John Adams Jr. 1973. « Is Snoberry a Formal Value? Considering Life at the End of Modernity. » *Western Political Quarterly* 26, n° 1 (March) : 109-129.

Wiarda, Howard. 1973. « Toward a Framework for the Study of Political Change in the Iberio-Latin Tradition. » *World Politics* 25 (January) : 106-135.

Wiarda, Howard. 1981. « The Ethnocentrism of the Social Science *(sic)* : Implications for Research and Policy. » *Review of Politics* 43, n° 2 (April) : 163-197.

Wiles, Peter. 1962. *The Political Economy of Communism*, Harvard University Press, Cambridge, Mass.

Williams, Allan, ed. 1984. *Southern Europe Transformed : Political and Economic Change in Greece, Italy, Spain, and Portugal.* Harper and Row, New York.

Wilson, Ian, et You Ji. 1990. « Leadership by " Lines " : China's Unresolved Sucession. » *Problems of Communism* 39, n° 1 (January-February) : 28-44.

Wray, Harry, et Hilary Conroy, eds. 1983. *Japan Examined : Perspectives on Modern Japanese History.* University of Hawaii Press, Honolulu, Hawaii.

Wright, Harrison M., ed. 1961. *The " New Imperialism " : Analysis of Late Nineteenth Century Expansion*, 2e édition. D.C. Heath, Boston.

Zolberg, Aristide. 1981. « Origins of the Modern World System : A Missing Link. » *World Politics* 33 (January) : 253-281.

Zuckert, Catherine H. 1988. *Understanding the Political Spirit : Philosophical Investigations from Socrates to Nietzsche.* Yale University Press, New Haven, Conn.

INDEX

TABLE

TROISIÈME PARTIE

LA LUTTE POUR LA RECONNAISSANCE

QUATRIÈME PARTIE

LE SAUT DE RHODES

CINQUIÈME PARTIE

LE « DERNIER HOMME »

Cet ouvrage a été réalisé par la
SOCIÉTÉ NOUVELLE FIRMIN-DIDOT
Mesnil-sur-l'Estrée
pour le compte des Éditions Flammarion
en mars 1992

Imprimé en France
Dépôt légal : février 1992
N° d'édition : 13648 - N° d'impression : 20305